世界史丛书

齐世荣 丛书主编

印度独立运动

尚劝余　等　著

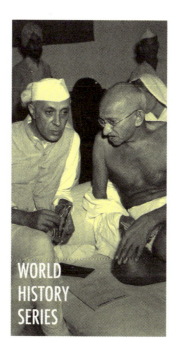

WORLD
HISTORY
SERIES

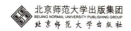北京师范大学出版集团
BEIJING NORMAL UNIVERSITY PUBLISHING GROUP
北京师范大学出版社

总　序

　　"世界史丛书"选取世界古代到世界现代历史进程中所发生的重大的标志性事件，集世界历史中的重大专题于一体，地域上包括欧、美、亚、非几个大洲，计划出版38卷。这38卷本之间既互有联系，又可独立成篇，力图反映人类从远古到当代、从分散走向整体的发展历程。

　　20世纪初，笔者曾经策划通俗读物"精粹世界史"20卷，由中国青年出版社出版，社会反响很好。"精粹世界史"所涉及专题较少，而我本人也产生了扩大选题范围的想法，正好与编辑的设计不谋而合，由此便有了本丛书的策划。本套"世界史丛书"注重普及性，以普及世界历史知识为目的，内容要求有学术深度，写法则力求深入浅出、通俗易懂，力求通俗性与专业性兼顾，以期引起读者的兴趣。书末加简短的大事件年表、主要参考书目，以方便查阅或供读者进一步研究探讨之用。

　　经济全球化要求人们必须更多地了解世界，而学习世界历史就是了解世界的一个重要的途径。学习世界史可以汲取世界性的经验，使国家和社会建设少走弯路。本套丛书力求在此方面能有所贡献。

　　盛世修史，近年来我国世界史学科建设取得了迅速发展。首先，相关材料积累日渐丰富，不但各图书馆引进了大量的材料，学者个人的资料也十分丰富，网络电子资源更是宏大；其次，中外学术交流十分频繁，包括观点的冲击和材料的交流，使得相关研究更为深入、更为透彻，研究领域更为广泛；再次，世界史研究队伍迅速成长，人才储备丰厚，为将来的世界史研究打下了坚实的基础。广大史学工作者吸收新理论、利用新材料、采用新方法、研究新问题，取得了丰硕的研究成果。本丛书动员了全国世界历史研究方向的精干力量，作者为学术有成的中青年骨干。这么大规模的历史创作策划可以说是少有的，十分感谢各位作者的大力支持以及出版部门的辛勤运作。本书的付梓，希望能够产生良好的学术影响和社会效益。

世界历史学科已经划入一级学科，世界史研究和世界史学科建设正向着更高更好的方向发展，前景光明。可以说本套丛书就是奉给这一盛事的献礼！

齐世荣
2014 年 6 月

目 录

导　言

印度独立运动(1857—1947)是印度近现代史上波澜壮阔的一页,也是世界近现代史上浓墨重彩的一笔,以其独具特色的历程在人类历史上留下了不可磨灭的印记。

19世纪,在印度资产阶级启蒙运动如雨后春笋破土而出的时候,1857—1859年印度民族大起义爆发了。这次印度民族大起义被西方称之为"雇佣军兵变"或"土兵起义"。它是印度历史上第一次由下层人民、土兵和部分王公贵族参加的全国性反英武装起义。卷入起义的地区占全印面积的1/6,波及北印度、中印度和南印度的广大地区,人口占1/10,时长2年多,达到了印度被英国统治以来不断发生的反英武装起义的高峰。起义沉重地打击了英国的殖民统治,有力地推动了印度民族独立运动的发展。这次起义是印度近代史上的重要转折点,是近现代印度民族独立运动的开端。

19世纪七八十年代印度民族资本主义获得初步发展,资产阶级队伍逐渐壮大,推动了印度资产阶级运动的重大发展。为了适应新的斗争形势的需要,将分散的民族主义组织团结和统一起来的要求更加迫切。在各地活动家和组织的努力下,1885年12月成立了全国性政治组织——印度国民大会党,简称"国大党"。国大党是印度资产阶级的政党,它的诞生标志着资产阶级已经走上历史前台,成为印度民族运动的领导者,同时也标志着印度民族运动由分散走向统一,由地区性运动发展成为全国性运动,为印度民族运动日后的进一步发展开辟了新的前景,标志着印度民族的进一步觉醒和民族运动进入了一个新的阶段。

20世纪初叶,资产阶级温和派的"三P政策"(乞求、讨好、抗议)道路已不能适应印度民族运动日益发展的客观形势,小资产阶级革命民主派开始形成并日益强大起来。在小资产阶级革命民主派的推动下,印度民族运动的性质也随之发生重大变化，由资产阶级民族改良运动开始转变为民族革命运动。运动的目标已经不是谋求改良，而是要实现民族自治（"司瓦拉吉"）或独立，运动的斗争方式不再是上层社会的改良策略，而是大规模的群众性政治斗争。这个转变的具体表现就是1905—1908年的印度民族革命运动高潮。

随着印度民族资本主义和印度民族运动的发展壮大以及国大党的成立，穆斯林大众也日益觉醒，穆斯林上层也希望有自己的政治组织。在英国殖民者"分而治之"政策的推动下，全国穆斯林联盟终于在1905—1908年印度民族革命运动的高潮中诞生，并把维护伊斯兰教教派利益设为自己的最高目标。穆斯林联盟成立头几年的活动对印度民族运动产生了不利影响，几乎在一切问题上都和国大党唱对台戏。但是，穆斯林联盟的方向从1913年起发生了明显的转变，联盟内革新势力占了上风，并使之成为印度民族主义力量的一部分。

第一次世界大战（1914—1918）的爆发为印度民族运动注入了一股新的力量，使印度民族运动从1908年后的沉寂状态逐渐复苏。国内外秘密革命组织策划发动武装起义，试图以暴力推翻英国殖民统治；"自治同盟"在全国掀起了一场自治运动浪潮，以期实现印度"自治"；国大党内的极端派和温和派重新统一，国大党与穆斯林联盟也第一次实现合作。所有这些表明，民族运动较之第一次世界大战之前有了进一步发展，为战后民族运动高潮的到来铺垫了道路。

第一次世界大战结束后，英国殖民者自食其言，拒不兑现赋予印度自治的承诺，反而加强了对印度人民的压制。印度各界人士纷纷指责英国背信弃义，反英情绪空前高涨。印度政治形势具有了新的特点，新的形势需要新的斗争策略。甘地以其独特的非暴力斗争学说和策略，登上了印度政治舞台，吸引了亿万人民群众参加民族运动，从而掀起了战后初期印度民族运动的新高潮。

20世纪20年代初的第一次非暴力不合作运动中止后，印度民族运动陷入了低潮，民族主义力量发生了分解与重组。20世纪20年代后期，随着国际局势的变化和印度新力量的崛起，民族运动开始步出低谷，迎来了第一次世界大战后的第二次高潮。20世纪30年代初，甘地领导了一场新的、蔚为壮观的、较之第一次非暴力不合作运动规模更大、斗争更激烈的"文明不服从运动"。

随着1934年"文明不服从运动"的停止，印度民族运动阵营发生了新的分化。1935年英国政府颁布新宪法，即《印度政府组织法》，在印度实行省自治。省自治期间，国大党实行了一系列社会政治经济改革。围绕省自治，穆斯林联盟与国大党的关系空前恶化，导致穆斯林联盟走上分立主义道路，对印度独立运动产生了深远影响。

"退出印度"运动是印度独立运动洪流中的最后一次巨大浪潮，在印度现代史上占有重要地位。第二次世界大战全面爆发3年以来的英印矛盾的不断积累与激化，是导致"退出印度"运动的根本原因，而1942年8月9日的大逮捕是诱发"退出印度"运动突发的直接原因。"退出印度"运动经历了初期、中期和晚期3个阶段，每个阶段呈现出不同的特点。就爆发方式而言，"退出印度"运动是自发的；就其进程而言，则是有计划的；就动机而言，"退出印度"运动是非暴力的；就结果而言，则是暴力的。"退出印度"运动具有重大意义，它不仅宣告了甘地非暴力理想的破灭，更重要的是标志着印度在独立的道路上向前迈进了一大步。

第二次世界大战结束意味着印度民族独立运动决胜阶段的到来。1945年至1947年，民族独立运动在印度大规模展开，印度人民走向了追求自由的道路。所有民族主义组织都投入争取独立的行列，广大人民群众也积极发挥历史首创作用，以空前高昂的政治热情，投身于民族斗争的洪流，印度民族独立运动掀起了新的高潮，从而敲响了英国在印度殖民统治的丧钟。英国内阁使团计划的失败，证明使用宪政改革安抚办法对付印度人民已经不能奏效，而付诸军事镇压又力不从心。在内外交困下，为了避免自下而上的革命，打破印度教派纷争的政治僵局，英国殖民者被迫抛出《蒙巴顿方案》，和平撤出印度，印度于午夜获得新生。印度独立是20世纪最重要的国际事件之一，不论对印度未来发展，还是对世界被压迫民族革命，都具有不可磨灭的重大历史意义。

本书的撰写受教于我国世界史学界两位泰斗，即《世界史丛书》主编齐世荣先生和我的业师彭树智先生。彭先生和齐先生相继从北京打电话和写信，谆谆教诲写作任务和要求，对二位先生的信任与厚爱，深表感谢。能够承担《印度独立运动》一书的撰写，既是莫大的荣幸，也是厚重的责任。但愿摆到读者面前的这本书，不负两位先生的重托，不负出版社和读者的期待。

本书的撰写参考了国内外众多学人的成果，参见《主要参考书目》。特别要提到的是，林承节教授、培伦教授、Bipan Chandra 教授、Mridula Mukherjee 教授、Aditya Mukherjee 教授、K. N. Panikkar 教授、Sucheata Mahajan 教授的著作使笔者受益良多。在此，谨对各位专家学者表示最崇高的敬意和最衷心的感谢。没有他们的研究成果，就不会有本书的问世。

此外，北京师范大学出版社刘东明先生对本书的出版付出了巨大心血，在此深表谢忱。

本书是集体合作的结晶。具体分工如下：

尚劝余（华南师范大学外国语言文化学院）、尚沫含（美国明尼苏达州立大学教育学院）：前言、第五章、第六章、第七章、第八章、第九章、第十章、大事年表、主要参考书目、后记。

贾静雯（华南师范大学外国语言文化学院）：第一章。

黄琳茜（华南师范大学外国语言文化学院）：第二章。

龚一唱（华南师范大学外国语言文化学院）：第三章。

杨青（华南师范大学外国语言文化学院）：第四章。

作者才疏学浅，书中不妥之处在所难免，敬请读者批评指正。

尚劝余

2017 年 11 月

第一章 1857—1859 年印度民族大起义

19 世纪，在印度资产阶级启蒙运动如雨后春笋破土而出的时候，1857—1859 年印度民族大起义爆发了。这次印度民族大起义被西方称之为"雇佣军兵变"或"土兵起义"。它是印度历史上第一次由下层人民、土兵和部分王公贵族参加的全国性反英武装起义。卷入起义的地区占全印面积的 1/6，波及北印度、中印度和南印度的广大地区，涉及人数占印度人口的 1/10，时长 2 年多，达到了印度被英国统治以来不断发生的反英武装起义的高峰。起义沉重地打击了英国的殖民统治，有力地推动了印度民族独立运动的发展。这次起义是印度近代史上的重要转折点，是近现代印度民族独立运动的开端。

第一节 起义爆发的原因

大起义的爆发不是偶然的，有其深刻的历史根源和社会政治经济背景。直接促成大起义爆发的是英国新阶段的殖民政策。1813 年以来英国工业资本对印度的沉重剥削压迫使印度人民与英国殖民者之间的矛盾空前激化，英国殖民者实施的各种倒行逆施的政策使得印度社会各个阶层不满情绪普遍高涨，印度人民的强烈仇英情绪通过起义迸发出来。

一、英国殖民统治的强化

从 1757 年英国侵占孟加拉起，到 1849 年兼并旁遮普为止，经过差不多 100 年的征服，整个印度完全沦为英国殖民地。英国殖民主义者"像海绵一样从恒河边上吸取了财富,又挤出来倒在泰晤士河中"①。仅在 1757—1815 年这一时期,英国殖民者在印度所掠夺的财富已达 10 亿英镑。此外,东印度公司的贪婪掠夺,也帮助英国完成了原始资本的积累。印度大量财富外流,使英国很快完成了工业革命,成为世界上第一个资本主义工业强国,但在同时给印度带来了无穷的苦难和贫困。19 世纪中叶,田赋约占东印度公司总收入的 2/3。

随着英国工业革命的完成,工业资产阶级的成长,1813 年,英国议会通过的《特许状法案》取消了东印度公司 200 年来对印度贸易的垄断权。英国更加不择手段地大肆勒索印度劳动人民的财富,让它们源源不断地流入英国,并实行了保护英国资本的关税政策,使英国工业品潮水般地涌入印度,开始了英国工业资本掠夺印度的新阶段。

1833 年英国议会作出决定,准许英国人在印度经营种植园,这是把印度直接变成它的原料产地的开始。从 19 世纪中期起,英国资本开始输入印度。19 世纪后期,英国对印度的投资主要限于铁路、水利和种植园,其中以铁路为主。英国在印度建立了世界上最大的铁路网。铁路的建设始于 1848 年,它使农村和城市联系起来,农村的落后封闭状态被破坏,割据林立的土邦王国不再自成一体,政治上支离破碎的印度由铁路联结成一个整体。但需要明确的是,建筑这些铁路并不是为印度服务的,而是主要为英国工厂获取廉价的原料和销售工业品的方便而修筑的,因此,铁路所到之处,当地手工业中心迅速衰落,农村的贫困凋敝情况日益加剧。

二、农民手工业者陷入绝境

英国殖民政策新阶段的恶果到 19 世纪中期已充分显露。随着工业革命的发展,英国急需印度成为自己的商品市场和原料产地。在 18 世纪中叶前,手工棉纺织业是印度最具有"比较优势"的产业,不仅面向国内市场,而且也对国外出口。随着英国贸易保护主义政策的实施和

---

① [英]杜德:《今日印度》上册,黄季方译,北京:世界知识社,1953 年版,第 110 页。

英国工业革命的发展，印度城市的传统手工业工人丧失了国外市场，不仅如此，国内市场也受到英国纺织厂主的激烈竞争。英国的纺织机器几乎消灭了印度全部的城市纺织工人。马克思在《不列颠在印度的统治》中写道："不列颠人侵略者打碎了印度的手织机，毁掉了它的手纺车。英国起先是把印度的棉织品挤出了欧洲市场，然后是向印度斯坦输入棉纱，最后就使英国棉织品泛滥于这个棉织品的故乡。……不列颠的蒸汽机和科学在印度斯坦彻底摧毁了农业和制造业的结合。"①

昔日著名的纺织中心达卡，到 19 世纪 40 年代，人口由原来的 15 万锐减到 3 万，另一纺织中心贝拿勒斯到 50 年代至少有 15 万人成了无固定职业的赤贫工人。失去谋生手段的城市手工业者大批死亡。上千年曾经辉煌于世界的印度手工业从此一蹶不振。当时统治印度的英国总督威廉·班廷克面对工业萧条的局面说："商业史上这种悲惨境况是从未有过的，棉织工人的白骨使印度平原都白成一片了。"②

大量手工业者，有的被迫成为城市赤贫，有的则涌向农村，同被新地主兼并土地的破产农民一起，变成佃农，生活条件更加恶化。在如此残酷的境况中，印度农民痛斥："别看他们（殖民者）的脸白，可是他们的心黑！"英国殖民主义者的残酷掠夺，使印度经济破产，饥荒不断发生。这种情况在印度北部和中部尤为突出：1770 年的大饥荒夺去了孟加拉 1/3 居民的生命；1781—1824 年，马德拉斯发生了 5 次大饥荒；1812—1813 年和 1824—1825 年，孟买发生了严重饥荒；1803—1837 年，西北省发生了 7 次大饥荒。

为了适应英国工业资本对印度农业掠夺的需要，18 世纪末到 19 世纪初，在改组行政组织的同时，英国人也改变了印度的土地制度。在英国人到来之前，印度还未有近代意义的土地关系。印度社会虽然存在着依靠地租生活的柴明达尔封建土地所有制，但大部分土地是农村公社使用，土地不能买卖。1765 年东印度公司取得了代替莫卧儿帝国在孟加拉征税的代理征税权。开始时，派柴明达尔到农村中征税，

---

① 《马克思恩格斯选集》第 1 卷，北京：人民出版社，1995 年版，第 763～764 页。
② 季羡林：《1857—1859 年印度民族起义》，北京：人民出版社，1958 年版，第 5 页。

后来把征税权拍卖给出价最高的人。原来的柴明达尔多为农村中富人，拍卖后大多是城里的商人变成柴明达尔。税额由他们自己定。柴明达尔根本不考虑农民的生活状况，只关心收入的多少、盈利的高低。农民失去了传统农村公社的保护，生活状况恶化。

在摧毁了农业和手工业相结合的自给自足的村社经济的基础上，1793年，东印度公司先在孟加拉和比哈尔等地实行固定税额制，之后发展到北印度和中印度。固定税额制度承认柴明达尔是包税区的地主，农民则成为柴明达尔的佃农，这导致土地大量集中到富商手里，大土地私有制出现。此外，1818年英国又在马德拉斯和孟买管区，实行政府直接把土地租给农民的莱特瓦尔租佃制度，宣布农民是土地真正的主人，他们直接向东印度公司纳税，并且在西北印度实行了一种把整个村社作为向国家纳税单位的马哈瓦尔租佃制度。

以上几种土地制度，都是为了满足殖民者掠夺农民的需要。"在孟加拉，他们创作了一幅英国大土地所有制的漫画；在印度东南部，他们创作了一幅小块土地所有制的漫画；在西北部，他们又做了他们所能做的一切，把实行土地公有制的印度经济公社，变成了它本身的一幅漫画。"①在苛重税收体系的重担下，农民普遍陷入了债务罗网，沦为赤贫。在洛希尔坎德，经过强迫压制，1848—1856年实现了237388卢比的收入。无论是在什么情况下，政府只追求收入的提高、积累财富，尽管在极为不幸的灾难时期，也不会免征农民的税款。

英国殖民主义者把本国的土地制度移植到印度，导致农村公社破产，印度农民失去了农村公社的保护伞，陷入高利贷的罗网中。英国摧毁了印度原有的土地制度，建立了近代意义的土地制度。这个近代土地制度的确立，促使印度农业生产的商品化，为发展商品农业和资本主义创造了先决条件。但是即便如此，它的确立是以牺牲印度农民的利益、加重人民负担为代价的，使当时的印度农民的生活陷入了绝境。因此，英国在印度实行的土地改革使大量农民失去了土地，给印

---

① 《资本论》第3卷，北京：人民出版社，2004年版，第372页。

度农民带来了一场沉痛的灾难，这引起农民的强烈不满和骚动，起义浪潮的涛声此起彼伏。

三、王公地主惨遭剥夺

18 世纪英国征服印度时，境内土邦林立，殖民者为了侵略战争和巩固统治的需要，对被征服的土邦王公采取安抚政策，维护他们在土邦内的政治经济特权，以换取土邦王公的支持。

然而，好景不长，当英国基本完成对印度的武力征服，殖民统治得到巩固，尤其英国工业资产阶级极力把印度变成商品市场和原料产地时，殖民者开始损害封建地主利益，极力打破土邦的樊篱，把更多的土地置于他们的直接统治之下。1848 年印度总督大贺胥就直言不讳地表示："为了增加国库来源，为了扩大我们统治制度的一体化，就必须兼并土邦。"[①]他的兼并除了使用武力外，还提出所谓"绝嗣丧权原则"，即不承认没有男嗣的王公的立嗣权，老王公死后，其政治经济特权被剥夺，其领地被兼并。

在英国的土邦兼并过程中，出现了两次兼并高潮。第一批被兼并的土邦是信德（1843）和旁遮普（1849），英国殖民地疆域达到了防范沙俄南下的天然界线。另一批被兼并的土邦是贝拉尔（1853）和奥德（1856）。贝拉尔是理想的原棉供应地，奥德是理想的英国棉织品的销售市场。在这两次兼并高潮中对民族大起义影响最大的事件，是 1856 年对奥德土邦的吞并。

一方面，因为当时实力最强的孟加拉军的印籍士兵有 1/3 来自奥德，奥德被兼并伤害了这些士兵朴素的民族感情，使他们成为反英密谋活动的活跃分子；另一方面，当时奥德土邦的王公不仅没有绝嗣，而且他本人也没有死。英国对奥德的吞并纯粹出于政治需要，作为北印度最大、最富的土邦，英国殖民者早就垂涎三尺。

1837 年，奥克兰德总督与奥德王公签订的条约规定，如果奥德王

---

① Ishwari Prasad, S. K. Subedar, *A History of Modern India*（1740-1950）, Allahabad: Indian Press, 1951, p. 211.

公管理不善，英国就要出面干涉，为将来随时吞并奥德打下了埋伏。这样，1856年2月，大贺胥总督就以"治理不善"为借口，派出一支军队从康浦普尔北上进入奥德首府勒克瑙，迫使王公退位，把奥德变为英属印度的一个省。

到大起义爆发前夕，英国共兼并了10多个土邦，除了信德、旁遮普、贝拉尔、奥德外，还有章西、那格浦尔、萨塔拉等，领土约占当时土邦总面积的1/3，并取消了一批王公的年金和封号，甚至有名无实的莫卧儿末代皇帝巴哈杜尔沙二世也被告知，在他死后要取消皇帝称号，其家族要被赶出德里。

同时，英国殖民者还以清查免税土地持有者的合法资格为由，剥夺了新并土邦内的封建主领地和各种免税土地，仅1852年马拉特南部一地就有2万份土地被殖民当局没收。另外，还有一部分柴明达尔地主因完不成殖民者高得惊人的租额，也被剥夺了土地。此外，塔鲁克达尔也被剥夺了本来所拥有的一切权力和特权。在起义中心之一的奥德，大约有2.1万名塔鲁克达尔的财产被没收了，从而沦为赤贫，他们没有工作，没有收入，贫穷潦倒，受尽剥削，无颜乞讨，备感羞辱和痛苦，就想趁印度土兵起义的机会反抗英国的统治并重获他们所失去的东西。

英国殖民者的盘剥引起了印度封建势力上下层的不安，激起了他们的不满。其中有些人，特别是那些被兼并的土邦王公和失去土地的地主，参加并领导了后来的反英大起义。

四、印度土兵不堪其辱

印度土兵是印度民族大起义的突击力量，这种现象是以往起义中前所未有的。英国殖民者在征服和镇压印度人民的过程中，征募和训练了一支印度雇佣军，即所谓的"西帕依"或"土兵"。他们绝大部分来自破产的农民和手工业者，为了糊口被迫为殖民者卖命。

土兵队伍到1853年膨胀到23.3万人（英印军队共28万人），其中监视和指挥他们的英国官兵只有3.8万人。印度土兵分属孟加拉、孟买、马德拉斯 3 个军区。北印度和中印度属孟加拉军区，这里英印军队共 17 万人，内有土兵 13.7 万人。他们多来自西北省和奥德农民家庭。土兵跟他们的家乡保持密切联系，实为穿军装的农民。他们参加起义有着深刻的原因：

第一，印度土兵只能当低级军官。军队里的高级军官都是英国人，他们以主子的身份对待印籍土兵，印度人最高只能升到上尉。印籍土兵感到在英国人压迫下过着卑躬屈膝的日子，受尽民族歧视，在升职和优待方面受到不公平的对待。如赫尔姆斯所说："虽然他展露出海德般的军事才能，但是他知道他永远也没法获得一名英国中尉的薪酬。他也知道在 30 年的忠心耿耿的服役之后，他所获得的军衔也无法保护他免遭从英格兰过来的新海军少尉的粗野谩骂。"①

第二，印度土兵军饷被克扣。军队原享有战时额外津贴，但征服印度任务完成后被裁减。步兵团的每位土兵只能领 7 卢比的薪水，一名骑兵虽然能拿 27 卢比，但是他们还要把大部分的钱用来支付制服费和马匹的养护费。因此，一个印度土兵最终所剩的也只是 1 卢比或 2 卢比而已。

第三，印度土兵宗教感情受到伤害。英国官兵不顾印度教禁忌，伤害印度土兵的宗教感情。印度的种姓制度是印度社会特有的一种等级制度，它最早由雅利安人建立，主要依赖于印度教的维护，经过了几千年的发展、巩固和完善，种姓制度已经成为规范社会生活、保持生活稳定的一整套严密而有效的社会组织和调控机制，在一定程度上它为保持社会团结和稳定起了相当重要的作用。随着英国对印度占领进程的推进，英国殖民者大力攻击印度教体系，认为它"卑鄙"、"残酷"和"无法无天"，并开始在印度推行皈依基督教政策。

进入 19 世纪 50 年代，英国殖民当局的宗教歧视政策变本加厉。1850 年，殖民当局通过《丧失种姓资格法》，准许无财产继承权的印度人皈依基督教，便可获得财产继承权，以鼓励印度人改宗基督教。

---

① Bipan Chandra, Mridula Mukherjee, Aditya Mukherjee, K. N. Panikkar, Sucheata Mahajan, *India's Struggle for Independence*, *1857-1947*, New Delhi: Penguin Books, 1989, p. 34.

1856年，殖民当局又颁布了《普遍兵役征募法案》，取消了印度土兵原来的两种类别：一种是只在印度境内服役，另一种是可以去海外服役。这一法案规定所有的印度军队都有到海外服役的义务，这又触犯了印度教信条。

根据印度教种姓法规，人们不得过海，如果一过"黑水"就失掉种姓。而在种姓制度森严的印度社会里，尤其对高级种姓来说，失去种姓就等同于失去性命。故当殖民者将军队开往缅甸、阿富汗和中国作战时，有的团队拒绝执行命令。加之，军队中流传着基督教传教士勾结英国官兵，阴谋要印度土兵到海外受到玷污或被开除出种姓之外，从而迫使他们皈依基督教。一时间谣言四起。印度土兵惶惶不安，发生骚动。德里的一份公示揭露了英国殖民政府的宗教意图：众所周知，这些天来，所有英国人都在享受着如下罪恶计划：首先摧毁整个印度斯坦军队的宗教，然后迫使人们信仰基督教。

1857年，殖民当局用新式的后膛恩菲尔德步枪代替印度使用的老式的前膛步枪。新式步枪比老式步枪装弹和射击速度快，但却要求士兵在装填子弹前，用牙齿咬住子弹的前端，而新式子弹上涂有润滑油，这些润滑油不是猪油就是牛脂。这一事件再次践踏了包括穆斯林和印度教徒在内的印度土兵的宗教感情。

这一系列粗暴做法使印度土兵和英国人的紧张关系进一步加剧，大有一触即发之势。在印度土兵队伍中，流传着这样的话："我们，印度土兵，完全相信自己的刺刀，我们要让欧洲人滚下悬崖，让他们在大海里淹死。"因此，这些不满英国人欺凌和歧视，有组织、有武装的印度土兵，自然成为了民族大起义的先锋力量。

需要特别注意的是，印度土兵不仅仅是因为对上述情况不满而发动起义的。他们对英国统治也不抱任何幻想，他们想推翻英国的殖民统治。事实上，印度土兵只是"穿上制服的农民"而已，他们是印度人民的一员，是最具战斗力的一员。一名军官曾警告达尔豪斯总督，他的政策可能带来严重的后果："你的军队是由享有权利的农民组成的，一旦他们的权利受到侵犯，你就不能再指望这个军队能够为你效力了。

如果你冒犯了印度人民，军队势必会同情他们，因为他们是印度人民的一部分，每当你侵犯到某个人的权利时，你可能侵犯的是军队士兵的权利，因为遭侵犯的人可能本身就是士兵，或者是他们的儿子或父亲，抑或他们的亲戚。"[①]

因此，从多方面来看，可以肯定 1857 年的大起义不是一次偶然的兵变，而是英国殖民者 100 多年的残酷统治所激起的一场有各阶层人民参加的民族大起义。

第二节　起义的进程及结局

著名的涂油子弹事件和殖民当局的残酷镇压促成了起义的爆发。1857 年米鲁特印度土兵揭竿而起，标志着印度民族大起义的爆发。1857 年到 1859 年的印度民族大起义主要分为 3 个阶段：1857 年 5 月10 日到 8 月，是起义沿上升线发展时期；1857 年 9 月到 1858 年 4 月，是城市保卫战时期；从 1858 年 4 月起，起义转入游击战阶段。大起义中，广大群众支持起义军。1859 年 4 月，随着游击战中抗英领袖坦地亚·托比被出卖后英勇就义，轰轰烈烈的大起义宣告结束。

一、起义的酝酿

这次大起义经过了一定的酝酿。1856 年，印度各阶层人民反英力量迅速集聚，印度社会局面十分动荡。就在此时，英国对外发动了一系列侵略战争。这一年，它刚刚结束了与俄国争夺土耳其霸权的克里米亚战争，又在中国开始了第二次鸦片战争，同时进行波斯战争，这就不可避免地分散了英国的兵力，放松了对印度的戒备。在印度的许多战略要地，如孟加拉、德里和阿拉哈巴德等地，没有英军驻防，这为武装起义的酝酿提供了有利的条件。

起义前夕，在农村中秘密传递烤薄饼"恰帕蒂"，在土兵中传递红

---

① Harprasad Chattopadhyaya, *The Sepoy Mutiny*, *1857-A Social Study and Analysis*, Calcutta: Sri Satguru Publications, 1957, p. 1.

荷花，这是预示要发生大变动的信号。有些地方出现了秘密组织，也有少数串联活动，但并没有形成统一的组织。那么它究竟是一次有组织的、精心策划好的起义，还是自发性的起义呢？领导者的态度和发起的运动无法说明他们是有计划和共同策划的，若真的要说是的话，那么它是正处在萌芽时期。所以，我们只能说起义不是有领导有计划开展的，在很大程度上带有自发性质。

1857 年初，英印军队改用新式恩菲尔德来福枪，子弹包皮上涂有猪油或牛脂，使用时须用牙咬。印度教徒和穆斯林都认为这是侮辱自己的宗教感情。前者手捧恒河水，后者面对《古兰经》，发誓要把英国统治者赶走。1857 年 3 月，巴拉克浦尔的第 19 步兵团因拒绝使用这种子弹，遭到镇压，该兵团被解散。第 34 步兵团一个叫曼加尔·潘迪的士兵因击毙了英国军官被绞死，他所在的团队被解散。第 7 奥德步兵团也公然反抗军官，最终同样遭此命运，兵团被解散。5 月 6 日，在米鲁特，当局又因士兵拒绝使用此种子弹，逮捕 85 名士兵并判重刑。

屠杀吓不倒印度人民，潘迪的爱国行为鼓舞了人们的斗志，民族大起义的爆发迫在眉睫。在德里的英国官员已意识到这点：英国人正像生活在一座随时都会猛烈爆发的火山上一样。

二、米鲁特土兵揭竿而起

1857 年 4 月 24 日，米鲁特骑兵团的 85 名土兵，在训练中因拒绝使用涂油子弹，而被军事法庭审判。

5 月 9 日，驻扎在米鲁特的全部 3 个土兵团队在操场上集合。殖民当局的军事法庭当着全体印度土兵的面，以不服从命令罪判处 85 名土兵 8 年至 10 年监禁，并当场戴上手铐脚镣押送监狱。

英国人的这一举动目的在于杀一儆百，但实际上却进一步激起了印度士兵的民族仇恨。"他们已按捺不住满腔怒火，决定不等到预定的 5 月 31 日起义日期，而提前发难。"[1]

---

[1] 培伦主编：《印度通史》，哈尔滨：黑龙江人民出版社，1990 年版，第 376 页。

米鲁特

5 月 10 日早晨，土兵已做好起义准备，决定下午 5 点钟趁英国人在教堂祈祷的时候，米鲁特 3 个团的土兵同时行动，并派出代表前往德里联系。下午 5 时，骑兵团的土兵奔向监狱，米鲁特市民和郊区农民闻讯赶来助战。高大的监狱围墙被人群推倒，释放了被关押的 85 名战士和 700 名囚犯。

第 11 步兵团英国上校菲尼斯率兵前来镇压，他还没来得及发话，就被第 20 步兵团的士兵一枪从马上打下来。这时全城枪声大作，刚刚从教堂出来的英国军官和民政军官，不是被打死，就是躲在阴沟里。许多殖民者的住宅被焚毁。"杀死白种人"的呐喊声响成一片，电线被切断，铁路被封锁。驻在米鲁特的 1500 名英军也惶惶不知所措，直到当天深夜司令官威尔逊才集合一团龙骑兵赶到兵营。

但是，起义的 3 个团的印度土兵，在"打到德里去"的口号下，早已向古都德里进发了。英军没敢追击，只向空无一人的兵营中打了几炮后，撤回自己的营地。米鲁特被起义的市民和农民控制。就这样，米鲁特印度土兵起义的枪声，拉开了印度空前规模的民族起义的序幕。

三、德里起义政权的建立

德里起义政权建立的标志是莫卧儿帝国皇帝巴哈杜尔沙二世被起义军推上王位。但是，在当时的印度反英分子心中却有相对的两种呼声。许多印度人加入抗英运动的原因是因为他们希望恢复莫卧儿帝国或者马拉特帝国。东印度公司在 1853 年占领了章西地区。起义爆发后，该地区的女王拉克希米·巴伊发动暴力反抗。许多伊斯兰教徒因为宗教原因参加反抗运动。但是，一部分印度人不支持这次起义。旁遮普的锡克教徒对莫卧儿帝国恨之入骨，他们和英国人站在同一条战线。在奥德地区，逊尼派的人民不希望什叶派的莫卧儿复位。南部地区的印度人当时并没受到东印度公司的管辖，所以只是零星反叛，没有大的起义活动。

米鲁特距德里约 60 多千米。起义者经过一夜行军，骑兵团队在 11 日早晨抵达德里城下。之所以要来德里是因为这里是莫卧儿帝国古都，皇帝巴哈杜尔沙二世还在这里，起义者要拥立皇帝为领袖，号召全国反英。德里城内没有驻守英国团队，只有 9 名英籍士兵看守军火库。英国旅长黎伯勒上校所指挥的 3 个团驻军全是印度土兵。当英国军官率领印度土兵进行抵抗时，双方土兵一接触，立刻互相致意，把枪口共同对准英国军官，黎伯勒当场毙命。起义的德里军民打开城门，鸣炮欢迎米鲁特起义军进城；郊区农民也参加了进来。经过 6 天的战斗，起义军民除了军火库被英国士兵炸毁外，控制了整个德里市区，在红堡上升起了莫卧儿王朝的绿旗。

起义的士兵和农民虽然夺取了德里政权，但因为历史和自身阶级的局限性，他们没有提出明确的斗争纲领，只能以恢复旧的封建王朝作为目标。故起义军将当时已 82 岁的莫卧儿王朝的末代皇帝巴哈杜尔沙二世推上王位。巴哈杜尔沙二世与英国殖民者有矛盾。在大起义前夕，英国还企图取消他的皇帝称号，还决定减少他的赡养金。但是，人民的武装斗争也使他和贵族们感到害怕，一开始就表现出了他的阶级软弱性。他是英国东印度公司的依附者，享受着东印度公司给予的福利，他所拥有的只是这个强大的莫卧儿王朝的虚名而已。这位皇帝的"权力超不出宫墙范围"，"像家兔一样听其自然地繁殖着"。① 巴哈

---

① 《马克思恩格斯全集》第 9 卷，北京：人民出版社，1961 年版，第 227 页。

杜尔沙二世左右摇摆，无法作出决定，因为他尚未确定印度土兵的真正动机，同时对自己的能力也缺乏信心。当起义军冲进皇宫要求皇帝领导反英斗争时，他还私下告知英国人当下的德里事态，希望借助英军来驱逐起义军。但当他看到德里殖民政权被推翻时，这位封建势力的代表人物，被革命浪潮所携卷，不得已地由英国殖民者的傀儡变成起义者的傀儡。德里城的成功夺取和巴哈杜尔沙被奉为印度皇帝，对这一次的民族大起义起到了积极的政治意义，同时为起义军提供了一个重现皇城过去辉煌的机会。

5 月 12 日早晨，在起义军的迫使下，巴哈杜尔沙二世发布文告，宣布恢复莫卧儿帝国，号召全体印度教徒和伊斯兰教徒团结在一起进行反英"圣战"。接着，并任命米尔扎·莫卧儿为起义军总司令。起义土兵推选了一个由 10 人组成的军政管理委员会。其中，6 人是军队代表，步、骑、炮兵各 2 名，主管军事；另外 4 名系文职人员，主管民政事务。军政管理委员会是起义政权机构，实际上掌握了最高权力。它下设各种专门委员会，处理日常事务。所有司法和税收官吏，均由军政管理委员会任命。德里起义政权在与英国殖民者进行紧张艰苦的斗争条件下，实行了一些为人民谋福利、巩固新政权的措施：1857 年 6 月，决定城市贫民一律免税；7 月，下令取缔柴明达尔租佃制度；8 月，颁布了耕者有其田的法令。由于德里政权存在时间不足 4 个月，上述反封建措施没有来得及实施。尽管如此，德里起义政权的建立具有重大政治影响。它是全国的政治中心，是莫卧儿王朝的古都，是亿万印度人民心目中的民族自由的象征。起义军在德里建立政权，发布各项法令，无疑增强了起义的民族意义，使民族起义的烽火燃遍全国。

四、起义的迅猛扩展

成功夺取德里之后，短短的一个月内，起义逐渐扩大到全国各地，呈现烈火燎原之势。5 月 13 日费罗兹浦尔驻军起义，5 月 20 日阿里加军民起义，5 月 21 日白沙瓦驻军起义，5 月 30 日勒克瑙和巴莱利军民起义，6 月 4 日康浦尔和贝拿勒斯军民起义，6 月 5 日斋浦尔军民起义，6月6日章西和阿拉哈巴德军民起义。这样，随着一个接一个城市的起义，不到4个月，起义地区就囊括了几乎整个北印度和中印度的大片地区，包括西北省、奥德、洛希尔坎德、比哈尔和本德尔坎德。在这广大地区内，起义城市连成一片，殖民政权除少数据点外荡然无存，民族政权到处建立起来。在旁遮普、拉其普塔纳、马哈拉施特拉、海德拉巴和孟加拉，也有零散的起义发生。

起义者取得了一个又一个的胜利，控制了一个又一个的军事重镇以及广大的农村地区，先后形成了几个起义斗争的战略重镇。德里、勒克瑙、康浦尔、章西是起义的几个主要中心。德里是起义的心脏，皇帝在这里，这里就是起义的中央政权所在地。许多地方的印度土兵在起义后自动来首都会合，接受调遣。这里聚集的武装力量很快达到5万人。政权和军权最初都操在皇族手里。

勒克瑙是原奥德土邦首府，这里起义主要领导人是著名穆斯林学者、前奥德纳瓦布顾问阿赫默德沙。他反英态度坚决，被英当局监禁，勒克瑙土兵起义后被救出。5月30日勒克瑙爆发起义，驻奥德的英国殖民长官亨利·劳伦斯率部退入官邸堡垒负隅顽抗。到6月中旬，起义者基本解放了整个奥德城乡。奥德各地起义军源源不断向勒克瑙集中，堡垒中的英军在几路起义军的重重包围下，已成瓮中之鳖。7月3日，在起义军的猛攻下，亨利·劳伦斯身负重伤，翌日毙命。奥德起义胜利后，宣布恢复旧土邦王朝，因纳瓦布年幼，由其母哈兹拉特·玛哈尔摄政。起义军控制了奥德，对起义中心德里形成了一道东北屏障。

康浦尔起义领导人是那那·萨希布，他是前帕什瓦巴吉·拉奥二世的养子。他甘愿放弃家族的头衔，被驱逐出浦那市，之后他就生活在靠近康浦尔的地区。6月4日，康浦尔爆发起义，附近成千上万农民加入起义行列。英军司令胡格·韦勒带领残兵败将，退守城东郊阵地。6月6日，起义军开始围攻英军阵地。6月25日，陷于绝境的英军举起白旗投降，康浦尔起义取得胜利。7月30日，那那·萨希布加冕为马拉特联盟的帕什瓦（即首相）。他在助手坦地亚·托比的协助下，整顿队伍，维持城内秩序，准备与英军进行长期斗争。"那那·萨希布恢复帕什瓦称号对马拉特人有一定的号召力，在他们看来，这是恢复马拉特人国家的信号"①。

章西起义领导人是拉克希米·巴伊，她是已故王公的王后。6 月初，章西城内的印度土兵和贫民发动起义，占领军火库。次日，驻守章西的一个骑兵团队响应起义。6 月 5 日，拉克希米·巴伊率领自己的亲兵与起义土兵会合，向市区进

章西女王雕像

攻。英军退守堡垒进行顽抗，被起义军团团包围，最后被迫于 6 月 8 日投降。起义胜利后，拉克希米·巴伊宣布为章西女王，领导起义军民修筑工事，赶制武器，准备与英军血战到底。

从 5 月 10 日米鲁特首先发难到 8 月中旬，起义的烽火在印度迅速蔓延。仅仅 3 个月时间内，英国人在印度一百年的殖民统治几乎全部垮台了。英国殖民统治者面对这突如其来的形势惊惶万状。当时印度的英籍士兵只有 4 万人，驻扎分散，不足以镇压起义。当局赶忙从英国本土和伊朗调兵，并把正派往中国镇压太平天国革命的侵略军中途截回，同时征召尼泊尔和旁遮普封建主的军事力量。英国援军分成几路，向起义地区发起反扑。于是，英勇的城市保卫战开始了。

五、城市保卫战

1857 年 9 月到 1858 年 4 月是城市保卫战时期，这是大起义的第二阶段。英军反扑的重点目标是德里、康浦尔、勒克瑙、章西。

在德里，掌权的皇亲贵族并不认真组织防御，而是贪污腐化，克

---

①　林承节：《殖民统治时期的印度史》，北京：北京大学出版社，2004 年版；第 103 页。

扣军饷，向商人敲诈勒索。王妃姬娜特·玛哈尔、大臣阿赫沙努拉等还秘密通敌，充当内奸。起义土兵极为愤慨。7月，他们通过选举建立了新的政权机构——行政会议，由6名军队代表、4名文职人员组成，巴雷利起义土兵领袖、原炮兵上尉巴克特汗被推举为领导人。行政会议接管了德里政权，不顾贵族反对，采取了许多革命措施，巩固与群众的联系，加强防御力量，如惩治内奸（包括对通敌的王妃实行监视）、打击投机商、向富商征收特别税、取消盐税和糖税、给起义牺牲的战士5卢比加免税土地永远使用、宣布以后将废除柴明达尔制、保证"土地归耕种者"等，得到人民热烈拥护。起义土兵和行政会议还迫使皇帝巴哈杜尔沙二世免除皇子莫卧儿的总司令职务，改任巴克特汗为军队总司令，接管德里的防御指挥权。封建贵族不愿大权旁落，对行政会议和巴克特汗的工作竭力阻挠破坏，但只要被行政会议查获，给予惩治也毫不留情。在巴克特汗的指挥下，起义军不断袭击围城英军，使其遭到重大损失。从6月到7月，在不足两个月的时间里，英军换了4个总司令，致使他们包围德里3个月而不敢攻城。

但是，随着时间的推移，形势对起义军越来越不利。英军不断得到增援并拦击德里周围各路起义军，使德里日益陷于孤立无援的境地。城内粮食不足，起义军财政供应发生很大困难，各地来此的部队为款项分配时常发生纠纷，再加上起义军中的语言隔阂、宗教和种姓间的矛盾，来自四面八方的起义军大都各行其是，使起义军内部裂痕加深。皇帝参加起义本来就出于勉强，并一直与英国人保持联系，王公贵族同英国勾结，从内部瓦解起义军，逼走了大量起义战士。到9月初，德里城内保卫者只剩下1.2万人。9月14日，英军在做好充分准备后，分五路向德里发起总攻。在英军用重炮轰开城墙蜂拥入城后，起义军在人民支持下实行巷战。经过6天6夜反复争夺，英军死亡5000人，4名司令官中有2名被击毙，2名受伤。9月19日深夜，起义军在巴克特汗率领下撤出德里。皇帝巴哈杜尔沙二世没有接受起义军的随军突围劝告，被英军俘获。3个皇子当即被处死。皇帝本人被押往缅甸，1858 年死于仰光狱中。莫卧儿帝国至此寿终正寝。①德里陷落后，英军纵兵 3 天，烧杀抢掠，尸体枕藉，血流成河，德里变成一座死城。

勒克瑙起义

德里失陷后，起义中心转向奥德首府勒克瑙。从德里撤出的起义军集中在此。9 月下旬，一支英军突入城内，但被起义军围在里面。11 月中旬，英军总司令科林·坎贝尔亲自指挥援军，从康浦尔出发，进攻勒克瑙。经过 6 天激战，英军付出了极大代价，与城内被困英军会师。但市区仍控制在起义军手中。这时，坦地亚·托比率领的 2 万起义军与那那·萨希布的军队会师，攻占了康浦尔。11 月 24 日，坎贝尔匆忙率领军队从勒克瑙撤向康浦尔，双方展开激烈的争夺战。11 月 30 日，经过 6 天激战，坦地亚·托比战败，撤回卡尔比，康浦尔再次陷落。从此，勒克瑙与中印度起义军的联系被切断。1858 年 3 月，坎贝尔集中 9 万大军再次向勒克瑙大举进攻。起义军与敌人短兵相接，殊死战斗，抗击敌人 20 天之久，最后被迫撤出勒克瑙。勒克瑙陷落后，同样遭到英军的杀戮和洗劫，仅抢走的财物就达 600 万英镑。

1858 年 3 月，英军向大起义的最后一个中心章西发起进攻。22 岁的章西女王领导全城男女老幼奋起抵抗。坦地亚·托比率军从卡尔比赶来支援，在章西城郊遭到英军阻击，被迫撤回。援军撤退后，章西起义者的处境更加困难。4 月 3 日，英军突入城区。经过 2 天浴血巷战，章西女王身背养子，骑马率残部突破重围，直奔坦地亚·托比驻

---

① 尚劝余：《莫卧儿帝国》，西安：三秦出版社，2001 年版，第 342 页。

地卡尔比。4 月 5 日，章西陷落。至此，大城市都被英军夺取，起义军失去了斗争中心，武装斗争形式也随之发生了变化，由城市保卫战变为分散流动的游击战。

六、起义后期的游击战

从 1858 年 4 月起，起义转入游击战阶段。起义军失去全部大城市后，放弃了阵地战术，采取机动灵活的游击战术，在艰苦的条件下同敌人周旋，使英军遭到很大损失，对英国殖民统治仍然是一个严重威胁。从各沦陷城市撤出的队伍加上原来分散在农村的起义力量大约总共有 12 万人，他们分别在比哈尔、奥德和洛希尔坎德、中印度三个地区开展游击战，显示了印度人民的顽强斗争精神。起义后期，在奥德，有奥德皇后和那那·萨希布领导的起义军；在比哈尔，有昆瓦尔·辛格领导的起义军；在中印度，有坦地亚·托比领导的起义军。

1858 年 4 月至 5 月间，英国殖民者企图在雨季来临之前，调集大批人马，一举消灭奥德起义军的主力。5 月初，英军总司令坎贝尔集中兵力进攻奥德的巴莱利。当英军历尽艰辛赶到市郊，起义军早就撤走。而另一支起义军则乘敌军主力进攻巴莱利，后方空虚之机，一举攻克沙扎汗浦尔。当坎贝尔率军赶来援救时，起义军又北走穆汗逊。24 日英军跟踪赶到这里时，起义军早已无影无踪了。这样，由于奥德起义军转战各地，拖得英军疲于奔命，在起义军的不断袭击下遭到严重伤亡，英国人企图在雨季到来前消灭起义军主力的计划彻底破产了。

在比哈尔，由年已七旬的昆瓦尔·辛格领导的起义军于 1858 年初已从比哈尔深入到奥德的东南部，运用游击战术把来犯的英军打得一败涂地。[①] 4 月初，英军攻陷勒克瑙后，集中兵力进攻昆瓦尔·辛格的队伍。在敌我力量对比十分悬殊的情况下，昆瓦尔·辛格被迫向东撤退，在撤退过程中起义军运用神出鬼没的运动战，打得英军闻风丧胆。昆瓦尔·辛格在抢渡恒河的战斗中负伤，一只手被炮弹炸碎。据说在

---

① Bipan Chandra, Mridula Mukherjee, Aditya Mukherjee, K. N. Panikkar, Sucheata Mahajan, *India's Struggle for Independence*, 1857-1947, p. 39.

当时激战的情况下，老人来不及包扎，自己用刀把断肢砍掉，投到河里，作为献给这条圣河的"最后祭礼"。昆瓦尔·辛格虽然身负重伤，在撤回比哈尔途中的丛林中，仍旧指挥起义军与在后面追击的英军激战，使英军遭到重创。英军第 35 团剩下的 150 人，有 100 人被打死，格兰德将军和另外两名军官被击毙，所有的炮兵损失殆尽。英军士气低落，只有随军的锡克士兵还能坚持战斗。4 月 23 日，追击昆瓦尔·辛格的英军被打垮。第二天，昆瓦尔·辛格也因伤势过重，死在比哈尔根据地加德斯堡的王宫里。起义军由他的弟弟阿玛尔·辛格率领继续战斗，他在沙哈巴德地区建立了自己的政府，任命了官员、法官，甚至建立了监狱。起义政权一直存在到雨季过后。

在中印度，由坦地亚·托比领导的起义军，开展游击战的规模最大，坚持的时间也最长。4 月 4 日后，坦地亚·托比和章西女王在卡尔比并肩战斗。5 月 22 日，英军占领了卡尔比。坦地亚·托比和章西女王撤出卡尔比，于 6 月 1 日攻占瓜廖尔，在那里重整旗鼓，拥立那那·萨希布的侄子为帕什瓦，坦地亚·托比为起义军总司令。6 月 17 日，几路英军赶来围攻瓜廖尔。在瓜廖尔保卫战中，章西女王身先士卒，勇猛杀敌，不幸落马身亡，时年 23 岁。这位巾帼英雄的英勇事迹一直为印度人民传诵，成为鼓舞人民反英斗争的强大的精神力量。

同时，坦地亚·托比率军西撤到拉其普塔纳。大队英军不分昼夜跟踪追击，包围拦截，但坦地亚·托比的军队以机动灵活、行军神速见长，一天行军 90 千米。从 1858 年 6 月至 12 月半年中，这支起义军行程 1.5 万千米，牵着英军的鼻子东奔西走，一面巧妙地突破敌军的重重围堵，一面攻城略地，把英军拖得一筹莫展。最后，坦地亚·托比突入汉德希，当时他的部队只有 1800 人。由于长期跋涉和转战，士兵已疲惫不堪，给养不足，而英军又在西面挡住了去路，北面赶来追击的英军步步逼近。坦地亚·托比面对这种不利形势，决定转向北方，招募新兵，积蓄力量，准备继续战斗。

七、起义的失败

英军在雨季前消灭起义军主力的计划，在各地起义军游击战的打击下，已经彻底破产了。这样，英军不得不挨过雨季，于 1858 年 10 月开始对起义军大规模进攻。为了配合军事行动，在政治上采取了收买封建王公和地主的措施。11 月 1 日，英国发表了《维多利亚女王宣言》，宣布取消东印度公司，英王直接管辖印度，保证英国不再扩大英属印度的领土，并"像尊重自己的一切一样，尊重印度王公的权利、尊严和荣誉"①，允诺宽恕所有参加起义的封建主。这就使封建王公和地主，除了个别起义领袖外，纷纷投向英国殖民者的怀抱，从内部瓦解了起义队伍。

11 月初，英军总司令坎贝尔亲自指挥 3 路大军，向奥德南部的起义军进攻。起义军在内外敌人的夹攻下屡遭失败。12 月初，起义军残部在领袖班尼·马德赫率领下，分成小股流散到巴莱赤地区的农村里。而在奥德北部靠近尼泊尔边境地区，那那·萨希布和奥德王后玛哈尔仍然领导起义军进行艰苦斗争。由于奥德的大封建主大多放下了武器，起义队伍且战且退。12 月末，那那·萨希布率领部队在尼泊尔边境与英军展开一场殊死搏斗，余部进入尼泊尔境内的密林里。尼泊尔政府只准许收容奥德王后玛哈尔。这样，玛哈尔被终生软禁在尼泊尔王宫里，那那·萨希布死在当地的山林里，但是关于他仍然活着并回来领导人民斗争的传闻，在人民中流传了很多年。

在比哈尔，起义军于 10 月雨季过后，英勇抗击围攻根据地加德斯堡的 7 路英军，并在阿玛尔·辛格的率领下突围。月底起义军进入恺慕尔山区，斗争一直坚持到年末。

1859 年，在中印度，由坦地亚·托比领导的起义军的处境越来越困难了。由于奥德南部与北部以及比哈尔的起义军皆被镇压，各路英军都集中到中印度。他们改变了过去的穷追战术，采取步步为营的进逼办法，使起义军的活动范围越来越狭小。起义队伍内部王公地主在英国人的收买下，也纷纷倒戈叛变。部队的弹药和给养供应严重不足，作战连连失利。坦地亚·托比为了摆脱困境，决定从英德拉伽尔突围，

---

① 培伦主编：《印度通史》，第 386 页。

深入拉其普塔纳西北部。1859 年 1 月 21 日，起义军在行军途中与大队英军遭遇，在战斗中遭到严重损失，坦地亚·托比被迫隐匿到帕兰的丛林中。这时，跟随他的唯一的助手曼·辛格，一个混入起义队伍里的原瓜廖尔土邦的封臣，投降叛变。4 月 7 日，英军由曼·辛格带路偷偷摸进林中营地，起义者大都遇难，坦地亚·托比在睡梦中被捕，于 18 日在锡普里被绞死。坦地亚·托比遇难后，分散到各地的小股起义队伍把斗争一直坚持到 1859 年末。

第三节　起义失败的原因

历时两年之久的规模空前的民族大起义，被英国殖民者残酷地镇压在血泊里。大起义的最后命运是由所处的时代和参加起义的阶级的局限性所决定的。这正如印度历史学家班纳吉在《新编印度近代史》一书中所指出的：从这个意义上讲，大起义的失败不是偶然的，而是不可避免的。

一、绝大多数封建王公和地主站在英国殖民者一边

这次起义之所以失败，就全国来说，是因为封建王公和封建地主的绝大多数依然站在英国殖民者一边，竭力防止自己地区发生起义，并从兵力上、财力上支持英国统治者，使起义在范围上受到限制，使殖民统治者有可能把未起义的更广大地区变成镇压起义的基地，从四面八方对起义地区形成包围。

起义爆发后，一些封建主因其特权被剥夺，与殖民者发生矛盾而参加了起义，但在英国殖民者的收买政策下，除少数土邦王公外，多数都叛变投敌了。在英国的威胁利诱下，北印度的帕提亚拉王公、锦德王公、卡纳尔王公都把自己的资源交给殖民当局支配。旁遮普、拉其普塔纳的许多王公提供兵力帮助镇压。整个起义期间，从英国派来军队 11.2 万人，而征召的印度兵达 31 万人。巴哈杜尔沙二世本人对印度土兵不抱信心，他甚至和英国人协商，要求对方确保自己的人身

安全。大多数塔鲁克达尔只顾着维护自己的利益，他们中有一些人，如曼·辛格，见风使舵，哪边占上风就站在哪一边。

英国驻印总督坎宁(1856 年他取代大贺胥)承认，土邦王公起了溢洪道的作用。他心有余悸地说，如果像瓜廖尔、海德拉巴这样的土邦也参加起义，那么，汹涌洪水的第一个浪头就会把我们卷没。英军攻陷德里后，坎宁收到一封孟加拉王公、地主、大商人的贺信，有 2500人签名。大多数封建主及大商人支持殖民统治，给了英国统治者定心丸，使他们无后顾之忧，可以集中力量镇压起义。

正如印度历史学家所言："尽管起义者受到了人们的同情，但是整个国家并没有站在他们一边。商人、知识分子和印度封建王公不仅对起义漠然视之，而且积极支持英国人。他们在加尔各答和孟买多次组织会议，祈祷英国能够成功。虽然英国殖民者颁布了'无嗣失权'政策，但印度封建王公们仍然期待，与英国人站在一起对他们的未来更安全，因此他们慷慨地为英国人提供人力和物力。实际上，如果印度土兵能够得到他们的支持，他们会取得更好的战绩。"[1]

二、领导起义的封建王公和地主置下层民众要求于不顾

起义失败的内部原因，首先在于领导者封建主只追求恢复封建旧秩序，对下层人民改善经济地位的要求毫不考虑，使广大群众失望，斗争热情减退。

封建主参加起义的目的，从莫卧儿皇帝诏书、那那·萨希布给法国皇帝的信和奥德纳瓦布宣言这 3 份重要文件中便可看出。巴哈杜尔沙二世 1857 年 8 月发布的诏书提出，要恢复王公养嗣权利，归还被没收的王公领地，取消殖民政权对地主的种种勒索，被剥夺土地的柴明达尔凡参加起义的土地一律归还，维护和保障地主的尊严和荣誉，使每个地主都能全权统治其领地。还提出恢复大商人的地位，使手工业者重新为国王、王公和富人服务等。至于如何对待农民，则只字未提。

[1] Bipan Chandra, Mridula Mukherjee, Aditya Mukherjee, K. N. Panikkar, Sucheata Mahajan, *India's Struggle for Independence*, 1857-1947, p. 38.

那那·萨希布给路易·波拿巴的信中列举了英国殖民统治的罪行，其中大部分是讲印度王公的土地被剥夺、年金被取消，地主土地课税太重，地主及寺庙的免税土地被重新征税，干预印度教等。信中讲到，起义主要是解决这些问题。

奥德纳瓦布宣言在列举英国殖民者破坏印度人的宗教、荣誉、生命、财产 4 大罪行后特别提出，在英国统治下竟把印度上等阶级和下等阶级一样看待，上等阶级没有得到特别的尊重。

这 3 份文件表明，封建王公领导起义就是要在获得独立后，重建封建主阶级在政治、经济、社会、思想各方面的统治地位。正是在这种思想指导下，参加起义的大小封建主到处都是忙于抓权，夺回失去的土地和特权，对起义的下层人民则只是利用，从来不考虑如何改善他们的地位。

许多地区起义政权摊派的税收比过去丝毫未减，起义后和起义前看不到多大差别。只有像德里这样革命士兵和下层人民力量特别强大的地方，下层人民的愿望才在起义政权的政策上得到反映。

纵观整个起义政权，可以看到，起义力量内部存在着两条路线：德里行政会议的政策代表一条路线，较多反映下层人民的利益，可惜这种情况太少；另一条路线就是多数地区执行的单纯复旧路线，这条路线是领导大起义的封建主的路线，违背历史潮流，是行不通的。这里且不多谈，毕竟这只是他们的主观愿望。仅就现实而论，他们对下层人民群众改善自己地位的要求漠不关心，不可避免地会阻碍群众的进一步发动。已参加起义的群众对他们感到失望，未起义地区的群众看到起义不过如此，对于起义的积极性也骤然减退。这就是为什么起义像狂风暴雨一阵飘泼而下后，却突然停滞不前的根本原因。

三、各自为政，四分五裂

在印度大起义中，有 3 个起义中心：米鲁特、德里、章西，它们各成体系，缺乏得力的领导人，没形成统一领导，使得起义前后不能呼应，不能协调一致地打击英军。在 3 个起义中心之中，德里起义军声势很大，也建立了政权机构，但并未成为领导全国的中心，使德里保卫战成了孤军作战。以后在各地开展的游击战也是互不配合，结果被英军各个击破。

各地封建主虽说口头上都接受莫卧儿旗号，但内心里都各怀鬼胎，各有各的主意，各有各的算盘，都想在起义后扩大自己的势力。加之，他们各有部署，自成系统，平素既少接触，战士就更难相互为谋。这一切在起义的组织领导上就表现为各自以我为中心，消极防御，孤城自守，从来没有形成统一指挥。①由于没有统一的战略目标和技术配合，因而不能利用起义头几个月敌人无招架之力的有利形势，主动发起战略出击，扩大起义的范围和影响。这就给敌人以充分机会，重整旗鼓，全面发动反攻。

起义军在军事上采取单纯防御战略，使敌人掌握了主动。北印度各地的印籍土兵发动起义后，几乎同时向德里集结；德里失陷又一起向勒克瑙转移，而且均取守势。当时德里并不是英军要地，如北印度起义军不向德里集中，而向旁遮普的白沙瓦、孟加拉的加尔各答、西印度的孟买、南印度的马德拉斯等战略要地发起进攻，就可大量牵制敌人，使战局完全改观，由于起义军采取了单纯防御战略，使英军能调集兵力，进攻起义的中心地区，接连攻克德里、勒克瑙、章西，使起义失败终成定局。

四、军事技术力量对比悬殊

同英国殖民者的军事力量相对比，印度当时的军力较弱，这也是印度大起义失败的原因之一。

印度人用的是旧式前膛炮，在射程上远不如英国军队使用的新发明的后膛炮。此外，起义者严重缺乏武器。他们没有武器弹药，即使加上从英国兵器制造厂抢夺过来的武器弹药仍然不够，他们常常只能用剑矛对抗拥有先进武器的敌人。

---

① 林承节：《印度民族独立运动的兴起》，第117页。

英国人方面拥有广布各地的电讯系统，能够及时获悉和交换情报，决定行动方针；起义力量方面却没有这种条件，以致往往在得到情报时，敌人已经兵临城下。由于没有快速的通信系统，导致战争缺少协调。起义者无法知道他们同胞实力的强与弱，在同胞遇难的时候，无法及时来拯救他们，结果，每个人都是在孤身作战。

至于指挥官的军事素质和经验，更是难以相提并论。英国殖民者约翰·劳伦斯明确指出了这一点，他说如果起义军中涌现出哪怕一个有能力的领袖，英军必定会彻底失败。

此外，印度土兵中差不多有一半不仅没有参加起义，反而与英国殖民者一起攻打他们自己的同胞。在重新夺取德里的 5 个纵队的部队中，有 1700 名英国人，3200 名印度人。在攻克克什米尔门的部队中，有 6 名英国官员和军士，24 名印度人，在这 24 名印度人中，10 名来自旁遮普，14 名是来自阿格拉和奥德。

五、资产阶级置身起义之外

印度资产阶级改良活动家没有参加大起义。大起义前，资产阶级改良活动主要出现于孟加拉、孟买和马德拉斯管区，在北印度和中印度还没有出现。起义爆发后，资产阶级改良活动家既没有投身于北印度和中印度的起义，也没有参加他们管区个别地方的零星发动，他们的总体态度是，对起义者表示同情，但对起义本身表示公开反对，不支持、不参加反英起义，而是继续走自己的改良主义道路，充其量希望借起义的威力迫使殖民当局考虑资产阶级的改革要求。

在起义爆发 10 多天后，孟加拉《印度爱国者报》编辑哈里斯·钱德拉·慕克吉即发表文章，称起义为"伟大的民族事业"，说它"从一开始就获得了全国的同情"，"人民广泛参加和协助起义"。又说："没有一个印度人感觉不到英国统治给印度带来的深重苦难，这种苦难是与从属外国统治分不开的。在印度知识界中，没有一个人不感到外国统治限制了自己的前途和抱负。"《印度之友》报刊也登署名为"一个忠实的孟加拉人"的信，这封信也对起义表示同情。信中写道："青年孟加拉理解起义人民的心情，把起义看作是神对英印统治者的暴政的惩罚。"[1]

尽管对起义人民表示深刻同情，但对起义本身，资产阶级改良活动家普遍不赞成并持反对态度。这既有经济方面的原因，也有政治方面的原因。资产阶级改良活动家希望在英国统治下发展资本主义，担心起义会导致封建制度复辟，使历史发生逆转。资产阶级新兴力量自身的利益是和英国统治及印度的资本主义发展方向联系在一起的，维护英国统治在他们看来就是维护资本主义发展方向，也就是维护自身现实利益和未来利益。

宁要英国统治，不要封建主复辟，这是资产阶级改良活动家的基本原则。这种立场使他们置身起义之外，并公开反对起义，客观上为殖民统治者起了减压作用。

第四节　起义的性质

关于这场大起义的性质，由始至今一直存在不同看法。主要有"兵变或封建王公叛乱"、"民族起义或民族独立战争"、"中间观点"3 种不同看法。

一、兵变或封建王公叛乱

英国殖民当局以及持殖民主义和帝国主义观点的学者，通常将1857—1859 年印度大起义视为兵变或封建王公叛乱。

最早把它说成兵变的，是英国内阁印度事务大臣斯坦利。他在大起义爆发后向议院报告时就定了这个说法。目的很显然，就是为了要抹杀这个重大事件的政治意义和民族性质，掩饰印度人民与英国殖民统治者的尖锐对立。

当时有些政治人物虽然认为兵变一说不能概括事件全貌，但也只把它说成封建王公和军队的共同叛乱，至多承认有群众参加。迪斯雷

---

[1]　林承节：《印度民族独立运动的兴起》，第 119～120 页。

利哗众取宠地将其称为"民族起义"，但实质上仍是指封建主煽动的有群众参加的叛乱。他们这样做，都是为了尽量缩小和冲淡起义的政治影响。

英国御用学者后来就这次起义写了不少大部头著作，虽说是打着学术研究的招牌，其实也同样是在鼓吹这一论调。其代表作包括希尔顿的《印度兵变》、凯伊的《印度土兵战争史》、凯伊和梅尔逊的《印度兵变史》等。这些书都千方百计美化英国统治，把起义的原因说成是：当局实行的进步的行政改革和军队制度的改革，遇到了印度各种落后保守势力的抵抗，少数心怀不满的贵族分子与僧侣利用涂有子弹的荒诞故事，煽动土兵为他们火中取栗。

总之，这种观点颠倒黑白，把英国殖民统治说成是进步力量的代表，而把印度人民的一切反抗都说成是落后势力的垂死挣扎，是旧印度的最后哀鸣。这一派的观点至今没有多大变化。近年来出版的新的论述起义的著作在提法上虽有差别，但本质相同。英国御用学者写的印度史基本上都是这种格式，一些其他西方国家的学者也大致同此观点。

二、民族起义或民族独立战争

马克思最先对这一事件作出了民族起义的判断，列宁也称这次起义为印度土人反抗英国的起义，印度革命者把这次起义称为第一次印度独立战争。

马克思是在起义爆发不久得出这个结论的。除了讲到印度土兵和封建主参加起义外，他还特别指出："像孟加拉军内部所发生的那种广泛的密谋，没有当地居民的暗中同情和支持，是不可能那样大规模地实现的。这一点是显而易见的，就如同英国人在筹措军队给养品和运输工具方面所遇到的巨大困难……说明农民对他们没有好感一样。"[①]可见，马克思讲的民族起义是指包括广大下层人民群众参加的各阶层

---

① 《马克思恩格斯全集》第 12 卷，北京：人民出版社，1962 年版，第 285 页。

共同的反英起义。

印度秘密革命组织活动家维·萨瓦尔卡 1908—1909 年写的《1857年独立战争》一书，把这次起义称为第一次印度独立战争，指出它是印度全民族共同进行的革命战争，高度估价其进步历史作用。他是最早认为这次起义实际上是民族起义的印度人之一。现在在印度已有不少学者持这种观点，我国学者也都持有这种观点。

三、中间观点

还有一种介于以上两种观点之间的中间观点，其论断又各不相同。

印度学者中有许多人的看法属此类型。有的认为它前期是兵变，只是在发展过程中，在局部地区才转变为群众起义；有的认为它具有起义性质，但又说它是"封建主的变乱"；有的同意它是独立战争，但不同意把它称为民族起义或民族独立战争，认为当时印度没有形成为民族，谈不上受民族主义感情的鼓舞；还有的认为，起义未扩及全国，故不能称为民族起义。

在论及起义原因时，这一类观点与前述第一类观点不同，大都认为起义是由英国殖民者的剥削压迫政策造成的，对起义的正义性基本肯定。但对其客观作用的估价，则随着对其性质判断的侧重点不同而有很大差异，有基本肯定的，也有基本否定的。

四、小结

以上 3 类观点，抛开第一类不谈，后两类中究竟哪一类更符合历史实际？林承节先生认为应该是前一种，也就是"民族起义或民族独立战争"。林承节先生认为，断定这次事件为民族起义是有充分理由的，并对此进行了深入剖析。

民族起义是指各阶级（不一定全部）共同进行的以推翻外国统治为目标的起义。它是民族矛盾的总爆发，在近代，通常发生在殖民地，在半殖民地一般没有民族起义，只有抵抗外来侵略的民族战争。殖民统治者不只是压榨人民，也损害某些封建主的利益，在一定条件下，会促使他们和下层人民一起结成统一战线，共同发动反殖起义。当我们把一个起义称为民族起义时，当然也考虑到它的规模，不过一个起义的性质并不决定于规模，而是决定于它所解决的矛盾。

印度大起义就是这种情况。殖民政策的新阶段打击了农民和手工业者，也损害了印度土兵和部分封建主的利益，这就促使他们联合起来。封建主看到，要恢复自己以往的地位就要赶走英国统治者。下层人民则认为，只有恢复自己国家独立，自己的经济地位才能改善。土兵反映了下层人民的要求，另外他们所受的歧视也使他们向往独立。这样，尽管有不同利益，在赶走英国人、恢复独立这点上是一致的。斗争的进程正是围绕这个总目标进行的：摧毁殖民政权，建立民族政权；老地主、农民分别夺回被兼并土地，而不是一般地反对封建势力；打击买办商人高利贷者，认为他们是英国剥削印度人民的帮凶。

这种民族起义在当时由封建主领导是由起义性质本身决定的。起义既以恢复独立为目的，既是由下层人民和封建主进行，还保有政治势力的封建主就比下层群众有更好的条件掌握领导权。在这种起义中，下层人民并不要求建立自己的政权，当时的主要矛盾不是农民与封建主的矛盾。如果要建立农民政权，封建主就不会和他们结盟，也就不会是民族起义的性质了。

一些学者以印度当时还没有形成民族为由，反对民族起义的说法，这是只把资本主义民族看作是民族，把民族和民族发展的资本主义阶段混为一谈了。

马克思主义认为，民族是个历史的范畴，不同时期有不同内容。马克思在论述中国和印度的著作中，不止一次地把这些国家的人民称为"东方民族"、"古代民族"、"比较不进步的民族"、"资本主义前的民族"。恩格斯也曾仔细观察印第安人和雅典人怎样由部落发展为民族和国家的过程。因此，马克思和恩格斯并不认为资本主义出现前就没有民族存在。他们认为民族是个发展过程，在资本主义出现前是前资本主义的民族。[①]

斯大林提出了著名的民族定义：民族是人们在历史上形成的一个共同心理素质的稳定的共同体，把关于民族的研究推进了一步。但他认为民族形成只是资本主义上升时代的历史范畴，这就把民族的范围狭窄化了。所以他提出的民族定义主要是指资本主义时期开始形成的民族。

资本主义的民族在19世纪中期的印度确实还没有形成，当时还正在朝这个方向发展。但是不能因此就说，印度当时根本没有形成民族。事实是，在英国入侵前，印度已经形成一个多民族国家。关于封建主义民族形成的要素，斯大林的民族定义同样是适用的。当然，如果和资本主义民族相比，无论就哪一个要素说，封建主义民族都远不如资本主义民族成熟，这也就是它的成员民族观念薄弱，它本身时常发生分裂的原因。但是在一定条件下又会重新组合，重新由分裂走向统一。

19世纪中期，印度社会经济条件已经和英国入侵前有很大不同了，外国资本的统治，民族资本主义结构的出现，使印度民族开始向形成资本主义民族的方向发展。但是，这个发展是不平衡的。在北印度和中印度，资本主义结构还鲜少出现，老的封建主还有相当势力，保留在人们头脑中的封建主义观念还很强，因此，在这里，各阶级的仇英情绪最后爆发为由封建主领导的民族大起义就是很自然的事了。

这次起义之所以打出恢复莫卧儿帝国的旗号，其推动力就来自一种封建的民族主义观念，这种观念不仅存在于封建主身上，也存在于人民群众中。革命士兵和下层人民最先推出莫卧儿皇帝，固然是出于动员全国力量的策略考虑，但不能否认，这也反映了他们的一种观念，即认为只有封建君主才有资格号令全国，只有恢复莫卧儿皇帝权力，起义才名正言顺。这不正是封建民族主义的观念吗？至于起义的封建主，封建民族主义本来就是属于他们的思想体系，所以当莫卧儿旗号打出后，许多人很快接过来，宣布他们在本地区建立的起义政权是莫

---

① 　林承节：《印度民族独立运动的兴起》，第112～114页。

卧儿地方政权。不能认为他们都出于真心，但他们这样做，一则是顺应革命大势，二则也因为封建民族主义观念是封建主的思想武器，紧紧抓住这个武器，不但利于完成实现民族独立的任务，也利于掌握群众，驾驭局势，确保封建主从起义中得到最大好处。这样，莫卧儿的旗号就成了这次起义的主要旗号，封建民族主义也就成了这次起义的指导思想。

可见，这确实是一次民族起义，也有民族主义感情的鼓舞。不过由于受当时印度社会经济条件的制约，这种民族主义还是封建主义的，和资产阶级的民族主义不同。起义者当时还提不出建立资本主义社会的目标，而只能提出恢复莫卧儿王朝的统治。然而，封建民族主义也是民族主义，在这种观念指导下的起义也是民族起义，目的也是要恢复祖国的独立，在这点上和资产阶级民族主义又没有什么不同，这是不能不承认的。"只有把握住这个本质，才能对起义本身的各种现象，对它的结局和作用作出恰如其分的分析"[1]。

第五节 起义的特点

以往印度的反英起义虽然连绵不断，但是它们所触及的范围狭窄，目标也很有限。这次起义与一个世纪以来的印度下层人民与部分封建主的武装斗争没有什么本质上的区别，仍然属于旧式起义，但是却有许多新的重要特点和发展。林承节先生就此也进行了精辟的论述。

一、以恢复全印度独立为目标

这次起义不再像以往封建主领导的起义那样，只谋求恢复个别王公的独立，而是以恢复全印度的独立为目标。

有意义的是，在这方面起了最积极的推动作用的是革命的土兵。正是他们推出了莫卧儿皇帝，打着他的旗号，号召恢复全印的独立与

---

[1] 林承节：《印度民族独立运动的兴起》，第 115 页。

统一。各地起义的封建主响应这个号召，有些是出于真心实意，有些至少表面如此。

起义者这时之所以有这样的眼光，是与英国征服印度已完成、印度已经直接间接处于英国统治下的事实是分不开的。革命土兵和下层群众向往恢复独立，但决不希望再出现诸侯割据、战乱不已的局面。至于封建主，许多人也看到统一是大势所趋；此外，以往的斗争失败的教训也使他们认识到，只有提出全局的反英目标才能动员全国的力量共同进行斗争。

这次起义所以显示了以往任何起义不能比拟的威力，首先就是因为有了这个全局性的共同目标。

二、土兵与民众一同起义

印度土兵和人民群众一同起义，给起义带来了某些革命民主主义因素。以往士兵哗变的事曾不断发生，可以举出的就有近 20 次。但它们只是一个个孤立的兵变，和人民群众鲜有联系。

这次土兵大起义是和人民群众一起起义。有些地方是土兵先起义，人民群众响应；在另一些地方，是人民群众先发难，土兵积极参加。有些土邦的封建王公竭力压制起义，如瓜廖尔的信地亚，但军队还是挥戈而起，王公不得不抱头鼠窜。

马克思早就预言，英国当局建立土著军队的同时，也就组织起了印度人民过去未有过的第一支核心的反抗力量。事实确实如此，印度土兵为这次起义提供了有组织的武装力量。

孟加拉军区印度土兵共 137571 人，其中约有 7 万人参加了起义，另有 3 万人左右在暴动之前被解除了武装，北印度殖民军队几近全部瓦解。正如菲尔契特所说：孟加拉军队的所有骑兵团，18 个非正规骑兵团的 10 个，74 个步兵团中的 63 个，从登记簿上最终和完全地消失了。马克思也讽刺地说道：50 个孟加拉团已不复存在，孟加拉军全军覆没。

土兵参加起义，把统治者的武装力量转变为人民的武装力量，弥补了下层群众缺乏军事训练和武器的缺陷。

大量土兵参加起义，还为起义带来革命民主主义因素。土兵虽然多数来自农民，但因为接触西方思想影响较多，在转到革命阵营后，一般眼光较为开阔。有些军官和土兵有一定的民主主义观念。他们需要莫卧儿皇帝作旗号，但决不想由他来恢复封建专制统治。事实上，不过是要借用他的名义，并不把他这个皇帝放在眼里。因此，当德里的皇亲国戚、宫廷权臣置大敌于不顾，漠视人民疾苦，一意以权谋私时，他们不能容忍，就把德里的行政和军事大权夺到自己手里。

德里行政会议采取的措施，体现了下层人民的革命要求，也反映了西方资产阶级民主思想的影响。尤其能说明后一点的是他们对皇帝的态度。据宫廷史家记载，皇帝经常抱怨说，行政会议通常是先通过决议，然后让他在既成事实面前签字认可。还抱怨说，土兵穿着军靴随意进出宫廷，骑兵经常把马拴在宫院内，尤其是，有些土兵跟他说话竟用"老头儿！听着"一类的言词，甚至拍他的肩膀，捋他的胡须。皇帝敢怒不敢言，只好自悲自叹。[1]

这表明在革命土兵心目中，皇帝早已不再是神圣偶像。由革命土兵代表的这种革命民主主义虽不能说是这次起义的主流，至少也是其中的一种倾向。它对封建主恢复封建秩序的企图起到某种制约作用。

三、印度教徒与穆斯林并肩战斗

在这次起义中，印度教徒和伊斯兰教徒打破宗教壁垒，并肩作战，实现了战斗中的大团结。

起义是由涂油子弹事件直接引起，表明印度人民的宗教感情是十分强烈的。英国殖民者曾心存侥幸，以为宗教隔阂能阻止印度教徒和伊斯兰教徒实现任何有意义的联合。然而，与殖民者的愿望相反，起义爆发后，起义参加者无论属何宗教，无论是土兵还是普遍群众，都自觉捐弃前嫌，团结一致，共同战斗。19 世纪中期，亚洲各国人民起

---

[1]　林承节：《印度民族独立运动的兴起》，第 107～108 页。

义一般都披着宗教外衣，印度大起义却自觉减少宗教色彩，这是很引人瞩目的现象。

宗教团结表现在：最早拥立莫卧儿皇帝恢复权力的米鲁特和德里的军队主要组成并非是穆斯林，而是印度教徒；莫卧儿旗号不但伊斯兰教封建主能接受，某些印度教封建主也接受，他们把前一段诸侯割据中明显带有的争夺未来宗教统治权的考虑暂时搁置一边；巴克特汗掌握德里军政大权得到印度教徒、伊斯兰教徒士兵和群众的共同支持；德里行政会议通过的决议三令五申禁杀母牛；"圣战"口号被解释为只适用于对英国人；当德里被围、处境危急时，莫卧儿皇帝向拉其普塔纳、北印度和旁遮普的一些印度教、锡克教王公呼吁共同抗英，并提出必要时可以把王位让给他们。

在宗教感情如此强烈的印度，印度教徒和伊斯兰教徒能够忘却了他们相互间的仇隙而联合起来反对他们共同的统治者，这实在是英国统治以来印度民族解放史上值得骄傲的一页。

四、具有反封建性质

这次印度民族大起义，不光具有反对殖民主义统治的性质，而且具有一定的反封建主义的性质。

在起义的广大农村地区，凡有英国蓝靛和咖啡种植园的，其代理店都被捣毁。农民和手工业者还到处自发地组织起来，驱逐英国殖民统治者扶植起来的兼并他们土地的新地主，收回被夺占的土地，打击商业高利贷者，焚烧他们的账册契据，形成红色恐怖。这就使反英起义从摧毁殖民政权，进一步发展到在农村打击它的经济支柱。

官方文件承认，兼并农民土地的新地主、商人高利贷者到处都被起义者等同英国人看待而加以打击。例如在阿里加，拉其普塔纳农民在贾特人帮助下，进攻凯尔，夺取并捣毁了许多机关建筑物以及商人、高利贷者的住宅，许多人因恢复了先前失去的土地而心满意足。不过，农民只是夺回自己原来被兼并的土地，至于原来属于老地主的被兼并的土地，与反殖斗争的方向一致，一般不属反封建范畴，但农民夺回自己的土地则具有反封建性质。

所以，大起义也并非没有反封建内容，不过不是反对整个封建势力，而只是反对地主阶级中那个依靠殖民政权撑腰最肆无忌惮地掠夺农民土地的阶层。"总之，这次起义虽未超出旧式起义的框框，却是旧式起义发展最充分的体现，而且上述有的特点已经跃出旧框框，带有某些新型斗争的因素"①。

第六节　起义的意义

1857—1859 年规模空前的印度民族大起义是一次由封建王公领导的，以印度土兵为重要力量和广大人民参加的民族大起义。它虽然以失败告终，但历时 2 年之久，席卷了印度 1/6 地区，有 1/10 的人口卷入了这次斗争。印度人民的英勇斗争沉重打击了英国殖民者，唤起了民族意识的觉醒，鼓舞了印度人民和世界被压迫人民的斗志，加速了印度社会发展进程，具有重大历史意义。

一、推动了印度社会的发展进程

1857—1859 年民族大起义，促进了印度社会的发展进程。在大起义的打击下，英国殖民者暴露了在印度统治的不稳和腐败，迫使英国采取某些多少符合当时社会发展要求的改良措施。

1858 年 8 月 2 日，英国议会通过《改良印度管理法案》，决心解决多年来一直僵持的关于撤销东印度公司的问题，把对印度的统治权从东印度公司手里转移给帝国政府。尽管这一举措仅仅是殖民统治形式的改变，但事实上毕竟有些改进，因为东印度公司只顾劫掠，不问国家治理。

同年 11 月 1 日，印度总督坎宁宣布女王的宣言，表示对印度实行宽容政策，不再扩大英印领土，尊重王公权利，尊重印度传统习惯，

---

① 林承节：《印度民族独立运动的兴起》，第 110 页。

宣称不论种族、宗教和职业，每个人都能根据自己的教育程度、能力和廉洁，自由而公正地赋予国家职务。并且，为了保证这一机会均等权利的实践，通过了《印度文官法》，规定每年在伦敦举行文官考试，面向社会公开竞争，择优录取印度文官。

1861年，英国议会又通过了《印度参事会法案》，该法案扩大了中央立法会议附加成员名额，其中一半是非官方人士；规定各省建立立法会议，吸收印度地主、资产阶级、知识分子参加。这个法案部分吸纳了民族资产阶级提出的参职参政的政治要求，当时的资产阶级领导人称这个法案为"印度近代宪政改革的开端"。

促使英国人开始宪政改革的主要原因，固然是资产阶级民族斗争的结果，但这次民族大起义在其中的影响是不可抹杀的，大起义在客观上多少造成了一些有利于印度民族独立和资本主义发展的形势。

此外，英王接管印度后，出于进一步巩固其统治地位的需要，不得不采取一些建设性措施，如1859年颁布的《孟加拉地租法案》，推行于比哈尔、阿格拉和中印度，对佃农的权益有所保护，这是对佃农（主要是上层）作出的某些让步。同时加强以英语为基础的西方教育，加快了铁路、港口和通讯设施的修建。这一切对印度社会的发展都是有积极意义的。

二、树立了反英斗争的传统

1857—1859年印度民族大起义虽然高举的是封建民族主义旗帜，但是对英国殖民者的打击是前所未有的，它显示了印度人民的巨大威力，鼓舞了人民的反英斗争，把争取印度独立的斗争不断推向前进。

大起义后的1860年孟加拉农民起义和1857年德干农民运动，可以说是此次反英斗争的延续。尽管英国殖民者对这次大起义竭尽歪曲诬蔑之能事，企图抹杀大起义的民族性质和政治意义，但大起义的英雄业绩一直在人民中间传颂着，在大起义斗争过程中形成的民族团结意识，尽管是朴素的前资本主义的，但它在迅速成长着。

诚然资产阶级改良主义者对大起义不支持，大起义却加速了印度民族的觉醒，提高了人民的爱国主义的觉悟。赶走外国侵略者，恢复印度独立的思想第一次提出并传播到民间，大量反英斗争的英雄事迹和英雄人物的故事广泛流传，在群众中播下了革命的种子，留下了反英斗争的革命传统。正是大起义之后，资产阶级运动中出现了小资产阶级革命民主派。有了这个派别的出现，印度的资产阶级民族改良运动后来才转变为民族革命运动。

另外，大起义后，英国改变了过去对资产阶级宪政改革要求和印度民族运动一味镇压的态度，而是采取较为灵活的一点一滴的让步措施。1885 年国大党的成立，就与英国殖民者惧怕再爆发全民族的武装斗争分不开。例如，总督参事会成员乔治·奇斯里就公开说："一味用镇压的办法对付印度的民族运动是不行的，那只会加强印度人和土兵的不满，说不定哪一天又会爆发另一个 1857 年。"[1]

总之，1857—1859 年印度民族大起义树立的反英斗争传统，在客观上推动了后来的民族独立运动的发展。这正如印度史学家指出的，从军事意义上说印度失败了，但从政治意义上说，印度通过维护精神自由的权利赢得了自己的目标，这种精神自由最终导致印度政治独立。

三、支持了亚洲其他国家的反英斗争

1857—1859 年印度民族大起义，还对亚洲某些国家的历史进程产生了深远的影响。

当时英国正以印度为基地对亚洲许多国家进行扩张侵略。大起义爆发后，打乱了英国对外扩张的战略部署，起义军消灭了大量英国军政人员，消耗了英国巨大财力，仅军费一项英国就支付了 4000 万英镑，引起殖民当局严重的财政危机，大大削弱了英国的实力。

英国为了镇压印度民族大起义，匆忙结束波斯战争，从缅甸、阿富汗和锡兰抽调殖民军队，这在客观上延缓了英国对这些亚洲国家的侵略进程，有力地支援了这些国家的斗争。

---

[1]　林承节：《殖民统治时期的印度史》，第 111 页。

　　印度民族大起义对中国的影响是相当显著的。英国殖民者为了加快扑灭印度民族大起义，在新加坡截回了开往中国进行第二次鸦片战争的远征军和威胁太平军的侵略军队，这无疑对于太平天国革命运动的发展是十分有利的。由于印度人民反抗而挫伤了殖民者的力量，客观上也推迟了英国发动第二次鸦片战争的时间表，从而减轻了对中国的威胁。

　　这次大起义对日本的影响更加显著。由于印度人民大起义、中国太平天国运动和伊朗巴布教运动，削弱了欧美列强在侵略东方最后阶段（侵略日本）的气焰，使欧美列强吸取了教训，并使其政策有所放缓，这成为日本"倒幕"、"维新"胜利的条件之一。日本进步史学家井上清曾说："东方各族的反侵略战争，客观上帮助了日本的自由与独立。"①

　　因此，1857—1859年印度民族大起义的重要意义不仅限于印度国内，从更大范围说，它和中国太平天国运动、伊朗巴布教徒起义、日本明治维新一起，构成了亚洲殖民地半殖民地反殖反封的第一次革命风暴，显示了亚洲人民不甘心受奴役的英勇反抗精神。1857—1859年印度民族大起义无论从印度本身来看，还是对其他国家的影响来看，都是亚洲民族运动史上极其重要的一页。

　　综上所述，1857—1859年印度民族大起义具有重大而深远的历史意义。对印度而言，它是印度人民第一次的全国性反英起义。它充分展现了印度人民为了维护民族尊严，争取民族独立，英勇抗击殖民者的决心和勇气。对英国而言，它沉重打击了殖民者，迫使英国殖民当局不得不改变统治策略，在一定程度上遏制了英国对亚洲其他地区的侵略活动。对亚洲而言，它是19世纪中期亚洲民族运动高潮中的一个重要组成部分。

---

　　① ［日］井上清：《日本现代史》第1卷，北京：生活·读书·新知三联书店，1956年版，第210页。

第二章　国大党的诞生及早期活动

19世纪70—80年代印度民族资本主义获得初步发展，资产阶级队伍逐渐壮大，推动了印度资产阶级运动的重大发展。为了适应新的斗争形势的需要，将分散的民族主义组织团结和统一起来的要求越加迫切。在各地活动家和组织的努力下，1885年12月成立了全国性政治组织——印度国民大会党，简称"国大党"。国大党是印度资产阶级的政党，它的诞生标志着资产阶级已经走上历史前台，成为印度民族运动的领导者，同时也标志着印度民族运动由分散走向统一，由地区性运动发展成为全国性运动，为印度民族运动日后的进一步发展开辟了新的前景，标志着印度民族的进一步觉醒和民族运动进入了一个新的阶段。

第一节　国大党成立的背景

国大党的成立有其深刻的历史背景和主客观原因，既是印度民族资本和印度民族民主运动发展的需要，也是殖民当局推行两手策略的产物。

一、民族资本的发展

国大党的诞生首先是印度民族资本发展的要求和必然趋势。印度民族资本诞生于19世纪50年代，到70—80年代逐步有了起色。然而，民族资本的发展过程障碍重重，到处受英国资本和殖民当局的排挤和压制。在投资总额中，英资所占比重大于印资。所有铁路、港口、电报、水利工程都属于英国殖民者或资本家所有。

19 世纪 50 年代，印度人和英国人同时开始兴办大工业。印资工厂将发展重心放在棉纺织业，工厂主要建立在孟买、阿迈达巴德、那格浦尔等产棉区。到 1898 年，全印 177 个棉纺织厂多数是印资工厂。到 80—90 年代，印度棉纺织厂制造的产品在市场上已经占有一定的份额。除了棉纺织品外，印资工厂还发展诸如碾米、磨粉、制糖、榨油、缫丝等小规模的原料加工工业。这段时间民族资本迅速增长，"从事民族工业产销的商人转变为民族商业资产阶级，人数不断增长"[①]。

但是，印度民族工业举步维艰，处处面临不公平的竞争。英国在印度的资本输出推动着英资企业的发展，并且通过剥削压榨印度得到大量的资本来发展自身企业，加之英国殖民者在政治上的大力支持，使得英资企业不论在发展速度还是规模上都远超印资企业。

英国的资本输出始于 19 世纪 50 年代，发展到 60—80 年代，主要形式为商品倾销和榨取原料服务。主要通过以下几种渠道：(1)绝大部分资本来自于英印殖民政权向英国资本家所借的债款，这些巨额债款构成了印度国债。此外，英国资本家通过来印修筑铁路、港口，架设电线网，为英国积累原始资本。英国大规模投资修建铁路目的有二：于政治上可更牢固地控制印度，一旦发生起义便于镇压；于经济上可为倾销英国产品和榨取原材料提供交通便利，并从铁路运营等方面赚取高额利润。(2)建筑水利工程，开办工厂企业，经营种植园。(3)英国资本家来印度开办银行。英国银行家从经营金融业务中谋取利益，并贷款给买办商人和英国资本家，促进了英国投资、商品倾销和原料榨取，接着还出现了垄断组织经理行，该组织提供资金、技术和设备以帮助英国资本家在印度修建铁路、办种植园和开银行等。

印度民族资本从一开始就受到英资和殖民当局的打击。在资金方面，流动资金对于刚起步的印度民族工业来说是必不可少的。然而，英国银行不提供长期贷款，只能从高利贷者处借款。在机器设备的购买和引用技术人员方面，英国人进行严格的控制。在税率方面，英国

---

① 林承节：《印度民族独立运动的兴起》，第 130 页。

殖民者给印度商务贸易运输设定高运费率，却取消了本国的棉纺织品的进口税，即便后来恢复了棉纺织品的进口税，却给印度棉纺织品加上 3.5％的出厂税。

虽然印度资本家在进行买办贸易和出口原料贸易方面有利可图，但工业资本的竞争却大大限制了印资的发展，因为机械、贷款和科技人员被限制，根本不可能为工业发展提供条件。在这样的情况下，由买办商人和地主组成的印度新兴民族资产阶级越来越认识到打破现状的必要性。

二、区域性民族组织的建立

19 世纪 70—80 年代民族运动的第一个突出进展，是新的地区性民族主义组织的建立和大规模政治鼓动的开展。

印度原本存在一些民族主义组织，但在大起义后都处于停滞状态。孟买地区的"德干协会"面临瓦解，"孟买协会"在成立后不久也停止了活动，"马德拉斯本地人协会"瓦解，"东印度协会"也很快名存实亡。原因主要有：组织结构松散；斗争方式软弱；缺乏对新形势的适应力和应对策略。

在这种形势下，"从 1875 年到 1885 年，出现了一种新的政治趋势，更年轻、更激进的民族主义知识分子进入政坛。他们发现那些原有的协会在纲领、政治活动和社会基础方面过于狭隘，因此开始建立新的协会"[1]。在这批年轻的激进民族主义知识分子的带领下，新的区域性民族组织如雨后春笋般建立起来。

1870 年，孟买年轻的民族主义者卓施和伦纳德在孟买管区的马哈拉施特拉成立了"浦那人民协会"，富裕农民也参与其中。这里原来的"德干协会"陷入瓦解。

1876 年，孟加拉年轻的民族主义者苏伦德拉纳特·班纳吉和阿南德·鲍斯在孟加拉管区建立了"印度协会"，成为孟加拉第一大组织，

---

① Bipan Chandra, Mridula Mukherjee, Aditya Mukherjee, K. N. Panikkar, Sucheata Mahajan, *India's Struggle for Independence*, 1857-1947, p. 72.

其影响力大大超过了"英印协会"。英印协会主要反映自由派地主利益，而且范围狭窄；而印度协会主要反映中产阶级的要求，广泛吸收中产阶级和青年学生参加，并能引导大众参与当前的重大政治运动。

1884年，马德拉斯年轻的民族主义者苏布拉曼尼亚·阿叶尔、维腊腊加瓦·恰里阿尔、阿南达·恰鲁等在马德拉斯管区建立了"马德拉斯绅会"，不久发展到82个分支。

1885年，孟买激进的知识分子梅塔、帖兰和提亚勃吉在政治上脱离达达拜·富兰吉和丁肖·佩提特等的领导，组建了"孟买管区协会"，比以往的组织更为活跃。

以上4大区域性民族组织具有前所未有的广泛基础，不仅得到工业资本家的支持，而且吸引了大量青年知识分子的参与。青年知识分子提出了一系列反映资产阶级利益的要求：取消民族报刊限制法和武器管制法；提高文官考试最高年龄标准，同时在印度也举行考试，让印度人有机会参加；要求立法会议印度成员应通过选举产生，不应采取任命方式，以便中产阶级的代表能进入立法会议；要求扩大立法会议职权，使它不致成为一个空有其表的花瓶；反对当局为满足兰开夏工业巨头的要求对印度棉织品征收出厂税。在提出这些主张时，"印度协会"和"浦那人民协会"开始采用大规模政治鼓动的斗争方式。

三、民族运动理论的形成

19世纪70—80年代民族运动的第二个突出进展，是把资产阶级民族主义要求理论化，揭露殖民统治的本质，从理论上论述民族运动的必然性和必要性，为以往的和未来的政治经济要求提供理论依据。这套理论着重揭露英国殖民者对印度的残酷剥削和掠夺，分析印度贫苦的根源，提出有关政治经济的改良主张，概括起来可以称之为关于印度贫困与复兴道路的学说，是由两位著名的思想家和民族运动领导人达达拜·瑙罗吉和马哈底瓦·伦纳德提出的。

在英国期间，达·瑙罗吉深入剖析英国对印度的殖民剥削政策及其对印度的影响，提出了"财富外流论"（或称"经济耗竭论"）的学说，深刻揭露了英印关系的实质。此后继续进行深入研究，1873 年写了《印度的贫困》一书，对英国的剥削政策及其结果进行全面剖析。1876 年，在对这本书改版时，他的理论已完全成形。这套理论在 1901 年出版的他的著作集《印度的贫困与非英国式统治》一书中得到了最全面的阐述。

达·瑙罗吉相信，只要向英国舆论呼吁，申明大义，英国人就会考虑英印双方利益的大局，改变在印度的殖民政策。他提出的具体办法是：降低税收，减少开支，殖民政权帮助发展印度民族工业，对民族资本一视同仁，实行保护关税，高级公职尽量由印度人担任。在斗争方式上，他主张宪政鼓动，即用上书、请愿和集会等合法的斗争方式提出印度人的要求。

这个理论的提出引起强烈反响。英国统治者竭力反驳，百般美化自己；印度民族主义者则很受启发，思路因之而开阔。正如贾·尼赫鲁后来所说，达·瑙罗吉的《印度的贫困与非英国式统治》一书"在我国民族思想的发展中起了革命作用"，"给我们的民族主义提供了政治经济理论基础"。[1]

民族主义理论另一创立者马哈底瓦·戈文达·伦纳德是孟买管区资产阶级运动的领袖，也是国大党奠基人之一。他注重理论研究，结合印度实际，钻研了亚当·斯密、马尔萨斯、李嘉图和李斯特等著名西方经济学家的著作，吸收各名家学说的思想内容，对印度的贫困和振兴道路提出了自己的一套学说。这套理论可以称之为"农业附庸论"或"工业振兴论"。他认为英国殖民剥削是造成印度贫穷和经济落后的根本原因。但他不认为财富外流是关键，而认为关键是英国压制印度工业发展，把印度变成它的农业附属国。为此，他认为印度人要有进取精神，敢于投资兴办民族工业和商业，特别是办大机器工厂。他要求殖民政权考虑印度的长远利益，支持民族工业的发展，如实行保护关税政策，发放低息供款，向印度工厂加工订货，兴办技术学院培养

---

① ［印度］贾·尼赫鲁：《尼赫鲁自传》，张宝芳译，北京：世界知识社，1956 年版，第 426 页。

高级技术人才等。此外，他还主张改善信贷系统，使之现代化，以便资金周转，适应工业发展的需要。

土地问题在马·伦纳德的经济理论中占有重要地位。1880—1883年他写了许多文章阐述自己的主张。他认为，土地问题的解决原则必须和实现国家工业化的总目标一致起来。也就是说必须促进农村资本主义的发展。具体主张是，必须顺应不可避免的土地资本集中的潮流，不应采取任何手段加以干预。土地兼并会产生大地主，但只要鼓励和引导他们在农业上投资，改进农业经营条件，就有可能使地主转变为农业资本家，这正是国家工业发展的要求。他还主张把农民从债务负担中解脱出来，以防发生阶级对抗，办法是广泛发展农村工业，容纳过剩劳动力；建立农村信贷网，向农民提供信贷。总之，他发展农业资本主义道路的主张是以发展地主土地所有制为前提，然后逐步向资本主义经营方式转变。这实质上是普鲁士道路。

马·伦纳德和达·瑙罗吉的理论基本上是一致的，两者相互补充，构成了一个理论整体。印度资产阶级经济学家正是把他们两人作为印度经济理论的奠基人，他们的理论后来为国大党所遵循，成了它制定经济政策的依据。

四、建立全国统一组织的趋势

19世纪70—80年代民族运动的第三个突出进展，是出现了建立全国统一组织的要求。这是运动发展的必然趋势，并且在新的一批地区性民族主义组织出现后表现得更加鲜明。从本质上说，这是民族资产阶级产生、印度各民族开始朝近代民族发展、资产阶级民族主义意识加强的结果。

印度各民族向资产阶级民族转化的过程受到了殖民统治的阻挠和压抑，导致印度资产阶级民族的形成和资产阶级逐步取得经济、政治统治地位的过程完全脱节。例如，在经济上，国内市场不是印度商品而是英国商品占支配地位；在政治上，印度资产阶级处于无权地位。这样形成的近代民族称不上是真正意义上的资产阶级民族，而只是资产阶级民族的殖民地变种。民族资产阶级不能忍受这种状况，他们虽然还没打算夺取民族统治权，但希望争夺国内市场，并参与国家管理。他们将印度这个多民族国家看成是一个民族整体，迫切需要有一个统一的组织来集中全国力量，建立统一战线进行斗争。此时资产阶级还无意联合下层群众。他们认为，只要把现有各省的民族力量联合起来，形成全国民族主义组织，就能有效地维护自己的利益，这为建立全印统一组织提供了思想基础。

建立统一组织的要求来自3大管区许多民族主义组织，来自许多改良活动家。其中，最早采取行动的是苏·班纳吉和他领导的印度协会。苏·班纳吉在发起印度协会时，就已认识到建立全印统一组织的必要。由于其他管区原来的那些组织多陷于停滞状态，没有条件联合建立全印组织，他就想以印度协会作为基础，逐渐扩展，把它变成未来全印度运动的中心。该组织取名印度协会，用意即在此。他访问印度各地，就文官考试年龄限制等问题作巡回演讲，就是为了使全印度在共同的政治要求下团结起来。这个任务出色地完成了。1882年5月27日，他在《孟加拉人》报上著文，提出召开由全国各民族组织参加的国民会议的主张。他写道："迄今我们的共同团体都还是孤立活动，而只有协调一致的行动才能使我们的公共运动具有真正的代表性。现在是时候了。我们应该每年一次召开国民会议，实现紧密团结，为全国各政治团体就共同的政治运动采取统一行动准备道路。"①

1883年，发生了艾尔伯特法案事件。在英国执政的自由党政权希望用自由主义手段平息印度人民的不满。印度总督会议立法成员艾尔伯特在总督雷朋支持下，拟定一项法案，规定欧洲人犯罪也可以由印度法官审理。这个法案准备提交立法会议讨论，不料它却激怒了几乎所有在印度的英国人。他们建立了统一组织，采取威吓利诱等一切手段对艾尔伯特进行攻击。印度民族主义者支持这个法案，但由于组织分散，显得软弱无力。结果，英国保守势力得胜，不但法案受挫，连

---

① 林承节：《殖民统治时期的印度史》，第164页。

总督也被迫辞职。这件事从反面进一步教育了印度民族主义者，使他们看到，印度人要形成强大的力量，非得有全国统一的组织不可。

五、殖民当局的两手策略

殖民统治者出于控制与扼杀印度民族运动的目的，往往交替或结合施行镇压与笼络的两手策略。总督李顿任职期间（1876—1880），对印度民族运动主要是镇压加控制，殖民者采取了几项控制政策：

第一项是 1877 年再度宣布降低文官考试的最高年龄，由原来的 21 岁降至 19 岁，旨在限制印度青年的应考机会，削弱他们同英国青年的竞争能力。因为印度教育落后，加之还要远赴伦敦赶考，增加了经济负担，使得大批青年难以获得应考机会。因此这次降低文官考试年龄引发了一次全国性的抗议浪潮，印度协会为主要发起者和组织者，问题虽然没有解决，却进一步激发了他们的民族觉悟。

第二项是 1878 年当局颁发的《武器管制法》。它规定农村居民不得携带武器，以防止农民群众发动武装暴力斗争。武器管制法的颁布，使广大村民无法抵御密林中的猛兽，尽管义愤填膺，却又无法抗拒殖民者的高压政策。

第三项是 1879 年颁布的旨在压制民族报刊的所谓印度地方语言报刊法。它规定凡是用印度民族语言办报刊的，必须向政府交纳大笔保证押金，保证不刊登所谓"煽动性"文章。如一旦发现，即没收押金，勒令停办，甚至监禁编辑，没收印刷所全部财产。目的明显在于掐住民族主义者的喉舌，剥夺他们出版、言论的自由权利，矛头特别指向日益壮大起来的左派力量。

第四项是于同年取消了英国棉织品 3.5% 的进口税，保护英商利益，控制印度市场，打击印度民族资本主义的发展。"以上这一系列的殖民控制政策，固然对民族运动是一个严重的打击，但同时又唤起了印度人民的觉醒，使他们更加深信，要想复兴印度民族，不争取自主权，别无出路"[①]。

1880 年英国大选后，保守党下台，自由党组阁，改任了印度总督，由具有自由主义倾向的雷朋（1880—1884 年在任）取代了李顿。雷朋对印度民族运动的态度是笼络上层人物，施印度人以小恩小惠，以缓和英印民族矛盾。

雷朋上台后，于 1882 年颁布《地方自治法》。改用选举法产生多数市议会和县自治局的成员，使印度知识分子有更多的机会参政；让印度人担任城市某些无关紧要的管理职务；县以下的各乡镇，设立乡镇公所，由乡镇大会选举代表，由代表会议再推选出乡长或镇长，以管理地方事务。地方自治法实施情况不一，只有孟加拉省基本上完成了。这一点点微不足道的自治权还使英国印度事务大臣极度不安，不久便在英国议会提出要修改《印度自治法》。后来实际上自治法已名存实亡。

印度民族主义者一方面感到欣慰，因为取得了某些让步，尽管是微小的，但同时又发现自己并未获得应有的地位。他们发现殖民当局在任命各级立法会议的印度成员时，主要是任命王公、地主。而且他们在立法机构中也只是徒有其名，并无实权。看清事实后他们通过报刊发泄不满情绪。

1883 年，当局又提出一项所谓司法改革。在雷朋授意下，总督会议立法成员艾尔伯特起草一个法案，即《艾尔伯特法案》。该法案规定：撤销欧洲籍的英国臣民在法庭审理中所享有的特权；英国人同印度人一样，都可以由印度法官审理。该法案使印度民族主义者感到满意，视之为在法庭上终止了种族歧视，但却引起了英国人的强烈反对。印度人民，特别是温和派对英国人的抗议表示了反抗议。为此，1884 年在加尔各答召开会议，准备对英国的反动势力进行抗争。

然而，由于民族主义力量分散，缺乏强大的组织力量和坚强的后盾，最终这个法案被议会否决。但采取了一个模棱两可的办法，规定把审讯英国人的权力笼统地授予法院的法官和县长，他们中也可能有

---

① 培伦主编：《印度通史》，第 398 页。

印度人。实际上，司法权还是掌握在英国人手里。这年，雷朋被迫辞职，被召回英国。民族主义者的幻想破灭。他们感到十分失望和屈辱，并深刻地认识到要取得宪政改革的胜利，必须寻找有利于团结统一和增强斗争力的新出路。

第二节　国大党的诞生

19世纪70—80年代可以说是早期资产阶级政治运动开展得最有声有色的一个时期。在这一时期，运动的组织性大大加强了，民族主义要求提升到理论化高度，并运用到实际行动中。这一切促成了全印度民族组织印度国大党的成立，它为印度民族运动的发展提供了领导中心，奠定了发展基础。国大党的成立标志着资产阶级的政治运动已发展成为印度民族运动的主流，资产阶级已成为民族运动新的历史时期的领导力量。

一、民族主义者的酝酿

自19世纪70年代始，民族主义组织出现统一趋势，到80年代初，已明确提出成立全国性组织的主张，各地组织也在积极准备中。

苏·班纳吉坚定地朝这个目标努力。还在《艾尔伯特法案》的斗争尚在进行的时候，他就积极推动筹建全国民族基金的工作。之后，又前进一步，于1883年12月以印度协会的名义，在加尔各答发起召开第一次印度国民会议。参加会议的除印度协会在孟加拉各地以及在北印度一些地区的地方组织的代表外，还有个别孟买和马德拉斯管区的民族主义者，参与人员相当广泛。会议通过的决议包括：要求让印度人参加国家管理，改革文官考试制度，扩大立法会议，实行地方自治等。此次会议向成立全国组织道路上迈开了第一步，从中可以看出孟加拉的民族主义者，正在以印度协会为基地，积极为建立全国性统一组织做准备。尽管如此，会议仍免不了具有浓厚的地方色彩，各地代表名额较少，实质上只是"印度协会的一次扩大的会议"①，其权威地位仅限于此。

与此同时，其他地区的民族主义者也在积极推动全国民族主义组织的联合，但他们不赞成苏·班纳吉以印度协会的名义召开全国会议的做法，而希望建立全国真正的联合。在怎样联合，建立什么样的统一组织的问题上，舆论界提出了两种主张：一种意见是孟加拉《印度之境》报编辑拉兰德拉纳特·森和孟买的一些年轻活动分子所主张的，建立全印国民大会，在各管区现有组织的基础上，定期在各中心城市召开全国代表会议，由各管区民族组织派代表参加；另一种意见是马德拉斯绅会机关报《印度报》编辑苏·阿叶尔所主张的，成立民族党。这两种意见在许多报纸上公开讨论，并未形成最后的统一认识。

1884 年 11 月，总督雷朋辞职离印回国，各地代表到孟买为他送行。孟买和马德拉斯的代表借机认真地商讨了如何召开全印会议的问题。同年 12 月，印度神智社在马德拉斯召开年会，与会的著名活动家，如苏·班纳吉、达·瑙罗吉、帕兰等 17 人，又一次商讨了成立全印组织的必要性，达成一致看法，通过了一项重要决议：决定成立全印组织——印度国民同盟，即后来的国大党。会议通告各地，定于 1885 年 12 月在浦那召开成立大会。这次聚会称为马德拉斯会议。

随着印度国民同盟筹备会议的进行，各地民族主义者受到鼓舞，民族运动又有进一步发展。不仅孟加拉、马德拉斯、孟买管区、旁遮普和印度斯坦的民族团体十分活跃，而且一直比较沉默落后的地区如信德、阿萨姆和中央省也活跃起来了。在奥里萨和信德成立了地方团体，与印度协会和孟买管区协会建立了联系。在中央省还成立了人民协会。阿萨姆的周尔哈特也成立了组织，叫全民大会。

二、殖民统治者的笼络

印度民族运动的发展与统一趋势，使英国殖民统治者深感不安。

---

①　林承节：《印度民族独立运动的兴起》，第 144 页。

他们预感到一场严重的政治危机即将爆发。

英国著名的政论家勃兰特于19世纪80年代初到印度各地进行考察，结果使他担忧。他总结说，在印度，英国人和土著各民族之间情绪敌对，政府如不采取宽宏大度的办法加以缓和，很快，英国和印度长久保持下来的"联合"势必完全中断。这对英国来说将损失惨重，因为印度是个地广人多的大陆国家，人口为英国的10倍。如果印度发生变乱，必定是英国从未经历过的大规模的、骇人听闻的变乱。勃兰特上面所说是指印度广大人民反殖民主义的群众性斗争浪潮。而他最害怕的还不止这些，他最担心的是印度各方面政治力量的汇合。数量庞大的处于长期饥饿状态下的农民和越来越开化的城市居民对自身的被奴役地位极为不满。

据此，勃兰特断言，如果再发生1857年那样的"叛乱"，那恐怕就不只限于土兵，而是全国人民都会参加这一"叛乱"。勃兰特也清楚地知道，资产阶级民族运动虽然十分温和，但可怕的是他们同人民运动结合起来。他说，千万不要让他们的"改革"转变为"革命"。他认为印度许多开明的资产阶级上层温和人物也害怕大变乱，只要英国政府注意倾听他们的意见，他们对英国人还是很信赖的。所以，勃兰特呼吁政府抓紧着手改革，至少也要作出某种决定改革的姿态，刻不容缓。

新任总督达弗林（1884—1888年在任）也深感民意不可忽视。他说政府当前最大的困难是不了解真正的民意。他设想如果有一个足以反映民意的机构出现，让政府从这个机构里得到代表民意的建议和要求，"使人民从这个机构发泄怨气，作为控制印度形势的安全阀，那就好了"[1]。恰好有一位殖民政府的退休官员休姆，洞察朝野形势，他的提

休　姆

----

① 　吴俊才：《印度史》，台北：三民书局，1983年版，第267页。

议正好解决了这个问题。

休姆原为印度高级文官，曾任印度税收和农商部秘书，因在税收改革等问题上与最高当局的看法不同，被总督降职使用，1882年退休。他的基本态度是，英国在印度的殖民统治必须维护，但不是一味镇压，而在于逐步实行改革，把印度引上宪政发展道路；重视中产阶级、知识分子，争取他们的合作和支持是实现宪政发展的必不可少的条件。当时，李顿总督的一系列镇压措施激起公愤，休姆很为英国统治当局担心。他认为如果当局不改变策略，资产阶级运动和下层人民起义就有合流的可能。

休姆积极支持新任总督雷朋实行带有自由主义色彩的新政策，成了雷朋的顾问和联系印度改良活动家的桥梁。雷朋辞职后把休姆介绍给新任总督达弗林。达弗林并不赞成雷朋的政策，但在开始时不得不作出一些自由主义的姿态。这时休姆了解到印度资产阶级活动家正趋向于建立统一组织，他也希望有一个组织作为英国殖民当局和印度资产阶级之间的联系渠道。印度资产阶级可以利用它合法地表达自己的意愿，这样就可以将资产阶级民族运动控制在安全轨道上。这个组织可以起政府的合法反对派的作用，并成为疏导人民群众不满的"安全阀"。

休姆的想法得到了印度许多活动家的赞同。这样，休姆很快就取得了发起建立统一组织的主导权。他广泛接触印度的活动家，商讨计划，并在英国上层人士中进行疏通，为国大党的成立开拓道路。早在1883年，他给加尔各答大学应届毕业生写了一封公开信，信中拟订了一个成立全印组织的计划。参与拟订这个计划的还有其他一些英国官员。按照休姆的设计，这个全印团体由政府主办，每年开一次会，会集各方著名人士，反映社会改革方面的意见和要求，供政府参考，但只能探讨有关社会问题，政治问题则由各个管区的团体负责加以讨论。

1885年春，休姆会见总督达弗林，提出了书面建议。出乎意料的是，达弗林比休姆设想的更为"开明"。他对休姆的建议不仅全部采纳和支持，而且还认为政府行政上的某些缺点也可以探讨，以便求得改进。于是，休姆从总督那里取得了一种非正式的权力，为了维护英国在印度的统治基础不受侵害，他可以对印度民族团体的活动加以疏导和监视。随后，他向孟买地区的民族主义者传达了新总督的宽厚态度，使他们感激万分。休姆这一活动使他在民族运动中的威信和影响大大提高，他甚至直接参加了关于成立印度联盟通告的起草工作。

休姆的活动促进了国大党的建立。固然他的目的是维护英国统治，但他的活动在当时符合印度改良活动家的要求，促进了这个要求的实现。印度资产阶级活动家对他抱有相当好感，尊称他为"国大党之父"，选举他担任国大党秘书长直到1906年。称他为"国大党之父"是过分夸大了他的作用，事实上他的作用只是顺水推舟，促使已经酝酿很久的事情成熟。正如印度历史学家所说，如果说休姆和英国自由主义者希望把国大党当作"安全阀"，那么国大党领导人则希望把休姆和英国自由主义者当作"避雷针"。

三、国大党的成立

1884年至1885年初，休姆和孟买、浦那、马德拉斯及阿拉哈巴德等地的民族运动领导人接触，商讨具体计划，又会见总督达弗林，征得同意和支持。1885年初，建立了印度国民同盟，并发出通告，定于12月在浦那召开印度国民同盟成立大会。1885年12月28日，印度国民同盟成立大会在孟买召开（因浦那发生疫病而改在孟买），正式改名为印度国民大会，标志着印度国大党的诞生。

印度历史学家指出："很显然，国大党的成立是此前几年政治工作的顶峰。它是开始于19世纪60年代和70年代并在19世纪70年代末和80年代初取得重要突破的政治觉醒过程的顶点。1885年是这个政治觉醒进程的转折点。因为那年印度的政治家和那些对政治感兴趣的现代知识分子们不再把自己看作是少数群体利益的发言人，而是直面外国统治的国民利益的代表，是一个'国民政党'。他们看到自己的努力有成效。他们成立的全印度民族主义者团体是一个平台、组织者、指挥部，也是新国民精神和政治的象征。"①

参加大会的有各地方民族主义组织著名代表人物，如伍·彭纳吉、达·瑙罗吉、费·梅塔、苏·阿叶尔、马·纳伦德等，共 72 人，主要包括知识分子、商人高利贷者、自由派地主，大多数是印度教徒和袄教徒，穆斯林很少。著名孟买律师伍·彭纳吉任大会主席，休姆以发起人和西姆拉地区代表身份参加大会，并任大会秘书长。与会代表对英国充满了颂扬和感激之情。

伍·彭纳吉强调忠于英国统治，他认为国大党必须做到加宽统治基础，给予人民以参与管理的应有的合法权利。早期运动领袖达·瑙罗吉也在大会上强调，印度有权享有自由和代议制的果实。除此之外，大会还提出了一些实质性的内容，如请求英国政府派皇家委员会调查印度行政管理情况，取消英国印度事务大臣会议，扩大立法会议在财政和税收方面的立法和监督职权，在英国和印度同时进行文官考试，放宽报考年龄限制等。

这次会议有两个重要意义：其一，这次大会真正具有全国代表性，参加大会的 72 名代表来自全国各省。其二，这次大会立下了一项不成文的先例，规定大会只讨论政治、经济问题，不讨论容易引起摩擦的社会、宗教问题；只讨论全国性问题，不讨论地方性事务。

大会还突出强调印度民族大团结的重要性。国大党的中心使命是以民族团结的感情代替种姓、宗教信仰和地方偏见的分裂因素，以便使整个印度民族得到进步和发展。国大党的未来发展方向是使国大党成为广泛容纳各宗教、各社会阶层的，不带宗教色彩的民族主义政治组织。

国大党的成立对印度资产阶级民族运动的发展具有重大意义，宣告了印度资产阶级民族主义运动进入了一个有组织的全国性发展的新时期。

---

① Bipan Chandra, Mridula Mukherjee, Aditya Mukherjee, K. N. Panikkar, Sucheata Mahajan, *India's Struggle for Independence*, 1857-1947, p. 71.

四、阶级构成

据统计，在出席国大党前 3 次年会代表总人数中，知识分子约占 50%，地主约占 25%，商人和工厂主约占 25%。这些数据直到 20 世纪 20 年代初都无太大变化，可见国大党年会代表的主要社会成分是知识分子、地主、商人和工厂主。

资产阶级（包括工厂主和商人）是国大党的主要阶级支柱。他们通常是通过知识分子来表达自己的政治、经济要求。资产阶级对国大党年会的支持，主要表现在财力资助上，其中最突出的是孟买的资产阶级。1904 年，国大党年会因遇到财政困难，不能在原计划地点召开，孟买民族主义者在资产阶级支持下，主动邀请年会在孟买举行，并承担一切费用。

自由派地主构成国大党的第二支力量。由于人数上占有一定比例，因此他们对国大党政策的形成起着相当重要的作用。自由派地主有部分人同时兼有买办商人、高利贷者身份，因而提出的要求和资产阶级不谋而合。19 世纪 60—70 年代，英印协会主要代表自由派地主的利益。国大党成立后，英印协会参加了国大党，希望国大党除反映资产阶级和自由派地主的共同要求外，也能关心自由派地主的特殊要求。在孟买省和马德拉斯省，随着大量兼并农民土地，也出现了大批商人高利贷者地主，许多人参加了国大党活动，不过由于他们的商人身份更突出，故没有像孟加拉那样形成自己的单独组织。或是因为他们接受了近代教育，思想较开通，或是因为有切身利益要求，一些自由派地主从财力上给予国大党很大的资助。自由派地主在国大党内的积极性受国大党政策的影响，而他们的态度反过来又影响国大党领导人的决策。因此在两者有矛盾的时候，通常是寻求相互都可接受的办法加以解决。

国大党构成中第三支力量是资产阶级知识分子，他们是主要领导核心和骨干力量，通常是由他们在国大党年会上实际决策，其中有达·瑙罗吉、苏·班纳吉、费·梅塔、苏·阿叶尔以及后来的戈·帕尔·克里希那·郭克雷等。据统计，1885—1905 年担任国大党年会主席的 16 名印度人中，有 11 人是著名的律师，其余是前文官、教育家和报界人士。其中相当多的人在英国留过学。[①] 由于广见博闻，这些知识分子能较早地顺应时代潮流，积极反映民族资产阶级的要求。由于具有英语教育的优势、显赫的职业地位，他们把这都归功于英国统治，对英国抱有相当好感。这些知识分子在生活方式上不同程度地模仿西方。这种态度决定了这些资产阶级知识分子不可能坚决反英，他们只会成为资产阶级和自由派地主的较温和主张的代言人。

这里不得不提到一个人数有限但影响颇大的特殊集团——英国激进自由主义者，其主要人物除休姆外，还有亨利·柯顿（前文官）、威廉·韦德伯恩（前文官）、乔治·耶尔（加尔各答商会主席）等。他们同情国大党，并且希望殖民当局实行改革。因为他们曾经都身居显赫地位，国大党领袖们对他们特别倚重，希望利用他们在英国和印度上层中的广泛联系和影响，吸引英国人的同情，争取英国当局的让步。

国大党是资产阶级和自由派地主的政党。由于发展不完善，软弱的资产阶级还未能完全脱离原来的买办商人身份，一些自由派地主思想也较为陈旧。如此一来，便决定了在一个长时期内，国大党只能把自己的活动局限于局部改良。同时，以休姆为代表的英国保守势力想方设法制约国大党的活动。可见，此时的国大党，要提出激进的斗争目标难上加难。

第三节　国大党的早期活动

自 1885 年成立至 1905 年，是国大党的早期历史时期。在这 20 年中，国大党只局限于局部改良。直到 1906 年，国大党才提出在印度建立殖民地型自治（司瓦拉吉）的目标。在这 20 年中，国大党虽然取得了一些成就，但很有限。

---

① 林承节：《殖民统治时期的印度史》，第 170 页。

一、早期代表人物

在国大党早期代表人物中，达·瑙罗吉、马·伦纳德、苏·班纳吉、戈·郭克雷是最为重要的 4 位，他们实际上处在国大党内的最高决策地位。这 4 位代表人物的思想和行动，是国大党早期活动的指针和缩影。

1. 达达拜·瑙罗吉

达达拜·瑙罗吉（1825—1917）是印度民族运动早期最著名的活动家，国大党的奠基人之一。他一生不倦地为争取印度的自由和权利而斗争，在人民中享有很高威望，被誉为印度民族运动的"元勋"。

达·瑙罗吉

达·瑙罗吉 1825 年 9 月 4 日诞生在孟买一个袄教士家庭。在艾尔芬斯顿学院念书时，就因才华出众、思想敏锐而被称为"印度的未来"。大学毕业不久，他被任命为这个学院的数学和自然哲学教授，是最早在大学里任教授职务的少数印度人之一。

19 世纪 30 年代，当西印度资产阶级启蒙运动开始发展时，达·瑙罗吉就是主要活动家之一。他建立的社会改革和文化教育团体达 30 多个，影响遍及孟买管区。他还主办《真理之声》杂志，宣传进步思想，号召和组织人民向陈腐的社会习俗宣战，争取印度社会的进步和发展。19 世纪 40 年代起，他把注意力转向政治改革。到 19 世纪 50 年代，他成为孟买民族主义者公认的领袖。1852 年，他和几位志同道合者共同建立了孟买协会，其目标是要求殖民政权实行改进国家状况和社会福利的措施。这是这个管区最早出现的较有影响的社会政治组织。1855—1859 年，他作为卡马公司的合资经营人和代表常驻伦敦。1865

年，他建立了"伦敦印度协会"，不久和另一个叫东印度协会的组织合并，他担任主席。19 世纪 80 年代印度民族运动出现了建立全印统一政治组织的趋向，他是这一趋向的积极推动者之一。当国大党首次会议 1885 年在孟买举行时，他是会议核心领导人之一。第二年国大党举行年会，他就当选为年会主席。1893 年和 1906 年又先后两次当选年会主席。

除了直接组织运动外，达·瑙罗吉对印度民族运动的突出贡献还在于，他是早期资产阶级活动家中第一个深入剖析英国对印度殖民剥削政策的人。他提出的"财富外流论"深刻地揭露了英印关系的实质，成了国大党确定自己政治经济要求的主要理论依据之一。他被誉为"财富外流论的教主"。"1867 年 5 月，他提出了英国正在压榨和抽干印度的概念。从那以后的近半个世纪里，他发起了一场暴风骤雨般的运动来反对外流，通过一切大众传播方式抨击财富外流"。[①]

总的来说，从国大党成立后至 20 世纪初，达·瑙罗吉的立场只是要求局部改良。他在英国广泛开展活动，要求改革现行统治制度的某些最坏的方面，特别是改变政府高级职位由英人垄断的现象。他甚至认为印度财富外流，根源就是国家管理由英国人垄断。为了使印度人有更多机会参加国家管理，他要求文官考试在英国和印度同时举行，还要求改革立法会议，扩大印度人名额，以民选代替政府任命。在经济方面，他积极主张降低税收，减少殖民贡赋和行政、军事花费，发展印度民族工业，实行保护关税，要求英国殖民政府对印度资本家一视同仁。

1905 年起，印度民族运动迎来了高潮。这时印度的政治局面已经大大不同于 20 年前。国大党内出现了激进派，国大党外出现了秘密革命组织。他们不满国大党的局部改良要求，提出司瓦拉吉作为斗争目标。国大党温和派不能适应形势的发展，故步自封，继续走局部改良路线，从而成了运动进一步发展的阻力。1906 年当激进派提名提拉克

[①]　Bipan Chandra, Mridula Mukherjee, Aditya Mukherjee, K. N. Panikkar, Sucheata Mahajan, *India's Struggle for Independence*, 1857-1947, p. 97.

为国大党年会主席候选人时，温和派感到控制不住局势，便提议请达·瑙罗吉来担任主席。瑙罗吉这时远在英国，已有82岁高龄，但他仍然答应了国大党这个要求。

达·瑙罗吉的立场属温和派，但他的思想在1905年前后已多少顺应客观形势，与时俱进。在1906年国大党年会的主席致词中，他强调印度人民的要求整个来说可以归结为一句话：自治或司瓦拉吉。就在这次年会上，国大党第一次通过了要求印度自治的决议，并通过了司瓦德西（自产）、抵制和民族教育等项决议，对孟加拉和全印的方兴未艾的运动起了有力的推动作用。

然而，达·瑙罗吉思想的变化是不彻底的。他赞同争取司瓦拉吉的目标，但在斗争方式上依然主张使用政宪鼓动的旧方法，不赞成消极抵抗策略，更是反对暴力革命。但是，他对主张暴力革命的活动家如奥罗宾多·高士、达尔·哈雅尔等的爱国主义精神，表示非常钦佩。1906年国大党年会后，达·瑙罗吉回到英国，但由于健康原因，1907年10月又重返印度，此后就再没有离开。

在第一次世界大战中，达·瑙罗吉积极支持贝桑特夫人和提拉克组织"自治同盟"，要求印度自治，还答应担任"自治同盟"孟买分部秘书。他一直关注民族运动的发展，直到1917年6月30日去世为止。

达达拜·瑙罗吉是一位伟大的爱国主义者，他的一生就是印度民族运动早期发展阶段的缩影。在这个阶段的大部分时间里，他站在历史的前列，不倦地斗争，对推动运动的开展起了重要作用。他的思想对历届领导人有很大影响。

2. 马哈底瓦·戈文达·伦纳德

马·伦纳德（1842—1901）被称为"西印度复兴之父"[①]，在孟买管区其声望仅次于达·瑙罗吉。他是在殖民政权中供职而又积极参加民族运动的早期活动家。由于受官方身份限制，他不能正式参加国大党，但一直是它的幕后决策人之一。

---

① 林承节：《印度民族独立运动的兴起》，第200页。

马·伦纳德1842年诞生于孟买管区那西克城附近一个婆罗门家庭。伦纳德中学毕业后，进入爱尔芬斯顿学院学习，以优异成绩结业，取得文学和法学硕士学位。不久，进入了文官系统，先后担任法官、治安长官、孟买管区立法会议成员、孟买管区高等法院法官，直到逝世为止，在他眼里，担任公职是为祖国的复兴服务的途径之一。

1871年，马·伦纳德来浦那担任法官，参加了浦那人民协会，并很快成了它的实际领导人。1874年他通过这个组织向英国协会、政府和报界递交了一份关于在印度建立宪政制度的陈情书。19世纪70年代后期，马·伦纳德又领导开展了反对降低文官考试最高年龄标准的鼓动。19世纪80年代初，马·伦纳德积极促进建立全印统一组织。在英国殖民当局禁止文官参加国大党会议前，他一直以来宾身份参加国大党成立大会和以后的年会，后来他虽然不在国大党正式会议上露面，然而国大党所有重大问题决策他都是参与者。他的官方身份并没有限制他尽公民义务，他对国大党领导人的工作给予许多指导、建议和鼓励。

马·伦纳德的早期活动对民族运动发展起了促进作用，但他在政治上一直持温和立场。即使到19世纪90年代后半期，国大党内小资产阶级民主派提出更激进的政治主张后，他仍然坚持这种立场。这使他在群众中的威望有所降低。

马·伦纳德还是个杰出的经济理论家。他研究了著名西方经济学家的著作，吸收其部分内容，结合印度国情，提出了一整套经济理论。这套理论和达·瑙罗吉的财富外流论一起，成为国大党制定纲领路线的理论依据。为了实践自己的理论，他和浦那人民协会领导人之一加·瓦·卓施在西印度首先倡导使用国货，1872—1873年领导开展了第一次群众性的司瓦德西运动。1890年建立了西印度工业协会，积极促进民族工业的发展。1896年又积极赞助在加尔各答举办的第一次司瓦德西展览会。他还在浦那德干学院作了论印度政治经济学的演讲，轰动了舆论界。他的演说被称为印度经济思想发展的新里程碑。

马·伦纳德还是社会改革的积极倡导者和实践家。他参加了1870

年在浦那成立的宗教改革组织祈祷社。他认为，印度复兴应当是政治、经济、教育、社会、工业和社会多方面的复兴，应当坚持争取印度民族的全面的而不是片面的发展。只有在所有这些方面都得到改进，印度才能跨入文明民族的行列。他强调社会改革和政治改革是密不可分的，这是社会本身的自然法则。1870—1890 年间，他建立了不少社会改革组织，如寡妇婚姻协会、寡妇之家等。他大力广泛开展宣传活动，主张允许寡妇再嫁，打破种姓界限，允许种姓间通婚、共餐等。他曾是《印度教之光》报编辑，后来又办过《浦那人民协会季刊》。这两个刊物都以很大篇幅宣传社会改革的必要性。

国大党成立后，有官方身份的他不能直接参加国大党活动，便投入大量精力到社会改革运动中。例如一年一度召开全印国民社会会议就是他发起的，目的在促进全印的社会改革。这个会议每年在国大党年会之后举行。关于社会改革的方法，他提出了 4 点，即诉诸传统的方法、诉诸良知的方法、诉诸立法的方法和诉诸反叛的方法。他赞成前 3 种而反对第 4 种，认为反叛的方法完全破坏历史的联系，会在群众中引起混乱。前 3 种中，他又主要是依靠头 2 种，即依据某个经典或依靠理性主义来变革陋习，如说寡妇改嫁在吠陀经典中是允许的。当这两种方法仍然不足以推动实现改革时，可采取第 3 种方法，即要求政府以立法手段来推动改革，但有两个前提，即必须是印度人自己的要求并经过动员舆论，赞助拟议的改革，必须有利于印度社会的复兴。马·伦纳德"在这方面的贡献十分突出，被公认为全印度社会改革运动的泰斗"[①]。

3. 苏伦德拉纳特·班纳吉

在印度民族运动早期活动家中，苏伦德拉纳特·班纳吉（1848—1925）的经历特别引人注目。这是由于：第一，早期他对印度民族解放运动作出的贡献非常突出；第二，在他的晚年，他对运动发展所起的阻碍作用也十分突出。

---

① 林承节：《印度民族独立运动的兴起》，第 204 页。

苏·班纳吉 1848 年出生在孟加拉一个婆罗门家庭里。念完大学后，他就被送到英国参加文官考试，并以优异成绩通过了考试，1871 年被任命为孟加拉西尔赫特县的副治安长官。但他的文官生涯坎坷，不到一年便因为一个技术性小过错被除名。回到加尔各答后，他应邀在民族主义者创办的首府学院任英语教授，后改在自由教会学院教英国文学。

苏·班纳吉雕像

19 世纪 70 年代孟加拉正处在建立民族主义政治组织阶段。1875 年，苏·班纳吉积极参加了阿南达·摩罕·高士建立的大学生联合会，在大学生和青年知识分子中宣传爱国主义思想。他鼓舞青年们学习马志尼高尚的爱国理想和献身精神，并用宪政鼓动的方法，争取印度人应有的权利。他的演说吸引了成千上万的青年，在他们心中激起了对自由的强烈渴望。1876 年，当时机成熟时，阿南达·摩罕·高士和他共同建立了印度协会。

为了促进各地区组织之间的联系，他认为第一件要做的事是使全印在共同的政治要求下团结起来。1877 年，英国当局决定降低文官考试的年龄标准。苏·班纳吉决定利用这个时机，发动一场全印规模的政治鼓动，用反对降低文官考试年龄标准这个共同要求来促进印度运动的统一。1877 年和 1878 年他作为印度协会的特使先后访问北印度和西南印度，进行巡回演讲，反对新的年龄规定，要求在英国和印度同时举行文官考试，让印度人有更多机会参加国家管理，征集各界人士在请愿书上签名。他在所到城市都受到热烈欢迎。这是第一次全国规模的政治鼓动，它开创了在共同的要求下进行全印政治鼓动的先例，促进了各地区民族主义组织之间的联系。

1878 年，殖民当局又颁布了两项镇压民族解放运动的法令：《武器法》和《印度语种报刊法》。苏·班纳吉立即领导印度协会开展反对这两项法令的新的政治鼓动。1883 年艾尔伯特事件发生后，要求实现印度民族主义组织统一的呼声越来越高。苏·班纳吉顺应这个潮流，首先采取行动，他以印度协会名义于 1883 年 12 月在加尔各答召开了第一次印度国民会议。当 1885 年 12 月国大党在孟买召开成立大会时，印度协会等组织联合召开的第二次印度国民会议也在加尔各答开幕。苏·班纳吉在加尔各答会议结束后立即宣布把自己的会议并入国大党。

苏·班纳吉虽未直接参加国大党筹建工作，但所有印度民族主义者都认同他的活动对全印统一组织的建立作出了重大贡献。"国大党成立后，苏·班纳吉成了国大党讲坛上最活跃最有影响的人物之一"[1]。从第二次国大党年会到 1918 年他退出国大党为止，这 32 年中只有一次年会他没有参加。1895 年和 1902 年他曾两次被选为国大党年会主席。

国大党成立后，苏·班纳吉不像原来那么重视群众性的政治鼓动了。他认为国大党既代表全国人民意志，由它通过决议或派代表团提出要求，是最好不过的宪政鼓动方式了。在国大党激进派 19 世纪末提出司瓦拉吉斗争纲领后，他也赞同把自治作为斗争目标，但一再强调这是遥远未来的事，说任何企图用革命手段或大规模群众运动方式争取很快达到自治目的的做法都将危害目的本身。

寇松担任总督后实行的一系列措施，包括分割孟加拉，使苏·班纳吉感到惊愕。他认为这是在侮辱印度人民，破坏孟加拉的政治发展。所以，当孟加拉人民起来进行反分割斗争时，他和人民群众站在一起，带领群众宣誓抵制英货。1906 年 4 月在巴瑞赛尔举行孟加拉省会议时，他带领会议代表游行而遭到拘留。这些行动又恢复了他在群众中的威望。

然而，当运动继续发展时，他就感到格格不入了。他参加反分割运动的目的就是反分割，并没想过把运动变成反英运动，所以他竭力

---

① 林承节：《印度民族独立运动的兴起》，第 208 页。

劝说群众不要听信激进派的宣传。他公开要求停止运动，并于 1907 年 3 月亲率温和派代表团晋见总督，要求制止孟加拉的风暴，并在总督面前指责激进派"行为过激"。这年年底，温和派在国大党苏拉特年会上制造分裂，把激进派从国大党排除出去，他是积极参与策划者之一。他的威信从此一落千丈。

第一次世界大战爆发后，苏·班纳吉和其他国大党领袖们一样支持英国作战，希望借此感动英国，换取在印度建立责任政府的让步。然而，战争结束后，英国统治者并不打算马上允许印度自治，而是抛出了《蒙太古—蔡姆斯福改革方案》。国大党内关于如何对待这个改革方案上发生了严重分歧。提拉克和国大党大多数人都认为改革方案令人失望，而苏·班纳吉和原来温和派中的极少数人则完全接受这个方案。当国大党决定于 1918 年 8 月在孟买召开特别会议讨论对这个方案的正式态度时，苏·班纳吉和与他观点一致的少数人拒绝参与会议，并于 1918 年 11 月在孟买另外召开会议，立了一个新党"印度国民自由同盟"。苏·班纳吉正式退出了他一生与之紧密联系在一起的国大党，并固守宪政改革的传统斗争方式，反对甘地的非暴力不合作运动。

虽然苏·班纳吉晚年对印度民族运动的发展起了阻碍作用。但综观其一生，他的功大于过。孟加拉极端派领导人比·帕尔在评价他时说，无论他一生的经历多么曲折，他毕生都在为印度的自由而斗争，他是"现代印度的复兴者之一"。

4. 戈·帕尔·克里希那·郭克雷

戈·帕尔·克里希那·郭克雷(1866—1915)，开始政治活动的时间比上述 3 位要晚。他是 20 世纪初国大党主要领导人之一，长期担任国大党秘书。他也是甘地最崇拜的人，甘地从南非回印度后选择他作为政治导师。

戈·郭克雷出生在孟买管区的科哈浦尔，属婆罗门种姓。在大学学习时，他就受到达·瑙罗吉和马·伦纳德思想的影响。毕业后，参加了提拉克创办的德干教育协会，在其所属的一个学校任教，后任该校教授和院长。他受到有"浦那无冕之王"之称的马·伦纳德的器重，加入了浦那全民大会，并任秘书。

戈·郭克雷

这个时候，以提拉克为首的小资产阶级民主派开始出现。1895 年，提拉克提出司瓦拉吉纲领，并主张发动群众参加政治斗争。1896 年，以提拉克为首的小资产阶级民主派获得了浦那全民大会的领导权。戈·郭克雷和马·伦纳德不赞成提拉克的主张，一同退出了浦那全民大会，另外建立了德干协会。

这时，马·伦纳德因当局禁止有官方身份的人参加国大党活动而只能隐居幕后，达·瑙罗吉早已去英国，所以以戈·郭克雷就成了国大党孟买地区的新领导人，并成为全国主要领导人之一。[①] 1899 年戈·郭克雷被任命为省立法会议成员，1902 年又任帝国立法会议成员。他在立法会议上发表演讲，抨击时政，揭露英国殖民剥削对印度造成的巨大损害。

1905 年，孟加拉人民开始掀起反分割斗争。戈·郭克雷积极投身于这场斗争，并受国大党委托，前往英国，向英国公众和自由党呼吁，要求他们支持印度人民的反分割要求。这年年底，国大党举行年会，他被选举为国大党年会主席。这次年会后，运动在深入发展，他却不愿意再前进。他反对激进派中部分人提出的争取独立的口号，也反对激进派提出的消极抵抗策略。

所以，在国大党 1906 年年会上，他所起的作用就是与温和派其他领导人一起，用折中的办法约束激进派。而 1907 年，他主要考虑的就是如何来收缩运动了。他提出了"政治精神化"的观点，即主张政治斗争从目的到手段都要符合的原则。戈·郭克雷是印度近代政治家中第一个在印度斗争中提出这类观点的人，与当时在南非的甘地的思想正

---

① 林承节：《印度民族独立运动的兴起》，第 213 页。

相吻合，这也是他特别吸引甘地的地方。

1906 年后，英国殖民当局用越来越残酷的手段镇压运动。戈·郭克雷对此是反对的，但是他对英国当局打算用改革立法会议的办法来阻止运动的发展却乐于接受。1907 年，在国大党举行年会之前，他和其他温和派领导人一起千方百计阻止激进派领袖提拉克。在年会上因选举问题发生裂痕后，他不是积极斡旋，解决冲突，而是同其他温和派领导人一起单独召开温和派的会议，制定国大党新章程，把激进派排除于国大党之外，从而造成了国大党的分裂，给运动的发展带来了严重后果。把激进派排除之后，国大党失去了活力，变成了一潭死水。这以后戈·郭克雷的活动也就主要集中于在会议厅发表演说，要求政府合作实现改革。这段时间，他所做的比较有意义的事，是 1912 年去南非支持甘地领导的反种族歧视斗争。

第一次世界大战爆发后，国大党采取支持英国作战的政策。戈·郭克雷也认为，这是争取实现国大党要求的好机会。他起草了一份对战后实行改革的意见书，中心内容是要求逐步实现印度的自治，首先是实现省自治。这代表了他晚年的政治态度。他去世前处理的最后一件大事，是提拉克为首的激进派重新进入国大党的问题。他不希望激进派回来，害怕他们会取得国大党的领导权，从而把运动引向激进道路。

总之，戈·郭克雷是一位爱国主义者，始终坚持了民族主义立场。但他的思想比较保守，在客观形势已经发生变化的 20 世纪初仍然坚持印度早期活动家所制定的斗争策略目标。戈·郭克雷代表了当时整个资产阶级的态度，直到第一次世界大战结束，他们并不希望国大党越出宪政鼓动的范围。

二、早期活动概况

作为一个资产阶级政党，严格说来，早期的国大党更像一个松散的群众团体。它既没有章程，也没有固定的组织机构，只有一个常设的英国人秘书长。原有各地方组织，继续各行其是，缺乏相互联系。在它一年一度的年会上，各省民族组织的代表会协商制定出总的政治纲领，以协调民族运动的斗争。直到 1899 年，才制定了党的章程，建立了中央和地方组织，成了一个健全的政党。

国大党早期活动的主要内容都是以和平民主的方式，围绕着扩大公民权利，争取更多的印度人参职参政，在立法会议里增加印度人议员，以及地方自治等问题，在年会上通过决议，向殖民当局陈述要求，去英国议会请愿等。

早期国大党与殖民当局的关系非常密切，后来慢慢有所变化。虽然国大党的成立主要是印度资产阶级民族运动发展的结果，但换个角度看，它又是殖民政策的产物。因此，国大党的领袖们对殖民者总是感恩戴德。

每逢国大党召开年会，必设宴招待英国人，殖民总督也常接见或宴请国大党代表。历届年会主席致开幕词，都要对殖民者先颂扬一番以表忠诚。英国人不仅参加每届年会，有时还担任会议主席，如 1888 年和 1889 年的年会主席都是英国人。

会议参加者，除歌功颂德外，就是高谈阔论，议论时政，提出某些改革主张和要求，通过几项决议。在会议上，有时也会提出一些尖锐问题，发泄不满情绪，但与会者往往是知难而退，适可而止。

然而随着客观形势的发展，民族矛盾不断加深，印度民族主义者也在日益觉醒。歌颂之余，他们对殖民统治的黑暗，也敢于尖锐揭露。如警察的专横、森林法的不合理、关税的不平等诸问题等。这说明他们越来越明确自己的利益、要求和改革主张。

国大党这种不满情绪和要求，必然要触怒殖民统治者。最初积极赞同创建国大党的达弗林总督在离任前对国大党的态度大变。他对国大党人越来越多的要求表示十分不满，甚至辱骂他们只不过是显微镜下的少数，代表不了民意。他说，他会考虑"以怎样的方式让国大党自动解除"，因为"我们不能允许国大党继续存在"。[①]

1890 年，殖民当局规定，不许英国官吏接受国大党邀请出席年

---

① Bipan Chandra, Mridula Mukherjee, Aditya Mukherjee, K. N. Panikkar, Sucheata Mahajan, *India's Struggle for Independence*, 1857-1947, p. 70.

会。这是英印关系中的一个重要转折，同时也反映出国大党在日益壮大成熟。

三、与殖民统治者的关系

国大党成立头 20 年，对殖民统治者的态度是温和的，只限于发挥"英王陛下政府的合法反对派"的作用，目标还是要求改良，斗争方式还是限于合法范围。

国大党向殖民统治者所提出的政治要求，基本上还是原来各地政治组织提出的要求。主要包括：增加各级立法会议印度成员名额并扩大立法会议权限；提高文官考试最高年龄标准，在英国和印度同时举行考试；实行陪审员制度，反对司法上的种族歧视等。前两点突出地反映了资产阶级及其知识分子迫切要求参与国家管理的心情，因而也最主要，成为国大党头 20 年的政治纲领。

印度国家机构重要职位由英国人垄断的现象在 19 世纪末 20 世纪初并没有多大改变，虽然有些印度人去英国通过了文官考试，1870 年又在印度建立了低一级的印度文官系统，但担任中高级职务的印度人仍然寥寥无几。国大党领导人以大量统计材料揭露这个事实，并指出这种做法必然会造成的恶劣后果。例如，1895 年戈·郭克雷在英国皇家委员会作证时指出，印度民政和军事等部门中年薪在 1 万卢比以上的官员有 2388 人，其中印度人只有 60 人。达·瑙罗吉从理论上概括了英国人垄断高官的危害。他说，这不仅加剧了印度的物质财富外流（英国官员工资特别高），而且造成了精神财富外流。

国大党向殖民统治者提出的经济要求，是以达·瑙罗吉和马·伦纳德的经济学说为基础的，要求实现这两位思想家提出来的目标。比如反对由印度承担在印度境外作战的费用，固定土地税，国家金融信贷系统向印度工商业提供贷款以及实行保护关税等。1894 年国大党通过决议，强烈反对英当局在恢复英国纺织品进口税同时，对印度棉织品加征出厂税，并尖锐指出，这种举世罕见的措施很明显是为了"扼杀年轻的印度工业",“牺牲印度的利益以讨好兰开夏的工业寡头"。①

国大党领导人是以极为温和的语言提出上述政治和经济要求的，并且还伴随对英国统治表示感激和效忠的言辞，也保证绝不使用和不支持武装斗争手段，希望以此换得殖民当局的理解和让步。然而，出乎他们意料的是，殖民当局竟对国大党抱起敌对态度来了。总督达弗林曾经协助这个组织的建立，现在却开始对国大党采取打击政策。

这是因为：第一，国大党宣布自己是“印度全民族"的代表，以印度民族的名义提出要求，这是英国殖民当局所不能容忍的。英国殖民当局一向标榜自己是印度全民利益的最高体现者，绝不容许国大党插进来，代表印度民族和自己对话。第二，尽管国大党对殖民当局态度温和，但它坚持提出一系列改革要求以及对达弗林的一些政策的批评，在全国产生相当影响。它的决议得到各地政治组织的赞同和支持，各民族主义报刊广为宣传，实际上为全国的运动提供了指导。第三，尽管国大党基本上是中上层阶级的组织，并没有发动群众，但不少年轻知识分子和小资产阶级群众对国大党活动抱有热情。国大党年会旁听人数越来越多。国大党的影响开始渗入到小资产阶级群众中。殖民当局害怕国大党和下层群众联结起来，从而对其统治构成威胁，因此想预防这种情况的出现。

从 1888 年起，殖民当局开始采用各种手段刁难和打击国大党。其手段之一是故意微词贬损，造成舆论对它的蔑视。国大党提出的所有要求，当局都置之不理，只是把文官考试最高年龄标准恢复到 23 岁。此外，还作出规定，不准有官方身份的人参加国大党活动，禁止王公支持国大党，威吓在财力上支持国大党的王公和有名望的地主。而且，还在开会的地点问题上百般设置障碍，破坏年会的筹备工作。但国大党没有屈服，没有在自己要求改革的立场上让步。

殖民当局见压制手段没用，又转而采取拉拢手段。主要表现在 1892 年所颁布的扩大立法会议的法令上。法令规定增加各级立法会议

---

① R. C. Majumdar, *History of the Freedom Movement in India*, Vol. 1, Calcutta: Firma K. L. Mukhopadhyay, 1961, pp. 409-410.

印度成员名额，部分由当局任命，部分由民族团体推荐，立法会议权限也适当扩大，例如可以对预算提出咨询。此后，许多国大党著名领袖如达·瑙罗吉、苏·班纳吉、马·伦纳德等都成了省立法会议或中央立法会议成员。这是国大党成立头 20 年里，唯一一次向英国殖民当局争取到的有实际意义的成功。国大党热烈欢呼这个法令的颁布，并把它说成是和平的陈请式的斗争方式的胜利。

此后，他们更坚持这种斗争方式，坚信靠这种方式能够取得所有期望的让步。为了争取英国舆论，1889 年在英国建立了国大党委员会，创办了报刊《印度》，宣传国大党主张。国大党领导人还通过各种途径争取英国自由党的支持，甚至还曾邀请格拉斯顿担任国大党年会主席（未成功）。达·瑙罗吉在英国参加议会竞选，1892 年当选为下院议员，把印度人的要求直接带到议院中。国大党对英国殖民统治者的态度和斗争方式，在头 20 年基本上就稳定在这个格调上。

四、与地主阶级的关系

国大党对地主阶级，除自由派地主之外，采用"以之为友"的态度，即争取所有地主参加运动。为了极力拉拢地主，国大党尽量不去触犯他们的利益。国大党所提出的唯一与土地有关的要求是在全印实行固定土地税，而土地税的矛头又仅仅针对殖民者，无形中资产阶级极大地迁就了地主。

早在 19 世纪 80—90 年代，地主阶级和农民的矛盾已经相当尖锐。在孟加拉、奥德、中央省和马德拉斯部分地区，地主任意提高地租，多数农民没有永佃权，地主可随时夺佃。在旁遮普和马哈拉施特拉，农民土地被商人高利贷者大量兼并，失地者日益增多。四处可闻农民的抱怨声，迫使殖民统治当局必须颁布租佃法和土地转让法来防止随时可能发生的农民暴动。1885 年颁布了《孟加拉租佃法》，规定非经法院许可，不得任意提高地租，并赋予部分长期佃耕统一土地的佃农以永佃权。1900 年颁布了《旁遮普土地转让法》，1901 年颁布了《孟买土地税典修正法》，两者对土地抵押和买卖都作了一些限制。尽管如此，国大党倾向于地主阶级的意图仍然明显。

国大党不顾农民的要求，反而纵容地主剥削行为的做法，使得原本就尖锐的矛盾更加严重。此时的国大党陷入了两面为难的境地。他们开始意识到必须作出一些维护农民利益的姿态，以缓和农民的不满。1898年，殖民当局应地主要求，在孟加拉立法会议上提出一项放宽对提高地租的限制的法案，国大党3位立法会议成员一致反对。1899年，在罗梅什·钱德拉·杜特主持下，国大党年会通过一项决议，要求在实行固定土地税的同时，也实行固定地租，并希望当局以租佃立法来规定这一点。"这个举动得到农民拥护，却遭到地主阶级，包括国大党内的自由派地主大多数人的激烈反对"[①]，最终以失败告终。

国大党自称是全民利益的代表，却牺牲农民的利益来争取地主，这其中必然存在复杂的原因：第一，党内自由派地主的要求。这个阶层和大多数地主利益共同点大于不同点，在决定国大党对地主阶级的政策上起重要作用。第二，国大党内许多商人、工厂主、知识分子兼有地主身份或和地主阶级有着紧密的社会联系。考虑到自身的利益，国大党对地主阶级有着特别亲密的感情。第三，国大党领导人急需地主阶级的社会支持和财力资助。他们认为地主阶级在殖民者眼里是有地位的，取得他们的支持就能扩大国大党的影响。所以，争取地主比争取农民要重要得多。

国大党以地主为友，然而地主阶级中只有少数自由派地主参加和支持国大党，其余地主一直持冷漠、不信任甚至敌视的态度。其中的原因比较复杂，除了历史根源外，还在于国大党和地主之间存在着严重的矛盾。

就历史根源而言，国大党成立前，在孟加拉，小资产阶级民主主义者以及印度协会的一些成员，曾经揭露过柴明达尔的残酷剥削，并且帮助农民组织农会。在1883年讨论《孟加拉租佃法案》时，印度协会不但持支持态度，而且批评当局对柴明达尔妥协。这就使地主阶级中

---

① 林承节：《殖民统治时期的印度史》，第175页。

多数人对资产阶级政治运动怀有戒心。大起义后，英国殖民当局宣布维护封建主阶级的财产和权力地位，退回了一大批没收的土地，又对大起义中效劳有功者赐地封爵，使得地主阶级中的多数人对殖民统治者死心塌地。随着国大党势力的涌起，地主阶级中的多数人预感到，印度将在社会政治制度上发生巨大变化，因此他们宁愿和殖民统治者站在一起，维护现存的殖民统治制度和封建制度，来巩固自己的地位。

就国大党和地主阶级之间在客观上存在的矛盾而言，最主要的矛盾是国大党主张的代议制和选举原则，以及国大党在群众中不断扩大的影响力。以前，地主是殖民者的主要依靠对象，不少人被任命为立法会议和地方自治机构的成员。但在实行国大党提出的选举原则后，他们因政治态度保守、思想陈旧，得不到群众支持而落选，取而代之的多为国大党人士。最初，地主阶级从选举失败中还只是感到政治地位的下降。后来，1898 年，当涉及租佃问题的法案提到立法会议上讨论，国大党成员反对地主的要求时，地主阶级突然感到，国大党在立法会议中占多数会影响立法，从而危及他们的经济利益，因而对国大党的敌意急剧地膨胀起来。

英国殖民者趁机怂恿地主通过各种方式遏制国大党的影响。例如，阿拉哈巴德的大地主在英人怂恿下在 19 世纪 80 年代末组织了印度人爱国联合会。它宣称国大党提出的"民主商标"不适合印度国情，低等阶级的人和高等阶级的人坐在一起讨论国家大事的场景"不可想象"。[①]他们也反对在英国和印度同时进行文官考试，认为印度贵族决不接受出身低等阶级的文官进行统治。除此之外，贝拿勒斯的许多大地主也卖力地攻击国大党。

可见，国大党虽把地主阶级当作朋友竭力争取，地主阶级的多数人却并不认为国大党是自己人。他们宁愿依靠殖民统治者而不愿接近国大党。这就是国大党成立头 20 年与地主关系的基本格局。

---

① 林承节：《殖民统治时期的印度史》，第 176 页。

五、与土邦王公的关系

土邦王公是英国统治的支柱，绝大多数人对国大党抱不信任和敌视态度。这不仅因为他们不愿打乱现行的英国统治的秩序，还特别因为他们害怕国大党代表的新潮流波及土邦，会威胁他们自身的统治地位。

但是，有少数土邦王公同情国大党，积极提供财力帮助。如西印度的巴罗达、印多尔、朱纳格、冈达尔和南印度的迈索尔、特拉凡哥尔、柯钦等土邦王公，都向国大党和其他民族主义组织或活动家个人捐过款。巴罗达的盖克华 1873 年给在伦敦的达·瑙罗吉 5 万卢比作为活动经费。迈索尔王公 1887 年给国大党 1000 卢比。达弗林亲自警告过迈索尔王公的迪万(首相)，今后不得再继续捐款。

这些王公资助国大党原因有以下几种：(1)有的王公本身就是民族企业的投资者，或本人受过西方教育，思想开明，也希望在全印度和自己的土邦实行改革，因此支持国大党的活动。如巴罗达、迈索尔的王公都受过西方教育，在土邦内实行一些改革措施。(2)有的王公想通过资助国大党，取得国大党政治上的支持，来抗衡英国驻扎官的专横干涉。(3)有的王公是为了提高自己的声望，以加强自己的统治地位，消除人民的不满。无论属于哪一种，对他们的财力援助，国大党都是极为欢迎的。

国大党对王公的态度一视同仁，并不因为是否提供援助而有根本区别。它的基本态度是，把土邦看作是还残留的印度自主地位的可贵象征，希望土邦王公能在英国统治者面前维护内政自主地位，并以良好的治理成绩向英国人显示，印度人在管理国家政权的能力方面并不比他们差。所以，每逢土邦王公与英国驻扎官发生纠纷，他们总是支持土邦王公，共同反对英国殖民统治者的干涉。例如当英国驻扎官专断地干涉巴罗达、海德拉巴和克什米尔内政时，他们提出抗议。1896—1898 年国大党年会连续通过决议，谴责殖民当局废黜王公。

国大党并不准备把改良运动扩大到土邦，避免通过任何涉及土邦内政的决议，但真诚地希望土邦王公主动改革内政，发展经济，跟上时代潮流。巴罗达、迈索尔王公主动改革内政，发展经济，得到国大党的赞成。达·瑙罗吉、费·梅塔、奥罗宾多·高士等国大党著名活动家都曾在土邦任职，或担任迪万，或担任部长、大学校长，都曾为土邦的改革作出努力。国大党一些活动家（如提拉克）还设想未来的印度采取联邦政体，现有的土邦都将作为成员参加这个联邦。

国大党对土邦王公的期望，是过高估计了他们。事实上，绝大多数王公只是过时的封建制度的遗老遗少。他们只求维持现状，在英国人的庇护下过着安逸奢侈的寄生生活，对国家的前途不闻不问。他们很少能够接受政治经济改革这类新事物。有些比较开明的王公会模仿建立立法会议、兴办近代教育等，也不过是做表面文章。再说，英国驻扎官也不会允许他们实行真正的改革。

所以，无论国大党怎样想尽办法讨好王公，大多数王公还是对国大党抱有厌恶感。例如贝拿勒斯的王公指责国大党提出的民主要求是西方结构，不适合建立在种姓基础上的印度社会。他以讥讽的口吻问道："你怎么能让下层种姓的人成为我们的统治者呢？"[①]瓜廖尔王公马德浩·拉奥·信地亚提供一艘医疗船随英军侵略中国、镇压义和团起义，他因而被授予骑士勋章和少将军衔。英国统治者经常拿土邦王公的忠顺态度向资产阶级改良活动家示威，并压制后者的改革要求。

六、组织系统的建立

建立国大党这个组织的直接目的，是使从事民族进步事业的工作者能密切联系，共同讨论和决定应该采取的政治行动，间接目的是构成民族议会的胚胎，并逐步使之成熟，以回击那种认为印度人不适合代议制的谰言。

在成立后一段时期内，国大党只是每年在不同城市举行一次集会，各社会政治团体都可派代表参加。会上选举一位主席主持会务，会议

---

① 林承节：《殖民统治时期的印度史》，第 177 页。

结束后他的任务也告终结。当时国大党没有自己的组织系统，在中央，没有领导机构，只有一名秘书长作为这个实体的象征和联系人存在。

这样的组织很快就显露出自身的缺陷，特别是在殖民当局发动进攻后更是如此，这就迫使国大党开始按政党模式改建和加强自身的组织性。1886 年，国大党年会曾通过决议，要求重要城市建立国大党常设委员会，但只有少数城市执行。19 世纪 90 年代要求加强组织建设的呼声增高。

为适应形势需要，1898—1899 年国大党采取了 2 个重大改革：一是建立国大党的组织系统。1899 年成立了中央机构——印度国大党委员会(1908 年后称为国大党全印委员会)，在各省建立了国大党省委会，负责召开省政治会议，贯彻国大党年会决议，并向下届年会提出工作报告。组织系统就建立到省级为止，省以下仍保留原来各政治组织。二是于 1899 年制定了党的章程。这是国大党成立 15 年后制定出的第一个党章，党的奋斗目标是"用宪政手段促进印度帝国人民的利益和幸福"。

从此，国大党具有了政党雏形，为以后进一步形成完全意义上的政党打下了基础。

七、党内分歧的表面化

由于国大党组织的构成复杂，自成立那天起，其内部就存在着不同思想倾向。居于党的领导地位的是温和派，他们来自大资产阶级和自由派地主阶级出身的知识分子上层，在政治上采取温和的改良主义态度；另一派是激进派，他们来自小地主、富裕农民及城市小资产阶级的中下层知识分子，有较强烈的民族情绪。

19 世纪末，印度的田赋和其他税收加重，劳动人民的负担加重，甚至连小地主、富裕农民和城市小资产阶级的处境也越来越恶化。民族矛盾和阶级矛盾日益加深，人民群众不断掀起反封建剥削和反殖民压榨的斗争。在这种形势下，民族主义阵营中的分歧明显化。党内出现了激进派和温和派，前者对后者推行的改良主义政策表示不满。

　　最初几届年会上，分歧还没有表面化，到 1895 年召开第 11 届年会时，这种分歧才公开暴露出来。温和派以戈·郭克雷为代表，主张走宪政允许范围内的道路，即主要靠上层分子的活动，搞宣传，造舆论，与殖民当局讨价还价，以改革求发展，争取民族平等。在他们看来，英国统治印度是合理的，存在的问题通过改革就可以解决。激进派以提拉克和奥罗宾多·高士为代表，主张先独立，后改革。高士说，政治自由是一个民族的生命，没有政治自由，社会改革就是空谈。

提拉克

　　在对待下层群众，特别是对待农民群众的态度上，两派截然不同。温和派从不注意群众问题，激进派在一定程度上已看到了人民群众的力量。激进派同情农民的艰难处境，因而试图把农民吸引到民族运动中来。1896 年孟买地区连年饥荒，提拉克深入农村，发动农民拒绝向殖民政府交纳田赋。提拉克知道，凡是想成为领导者，必须和人民接触，了解他们的需要和宗教爱好，懂得怎样把他们吸引到对民族有益的轨道上来。不过提拉克虽然强调人民群众，发动他们起来反殖民主义，但并不想发动农民反封建主义。因此他发动群众的武器是"倡导复兴印度教，赞扬吠陀精神，试图以这种传统的社会道德为纽带，来作为团结全民族、争取民族解放的旗帜"[①]。所以，他组织群众纪念象神节，召开群众大会悼念马拉特民族英雄西瓦杰，颇为群众接受和欢迎。

　　温和派同激进派，固然同属资产阶级民族运动中的派别，但思想体系差别很大。前者受宗主国文化思想影响较深，资产阶级民主色彩较浓。后者虽也接受了西方文化教育，但受民族传统文化影响更深。

---

① 　培伦主编：《印度通史》，第 409～410 页。

在民族运动蓬勃发展的形势下，激进派观点更能适应形势，更富有斗争精神，而温和派却显得保守，无所作为，缺乏群众基础。

八、早期活动的意义

印度国大党的存在及其早期活动，具有深远和重大的历史意义。国大党早期活动，最主要的成就有以下 3 点：

第一，国大党的存在，为印度民族资产阶级树立了一面团结奋斗的旗帜。在国内民族资本主义发展还很微弱，资产阶级力量还不够强大的条件下，它能够顶住殖民当局的巨大压力，使自己生存下来，并以适应当时形势的活动方式坚持下来，不断集聚发展自己的力量，使之成为印度民族的象征，代表了印度民族的希望和前途，反映印度民族的心声，维护了民族运动已取得的成果。保住了这面旗帜，这是最重要的意义。

第二，国大党在不断提出资产阶级政治和经济要求以及批评殖民政策时，也就把资产阶级观念和主张传播到群众中。国大党的思想理论及其斗争实践，深深地教育着印度人民，不断唤起印度人民的觉醒。它的斗争纲领虽然比较温和，但它吸引了越来越多的青年知识分子和小资产阶级群众，使他们关心国家大事。旁听国大党年会的人数也逐年增多，一年一度的国大党年会，既是政治会议，也是民族主义的讲习所。

第三，国大党老一辈活动家和领导人的宽阔胸怀与奋斗精神为后辈树立了良好的榜样。如达·瑙罗吉、马·伦纳德和苏·班纳吉以及戈·郭克雷等，他们都为民族事业奔波各地，奋斗终生。尽管他们个人还存在着种种缺点，他们终究不愧为伟大的爱国者、杰出的资产阶级政治家，都为印度民族的解放事业作出了不可磨灭的贡献。[1]

---

① 培伦主编：《印度通史》，第 411 页。

第三章　1905—1908 年印度民族革命运动

20 世纪初叶，资产阶级温和派的"三 P 政策"（乞求、讨好、抗议）道路已不能适应印度民族运动日益发展的客观形势，小资产阶级革命民主派开始形成并日益强大起来。在小资产阶级革命民主派的推动下，印度民族运动的性质也随之发生重大变化，由资产阶级民族改良运动开始转变为民族革命运动。运动的目标已经不是谋求改良，而是要实现民族自治（司瓦拉吉）或独立，运动的斗争方式不再是上层社会的改良策略，而是大规模的群众性政治斗争。这个转变的具体表现就是1905—1908 年印度民族革命运动高潮。

第一节　民族革命运动的背景

19 世纪末 20 世纪初，英国在多方面加强了对印度的统治。在经济上对印度进行深度压榨，使得印度人民民不聊生。政治上更是如此，分割孟加拉法的颁布给印度带来了"最黑暗的时代"。加上 20 世纪初正值"亚洲的觉醒"，亚洲许多国家掀起了反帝反封建的资产阶级民族民主革命运动。受此局势影响，印度人坚定了争取民族权利的信念，开始走上了民族革命运动的道路。

一、社会经济状况

1905—1908 年印度民族革命运动高潮的到来，有其社会经济前提。那就是，英国对印度的剥削进入帝国主义阶段，印度社会经济随之发生了一些新的变化。

从 19 世纪 90 年代开始，英国对印度的剥削正式进入帝国主义阶段，资本输出成了占支配地位的剥削方式。20 世纪初，英国对印度的统治和剥削进一步加强，除了在政治上对印度强化统治外，在经济上也深度压榨。英国对印度的剥削程度越来越严重，资本输出跃居世界首位，当之无愧地成为了国际上最大的剥削者。

首先，最为显著的是英国在印度注册的股份公司日益增多，主要部分在于棉织工业和黄麻工业。例如，仅 1905 年在印度就有 165 家外国公司开业，它们多半是在英国创办而在印度营业的，这些公司已付资本总额为 6900 万英镑，股票资本为 2770 万英镑。1902 年以前在印度开业的 1366 家外国股份公司的已付资本仅为 2550 万卢比。[1]由此可以看出，较 19 世纪末而言，20 世纪初的英国资本已经有大幅度的增强。应该指出的是，这些股份公司的已付资本只占英国在印度总投资总额的一小部分。

其次，英国不仅在印度注册大量的股份公司，并且在印度进行多项投资，如公债投资、铁路投资、城市交通投资等。其中，90％之多的投资项目是为了更好地方便英国的工业制品在印度的倾销，并借机从印度掠夺各种原料和半成品。此外，德、法、美、日等国在印度还纷纷开设了汇兑银行，意味着帝国主义列强争夺销售市场的硝烟战已在印度打响。英国当然也不能错过了这块"香饽饽"，其在印度的银行业投资也很大程度上促使了印度进一步殖民化。1905 年至 1908 年间，英国在银行业的投资遥遥领先于其他帝国主义列强。

再次，英国贸易中介行数量猛增，并演变成了正式经理行，其魔爪伸向了印度几个较大的商业城市，并在这些城市中占有了雄厚的经济阵地。这些经理行有两个特征：第一，前身是一些英国殖民文武官员以及同他们有联系的一些商人组成，他们直接以暴力方式抢夺印度人民的财产，并与本地封建主、商人、高利贷者勾结在一起。第二，其创始人与伦敦金融巨头们有着千丝万缕的联系。他们在印度活动的

---

① 培伦主编：《印度通史》，第 453 页。

主要目的就是为了使这些巨头们在印度建立起稳固的支配权，成为印度的金融寡头。

久而久之，英国的垄断组织也不断地利用经理行这个经济杠杆榨取印度人民的财富，其活动足迹不仅限于印度沿海地区，而且还深入到印度腹地，触角伸到印度经济领域的各个行业和部门，好似生了锈的铁箍，紧紧地束缚着印度生产力的发展，把印度的资本发展局限于一个狭窄偏僻的范围里，使印度经济不断畸形化和片面化，长时间处于落后状态，充分地暴露了其贪婪残暴的帝国主义列强的本性。

与此相应，印度社会经济发生了变化。首先，印度民族资本获得缓慢发展的同时，深受殖民统治者的排挤和打击。棉纺织业依然是民族资本的主要部门，棉纺织厂、纱锭、织机的数量大幅增长，其中大部分属于印度民族资本。此外，农产品加工业和煤矿开采方面的投资也有所增长。印度人自己集股开设的银行也增加了。但民族资本的发展受到英国资本的排挤，更受到殖民政权的刁难打击。"两点对它打击最重，一是财政改革，一是对印度工厂纺织产品征收出厂税。当民族资本除了争夺国内市场已没有别的回旋余地时，他们便比以往任何时候都更突出地感到殖民枷锁的沉重"[①]。

其次，资本输出和金融资本剥削的加强，对城乡小资产阶级和下层群众以沉重打击。在民族企业的纺织产品改为以内销为主，而英国布纱输入量增加的情况下，纺织业小企业主和手工业者感到竞争的压力。小企业主和手工业者破产的现象比比皆是。财政改革对下层人民打击更重，仅关闭私人铸币厂一举，就使小资产者和下层劳动群众世世代代积蓄的一点银首饰贬值 1/3 甚至一半以上。不仅如此，随着币值的增长，群众所负担的各种赋税、地税、债务都相应增值，物价也随之猛涨，人民购买力急剧降低，造成了饥荒和瘟疫连年发生的可怕局面。千里赤地，哀鸿遍野的凄凉景象，时有发生。广大下层人民对英国统治的不满急剧加强。

---

① 林承节：《印度民族独立运动的兴起》，第 242 页。

再次，知识分子队伍扩大，但失业加剧。从 19 世纪 90 年代开始，知识分子队伍进一步扩大了。大学毕业生日益增多，但殖民政权的各种机构被大量英国人塞满，而从事自由职业又受到资本主义发展不足的限制。不少人没有尝到做一名生活有保障的知识分子的甜头，而是饱尝失业的辛酸苦辣。即便找到工作，工资待遇也很低。这样，大学毕业生人数增多只是不断扩大再生产知识分子失业半失业的队伍，因此，小资产阶级知识分子阶层最积极地要求变革。这个新阶层在 19 世纪 90 年代后大量参加到国大党中，扩大了国大党的阶级构成，给它注入了新鲜血液，成为国大党内新出现的一代小资产阶级革命民主主义者，他们开始到下层群众中活动。

总之，正是由于英国殖民者的帝国主义剥削政策，使印度资产阶级和广大人民的不满加强，造成了各阶级和各阶层的不满有可能再次汇合的客观形势。这种社会经济状况，成为 1905—1908 年印度民族革命运动高涨的深层原因和社会经济基础。这意味着，在印度进行资产阶级民族革命的客观前提开始形成。

二、寇松的倒行逆施

20 世纪初，总督寇松实行一系列目的在于扼杀印度民族运动力量、防范革命的反动措施，结果，更激起人民的普遍愤慨，民族主义者决心开展更坚决的斗争。这成为 1905—1908 年印度民族革命运动高潮的加速器。

乔治·寇松于 1899 年被任命为英属印度总督，成为有史以来最年轻的印度总督。当时处于水深火热中的印度人民把曾任印度事务部副大臣的寇松的上任看作解救他们的一丝希望，

寇 松

殊不知这个野心勃勃的狂热的帝国主义分子被大英帝国所委派的任务

就是摧垮国大党，阻碍印度民族进步。

寇松本人也同样坚信国大党已危在旦夕，他的抱负就是促使国大党寿终正寝。同时，作为一个白人种族优越论者，他还在加尔各答的一次集会上说道，高级文官的职位只适合英国人，部分是因为英国人天资聪颖，部分是因为英国人受教育程度高，而这一切都是印度人无法比拟的。很明显，寇松这一言论表明了英国人企图垄断高官职位并使其永久化。

于是，寇松上任伊始，为了加强官方控制，就以颁布加尔各答市政局法的方式，将民选代表比例裁减了一半，这一举措瞬间瓦解了加尔各答民族主义者多年来在加尔各答市政局努力争取到的支配地位。剩下的 28 名印度民选成员，为表抗议也全体退出加尔各答市政局。

寇松为了加强对印度人民的经济盘剥，实行了财政改革。他通过了福勒委员会的财政报告，正式规定了英镑在印度的流通使用，并且还将卢比英镑比价提高至 1 卢比兑换 16 便士。而按照当时的白银实际价格计算，1 卢比只等于 12 便士。这样一来，英国人便轻而易举地通过每个卢比从印度人民身上榨取了 4 便士。英印当局利用这种英镑进入印度流通领域来干预印度经济的办法，人为地提高卢比英镑的兑换率，为英国资本牟取利益。寇松这一举措遭到了印度人民的强烈指责，人们称寇松是在变相地增加税收，牺牲了印度纳税人的利益，拿去喂养英国官员。

寇松采取严厉措施，加强对民族报刊的管制。1904 年，他修改《国务机密法》，再度扩大该法的适用范围，将民族报刊置于当局更严密的钳制之下。一旦刊登批评殖民当局的文章，就会被看作是"煽动对政府的怀疑和仇恨"，文章作者和报刊编辑都会因此而身陷囹圄，因为他认为"舆论是叛乱之母"。[①]

同年，寇松又颁发《大学法》，加强对高校的控制。《大学法》内容主要包括：增加学费，提高入学门槛，把那些较不富裕的学子们拒之

---

① 培伦主编：《印度通史》，第 456 页。

门外；限制各校评议员和管理委员会的规模，由当局政府向各校委派的监督机构成员高达总人数的 4/5 之多，并且主要以英国人为主，如此一来，学校便被当局全权掌控。尽管当局宣称，该法的目的在于把印度高等学府从当时单纯的考试机构改造成实行全面教育的地方，但实际上殖民者认为高等教育是印度的"叛乱之源"，《大学法》的实施旨在剥夺印度下层人民的求学机会，减少"叛徒"的出现。这种对学校的强行控制就是剥夺和践踏印度人民起码的民主权利。1904 年《大学法》无疑是针对印度民族运动采取的一项釜底抽薪的办法，是殖民者深思熟虑的政治性步骤。

此外，为了强化镇压人民的国家机器，寇松于 1905 年改组警察局，并在印度各省设立了刑事侦缉部，在中央内务部下设立了中央情报局，把密探派遣至各地，加强了对人民的控制和镇压。

寇松无视印度人民民族民主权利的倒行逆施行径，引起印度全国人民的普遍不满和强烈反对。国大党领导人郭克雷指出，寇松实行的是倒拨时针的反动政策，给印度带来了历史上最黑暗的时代。国大党元老瓦加也说，寇松必将在一片唾骂声中永远滚出印度。

三、国际形势的影响

随着资本主义国家向帝国主义阶段的过渡，亚洲各国遭受的殖民灾难更加深重。帝国主义同各国封建势力勾结，加深了各国人民的苦难，妨碍了亚洲各国经济的建设和发展，加深了这些国家的民族危机，促使了亚洲的民族觉醒。20 世纪初，亚洲许多国家掀起了反帝反封建的资产主义民主革命运动，被称为"亚洲的觉醒"。

1905 年的俄国革命是帝国主义时代第一次影响巨大的资产阶级民主革命，在这次革命中，俄国无产阶级作为独立的政治力量登上政治舞台。俄国革命促进了西方无产阶级革命运动和东方民族解放运动的蓬勃发展，同时对包括印度在内的亚洲国家产生了不可低估的影响。列宁在《亚洲的觉醒》一书中也提到，继俄国 1905 年的运动之后，民主革命席卷了整个亚洲，世界资本主义和 1905 年的俄国革命运动彻底唤醒了亚洲。

不可不说 1905 年前后是世界近代史上具有重要意义的年份。这不仅仅是因为俄国革命的爆发，也因为亚非拉革命运动的蓬勃兴起。在非洲，正酝酿着新的反帝斗争；在拉丁美洲，约 5 年后，爆发了历时 7 年之久的墨西哥资产阶级革命；在亚洲，土耳其、伊朗、日本和中国等，都发生了资产阶级革命或民族独立运动。欧亚非拉人民普遍觉醒了，这成为了世界革命风暴的新源泉。

20 世纪初的世界革命形势对印度产生了不可估量的影响，让印度人民看见了希望所在，推进了印度民族独立运动的历史进程。正如印度历史学家马宗达所说，印度人民从这些历史事件中看到了新的希望，受到了新的鼓舞。在这些国家都在为争取民族民主权利而斗争的时候，印度已经不可能在英国的殖民统治下苟安了。

正是受到这种国际革命形势的影响，印度小资产阶级革命民主派坚定了争取民族权利的信念。印度小资产阶级革命民主派领导人提拉克宣布，既然英国的殖民统治是沙皇式的独裁政权，那么印度就应该"向俄国人学习，看看我们该怎么办"。提拉克在孟加拉庆祝西瓦杰节的群众集会上，号召印度人民"学习爱尔兰、日本和俄国人民的榜样，像他们一样起来斗争"。[①]

第二节　民族革命运动的进程

反对孟加拉分割法的斗争，是引发 1905—1908 年革命运动的导火索。国大党内各派开展了不同程度的斗争，国大党外也出现了一批秘密革命组织，为争取印度民族独立密谋组织着斗争。运动初期，国大党内温和派与激进派齐心协力、共同斗争，使得运动很快推向高潮，但温和派后来止步不前，激进派却勇往直前。两派在观点目标上的分歧导致了 1907 年国大党的分裂，英国殖民当局趁势通过了《印度议会

---

① R. Suntharalingam, *Indian Nationalism: An Historical Analysis*, New Delhi: Vikas Publishing House, 1983, p. 164.

法》，企图加速分裂印度。

一、孟加拉分治阴谋

寇松为印度作出的"贡献"远非前面所能概括，想必最为杰出的"贡献"还是在于孟加拉分割法的颁布。

为了巩固英国对印度的统治，削弱印度的民族独立运动，遏制民族工业的发展，阻碍孟加拉民族的形成和挑起印度教徒与穆斯林的冲突，寇松承袭了传统的"分而自治"的殖民政策，于1905年公布了一项法令，法令规定将孟加拉省划分为两个行政管理区。当时的孟加拉省是英属印度最大的省，包括孟加拉、比哈尔和奥里萨，拥有18.9万平方千米的土地和7850万人口，其政治、经济、文化处于较为发达的状态，是印度最先出现民族知识分子的地方，生活在这里的孟加拉人具有较强的民族意识。

对于这一法令的颁布，寇松的解释是：首先，孟加拉省太大，边境居民太苦，省会设在海岸城市加尔各答，不便管理，分省将使情况得到改善；其次，东孟加拉居民多为伊斯兰教徒，但该省的许多重要公职却是由印度教徒充任，分省可以很好地解决这一问题，为穆斯林提供更多担任公职的机会；再者，阿萨姆没有出海口，若将东孟加拉并入在内，可以获得吉大港作为出海口岸。

然而，实际情况并非如此，这只是借口而已。寇松分割孟加拉的真实目的主要有两个。第一个目的在于分裂印度民族力量，肢解民族运动最发达的孟加拉地区。19世纪末20世纪初的国大党在印度人民群众中的影响日益扩大，党内出现了一个小资产阶级激进派即革命民主派，他们不满于国大党仅仅提出改良的要求，主张印度应以自主或独立为斗争目标，并应开展群众运动来争取实现这个目标。他们的宣传鼓动也得到越来越多的人拥护，这使英国当局感到十分不安。寇松认为印度人民日益增长的反英情绪主要来自于激进民族主义，而这种民族主义又主要存在于孟加拉地区的革命者中。正如印度历史学家马宗达所指出的："在印度政治发展中，孟加拉的影响是非常大的，是革命运动的温床，对印度政府的态度是不友好的。"①于是，寇松以此为理由，企图通过新的地区调整，减少孟加拉省的土地面积及人口数量，将他认为危险的印度知识分子阶层分割，以利于英国的统治。第二个目的是企图制造宗教对立的两个省，使之互相水火不容。当时的孟加拉省有人口 7850 万，印度教徒占 2/3，穆斯林占 1/3，孟加拉东部是印度穆斯林居住较集中的地区之一。而穆斯林在上层政治上比较落后，愿意与英国当局合作。如此一来，英国官僚们便把获得穆斯林的全力支持作为分割的最高价值。他们打的如意算盘是：将孟加拉一分为二，将东孟加拉和阿萨姆省合并成为新成立的省，因穆斯林居住集中，人口占多数，将会成为由穆斯林起支配作用的省；西孟加拉是印度教徒占多数；两个省因居民主要的宗教不同必会产生矛盾，甚至对立。就这样，通过把穆斯林和印度教徒分割在两个地区，从中挑拨，制造两个宗教的裂痕和对抗，破坏 7850 万孟加拉人的团结，转移民族斗争的大方向。

孟加拉分治阴谋引起了印度社会各个阶层的强烈反对，引发了一场轰轰烈烈的民族革命运动。

二、温和派的反抗

孟加拉分割法令的实施无疑会给印度人民带来沉重的打击，将严重地损害印度民族资产阶级和自由派地主的经济、政治利益，也必将削弱以国大党为代表的印度人民的政治力量。

在国大党中，代表民族资产阶级和自由派地主利益的温和派在国大党成立前期一直处于领导地位，这使得温和派的政策影响着整个国大党的政策。在温和派的领导下，国大党在其成立的 20 年中一直坚持改良主义立场，坚持以"三 P 政策"（乞求、讨好、抗议）为特点的改良路线。他们就自己的政策提出了这样的主张：在政治上，改组立法机构，增加各级立法会议中印度成员的名额，扩大立法会议的权限，改

---

① R. C. Majumdar, *The Struggle for Freedom*, Bombay: Bharatiya Vidya Bhavan, 1963, p. 21.

革文官考试制度，扩大参政权；在经济上，要求降低税收，国家金融信贷系统向印度工商业提供贷款，保护关税等。在实现上述主张的过程中，温和派将自己的斗争目标和斗争方式严格限制在宪法所允许的范围内，扮演的角色一直是英国殖民者的绝对效忠服从者。

印度民族革命运动的到来，把一直坚持改良主义的温和派推进了日益高涨的革命局势中。在这种形势下，温和派不得不考虑调整长期坚持的改良主义政策。1903 年 12 月，分割孟加拉的提议被公诸于众，一场自发的抗议随即爆发。仅在最初的 2 个月间就有 500 多场抗议集会在东孟加拉举行，主要集中在达卡、迈门辛、吉大港。国大党领导人数次派代表团与寇松会晤，说服当局取消孟加拉分治，但毫无收获。国大党人逐渐对宗主国失去了信任，并郑重表明强烈反对分割孟加拉的建议，而这也仅限于取消孟加拉分治而已，并未表达出发动人民群众参加反分治活动的意愿。1903 年到 1905 年是一个请愿、照会、演讲、集会、宣传等温和手段全力发挥作用的阶段。

然而，殖民当局丝毫不为民众温和的抗议活动所动，依旧我行我素。1905 年 7 月 19 日，孟加拉分割提案获英国议会通过。9 月 1 日，政府宣布，孟加拉分割方案将于 10 月 16 日付诸实施。英国殖民政府的举措激怒了一向温和的国大党。国大党温和派领袖戈·郭克雷义愤地说："残酷的不幸被施加在我们的孟加拉兄弟身上，为了民众的利益，我所要说的是，一切同这种官僚制度合作的愿望，再见吧！"抵制英货成为运动初期的主要斗争形式。孟加拉周刊《复兴》以《我们的决心》为题发表社论，首次提出抵制英货，作为促使殖民当局取消分割法令的手段。分裂孟加拉的决议刚宣布通过，不计其数的自发抗议集会就在印度各地的城镇乡村举行，这些集会首次发出了抵制英货的誓言。

国大党温和派领导层站到了抵制英货运动的前列。8 月 7 日，国大党孟加拉领导人苏·班纳吉、阿·马宗达等在加尔各答市政大厅组织了孟加拉各地区各阶层 1.2 万人参加的大会，史称加尔各答"八七"大会。阿·马宗达在大会上慷慨陈词说，随着分割孟加拉，印度政治运动进入了一个新阶段，我们一直使用的鼓动方式表明没有效果，现在我们必须转变想法，从思想领域到行动领域，必须实现自尊，以便使那些惯于鄙视我们的人尊重我们。大会通过了著名的《抵制英货决议》，正式宣布发起司瓦德西运动，即使用国货运动。苏·班纳吉提议在每次群众集会上举行抵制英货宣誓，得到广泛推广。"自此，这场零星和自发的运动变成了有中心、有领导、集中的抗议运动"[①]。

三、激进派的斗争

在这一新的局势发展下，国大党内出现了一股新兴力量，即小资产阶级激进派，亦称革命民主派或极端派，他们主张采用新的策略广泛发动民众，对殖民统治进行坚决斗争。

如前所述，19 世纪末 20 世纪初，英帝国主义对印度人民明火执仗的剥削欺压程度一再加深，使得全印人民与殖民者的矛盾日益激化。随着资本主义的发展，印度社会的阶级结构发生了大规模的变化，其中最为突出的现象是城乡小资产阶级队伍像吹气球般地急剧膨胀。这里所指的小资产阶级不仅仅指日益增多的小地主、小工厂主、小商人，还包括了大量集中在城市的知识分子，他们一贯接受着欧式教育，比如各式各样的自由职业者、小公务员以及青年学生。仅在 20 世纪初，光是高等院校和高中学生人数就有 75 万到 100 万。当时，小资产阶级的地位与下层劳动人民很接近。据一材料显示，在加尔各答，有 3054 名高等学校和中学教师，其中 2100 位教师的月薪不超过 30 卢比，这只相当于普通工人的工资。物价日益上涨，他们的状况却每况愈下。

小资产阶级在英帝国主义的不断压迫下，政治上备受歧视，经济上无法发展，如同铐上了沉重的枷锁，无法自由行走。他们对英国殖民统治越来越感到不满，与此同时，他们对代表民族资产阶级和自由派地主利益的国大党温和派的改良路线也越来越感到不满。小资产阶级知识分子在政治上处境尴尬，但他们的思想决定了他们具有较强的革命性，因此在反对国大党温和的改良路线问题上，他们的立场更为

---

① Bipan Chandra, Mridula Mukherjee, Aditya Mukherjee, K. N. Panikkar, Sucheata Mahajan, *India's Struggle for Independence*, 1857-1947, p. 127.

坚定。这样，小资产阶级革命民主派在印度民族运动的大潮中就应运而生了，这一革命派既形成于国大党之内，也形成于国大党之外。在国大党之内的就是激进派；在国大党之外的，就是秘密革命组织。

以提拉克和奥罗宾多·高士为首的小资产阶级激进派最早意识到国大党温和派"三P政策"的穷途末路，于是提出了与温和派针锋相对的"消极抵抗"思想。这一思想的基本观点是，不同英国政府合作。提拉克精辟地解释说："掌握在一小撮英国人手中的行政机构是在我们的帮助下运转的，我们处于被奴役的地位；如果你没有积极的抵抗力量，难道还无力克制、约束自己不去帮助外国政府来统治你自己吗？这就是抵制；作为一种政治武器，其政治意义就在于此，这就是民族进步的途径，发展民族精神的途径。"

消极抵抗思想的核心是把抵制作为一种反抗手段，不仅用于抵制英货的经济斗争中，而且用于摆脱殖民统治的政治斗争中。这种思想理论上的新高度，是民主派为印度民族运动的发展作出的重要贡献。在此基础上，奥罗宾多·高士又提出对殖民统治实行"全面抵制"，使消极抵抗的思想纲领更臻完善。抵制的终极目的是通过有组织地拒绝合作，使外国统治成为不可能的事情。很清楚，消极抵抗所要达到的政治目标是摆脱英国的殖民统治，由"全面抵制"达到"完全自治"。

1905年前，各地的激进派自主地积极开展活动，努力为自己打开局面，开展的活动主要是提出司瓦拉吉政治纲领、积极主张实现经济独立、主张发动工农群众参加民族运动以及主张"不要乞讨，要战斗"。活动中心有3个，分布在马哈拉施特拉、孟加拉和旁遮普，其中以马哈拉施特拉最为活跃，其领导人是后来成为全印激进派领袖的提拉克。马哈拉施特拉的马拉特人曾经与英国人顽强抗争，斗争已成为马拉特人的传统，至今仍有许多英雄事迹流传在民间。

1905年，国大党在勒克瑙召开年会。提拉克的发言着重强调争取司瓦拉吉的必要性，但当时还没有条件通过这样的决议。年会期间，小资产阶级激进派第一次召开了自己的会议，交换观点，统一策略，正式提出了自己的政治纲领即"四点纲领"（司瓦拉吉、司瓦德西、抵制、民族教育），并决定开展积极的宣传活动，争取国大党下届年会能接受"四点纲领"。"从这时起，全国各地的激进派建立了紧密的联系，成为国大党内一个正式的派别，即极端派。国大党领导层及其拥护者则被称为温和派"①。

激进派已发展成为了一支新的独立的政治力量，这股新鲜血液的注入，对日后国大党的发展走向起着至关重要的作用。正如《印度通史》所言，激进派的政治纲领不仅代表了印度小资产阶级的利益和政治要求，同时也代表了 20 世纪初觉醒了的印度人民追求新生活、向往新时代的愿望，激进派的纲领是国大党成立以来最具进步性、战斗性和革命性的路线，标志着在新的历史条件下，国大党内革命力量的增长。

四、秘密革命组织的活动

19 世纪末 20 世纪初国大党内小资产阶级激进派形成的同时，国大党外的革命者便悄然地建立了秘密革命组织。因此，不论是从秘密组织的产生还是发展看来，它与小资产阶级激进派是同源同流的，两者都是从人民群众爱国主义热情中汲取营养，推动印度民族独立的运动，两者的政治目标是一致的。之所以会成为这一大流的两个分支，是因为两者存在着不同的观点。分歧之一在于秘密革命组织不信任国大党，主张另建秘密组织，而激进派则主张在国大党内进行活动；分歧之二在于秘密组织主张即刻准备武装斗争活动，而激进派则认为当务之急并非武装斗争，而应发动群众进行合法的斗争。

激进派领袖提拉克在马哈拉施特拉发起了纪念马拉特民族英雄西瓦杰的活动，在活动中提出了争取司瓦拉吉的响亮口号。若把这一口号与西瓦杰争取独立的斗争联系在一起，就很容易想到旨意是在争取印度独立。活动虽然反响热烈，许多青年积极响应，但仍有少部分青年不肯投身于这次活动当中，他们虽受到提拉克宣传的影响，却仍觉得国大党的温和改良路线如同背诵西瓦杰的故事一样，光说不练，不

---

① 林承节：《殖民统治时期的印度史》，第 224 页。

能为印度争取独立。他们主张应该作出实际行动来，投入到真正的斗争中去，因此他们决心另外单独建立秘密革命组织。这样，秘密革命组织在印度各地如雨后春笋般建立起来。如早期建立的"印度教维护会"（浦那）、"友谊社"（那西克）、"雅利安兄弟社"（瓦尔哈德）、"进步社"（加尔各答），以及1905—1908年民族革命运动期间建立的"朱甘达尔"集团（孟加拉）、"新印度社"（马哈拉施特拉）等。

　　秘密革命组织在印度国内的蓬勃发展势头，势必影响到了国外的印度侨民。1905年后，印度侨民革命者组织和报刊相继出现在伦敦、巴黎、旧金山。还有印度革命家在伦敦建立了"印度自治社"，并创办了《印度社会学家》报，以此来宣传革命思想，后来这里也出现了印侨革命者的秘密组织；在巴黎，也出现了印侨革命组织，该组织还参加了1907年第二国际斯图加特大会，在国际讲台上发出要求印度独立的呼声；在美国，由印度革命者创办的《自由印度斯坦报》在侨民间广泛进行革命宣传，为尔后的革命活动开辟了道路。在国外，所有革命者都与国内的秘密革命组织保持着接触，不断秘密运送革命宣传品来印度。

　　虽然与激进派在革命的观点策略上都有所分歧，但从总体上来看，两者革命的目的大都一致，因而在那个紧张的时期，两者都会保持密切的联系，互相呼应，共同战斗。孟加拉革命者卡农格的回忆录谈到了这点，还谈到加尔各答的秘密组织成立了大学生司瓦德西合作商店，在米德那浦尔建立了分店。其目的一方面是扩大司瓦德西的宣传效果，另一方面是利用这些合法组织与各种群众性的司瓦德西和抵制运动的组织联系，吸引他们的领导人站到革命秘密组织的观点上来，以便在这些组织中建立秘密革命组织的分支。

　　秘密组织是以印度解放为明确目标，以武装起义为道路的革命组织。加入组织要举行宣誓。有一个组织的誓词说："为了把印度从外国奴役下解放出来，我要贡献自己的一切。"由于处在残酷的白色恐怖环境下，他们建立了极严格的组织规则。1909年警察在加尔各答发现的一个叫作《总原则》的文件，对秘密组织的组织原则作了以下概括：

（1）有效地组织革命力量，以保证集中使用力量于最需要的地方。（2）在组织内部划分不同部门（例如，有的组织下设宣传部、武装行动部、财务部、调查部等），不同部门的活动相互间不许打听。（3）实行严格的纪律。（4）严守组织秘密。（5）使用暗号、密语。这些规定是为了防备敌人的破坏，是进行秘密活动必须遵循的起码条件。关于秘密组织的形式，有的如"进步社"，从总部到基层，共有4级组织，自上而下，实行严格的集中制。有的如"朱甘达尔"集团，基层组织叫"达尔"，每个"达尔"的领导人叫"达达"（大哥），不同的"达尔"之间再实行联合。[①]

秘密组织主要从事宣传动员群众、筹集经费、搜集武器等工作，以便为日后的起义作准备。其中重头戏还数宣传鼓动群众，对象波及广泛，有不识字的农民，有达拉格（印度警长），还有副税务官。巴·高士曾提到他们甚至还在地主阶级中进行鼓动，但可惜收效甚微。当然，鼓动群众仅靠宣讲的方式是无法达到效果的，秘密组织还有效地利用报刊对群众进行鼓动宣传，如利用《划时代报》、《向祖国致敬报》、《晚报》、《时代报》以及《司瓦拉吉报》等。这些报刊所刊登的文章语言犀利，观点明确，对人民群众起到很大的鼓舞作用。

在宣传活动方面，秘密组织较激进派而言，有几个方面做得比较突出：

第一，秘密组织公开明确宣传民族独立思想。虽说激进派提出了司瓦拉吉的纲领，但内容伸缩性大，并未明确公开要求独立，而秘密组织则直截了当地要求完全独立，这是它的一大功绩。并且秘密组织还告诫人们在坚持完全独立的要求时要不畏镇压，也不要被敌人的小恩小惠收买。

第二，秘密组织的主要功绩在于重点宣传武装起义思想。这点也是和激进派最大的区别所在。秘密组织不全寄希望于消极抵抗思想，革命家认为只有靠武装斗争方可赢得独立，而宣传武装起义的思想是

---

① 林承节：《印度民族独立运动的兴起》，第359页。

撒播革命火种的工作。《划时代报》时刻都在公开宣传或暗示读者，武装斗争是印度人民独立的必经之路，每个印度人民都应担任起为解放祖国而战的神圣责任。秘密组织还抓住了1907年这个好势头（印度民族大起义50周年），向群众进行武装斗争传统的教育。

第三，秘密组织曾设想，未来的全民起义要用士兵起义来带动，可见做印籍士兵的策反工作也十分重要。革命者将鼓动士兵策反的宣传品秘密带入部队中散发，号召士兵反对英国统治者。另外还有革命者派人到国外的印度军队中去，号召印籍士兵站到印度人民和亚洲人民一边。

第四，用实际行动向人民群众进行革命英雄主义教育。在秘密组织宣传活动中，许多革命者落入了殖民者的魔爪，生死关头视死如归，不向迫害低头。在这一期间，还出现了许多革命派的报刊编辑，他们英勇无畏的精神也给印度群众上了生动的一课。这些革命者用自己的生命对广大群众进行了革命英雄主义的教育，因而受到了广大民众的尊敬。有许多爱国主义行动和勇敢精神被编成了故事，在民间成为佳话，广为流传。

综上看来，秘密组织的纲领较为明朗，更加激进，在1905—1908年印度民族革命运动高潮中占有一定的地位，对当时和后来印度民族运动的发展作出了重要贡献。秘密组织的活动与激进派的活动领域各有侧重，起了相互补充的作用，是民族革命高潮中的一个重要方面军，它的存在让殖民者感到不安，大大增强了革命运动对英帝国主义的打击力度。

五、革命运动的蓬勃发展

在小资产阶级革命民主派和小资产阶级秘密革命组织的感召下，围绕着孟加拉分治，印度民族革命运动由自发的抗议发展为有组织的斗争，运动范围不断扩大，步步深入，蓬勃发展。

运动首先以反对孟加拉分割为目标，以抗议集会为形式，以抵制英货为内容，在孟加拉和全国各地开展起来。1905年10月16日，分割孟加拉法正式生效实施，孟加拉人民将这一天定为"国耻日"，并宣布这一天为"全民哀悼日"。悲伤笼罩了整个孟加拉，民众绝食，灶无烟火。根据泰戈尔的倡议，人们清早涌向恒河沐浴，举行传统的缠腕带活

泰戈尔（右）

动，象征东、西孟加拉团结。泰戈尔还特意写了一首歌曲，歌词为："所有孟加拉兄弟姐妹们，让我们永远心连着心，永不分离。"整个加尔各答举行"大罢业"，居民成群结队涌向街头，高呼"祖国万岁"口号，高唱《向祖国致敬》歌曲，举行游行示威。这天，还举行抗议孟加拉分割大会，通过了《人民宣言》，其中讲到要尽一切努力，反对肢解孟加拉，保持民族的团结一致。安·波斯和苏·班纳吉分别在两场大规模集会上发表演讲，参加人数达到了 5 万到 7.5 万人。"迄今为止，这可能是在民族主义旗帜下举行的最大规模的群众集会"①。

抵制英货和司瓦德西运动的信息，迅速传播到整个印度。提拉克把运动带到了印度的其他许多地方，特别是浦那和孟买；阿吉特·辛格和拉·拉伊将这些消息传到了旁遮普等印度北部地区；赛义德·拉扎在德里领导着这场运动；拉瓦尔品第、康格拉、查谟、木尔坦、哈德瓦纷纷积极地参与到了抵制英货的运动中；奇·皮莱把它带到了马德拉斯管区。正如巴里萨尔会议主席阿卜杜勒·拉苏尔所说，由于分裂孟加拉的这场灾难，我们在半年间完成了原本用 50 年甚至 100 年也无法完成的任务，它的成果就是被称为司瓦德西运动的伟大民族运动。

随之，运动的目标和社会基础迅速扩大。1906 年之后，激进派在

---

① Bipan Chandra, Mridula Mukherjee, Aditya Mukherjee, K. N. Panikkar, Sucheata Mahajan, *India's Struggle for Independence*, 1857-1947, p. 127.

孟加拉的抵制英货运动和司瓦德西运动中取得了支配地位，成为了主流力量。新的斗争方法和动员方式开始广泛出现，而乞讨般的请愿和抗议方式渐渐淡出视野。激进派民族主义者提出了一些新的具有理论性、宣传性、纲领性的思想。他们提出扩大抵制英货运动，使其成为一场全面的不合作和消极抵抗运动，从而使目前这场轰轰烈烈的民族运动转变成为一场争取政治独立的群众运动。他们的主张可以概括为两个全面，即"全面抵制"和"全面司瓦德西"。

"全面抵制"意味着除了抵制洋货外，对政府的学校、法庭、头衔、政府部门等都进行抵制。目的是有组织地拒绝为英国殖民者做任何事，包括不做配合英国利用印度发展本国经济的事；不做帮助英国管理印度的事，以使英政府在这种情况下无法统治印度。换言之，就是在政治、经济、文化、军事等各个方面都实行抵制。"全面司瓦德西"不仅指提倡国货和发展民族工商业，而且包括建立民族学校、民族法庭，使用民族语言，发扬民族文化，最后建立民族政权。

正如林承节先生所说："全面抵制和全面司瓦德西是一个问题的两个方面。全面抵制必然要求实现全面司瓦德西。前者指否定，后者指肯定；前者指破，后者指立。逐步实现两个'全面'，就会把殖民统治者从四面八方围困起来，把它逼入死角。"①实际上，从 1905 年开始，全面抵制和全面司瓦德西运动就逐渐展开，蓬勃发展，1907—1907 年发展到了高峰，取得了显著成就：

第一，在运动所采取的几种斗争方法中，无论是从实际效果还是从大众参与程度上看，抵制外国货的斗争成果是最为巨大而显著的。无论是在孟加拉的边远地区还是整个印度其他地区的重要城镇，抵制洋货、当众烧毁外国布匹、到销售洋货的商店纠察等斗争行为变得十分常见。妇女们不再佩戴外国手镯，不再使用外国厨具。洗衣工拒绝洗外国衣物，牧师甚至拒绝接受信徒送上的放了外国白糖的贡品。收入微薄的下层群众宁愿花钱买土布，也不要削价洋布。大学生不顾迫

---

① 　林承节：《殖民统治时期的印度史》，第 228 页。

害，跃然街头，宣传抵制。一个 5 岁的女孩把亲戚送给她的一双英国鞋退回，另一个 6 岁的男孩在高烧中说不服外国药。在许多城市，堆积如山的英国纺织品和烟、酒、糖、盐被当众焚烧，熊熊烈焰伴随着震耳欲聋的欢呼声冲向天空。

第二，在动员方式上，运动也非常成功地引入各种新的群众动员形式。公众集会和游行成为了动员群众的主要方式，同时也成为群众的表达方式。从乡村到城镇，人们在区、县、村等各个层面组织了无数的集会和游行，足见这场运动中民众情绪之高涨。在下一阶段的民族运动中，这些动员方式依旧成效卓越。

第三，志愿者团（也叫"萨米提"）是另一种为司瓦德西运动所广泛运用的动员民众的重要方式。其中，由一位名叫阿什威尼·库马尔·杜特的教师在巴里萨尔建立的"司瓦德西兄弟萨米提"，是所有志愿者组织中最为出名的。该志愿者组织有 159 个分支，深入到巴里萨尔最边远的角落。通过该志愿者组织的活动，杜特竟能在这个以穆斯林农民为主体的地区动员了如此之多的民众，这是绝无仅有的。萨米提组织通过幻灯片演讲和传唱司瓦德西歌曲将司瓦德西运动的信息传播到乡村里，对组织成员进行心理和身体上双方面的培训，在饥荒和瘟疫爆发时积极开展社会工作，并进行抵制英货斗争和仲裁法庭事宜的培训。虽然萨米提组织深深扎根于巴里萨尔地区，但他们也扩展到了孟加拉的其他地方。他们的活动多样而广泛，在乡村地区越来越受欢迎，英国政府真的开始为此担忧了。

第四，司瓦德西运动的另一个重要方面是极力强调自主自立，即"阿特玛萨克提"，将其作为抵抗政府斗争的必不可少的组成部分。自主自立体现在各个层面，包括重树民族自豪感、民族荣誉感和民族自信心。它也包括在乡村开展自救自助的建设工作，以此来重振乡村地区的社会、经济发展进而密切联系农村地区的人民大众。实际上，这意味着进行社会变革和不良社会风俗的革新运动，包括种姓压迫、嫁妆制、早婚、酗酒等等。

第五，实行"民族教育"既是自主自立计划的一个重要内容，也是司瓦德西运动的一个重要成就。1906 年到 1907 年间，出现了一股兴办民族教育的热潮，人们纷纷抵制公立学校，孟加拉地区带头行动起来。一些著名学者和革命家等号召抵制公立大学和大学考试，还有学生召开集会集体宣誓抵制公立大学。抵制公立大学的同时就是建立民族大学，因此，不少商业人士和自由派地主都慷慨解囊，在加尔各答、达卡、迪纳吉浦尔等市县建立了民族学校。不仅如此，1906 年还成立了一个民族教育会议，主要负责规划和领导全省的教育运动。会议还决定建立一所民族大学，作为全省民族教育的中心和培育人才的基地。同年，以泰戈尔在圣蒂尼克坦建立的学校为参照，建立了一所"孟加拉民族学院"。①该学院是一所涵盖文、理、工科的民族学校，由奥罗宾多·高士担任院长，开辟了建立大学的先例。学院办得很有生气，到处都洋溢着浓厚的爱国主义气氛，虽然有限的经费导致教员的薪酬过低，但这并不影响学校广纳良才，仍有一批造诣高且有威望的老师前来任教。同年，一所民族技术学院在孟加拉落成，学校是由一个叫促进技术委员会的民族组织建立的，主要培养兴办实业的技术人才。除孟加拉外，民族教育运动开展较为成功的还有孟买省和马德拉斯省。

第六，自主自立也意味着建立民族企业，这也是司瓦德西运动另一重要成就。这一时期，印度本土的纺织厂、肥皂厂、火柴厂、皮革厂、银行、保险公司、各种作坊纷纷如雨后春笋般成立起来。然而，建立这些企业的人大部分是爱国热情有余而商业头脑不足，因此过不多久大部分都无法继续运转了。只有少数企业，例如雷氏孟加拉化学厂，生存了下来并成为了赫赫有名的成功企业。

第七，司瓦德西运动最显著的成就也许是在文化领域。那时由泰戈尔、拉扎尼·森、杜真扎拉·雷、穆昆达·达斯、赛·阿布·穆罕默德等人创作的歌曲激励了日后各派民族主义者，包括激进民族主义者、甘地主义者、共产主义者。时至今日，这些歌曲在印度仍旧很受欢迎。泰戈尔在这一时期创作的《金色的孟加拉》有很大影响，1971 年

---

① Bipan Chandra, Mridula Mukherjee, Aditya Mukherjee, K. N. Panikkar, Sucheata Mahajan, *India's Struggle for Independence*, 1857-1947, p. 130.

被选为孟加拉国国歌。在以印度教徒和穆斯林为主的乡村里，孟加拉乡村音乐受欢迎之程度足见司瓦德西运动影响力之大。同时一系列的印度神话也应运而生，例如达克斯那然詹·马宗达所作的《祖母的故事》深受一代代印度儿童的喜爱，直至今日。在美术方面，泰戈尔的侄子阿巴宁德拉纳特·泰戈尔从丰富的本土的莫卧儿、拉其普特、阿旃陀等传统绘画中汲取灵感，并在这一时期打破了维多利亚自然主义流派在印度美术领域一枝独秀的局面。南达拉尔·鲍斯在印度美术史上留下了不可磨灭的印记，成为第一个获得印度东方美术协会（成立于1907 年）奖项的人。在自然科学方面，贾格迪什·钱德拉·鲍斯，普拉富尔拉·钱德拉·罗伊等人领先进行的原创性研究享誉世界。

　　第八，印度工人阶级一开始就站在斗争的最前列，他们把司瓦德西运动和争取改善劳动条件结合起来。在孟买、加尔各答、阿拉哈巴等城市都举行了罢工。1905 年 10 月初，加尔各答的东印度铁路公司400 名司机举行的罢工是最大的一次，最后发展到 950 人。在斗争过程中产生了"孟买工人协会"、"加尔各答印刷工人联合会"等工人组织。可见，激进派对工人阶级的政治鼓动取得了显著成效，相比而言，对农民组织的发动工作要稍微弱一些，但也对其作了不少的努力。一些激进派成员亲自到农村进行宣传，主要对农民进行爱国主义教育，对农民们说现在他们穷困的生活是殖民者的统治造成的，只有通过司瓦拉吉来推翻殖民者的统治，才能改变自己的地位。就这样，激进派挨村挨户进行宣传，农民在一定程度上被动员起来了，不久孟加拉抵制英货的运动已经深入扩展到乡村。工农组织的加入壮大了运动的左翼力量，他们将自己的阶级要求以及斗争方式带入运动中来，增加了新的内容，加强了运动的战斗性。

　　总之，"抵制英货运动和司瓦德西运动的策略和活动是丰富而多面的，它史无前例地动员了大批的民众积极地参与到现代民族主义政治中去，同时也向更多印度人民传播了现代政治思想。这场民族运动的社会基础现在扩展到了一部分印度地主阶级、城市和小镇中的下层中产阶级以及大批各个院校学生。印度妇女们第一次走出家门，加入到了游行和集体抗议的队伍中。在这一时期，印度工人阶级也同样第一次开始尝试通过政治斗争的方式来解决经济上的苦难"①。

六、国大党的分裂

国大党领导层虽然接受了激进派的"四点纲领"，但并没有在这场民族运动高潮中起到真正的领导作用。极端派不满足于这种"表面的部分的变化"，他们对国大党领导层在斗争手段上和斗争目标上进行了有力的批判，同时还积极扩大激进派在群众中的影响。运动不断深入地发展，这使得国大党领导层更加感到忐忑不安，因为这已超出了他们所能允许的范围，他们决定不再前进了。终于在殖民当局的拉拢挑拨下，他们决定阻拦运动的发展。

1906 年，自由党在英国执政，宣布打算在印度实行立法会议改革。温和派趁势抓住这个伸过来的橄榄枝，谋求与当局妥协。1907年，苏·班纳吉亲率代表团晋见总督，要求当局控制运动的发展局势，并攻击激进派的行为过火。同年，郭克雷在英国与印度事务大臣莫莱达成默契，以答应与激进派分道扬镳为代价换取改革。殖民当局为了缓和矛盾和收买温和派，采取了他们惯用的"分而治之"的政策。同年8 月，公布了他们的部分改革方案，在印度事务委员会中任命两名印度人，一名是印度教徒，一名是穆斯林。在立法委员会中，绝大部分仍由殖民当局把持，另外吸收少量印度人参加，主要是穆斯林、基督徒等效忠殖民者的上层人物。这一举措无疑是在有意制造种族和宗教矛盾，很快就引起了激进派和广大人民的强烈反对。温和派虽对这一改革持有异议，但他们认为改革的时代已经到来，他们对莫莱进行更深入的改革抱有很大希望。

正是在这种背景下，1907 年国大党苏拉特年会开幕了。会议上，温和派一再用党章的形式强调要用行政管理制度逐步地进行改革，通过立宪的手段实现"殖民地自治"。此时的温和派较一年前相比立场上

---

① Bipan Chandra，Mridula Mukherjee，Aditya Mukherjee，K. N. Panikkar，Sucheata Mahajan，*India's Struggle for Independence*，1857-1947，p. 131.

虽大为退步，但会议上两派的矛盾斗争仍旧空前尖锐，两派展开了激烈的论战，并由争执发展为互相叫喊、扭打、砸椅子。激进派坚决反对温和派放弃"四点纲领"、坚持宪法鼓动、反对一切反英斗争的主张。为了对付激进派，温和派招来警察，把激进派赶出会场，制造了国大党的分裂。国大党会议结束了，唯一获胜的是殖民统治者。国大党分裂之后，奥罗宾多·高士立即召开了国大党民族主义党会议，重申了坚持"四点纲领"的决心。

国大党分裂的原因，在于代表民族资产阶级上层和自由派地主利益的温和派惧怕群众性反帝运动的进一步深入将影响立宪改革的进程。他们还没有，也不可能认识到英帝国主义的立宪改革不过是一场骗局而已。也就是说，国大党的分裂是由民族资产阶级和小资产阶级的阶级局限性和当时的客观历史条件所决定的，有其客观历史必然性。

国大党的分裂严重影响了运动的进一步发展，激进派被排除出国大党，温和派随之退出运动。殖民当局便肆无忌惮地对激进派和秘密组织发动进攻。1907—1908 年，孟加拉 9 位领导人被流放，南印度激进派领导人被判终身监禁和长期徒刑。当局还颁布报刊法和刑法补充条例，查封全部激进报刊，许多激进派编辑和出版家被逮捕，各地义务纠察队组织被取缔。这种疯狂的镇压导致秘密组织走上个人恐怖道路。1908 年后暗杀成风，不少殖民政权官吏、法官和警察等被刺杀。1908 年 5 月，当局对孟加拉秘密组织进行大逮捕，朱甘达尔集团被破坏，大批革命者被捕，奥罗宾多·高士也同时被捕。此后，进步社、新印度社也相继遭到破坏。尽管个人恐怖主义的斗争规模不大且最终失败了，但他们为印度民族主义的发展作出了巨大贡献。正如一位历史学家所说："他们为我们夺回了作为人的尊严。"[①] 1908 年 7 月，当局以"煽动叛乱"的罪名逮捕了提拉克。至此，激进派和秘密组织主要领导人几乎全部被捕入狱。

---

① Bipan Chandra, Mridula Mukherjee, Aditya Mukherjee, K. N. Panikkar, Sucheata Mahajan, *India's Struggle for Independence*, *1857-1947*, p. 145.

七、孟买工人总罢工

国大党公开分裂后，激进派继续高举着民族主义的大旗，发动工农群众参加争取印度自治的斗争。孟买、加尔各答、阿拉格、卡拉奇等地的工人举行罢工，要求缩短工时、增加工资。

在这些工人罢工中，1908 年的孟买工人罢工影响最大。这次罢工一共经历了 3 次高潮：1 月到 4 月的罢工；6 月 25 日到 7 月 22 日为反对逮捕和审讯提拉克而举行的罢工和游行示威；7 月 23 日到 28 日为抗议对提拉克判决而举行的总罢工和街垒战。

提拉克的被捕和审判引起了孟买乃至全国的强烈的抗议风暴，各大城市如孟买、浦那、阿迈达巴德和加尔各答到处举行抗议集会、示威游行，学生罢课，商人罢市，工人罢工。

7 月 13 日，孟买高等法院对提拉克进行开庭审讯，从这天开始，每天都有部分工人罢工，他们冲向法院附近举行集会游行。审讯期间，孟买有 60 多家工厂罢工，罢工人数总达 6.5 万人。尽管殖民当局采取了种种措施进行镇压，工人还是英勇地站在斗争的最前列。在 10 天的大罢工期间，工人们手拿着提拉克编辑的《狮报》，高唱爱国歌曲《祖国万岁》，高呼"领袖提拉克万岁"的口号，以声援正在法庭做自我辩护的提拉克。

7 月 22 日，英国当局采取了更为严厉的镇压措施，同时对罢工工人和提拉克进行开庭判决。有 5 名工人分别被判处短期监禁或鞭打，提拉克则被控告触犯了印度刑法的"煽动对英王陛下和印度合法政府的敌视和仇恨"罪，先是被判处在可怕的安达曼群岛服苦役终身，后来迫于人民的压力，被迫改判为服苦役 6 年。判决一出，罢工的领导者们随即决定举行 6 天的总罢工，并呼吁孟买全市人民进行总罢业。

在这 6 天中，政治罢工几乎席卷了孟买所有的工厂企业，总人数达到了 10 万以上，在工人的带动下，孟买的市场、商业机构、学校都举行罢市、罢业、罢课，全市陷于瘫痪中，孟买成了一座死城。

从总罢工的第二天开始，英国殖民当局就举起屠刀，对工人群众进行了残酷的镇压。在孟买工业区的大街上，英印军警向示威工人开枪，但工人毫不畏惧。尽管子弹如雨点呼啸而来，他们用冰雹般的石头瓦片进行反击。队伍边打边退，附近的罢工工人纷纷前来支援，队伍逐渐壮大到 1.2 万人。英印军队也派来了援军，双方进行了激烈的斗争，孟买大街上洒满了工人的鲜血。在孟买的卡里·罗德火车站附近，工人曾筑成街垒同英军进行战斗，但由于双方力量较为悬殊，工人才主动撤退。

6 天中，参与罢工的有城市居民、农民、学生和工人。孟买吉尔古姆郊区的贫苦农民，在罢工斗争中表现得异常勇敢。许多拥护提拉克的小资产阶级革命家最后成为了罢工的指挥者和组织者。其中有一位 25 岁的古吉拉特商人，叫凯沙弗拉尔·库吉，表现出了杰出的领导才能，他始终走在斗争的最前线，指挥各个小组的斗争，多次指挥工人队伍打退军警的进攻，使英国军队不能前进一步，坚持到最后，英勇牺牲在指挥岗位上。

从 23 日开始的 6 天的总罢工中，约有 200 多名工人牺牲，300 多名工人被捕。直到 29 日，才按预定计划，自动停止罢工。

这场孟买工人大罢工的反帝斗争，可谓是 1908 年印度民族运动高潮中的最大一次群众性的革命运动，也是 1905 年以来印度人民觉醒的集中表现。在这次总罢工中，孟买工人阶级突出了主力军的作用，罢工过程中表现出的坚定性、团结性和组织纪律性，给这次革命高潮刻上了深刻的烙印。同时，这场由孟买工人阶级举行的群众性政治大罢工的革命实践，表明了它在印度民族运动中具有巨大的潜在力量，这次大罢工是亚洲工人阶级斗争史上一次巨大的反帝斗争，有力地冲击了帝国主义的殖民统治。

八、立宪改革骗局

1906 年 8 月，英印当局就成立了所谓的立宪改革委员会。1907 年，当局提出了立宪改革草案，打算扩大印度各级立法会议的名额，同时还企图离间伊斯兰教和印度教的关系。当局坦白了这一做法的目的："我们的安全、出路和成功的希望要求我们把这两大教派分隔开来。实行单独选举制一定会是印度政治生活中一种甘美有效的抑制剂，从而使这两大教派彼此反目到十分严重的地步。"①

在这一邪恶动机的驱使下，殖民当局于 1908 年提出了《印度议会法》。次年 3 月，法案得以通过，5 月开始实施。由于这一新的《印度议会法》是根据英国印度事务大臣莫莱和印度总督明托的提议制定的，这次改革也被称为"莫莱—明托改革"。这次改革规定：有资格的印度人应该在较大程度上同政府联合，参加决定公众事务。法案最显著的特点是对立法参事会的组成和职能作了重大的改革。中央立法参事会增设参事的名额，由 16 名增至最多 60 名，其中官员不得超过 28 名。总督有权推荐代表某些特殊社团的非官方参事 3 名，另外还有 2 名也可以由他推荐。其余 27 名由非官方的当选者担任，其中有些代表某些特殊的选民团体，如有 7 个省的地主协会、5 个省的穆斯林派别及加尔各答和孟买的 2 个商会；剩下的 13 名则由 9 省立法参事会的非官方的参事中选出。这样，在中央立法参事会中官方参事保持了微弱多数的席位。莫莱勋爵也明确表明，各种参事会在组织上都应该如此，以便确保它稳定的和不间断的权力，完成它对英王政府和帝国会议所负和应负的宪法责任。

《印度议会法》授权总督可在立法会议任何会议中确认任何法令及其细则。立法议会只能就预算、与公共利益有关的问题进行讨论和咨询。该法规定：在政府开支和税收问题上，议员不得行使否决权，不得讨论涉及伦敦当局和英印政府同外国和印度土邦关系的任何问题，同时也不得讨论未提交议会讨论的任何问题。尽管议员可提出议案，但总督和议长有权否决任何决议中的任何部分。

为了拉拢民族运动中的温和派并冲淡他们的反英情绪，议会法还采用了所谓的议会选举。莫莱在英国的发言，给《印度议会法》作了绝妙的脚注。他说，如果有人认为这次改革间接或直接导致了在印度建

---

① 培伦主编：《印度通史》，第 471 页。

立议会制度的话，我所要说的只有一句话，我从来都没有一丝一毫这方面的打算。这个被英帝国主义炮制出来的《印度议会法》，显然会遭到绝大多数印度人民的强烈反对。

英国殖民当局在宪政改革的过程中，还充分利用印度的教派矛盾，实行穆斯林单独选举制，将穆斯林上层集团拉入了自己的怀抱，但并未给予他们好处。正是由于这一举止使得教派政治膨胀，最后肢解了印度。

与 1861 年和 1892 年的 2 个《印度议会法》相比，1909 年的议会法还是多少有点进步的，起码在印度议员参加议会方面作了零的突破，议会上的印度资产阶级也可以就某些问题发表自己的意见，然而这些微小的进步并无任何实质性的改变。首先，议员中的官方人数仍占多数，达到了总人数的 53.6％，而总督直接任命的无党派人士和欧洲人商会的立场，毫无疑问会倾向殖民当局。此外，被选举中的 14 人，大都是穆斯林议员，他们也会偏向殖民当局。这么一来，议会成员无疑还是由官方人员掌控着。再者，印度政治家虽向当局提议印度人民直接参选议员，但当局并未满足这一要求。从人员结构看来，非官方人员人数比例虽然增加，但他们代表的都是上层人士以及拥护殖民统治的各种社会集团的利益，没有一名议员是来自社会下层的。实际上，当局只是换了一种比较容易让人接受的方式来继续欺骗印度人民罢了。

1911 年，英国新即位国王乔治五世访问印度，这是历史上第一位英王访问印度。在古都德里举行了豪华的觐见大典，英王在会上加冕为印度皇帝。英王隆重宣布：撤销东、西孟加拉省建制，改为 3 个行省，即孟加拉省、比哈尔和奥里萨省、阿萨姆省；把英属印度的首都由加尔各答迁至德里。前者实际上是撤销分割孟加拉法令，是为了消除人民的不满，后者是为了给人造成一种继承印度传统的印象，以取得印度人特别是穆斯林的好感，并安抚对撤销分割孟加拉法可能不满的穆斯林。"英国当局在以强硬手段镇压运动的同时，终于不得不同时作出一定的让步。从这个意义上说，1905—1908 年运动的反分割目标是达到了"①。

第三节　民族革命运动总结

　　1905—1908 年印度民族革命运动高潮以失败而告终，但这场由激进派挑大梁的运动较以往的民族运动而言，发生了质的改变。本节就这场民族革命运动的性质和失败原因予以分析，并对运动的历史意义予以概括。

一、运动的性质

　　在对 1905—1908 年的印度民族革命运动进行探讨时，人们对它的评价多半是"民族解放运动的高潮（高涨）"，但这仅仅强调了运动在量上面的变化，实际上这次运动的性质远非如此，之所以会在印度资产阶级民族运动发展史上占有突出地位，首当其冲的就是因为这次运动作出了质的改变。

　　由于寇松所颁布的分割孟加拉法的实施，孟加拉人民随即站起来斗争表示抗议，这一举动成了引爆 1905—1908 年印度民族革命运动的导火索。集会游行示威似乎并不能威慑到殖民当局，运动很快便发展成为了抵制英货和司瓦德西运动，印度几大城市也很快投入了这场运动当中，不久便扩展成为了一场全印运动。在国大党内，温和派虽多次说服当局取消对孟加拉的分治，但数次无果，终于在分割孟加拉法生效之后，号召人们团结一致，将英国人赶出印度。而激进派则以提拉克为代表提出了"四点纲领"，运动就发展到了一个更高的层次，通过抵制英货、司瓦德西、民族教育来实现司瓦拉吉，还在各地自主地积极开展活动，努力为自己打开局面，积极主张实现经济独立，主张发动工农群众参加民族运动以及主张"不要乞讨，要战斗"。最开始的运动成员主要是中小资产阶级各阶层、知识界、青年学生及部分自由

---

　　①　林承节：《殖民统治时期的印度史》，第 240 页。

派地主，后来很快发展到工农群众当中去，工人阶级始终站在运动的最前列，他们把司瓦德西运动和争取改善劳动条件结合起来，在孟买、加尔各答、阿拉哈巴等城市都举行了罢工。不仅如此，运动还扩展到了教育领域，1906—1907 年间，人们纷纷抵制公立学校，出现了一股兴办民族教育的热潮。革命活动发展的同时，还有一批爱国青年建立了秘密革命组织，这是以印度解放为明确目标，以武装起义为道路的革命组织，较激进派而言，纲领较为明朗，更加激进。

同以往的资产阶级运动相比，这场民族革命运动在几个方面有本质上的区别：首先，这场运动的斗争目标已变成了争取印度独立、摆脱殖民当局的统治，而以往运动的斗争目标是争取局部改良，相比而言，这次民族革命运动的斗争目标有了质的跨越；其次，这场运动已由最初局部地区的反抗斗争发展成为了声势浩大的全印运动，这一点较先前的少数人的斗争运动也有所不同；最后，这场民族革命运动可以被定义成一场大规模的群众性政治斗争，尽管从斗争方式上来说，这是一场以非暴力为主的抵制运动，但是激进派在暴力革命方面多多少少做了一些准备性的活动，比如提拉克在提出"四点纲领"之后，就认为暴力革命是达到司瓦拉吉目标不可缺少的手段，但当时时机还未成熟，因此不能完全否定暴力革命的道路。只能说，当时的印度人民还处于探索阶段，需要走什么道路，他们还在努力摸索着。

这样一来，该如何界定这场运动呢？是一场改良运动？还是一场革命？林承节先生认为，这场运动本质上的变化已足以表明这不是一场改良运动了，而马列主义给革命所下的定义则是用暴力推翻旧政权，但这场运动称不上是一场武装起义，将其称为革命，似乎有点不太合适。可以这么认为，1905—1908 年的这场运动是被划分在革命范畴内的，但在方式上和程度上与革命又有所区别，因此将这场运动称为"民族革命运动"。之所以用"民族"两字，是因为这是一场以争取民族独立为目标的运动。列宁在论述 1905 年后的亚洲觉醒时有一段话指出了印度的运动与中国、伊朗、土耳其革命的区别。他说："我们知道，1905

年以后，土耳其、波斯、中国相继发生了革命，印度也展开了革命运动。"①从这段话我们可以看出，列宁有意地将这场运动与其他国家的革命区别开来，但又用"革命运动"这4个字将这场运动划定在革命范畴，给我们对印度的这场运动的认识提供了理论指导。

二、运动的领导权

在这场民族革命运动的前期，国大党温和派一直扮演着领导的角色。在分割孟加拉法实施之前，温和派就数次派代表团前往英国与寇松会晤，说服当局取消孟加拉分治，但毫无收获。待分割法实施之后，温和派就在群众当中大力进行宣传，激烈抨击英国的殖民掠夺政策，号召孟加拉人民不计宗教信仰，团结一致共同奋斗，把英国人赶出印度，支持以抵制英货的方式来迫使殖民当局取消分割，并大力推进司瓦德西运动，还将分割法生效之日定为国耻日。

但总的说来，这场斗争主要还是由小资产阶级民主派即激进派领导的。从运动一开始，温和派和激进派就持有不同的目标、方法和行动。首先，双方的目标不同。温和派的初衷只是说服殖民当局取消对孟加拉的分治和推动民族工业的发展，但不料未果，只好转而赞同抵制、自产和民族教育。国大党在1905年年会上通过了司瓦德西的决议，但却未曾提及抵制这一做法。很明显，这样看来，取消分割才是他们最终的目的，抵制、自产和民族教育只是实现这些目的的手段罢了。1906年的国大党年会中，温和派还投票赞成司瓦拉吉的决议，人们通过这些还是可以看到抵制殖民统治的共同信念多少能把温和派和激进派暂时团结在一个组织内。但1907年，温和派领袖开始责难激进派"走得太远了"，因为他们只是将自治作为远期目标，认为现实的任务主要是通过自产运动来推进民族工业的发展。激进派倒不这么认为，在他们看来，司瓦拉吉才是最终目的，其他的种种都是达到这一目的的手段。

---

① 《列宁选集》第4卷，北京：人民出版社，1995年版，第78页。

其次，双方的方法不同。由于双方的目标不一致，在如何运用抵制英货、实行自产、争取民族教育等手段问题上，激进派和温和派采取了不同的态度。激进派不但主张把抵制英货推广到整个次大陆，还希望将其发展成为全面抵制殖民统治，从而进一步达到自治的运动。在抵制方面，激进派主张光抵制英货远远不够，还要抵制殖民当局的经济、文化、政治以及思想。因此，提拉克在国大党 1905 年的年会结束后提出了"消极抵抗"思想，这也是国大党历史上第一次提出了"彻底自治"的政治目标。

激进派也给予了司瓦德西愈加清晰明朗的解释。要达到司瓦德西这一目标，不单要使用国货、发展民族工业，还要在建设民族学校、民族法庭以及发扬民族文化方面下足工夫。通过这两方面的努力，民族政权才可以被建立起来。也就是说，抵制和司瓦德西其实是一个问题的两个方面，只要做到了全面抵制和全面司瓦德西，司瓦拉吉就可以实现。

温和派虽然也将自产运动和抵制英货运动看作是"报国福音"和"民族进步史上的里程碑"，但他们始终强调抵制运动不适合发展到孟加拉以外的地区。虽说他们在运动高潮中卷入了斗争洪流，但激进派领导下的抵制运动来势凶猛，让温和派感到如坐针毡。他们担心顾虑过激的行为会招致报复，于是便开始指责激进派的这种行为超越了宪法，有害无益。显然，温和派并不赞同激进派的观点。

再次，双方的行动不同。目标观点的不一致导致了两派在行动上的表现有所反差，激进派将运动发展得风起云涌，通过各种途径，不仅加强发动工农群众的斗争，还将运动扩展到了教育界。温和派则唯唯诺诺，不愿再前进下去，还在殖民当局的拉拢挑拨下拉运动的后腿。通过激进派的努力，1906 年要求司瓦拉吉已经成为印度群众的普遍呼声。在这一年的年会上，国大党第一次通过了要求印度自治的决议，并且还通过了司瓦德西、抵制和民族教育等决议。

显然，上述的一切表现出国大党温和派在运动中表现出来的政治保守性，以及对宗主国的幻想和依赖性，害怕过激的行为招致报复，因此他们一直没有决心和勇气开展坚决的反帝斗争，而小资产阶级激进派则勇敢地肩负起了主要责任。归根结底，虽然这么做是为了使国家能走上资本主义独立发展道路，对资产阶级最有利，但当时却受到资产阶级政治代表的打击，激进派不得不花费很大气力排除他们设置的障碍。

激进派的领导作用"不是通过国大党自上而下有组织地实现的，他们争夺国大党领导权的斗争未能取得胜利，他们的领导作用主要靠自己在下面直接发动群众。当然，影响国大党也是一条渠道。由于得到下层群众的拥戴，他们在国大党中有一定势力，对温和派形成一定压力，促使那些领导人不能不多少反映新气候，这也间接表现了小资产阶级民主派的领导作用"①。

三、运动失败的原因

1908 年 7 月工人总罢工结束后，1905—1908 年的民族革命运动画上了一个句号，成为运动的终结点。那么，这场运动为何失败呢？

首先，印度民族资产阶级的顾虑性和妥协性是导致运动失败的一个主要原因。运动最初，资产阶级并没有明确的革命要求，被卷入了革命斗争的洪流之后，一直三心二意，顾虑重重，生怕运动的深入会引起殖民当局的报复，有碍于自己民族资本工业的发展。孟买一位著名工业家冯马尔达斯说，虽然在原则上他并不反对激烈的行动，可是在已有的条件下，这种行动对他的阶级是有害的。达·瑙罗吉也同样表示了担心，英国人如果报复，很有可能会停止向印度出口机器。在运动中，小资产阶级激进派所要求的司瓦拉吉是通过印度脱离英国从而达到自治的，资产阶级虽不愿接受，但迫于当时的社会潮流不得已才提出了自治的要求。实际上，这只是双方彼此妥协的产物，因为民族资产阶级始终将自治看作遥远未来的事情。运动开始后，他们在反分割和司瓦德西运动方面表现出了高涨的热情，但因为害怕得罪了殖

---

① 林承节：《印度民族独立运动的兴起》，第 396～397 页。

民当局而影响了自己的经济利益，在抵制英国方面还是顾虑重重，视如玩火。能从抵制运动中初步得到实惠他们就满足了，他们不希望运动再深入下去，因为越深入，令他们感到越加不安。比如，1907 年工农运动的蓬勃发展和秘密组织活动的开展就令他们感到大祸将至，于是赶紧抓住了殖民当局这根"救命稻草"，寻求妥协。再者，在这场斗争的高潮中，资产阶级并不是积极的领导者，甚至都是被迫参与的。更值得注意的是，印度资产阶级此时所表现出来的软弱态度并不是因为它比其他国家的资产阶级弱小，反倒是因为自己有了一定的发展，害怕运动深入会损害到他们的既得利益。由于是处在英国这个世界上资本主义最发达国家的直接统治之下，再加上英国所吹捧的自由主义，他们觉得在英国的统治下，印度民族资产阶级可以得到相当的发展，不愿打乱这个秩序，结果造成他们自己也无法控制的局面。

其次，小资产阶级民主派的软弱性和依附性也是运动失败的重要原因。20 世纪初，资产阶级在经济上已经有了相当的实力，在政治上也控制住了国大党，因此小资产阶级在各方面都依附于资产阶级。认识到这一点，国大党激进派从没想过独立领导这场运动。他们只是希望可以通过推动资产阶级来领导这一运动，无奈资产阶级不愿领导，他们迫不得已去争夺领导权，但还是希望和资产阶级一起领导这场运动。于是运动一开始便出现了这一幕，激进派一边发动工农群众的力量，一边又联合温和派，希望从两个方面来获取力量。但温和派根深蒂固的保守思想同激进派在很多问题上发生了严重的分歧，最终温和派还是拉拢了殖民当局，并对激进派的做法给予了严厉的指责，加之殖民当局当时对工农斗争的镇压和对温和派的安抚与勾结，加速了国大党的分裂。国大党分裂之后，温和派退出了这场运动，已经失去一方力量的激进派唯有巩固提升工农力量，提出革命的反封建纲领，把反殖民地反封建斗争结合起来，才能维持壮大自己的力量。然而，由于阶级的历史局限性，他们并不能做到这一点。并且，在殖民地印度，尤其是在民族运动发展的早期阶段，民族压迫在政治生活中把阶级矛盾排到次要地位。"因此，甚至当时最进步的民族解放运动参加者，即小资产阶级民族民主主义者，都没有起来为消灭印度农村封建残余（地主统治）而进行自觉的斗争"①。激进派的一些领导者一方面打算团结全体印度人民反对外国统治，一方面又希望将来在印度仍然给王公一定的地位。他们错误地认为反殖统一战线可以包括所有阶级的所有人，认为提出反封建的要求会削弱民族团结，削弱反殖斗争。他们虽然做发动农民的工作，但在深度和广度上都是十分有限的。在当时的印度，民族资产阶级是在殖民压迫的条件下，在社会关系和人民意识中还保留着严重封建残余条件下发展的，而无产阶级人数还比较少，还没有自己的组织，还没有形成本身的意识形态。因此，国大党分裂后激进派领导人对继续领导运动失去了信心。提拉克把重点转移到搞禁酒运动，而奥罗宾多·高士则提出"宗教民族主义"新口号，给人民打气壮胆。这些措施当然不能使运动起死回生，以至于殖民当局1908年把奥罗宾多·高士和提拉克等激进派领袖及一大批激进派报刊编辑投入监狱后，激进派顷刻瓦解，变成一盘散沙。总的来说，激进派继温和派之后，仅仅主张限制封建剥削和地主专横。可见在民族运动的各大派别之间，客观上在这一点也存在着深刻分歧。因而，运动的最终失败成为一种必然。

第三，秘密革命组织的负面作用也加剧了运动的失败。秘密革命组织的出现和发展是1905—1908年运动的一个突出表现。在秘密革命组织中，印度小资产阶级及其知识分子的缺陷暴露无遗。这些秘密组织主要成员都是青年知识分子，所开展的主要活动是宣传武装起义思想，筹集经费，搜集武器，在军队中策反和制订未来实行武装起义的战略计划等。这些人虽然饱含革命热情，但与激进派相比更缺少磨炼。最初，他们低估了发动群众准备武装斗争的难度，遇到困难后便产生急躁情绪；面对殖民当局的镇压，这种情绪就转变为个人英雄主义狂热，一时间兴起一股暗杀和设置恐怖炸弹之风。并且，1909年对英印总督哈丁勋爵的暗杀事件使这一恐怖行为达到了顶峰，这种错误的行

①　[苏联]安东诺娃、[苏联]戈尔德别尔格、[苏联]奥西波夫：《印度近代史》，北京编译社译，北京：生活·读书·新知三联书店，1978年版，第894页。

为招致秘密组织几乎全部瓦解，严重破坏了武装斗争转变工作，败坏了秘密组织的名声，加剧了资产阶级对革命的嫌恶，阻碍了革命运动的发展。此外，激进派和秘密革命组织这两个小资产阶级政治派别虽起了相互补充、相互配合的作用，但策略上的重大分歧使两者在一定程度上力量相互抵消。激进派多数人强调武装斗争道路不适合于印度，秘密组织则强调消极抵抗行不通。"由于两股力量不能结合，结果在一极造成越来越多的人盲目崇信合法主义斗争方式，在另一极则促进了个人暗杀活动盛行。个人暗杀活动是暴力斗争的歪曲反映，是要求暴力革命的潮流得不到支持，找不到正确出路的表现"[①]。

　　第四，殖民当局挑拨宗教矛盾冲突，在革命运动内部造成另一巨大裂痕，也是运动失败的原因之一。20 世纪初以来，英国对印度一直采取着"分而治之"的政策，主要是通过离间印度教徒和伊斯兰教徒、挑拨印度教伊斯兰教纠纷来完成的。民族革命运动发展到高潮后，殖民当局更加肆虐地挑拨离间印度教徒与伊斯兰教徒的关系。殖民局巧妙地在印度教与伊斯兰教上层人物之间制造各种矛盾和摩擦，并纳入宗教仇恨的轨道中。例如，伊斯兰教封建地主贵族由于陷入印度教高利贷者的债务而不满，印度教徒占优势的商人们相互间的营业竞争，以及知识分子为了争夺国家机关职位而相互倾轧等。并且，殖民当局借口保护伊斯兰教人数较少的宗教利益，开始公开给予上层伊斯兰教徒以特权，指望用这种办法加强上层伊斯兰教徒对于广大伊斯兰教徒商人和知识分子以及伊斯兰教群众的影响，进一步挑起印度教和伊斯兰教的纠纷。运动发展到越后面，殖民当局的挑拨手段就更加恶劣。1906 年，东孟加拉和阿萨姆省宣布优先接受伊斯兰教徒担任官职，并且在议会选举中，印度教徒财产资格的数额规定要比伊斯兰教徒高出近 5 倍。当局还利用一些被涂抹印度宗教色彩的口号来挑拨宗教冲突，比如司瓦拉吉。当局以此为借口，宣布运动是威胁伊斯兰教徒的幸福，甚至是危及其生存的印度教运动。于是在殖民当局的一手操纵下，东

---

　　①　林承节：《殖民统治时期的印度史》，第 237 页。

孟加拉的一部分上层穆斯林力图阻扰伊斯兰教徒参加民族运动，并提出了"护教运动"的口号，与提倡国货的口号抗衡。就这样，当局利用了许多类似的措施，唆使伊斯兰教徒反对民族运动，他们的阴谋很多也得逞了。在许多地方，都纷纷出现了群众大会和示威游行，表示效忠英国当局，拥护孟加拉分治，反对抵制英货，民族运动就这样遭到了严重的破坏。

第五，英国殖民当局的镇压也是导致运动失败的一个重要原因。英国政府看到了这场运动的革命潜力并进行了大力的镇压。他们以管控和禁止公共集会、游行和限制新闻自由等方式进行打压。参加此次运动的学生都被政府的各个学校、院校开除；职员被政府部门开除、被罚款甚至被警察毒打。例如在1906年的巴里萨尔大会上，警察以暴力驱散了大会，并野蛮地暴打了大部分与会者。再者，运动内部的不和谐也为殖民当局的镇压提供了条件。运动内部出现了意见不合，特别是1907年国大党的分裂很大程度上削弱了这场运动。虽然抵制英货运动的活动范围不仅限于孟加拉，但印度其他地区并没有做好准备接受这种新型、新阶段的政治。所有这些都有利于加强政府的打压。此外，"参加运动的人不可能一直保持高涨的战斗精神不变，也不可能一味进行自我牺牲，特别是在英政府的严酷镇压下。他们不得不中断斗争并为下一次的斗争积蓄力量"[①]。

四、运动的历史意义

1905—1908年印度民族革命运动虽然以失败而告终，但它对后来整个20世纪的反殖民主义斗争都有着重大影响，在整个印度民族运动发展史上也起着突出作用。

第一，这场运动标志着印度民族的觉醒。1905—1908年的民族革命运动是小资产阶级群众、工人、部分农民和资产阶级共同进行的斗争。在资产阶级民族主义者的带领下，工农群众接受了革命的宣传，

---

① Bipan Chandra, Mridula Mukherjee, Aditya Mukherjee, K. N. Panikkar, Sucheata Mahajan, *India's Struggle for Independence*, 1857-1947, p. 134.

勇敢投身到这场民族革命运动当中，同时也提出了自己的阶级要求。这表明了广大的印度民众在政治上开始觉醒了，同样也说明了这种政治觉醒已经从小资产阶级逐步扩展到人民群众中，从而形成了民族觉醒。列宁称颂过 20 世纪的亚洲觉醒在印度也表现出来了，抵制运动表现得尤为突出。比·帕尔也情不自禁地说："感谢神，使寇松成了推动印度觉醒的主要工具。"印度历史学家也指出，这场运动为民族主义思想的传播作出了巨大贡献，它用一种真正全新的方式让众多从前对此一无所知的民众接触到了这些思想，因而进一步瓦解了那些霸权主义的殖民思想和殖民机构，因此，这场运动在思想、文化领域的影响是至关重要的，在印度历史上是独一无二的。正是这种政治觉醒，为日后的民族革命运动做了很好的铺垫。

第二，这场运动的另一个重大成果是，在探索印度民族独立斗争的道路方面，起了开拓性的作用。无论是从指导思想还是斗争形式看来，都为日后的斗争运动提供了宝贵的经验，实现了印度资产阶级民族运动由改良运动到革命运动的历史性转变。虽然这次运动并未以革命战争的形式去进行，但是能首次提出并尝试实现它已经算是这场运动的历史功绩了。每当提及印度民族运动的时候，往往脱口而出的是甘地领导的时期，人们普遍认为印度民族运动的变化主要发生在这个时期。话虽没错，但甘地在领导时期的许多做法都是从 1905—1908 年运动中借鉴来的，比如说司瓦拉吉目标的提出，大规模发动群众进行非暴力斗争的方式，消极抵抗思想。或许可以这么说，印度民族运动的质变是在 1905—1908 年的这场运动中开始的，甘地领导的贡献就是使这个质变得到进一步扩展和最终完成。如印度历史学家指出的，这场运动发展了几种动员人民群众集体行动的新方式，日后的民族运动很好地继承了这一宝贵财富。

第三，这场斗争还给了印度民族资本发展以直接推动。在开展司瓦德西的运动当中，抵制英货这一举动促进了许多民族工业（布、烟、糖、盐）以及商业、银行业的发展。活动开展得如火如荼，英国布虽然削价销售，但仍堆满库房无法脱手，印度布虽涨价 8% 左右，却仍行销如飞。一些经营洋布贸易的买办商人向曼彻斯特商会告急，要求他们敦促议会取消孟加拉分割，还有一些商人不得已只好将英国货改换商标，换成德国货或日本货以求脱手。也是在这股高潮中，产生了发展民族重工业的要求，资本家塔塔投资建立的第一个印资钢铁企业标志着民族资本重工业发展的开始。此外还有民族商业、银行业、运输业等都得到了相应的发展。借助了司瓦德西这股东风，许多工厂都得以建成，就连一向受到压抑的印度民族工商业也第一次感受到了这一大好局势。因为早在 19 世纪 70 年代，抵制和司瓦德西就被一些资产阶级思想家提出，但迟迟未能实现，1905—1908 年的这次运动算是第一次大规模的实行。抵制运动可谓是促进民族商业发展的有力杠杆，印度人民借助这一巧力建立起自己政治上的保护关税。许多商人也从司瓦德西运动中收获不少，一些小企业主和商人经济地位上升，成为了资本家，城镇手工业者的经济地位也多少得到了一点改善。攫取最大经济利益的莫过于那些民族工商业资本家，他们一边加强对工人的剥削，一边抬高商品的价格来赚取更多的利润。

第四，秘密革命组织的活动使这场运动多少包含了一些武装斗争的因素，这一传统被继承下来带进了日后的资产阶级民族运动中。即便被甘地的非暴力思想排斥，但它以秘密革命组织的活动继续存在着，客观上还是对非暴力运动起到了补充和支持的作用。武装斗争的存在还加强了资产阶级在斗争中的地位，鼓舞着群众展开更坚决的斗争。

总之，"1905—1908 年印度民族革命运动高潮是 20 世纪初亚洲觉醒的重要组成部分。它和菲律宾、中国、伊朗、土耳其革命一起，强有力地显示了亚洲人民反抗殖民统治的决心，开创了亚洲资产阶级民族民主革命的历史新篇章"[1]。

---

[1]　林承节：《殖民统治时期的印度史》，第 239 页。

第四章　穆斯林联盟的诞生及活动

随着印度民族资本主义和印度民族运动的发展壮大以及国大党的成立，穆斯林大众也日益觉醒，穆斯林上层也希望有自己的政治组织。在英国殖民者"分而治之"政策的推动下，全国穆斯林联盟终于在1905—1908年印度民族革命运动的高潮中诞生，并把维护伊斯兰教教派利益设为自己的最高目标。穆斯林联盟成立头几年的活动对印度民族运动产生了不利影响，几乎在一切问题上都和国大党唱对台戏。但是，从1913年起穆斯林联盟的方向发生了明显的转变，联盟内革新势力占了上风，并使之成为印度民族主义力量的一部分。

第一节　穆斯林启蒙活动

印度的资产阶级启蒙活动开始于19世纪上半期，当时的参加者主要是印度教徒和袄教徒，穆斯林没有什么反响。孟加拉的穆斯林基本上没有参加当地的社会政治组织，没有卷入改革运动。孟买的穆斯林有少数知识分子和印度教徒、袄教徒一起活动，建立社会政治组织，但是由于人数很少，影响有限，因此在穆斯林中没有多大的代表性。这种情况一直延续到19世纪中期。直到19世纪60—70年代，资产阶级启蒙活动在穆斯林中才终于开始了。

一、启蒙活动的开始

穆斯林启蒙运动比印度教徒和袄教徒要晚开始三四十年，主要原因是受当时经济发展和教育发展状况的影响。[①]

直到 19 世纪 60—70 年代，印度出现的印资大工厂基本上都是印度教徒和袄教徒建立的。旁遮普、西北省、奥德和孟加拉是穆斯林主要居住地区，而在这些地区中，只有孟买和德里有一些穆斯林商人，旁遮普商人中则很少有穆斯林。商业活动主要是操在印度教某些传统商业种姓手里。

英国征服印度是从孟加拉开始的，因此孟加拉经济受到的打击也就最为沉重。孟加拉印度人（包括穆斯林）的独立商业活动全被挤垮，英国东印度公司主要是从被挤垮的印度教徒商人中寻找自己的代理人。因此，在英国征服印度的过程中，穆斯林本来有限的商业活动受到致命打击，他们在商业中的比重进一步降低。而英国侵占孟加拉以外的地区的时候，殖民政策已开始向自由资本主义的剥削政策转变，这样其他地区的商业活动（主要是印度教徒、袄教徒的）在屈从于英国资本的情况下保存下来，甚至在某些方面还有所发展。所以，在 19 世纪中期，当许多印度教和袄教商人建立近代商业公司和银行并开始投资兴办工业，转变成商业资本家时，穆斯林却很少有这种可能。

另外，穆斯林封建主中的自由派地主很少。自由派地主是孟加拉、孟买启蒙运动的主要社会支柱之一，而这个支柱 19 世纪上半期在穆斯林中几乎不存在。孟加拉人数众多的自由派地主有 2 个主要来源：由商人高利贷者购买土地而成为地主者，或是原来的地主中接受了近代教育者。这两种情况 19 世纪中期在穆斯林中都少见。穆斯林封建主兼有商人身份者很少，受过近代教育者微乎其微。他们大多都是旧式地主，在英国地税政策下丧失土地的比获得土地的要多。在商业不发展的情况下，穆斯林地主从事工商业的很少，也不存在商人兼并土地的可能性。

到 19 世纪中期，穆斯林中出现的资产阶级知识分子很少。这不仅是因为经济落后，更重要的是穆斯林宗教上层对西方教育持抵触态度。

---

① 林承节：《殖民统治时期的印度史》，第 180 页。

穆斯林上层拒绝接受西方教育有几个原因：首先，在莫卧儿帝国时期，穆斯林统治者握有政治权力，伊斯兰思想文化也处于唯我独尊的地位。政治权力丧失后，穆斯林贵族还不愿意放弃在思想文化上的优越地位，具有强烈的反英情绪，认为接受西方教育就是向侵略者屈膝，承认它统治的现实。其次，他们很害怕接受西方教育会腐蚀维系穆斯林内聚力的宗教纽带，从而危及伊斯兰教的存在。穆斯林维系自己力量的办法是靠手中的政权把穆斯林贵族变成一个特权集团，或者依靠维护伊斯兰教宗教传统。而穆斯林封建主的特权地位已不复存在，他们既要在英国人面前维护穆斯林利益，又要防止穆斯林受印度教影响，因此就只能维护宗教传统。最后，由于穆斯林和工商业联系较少，又很少有人愿意在殖民政权和商业机构中当职员，因而在很长时期内，穆斯林并没有感到学习西方思想和科学知识的迫切必要性。

正因为如此，19世纪头几十年，罗姆·莫罕·罗易在加尔各答促进创立印度学院、引进西方教育时，受条件限制，穆斯林没能建立同类学校。1829年加尔各答的穆斯林宗教学院设置英语系，但学生很少。1828年在德里新建立的　所学院开始教授西方知识，有少数穆斯林入学。印度学院和爱尔芬斯顿学院的建立，培养出一批又一批具有近代资产阶级思想的知识分子，为印度启蒙运动提供了骨干。然而到19世

罗姆·莫罕·罗易

纪50年代，穆斯林都将这类学院视作异端，自己既不建立这类学府，又不愿送自己的子弟入学，继续实行经院式宗教教育的旧制度。"所以，它的知识分子感觉不到时代的脉搏，当时不可能有顺应潮流实行

变革的要求"①。19 世纪上半期印度启蒙运动对穆斯林不能不产生影响，但穆斯林封建主和宗教上层用宗教壁垒自动把自己与外界隔绝，力图使之保持旧有状态。

随着商品经济的进一步发展和民族资本主义的增长，穆斯林这种人为的隔绝不可能保持长久，它的封闭性被冲破，资本主义关系在它中间也逐渐发展起来。在商业发展的基础上，少数人开始投资办工业。地主中有些人与市场联系加强。如在孟加拉，随着英资黄麻工业的发展，许多商人经营黄麻贸易，不少地主、富佃的土地种植黄麻，其中也包括穆斯林。有些穆斯林开始感到学习西方思想和科学技术的必要性，开始送子弟到教授英语的学校学习。19 世纪 50 年代殖民当局办起 3 所管区大学后，穆斯林子弟来读书的日益增多。孟加拉教育学监报告显示，1871—1872 年孟加拉 1287 名大学生中，有 51 名是穆斯林，占 4％。其他各省比例较小。1878 年统计，全印法律、文学、工程、医学等学科的毕业生中，印度教徒 3115 人，穆斯林 57 人，占 1.1％强。在 1373 个文学学士中穆斯林有 30 人；在 331 个文学硕士中，穆斯林有 5 人。

尽管穆斯林所占比例还十分微小，但毕竟从中产生出了资产阶级知识分子，这就为穆斯林开始进行启蒙活动提供了可能性。然而，在穆斯林资产阶级知识分子开始迈出这一步的时候，印度的政治形势和 19 世纪 20—30 年代印度教徒开始进行启蒙活动时相比，已有很大不同。这对于穆斯林启蒙运动的发展产生了很大影响。

首先，穆斯林启蒙运动发生在印度民族大起义后。大起义遭到残酷镇压使民族矛盾进一步发展。英国殖民当局为巩固其统治地位，正在千方百计利用印度社会的各种矛盾，包括宗教矛盾。对穆斯林启蒙运动，它不但不阻挠，反而从一开始就加以拉拢，摆出亲穆斯林的姿态，希望把它引向亲英轨道。而穆斯林启蒙运动的特点使它的活动家很难抗拒这种拉拢。

---

① 林承节：《印度民族独立运动的兴起》，第 220 页。

其次，到 19 世纪 60—70 年代，主要由印度教徒推进的启蒙运动和争取改良的运动已经取得了相当进展，他们已经建立了地区性政治组织，正积极争取通过选举进入各级立法会议和地方自治机关。各类学校已经培养出大批懂英语、了解西方思想和科技的知识分子。当殖民当局规定英语为官方语言(1837 年)，并规定中层官职只能由会英语的大学毕业生担任以后，许多大学毕业生进入政权机构，还有相当多的人取得了律师资格。因为从近代学校毕业的穆斯林人数少，只有很少数人能担任这类职务。1852—1862 年，在任命的 240 个高等法院的辩护师中，只有 1 个是穆斯林。1871 年，在行政、卫生、警察等部门任命的官员中，印度教徒为 681 人，而穆斯林只有 92 人。

在这种情况下，穆斯林启蒙活动家看到整个印度人在英国殖民统治下所处的无权地位的同时，更突出感到穆斯林在政治、经济、文化发展上的落后。这样，他们的启蒙运动从一开始就有双重的出发点，一是振兴印度，一是促进穆斯林的发展，提高穆斯林的地位，而着重点在后者。这个目标本来是一致的，但由于他们把着重点放在后者，就潜藏着很大的矛盾。

二、主要启蒙活动家

穆斯林启蒙活动家最主要的人物是北印度的赛义德·阿赫默德汗和孟加拉的阿布杜尔·拉蒂夫、赛义德·阿米尔·阿里。

赛义德·阿赫默德汗出生于德里的一个贵族家庭，原在殖民政权中任法官，1870 年退休，全力以赴从事穆斯林复兴活动。阿布杜尔·拉蒂夫是作家，任加尔各答穆斯林学院英语和阿拉伯语教授，一度担任过一个县的副治安长官。赛义德·阿米尔·阿里是个法官。

他们都认为，改变落后地位的关键是传播西方教育，为此，必须与殖民当局合作、接近，争取支持。阿布杜尔·拉蒂夫 1853 年在加尔各答穆斯林学院改组时就强调对穆斯林进行英语教育的必要性，要求该院英语—波斯语系升格为学院。1863 年，他在加尔各答建立了穆斯林文学社，这是第一个穆斯林启蒙团体。其宗旨明确规定，要关心当代政治，了解现代思想和知识。这个组织积极提倡学习英语，研究西方思想和文学。

赛义德·阿赫默德汗在北印度做了同样工作。1864 年他建立了"科学社"，①主要任务是把西方著名哲学、史学和经济学著作译成乌尔都语，供穆斯林阅读。他特别强调翻译有关西方近代国家兴起的历史书籍以及介绍这些国家政治制度和法律的书籍。他说，印度穆斯林由于对世界历史无知，就无以指导他们未来的行动。由于对过去和今日的事件无知，由于不了解许多年轻的民族怎样会变成强大的、繁荣的民族，

赛义德·阿赫默德汗

他们就不能吸取教训，从中得到益处。这清楚表明了他要翻译这类书籍的用意。

1869—1870 年，他专程去英国，了解其教育制度和政治制度。回印后，创办《社会改革家报》，大力宣扬学习西方先进思想和科学技术。同时提倡用穆斯林一般群众使用的乌尔都语作为文学语言，来代替只有上层少数人掌握的波斯语和阿拉伯语。他自己用乌尔都语写了许多著作，这样就使他的主张能够直接为一般群众所了解。在这方面，他起到了和罗姆·莫罕·罗易倡导孟加拉散文文学同样的作用。

赛义德·阿赫默德汗的更有意义的活动是 1877 年在阿里加建立了穆斯林英语—东方语学院，即著名的阿里加学院。这是第一所穆斯林近代类型的大学，目标是培养既掌握东方知识又掌握西方科学文化的穆斯林，其作用相当于印度学院和爱尔芬斯顿学院。推广西方教育，建立阿里加学院，当时遭到穆斯林封建正统势力的激烈反对。保守的乌勒马（宗教学者）认为这些行动和伊斯兰教教义不相容，要求任何人都不要给赛义德·阿赫默德汗以帮助。赛义德·阿赫默德汗在重重困

---

① Bipan Chandra, Mridula Mukherjee, Aditya Mukherjee, K. N. Panikkar, Sucheata Mahajan, *India's Struggle for Independence*, 1857-1947, p. 414.

难面前没有气馁。他竭力论证《古兰经》不反对接受外来思想，和西方人接近不违反教规，并严厉批判封建正统派的盲目自大情绪。

他指出，盲目偏见阻碍了吸收西方的教育和科学技术成果，世界上任何民族都不是光靠自己单个的努力取得物质进步和精神幸福的。他还告诫，偏见和进步是水火不相容的。尽管他受到正统派的怒骂，被宣布为异端和叛教者，但知识界和青年中还是有很多人拥护他，跟着他走。

赛义德·阿赫默德汗要求改革陈腐旧规，适应新的环境。他宣传的改革主张包括改革宗教仪式、宗教教育与世俗教育相结合、取消多妻制、解放妇女等。在经济方面，他特别强调促进贸易、采用西方科学技术、在农村采用现代科学耕种方法等。他还要求伊斯兰教各种教派团结起来，求同存异，不要因看法不同而争执不休。他认为，信仰上的差别不应成为不睦的根源。他的阿里加学院既有逊尼派学生，又有什叶派学生，各自保持着自己的信仰，互不干预。这些都反映了穆斯林中倾向发展资本主义的新兴力量要求振兴伊斯兰教的强烈愿望。

19 世纪 80 年代上半期以前，赛义德·阿赫默德汗也是印度各宗教、各民族大团结的拥护者。他建立的科学社包括穆斯林和印度教徒成员，阿里加学院也包括穆斯林和印度教徒学生。1883 年，他曾说："印度教徒兄弟和穆斯林共同呼吸印度的空气，共饮恒河和朱木拿河圣水，共食印度大地上出产的粮食，印度教徒和穆斯林实际上属于一个民族。"1884 年，他说："难道你们不是栖息在这片土地上吗？难道你们最终不是安息于这片土地吗？毫无疑问，你们都是生于这片土地，且葬于同一片土地。要记住，印度教徒和穆斯林只是宗教称呼。换言之，所有生活在这片土地上的印度教徒，穆斯林和基督教徒，事实上都是属于同一个民族，同一个大家庭。把一个国家的居民看作两个不同民族的时代已一去不复返了。"[1]他还举例说，我们的祖国印度就像一个新娘，她的两个美丽的闪烁着光彩的眼睛就是印度教徒和穆斯林。

---

① Bipan Chandra, Mridula Mukherjee, Aditya Mukherjee, K. N. Panikkar, Sucheata Mahajan, *India's Struggle for Independence*, 1857-1947, p. 414.

还有一次他讲到，印度教徒和穆斯林住在同一土地上，受同一个统治者统治，风雨同舟，患难与共，我们应当同心协力一致行动，如果联合就能相互支持，如果彼此反对就会共同灭亡。这些话反映了他最初的民族主义立场，当时赢得印度教徒和穆斯林的一致赞扬。

赛义德·阿赫默德汗和阿布杜尔·拉蒂夫·赛义德·阿米尔·阿里也分别提出了一些政治改革方面的要求。赛义德·阿赫默德汗的政治改革要求在他 1860 年写的《印度叛乱的原因》一书中就开始提出来了。这本书指出，印度发生民族起义是英国政策失当、损害了印度人的民族自豪感的结果，其中包括制定政策法令时无视印度人民的愿望，统治者与被统治者间缺乏沟通渠道。他要求殖民当局吸取教训。在以后写的备忘录中，他特别提出印度总督立法会议应该有印度人参加，以表达印度人的观点。赛义德·阿赫默德汗对印度由英国统治是欢迎的，认为英国的政治原则是法治，要比莫卧儿的君主专制要好。但他也指出，由于不倾听印度的呼声，英国的法治也是专制主义的。

1866 年，赛义德·阿赫默德汗提议建立一个组织，率直地向英国议会提出印度的要求。他渴望印度民族获得平等权利。他说，一个民族只要没有获得与统治种族平等和参加管理自己国家事务的权利，就不配获得荣誉和尊敬。1877 年，印度协会特使苏·班纳吉周游北印度，进行关于反对降低文官考试最高年龄标准的鼓动，受到赛义德·阿赫默德汗的支持。他亲自主持会议，由苏·班纳吉演讲。1884 年的《艾尔伯特法案》鼓动，他也和其他印度资产阶级活动家站在一起。他对孟加拉在民族运动中走在最前列深为赞赏，称孟加拉知识界是民族运动的先锋，说正是由于他们的工作，知识和自由得以复兴，爱国主义感情得以在全国传播，他们确实是印度整个民族的精华。

赛义德·阿米尔·阿里 1877 年在加尔各答建立了"全国穆斯林协会"，后改名"中央伊斯兰教协会"，目的是团结所有穆斯林，用合法的和宪政的手段，促进穆斯林以及全体印度人民的利益。这是穆斯林第一个社会政治组织，它提出了一些改革要求，影响逐渐扩大。到了 19 世纪 80 年代，它有 53 个分支，主要分布在孟加拉，在孟买、马德拉斯、旁遮普也有个别分支。阿米尔·阿里也希望印度民族组织协同行动，所以 1885 年和印度协会等组织一起发起召开了第二次印度国民会议。不过印度协会等组织参加了国大党，中央伊斯兰教协会没有参加。他们认为国大党纲领虽然值得同情，但没有考虑穆斯林的利益。

这些启蒙活动家的活动，"打破了穆斯林长期以来与外界隔绝的闭塞状态，使他们开始接触新思潮，开始认识到自己的落后而奋起直追，这对促进广大穆斯林的政治觉醒，对促进印度民族运动向横广方向发展都起了有益作用"[①]。

三、与国大党的分歧

但是，穆斯林启蒙活动并未沿着这个方向继续前进。就在他们开始活动后不久，一个重大的转折发生了。这一转折发生在国大党成立后。当国大党的宪政改革主张获得越来越大的反响时，穆斯林启蒙活动家却认为这对穆斯林未来的地位构成了威胁。他们的活动从这时改变了角度，民族主义的内容淡薄了，突出强调伊斯兰教的教派利益。由此引出了一系列矛头指向国大党的言论和行动。

第一，提出"两个民族"说，这为强调穆斯林的独特利益制造了理论依据。国大党成立后，赛义德·阿赫默德汗、阿布杜尔·拉蒂夫和赛义德·阿米尔·阿里都说，穆斯林和印度教徒宗教不同、文化语言不同、习俗不同，它们各自构成了单独的实体，各自形成独立的民族。这种按宗教划分民族的新说法很显然与他们原来的见解背道而驰。赛义德·阿赫默德汗以往把生活在印度的所有居民，不分宗族都称为一个民族，国大党也认为到 19 世纪 70—80 年代印度已形成一个民族。这种说法反映出他们都认为印度居民构成一个整体，利益相关，是不能拿宗教截然分开的。而现在他们认为穆斯林是一个单独的民族，有自己单独的利益。这表明，在他们心中，教派利益的考虑已上升到首位，印度整体利益的考虑已经降到了次要地位。

---

① 林承节：《印度民族独立运动的兴起》，第 227 页。

第二，提出代议制原则不适合印度国情。赛义德·阿赫默德汗说，代议制也许是印度从英国统治者那里学到的最宝贵的东西，但不适用于印度，因为实行代议制需要有统一的民族，大致相同的文化水平，而印度并不是统一的民族，也没有同等的文化程度。因而，引进代议制不能产生任何好的结果，只能妨碍这个国家的和平、安定与繁荣，使人民中先进部分奴役落后部分。他还说，国大党提出这个要求是无视历史和现实，这个要求对印度各民族，特别是对穆斯林充满危险和痛苦。他也反对文官考试制度，认为印度没有种族混合，宗教区别很明显，现代意义上的教育并没有在人民各部分间造成同等的或符合比例的进展，在这种情况下举行考试，只能是印度教徒垄断绝大部分职位，而使穆斯林处于依附地位。

阿布杜尔·拉蒂夫也强烈反对立法会议和自治机构实行统一选举制度，以及文官竞争考试制度。他说穆斯林不希望使印度发生不适合于印度条件和各种相互冲突的利益的变化。1888年，在讨论立法会议成员产生办法时，赛义德·阿赫默德汗和阿布杜尔·拉蒂夫都主张官方任命。国大党反对，指责他们拥护专制统治。穆斯林报刊《穆斯林观察家报》、《穆斯林先驱报》等起而反击，攻击国大党运动危害穆斯林利益。自此以后，许多穆斯林报刊公开宣布，他们不赞同也决不接受国大党的宪政改革要求。

第三，把国大党说成是印度教徒的组织，是为印度教徒谋私利的工具。他们号召穆斯林不要参加国大党，并联合印度教反动地主势力，开展反国大党活动。国大党成立后，有少数穆斯林参加其活动，第一次国大党年会72名代表中有2名穆斯林，第二次年会434名代表中有33名穆斯林，第三次年会607名代表中有81名穆斯林。孟买著名的穆斯林活动家巴·提亚勃吉就是国大党的积极参加者之一。他向孟买管区协会的同事们保证说，在政治问题上，穆斯林将和他们的祆教徒兄弟、印度教徒兄弟永远站在一起。积极参加国大党的穆斯林活动家还有孟买的萨亚尼，马德拉斯的胡马雍·琼·巴哈杜尔，赛义德·马哈默德·尼扎密丁，孟加拉的阿·拉苏尔，比哈尔的马扎·乌尔·哈克，勒克瑙的拉扎·阿里、汗·巴哈杜尔等。汗·巴哈杜尔在第二次国大党年会上说，印度教徒、穆斯林、袄教徒、锡克教徒现在是一个整体，我们的公共利益是一致的，不可分割的。

但是，参加国大党的穆斯林主要来自孟买和马德拉斯地区，旁遮普、联合省和孟加拉参加的较少。这主要是因为这些地区穆斯林启蒙活动家对国大党不抱好感。他们号召穆斯林不要参加国大党活动，说印度教徒和穆斯林的某些目标是不同的，是相反的。1886 年，赛义德·阿赫默德汗发起召开穆斯林全国教育会议，一年一度，与国大党年会同时举行，其目的除了推广西方教育本身外，也是为了吸引穆斯林的注意力，阻止他们参加国大党的活动。他声称，国大党实际上就是印度教徒的权力机构，以反抗穆斯林为主要目标。[①]

国大党对吸引穆斯林参加运动是比较重视的，提名提亚勃吉为第三次国大党年会主席候选人，就是希望利用他的影响，积极地对穆斯林开展工作，解释国大党的目的，消除他们的疑虑。孟加拉的赛义德·阿米尔·阿里在得知提亚勃吉成为国大党下届年会主席候选人后，竭力劝说提亚勃吉不要接受这个提名，不要参加国大党年会，希望他参加中央伊斯兰教协会召开的会议，并告诉他，穆斯林会议将是积极温和的，适合于我们的进步发展，不会讨论敏感的政治问题。提亚勃吉拒绝了他的劝说，回信说道，如果说印度教徒比我们先进，那么我们的任务是尽可能使自己获得更大进步而不是妨碍别人去享有他们应该享有的权利。

在国大党第三次年会主席致辞中，提亚勃吉强调印度教徒和穆斯林的根本利益的一致性，并指出，对穆斯林来说，正确的道路是加入国大党，从我们自己的角度来参与它的决策。为了消除穆斯林的疑虑，这次年会通过一项专门决议，规定任何关系到一个教派的问题，只要该教派的代表不管是多数还是少数表示反对，就不应该提交国大党年会讨论。会后，提亚勃吉又写信给赛义德·阿赫默德汗，希望他参加

---

① Bipan Chandra, Mridula Mukherjee, Aditya Mukherjee, K. N. Panikkar, Sucheata Mahajan, *India's Struggle for Independence*, *1857-1947*, p. 415.

国大党，和印度教徒一起，就关系国家前途的重大问题共同作出决策，还特别提到在立法会议问题上，如果穆斯林不希望用选举办法产生成员，也可以讨论别的办法。他说，这样我们既可以推进印度的总的进步，又可以同时捍卫我们自己的利益。

然而，赛义德·阿赫默德汗听不进同样出自一位穆斯林活动家之口的这些逆耳忠言。在与国大党第三次年会同时举行的穆斯林教育会议上，他公开攻击国大党，说穆斯林参加国大党对他们自己就是个灾难，并说穆斯林的责任是保护穆斯林的教派不受印度教徒和孟加拉人的进攻。他在给提亚勃吉的回信中进而写道：他不了解国民大会党一词是什么意思，能够设想住在印度的不同种姓、不同信仰的人属于一个民族或者能成为一个民族吗？他们的目的和期望能够一样吗？他认为这是完全不可能的。只要它是完全不可能的，就不会有什么国民大会，它也不能代表所有人的利益。他宣称，国大党的活动不仅对穆斯林有害，而且对整个印度有害。

1888 年，赛义德·阿赫默德汗联合伊斯兰教和印度教的封建地主势力，建立了一个叫"印度爱国者联合会"的组织，其主要任务就是攻击国大党。赛义德·阿赫默德汗在给格拉阿姆的信中就承认，他正在担负一个繁重的任务，即反对所谓的国大党，并已建立了一个组织。这个组织喧嚣一时，把国大党说成穆斯林的敌人，把殖民统治者说成是自己的保护者，宣称该组织的目标就是要加强英国统治，消除国大党煽起的反英情绪。他说："在印度当前的社会环境中，英国人是穆斯林利益最有力的捍卫者。因此，穆斯林必须忠诚于英国统治者，反对国大党。"[1]

1893 年，他又和英国人一起建立了"穆斯林英印防卫协会"，公开宣布其目标是防止国大党在穆斯林中进行政治鼓动，促进效忠英国的精神。这两个组织起了有害的作用。但是，尽管采取了种种手段，穆斯林还有部分人继续参加国大党活动。1888 年国大党年会 1248 名代

---

[1]　Bipan Chandra, Mridula Mukherjee, Aditya Mukherjee, K. N. Panikkar, Sucheata Mahajan, *India's Struggle for Independence*, *1857-1947*, p. 415.

表中，穆斯林有 221 人。1889 年年会 1889 名代表中穆斯林有 254 人。

第四，提出维护穆斯林利益的根本道路是依靠殖民政权的保护。这是上述几种观点的必然延伸。穆斯林启蒙活动家既认为国大党的要求是损害穆斯林利益的，又看到国大党影响势力不断扩大，不可阻挡，于是认为要维护穆斯林的利益，只有请求英国统治者的保护和照顾。他们要求各级立法会议成员不是通过选举而是由当局任命，如果实行选举，就要求给予穆斯林和印度教徒以对等名额。后面这一点，甚至参加国大党年会的穆斯林也有人提出过，但多数穆斯林代表不支持。

1890 年，赛义德·阿赫默德汗征集了 70 个城市的 4 万名穆斯林联名上书英国下院，要求在立法会议组成上照顾穆斯林。阿布杜尔·拉蒂夫的穆斯林文学社统一提出了申请。赛义德·阿赫默德汗等还主张，官员不是经过考试取得资格，而是由当局选择任命，还特别请求，在任命时照顾穆斯林，给予他们更多担任公职的机会，以便与印度教徒保持平衡。

由于把殖民统治者认作自己的保护人，这些穆斯林活动家的立足点便发生了变化。他们不是启发广大穆斯林群众的爱国主义感情，鼓励他们对殖民者作斗争，而是要他们躲在英国统治者的保护伞下，做忠顺的臣民。赛义德·阿赫默德汗就曾亲自对总督李顿说，他建立阿里加学院的目的，就是要把伊斯兰教徒培养成为英帝国的合格的和忠诚的臣民。他对穆斯林群众说，穆斯林社会的进步发展离开英国殖民统治者的保护是不可能的。这样，他就自我模糊了斗争目标，把穆斯林群众带到歧途上去。

第五，提出穆斯林当前的任务是办教育，而不是搞政治。在这个问题上，阿布杜尔·拉蒂夫、赛义德·阿米尔·阿里和赛义德·阿赫默德汗的观点有所不同。前两人主张穆斯林应当参加政治斗争，他们的出发点是，不带领他们参加政治斗争，广大穆斯林就会被国大党吸引走；另外，也应该正面提出穆斯林的要求。他们力图把中央伊斯兰教协会变成全国穆斯林的统一的政治组织，用来和国大党对抗。

赛义德·阿赫默德汗却认为号召穆斯林参加政治斗争是无益的，

只能助长国大党对他们的吸引力，增强国大党的影响。这是很自然的，既然他主张维护英国统治并请求英国保护，还对谁搞政治斗争呢？所有政治改革的要求无须他来提，由国大党来提，而他的任务是把这些要求冲淡，使之有利于穆斯林。所以，由穆斯林来对英国殖民者进行政治斗争眼前是不需要的了。他认为穆斯林应集中精力于推广教育，促进本教派文化和经济的发展，以便在政治上能提高自己的地位，在未来的改革中能和国大党分庭抗礼。

推广教育是需要的，在这方面赛义德·阿赫默德汗的努力也确实取得了一定成果，但把教育和政治斗争分开是错误的。赛义德·阿赫默德汗的真实思想是要遏制国大党在穆斯林中的影响，把政治与教育对立起来，用教育把穆斯林的视线从政治问题上转移开，这就是他的集中力量办教育的口号的实际含义。

正如林承节先生所总结的，"赛义德·阿赫默德汗、阿布杜尔·拉蒂夫和赛义德·阿米尔·阿里的活动在印度整个穆斯林中有很大影响。不但旁遮普、联合省、孟加拉的多数穆斯林跟他们走，就是孟买和马德拉斯，也有许多穆斯林把他们看作权威，按他们的要求行事。国大党最终未能把全国穆斯林的多数争取过来"[1]。

四、分歧的原因

为什么赛义德·阿赫默德汗、阿布杜尔·拉蒂夫和赛义德·阿米尔·阿里这些对穆斯林启蒙运动作出重要贡献的活动家会在政治态度上发生如此大的变化，与国大党的政见产生如此大的分歧呢？其中的原因比较复杂，是内因和外因综合作用的结果。具体言之，是穆斯林社会和印度教社会经济发展差别性的加强和由此造成的上层利益冲突加剧以及英国殖民者的挑拨离间共同作用的结果。

穆斯林的资本主义关系虽然在 19 世纪中期后有所发展，但程度还极其微弱，而同期资本主义关系在印度教社会的发展要快得多。当资

---

① 林承节：《殖民统治时期的印度史》，第 187 页。

产阶级势力在印度教社会逐渐扩大阵地并向全国发展时，穆斯林中的封建势力的统治地位还没有根本动摇。这是问题的关键。随着资本主义的发展，资产阶级民族的形成，资产阶级民族主义观念会逐渐发展起来，冲淡教派主义观念。资本主义越发展，教派主义观念越淡薄。在印度这种情况同样如此。

但是，穆斯林地主和宗教封建上层力图维护其在教派内的统治地位，把资本主义和资产阶级政治运动在全国的发展看成是对自己的势力范围和自己的利益及地位的威胁，力图建立宗教壁垒来加以阻挡。广大穆斯林群众长期处在他们的影响下，宗教意识强烈，和外界接触较少，容易跟着封建势力跑。穆斯林中刚产生的微弱的民族主义力量在强大的宗教传统势力的压力下站不住脚，只好妥协。

赛义德·阿赫默德汗最初是赞成文官考试制度的，赞成在担任公职方面的平等原则，但1887年在穆斯林教育会议上观点却完全变了。讲到国大党关于扩大立法会议的要求时，他对很多封建主参会者说，我肯定你们不会愿意让一些平民，即便他们有硕士、学士学位，坐在立法会议中，对你们行使统治权力。讲到国大党要求在英国和印度同时举行文官考试时，他又说印度高等阶级是不会容忍一些普普通通的人成为他们的统治者的。显然，他是站在封建贵族的立场上说话的，这些话原是王公和封建地主们常说的。

资本主义因素之所以屈从让步，自然首先是因为它软弱，抗不住强大压力。其次，由于资本主义本身还不发展，在当时，还没有建立印度统一市场和建立资产阶级政治经济体制的迫切要求，因而即便是启蒙活动家自己，眼界也并不很开阔。最后，资本主义因素屈从也有本身利益的考虑。当他们看到，穆斯林在政治、经济、文化领域已经相对落后，和印度教徒竞争已然没有希望，就想保住自己固有的教派阵地，不让印度教资产阶级进入自己的势力范围。

穆斯林启蒙活动家最初是把教派利益和民族利益并列，在遇到矛盾时终于把教派利益置于民族利益之上。宁要英国统治，决不要印度教徒的多数统治，这就是他们的座右铭。赛义德·阿赫默德汗在一次讲话中说："现在让我们设想一下，如果所有英国人都离开印度，谁将成为印度的统治者？两个民族——穆斯林和印度教徒，在这种情况下能够平起平坐，共享权利吗？肯定不能。必然是一个征服一个，把它踢到一边。"①所以他始终认为，英国的统治对维护穆斯林利益是必不可少的。

这种教派利益至上的观念正迎合英国统治者的需要，自然被后者利用，挑起宗教冲突，破坏印度民族解放运动的发展。国大党一直想争取穆斯林，但它轻视和低估了这个任务的复杂性，不是坚持不懈地采取措施做穆斯林的工作，加强和穆斯林各界人士的接触与协商，在提出各种改革要求时适当考虑穆斯林的观点，而是故作乐观，看到一些穆斯林参加国大党年会，就盲目宣称享有多数穆斯林的支持，以致未能及时阻止教派主义倾向的发展而铸成大错。印度教政治活动家中部分人宗教情绪的发展对此也负有责任。印度教正统派同样持教派主义观点。

英国殖民统治的长期挑唆也是启蒙活动家转向教派主义的重要原因。"分而治之"政策是英国统治者惯于使用的伎俩。民族大起义后，莫拉达巴德地方驻军司令官琼·柯克中校在一份文件里写道，我们的态度是尽力维护现存的宗教和种族分裂，而不是努力使之融合。"分而治之"应该是印度政府的原则。孟买总督埃尔芬斯顿也毫不隐晦地讲到这点。1859 年他在一份备忘录中写道，"分而治之"是古罗马的座右铭，也应当是我们的座右铭。这就清楚表明，这个原则是殖民者统治印度的一项根本方针。

大起义前后，英国殖民者重点打击对象是穆斯林封建主。当时认为，他们对丧失政权不会甘心，随时都有可能举兵反抗，是英国统治的主要威胁。到了 19 世纪 70 年代，情况已起了变化。一方面，大起义后，穆斯林封建主势力受到了严重的打击；另一方面，英国殖民者看到，新兴的资产阶级民族运动的主体是印度教徒，于是就想拉拢穆

---

① 林承节：《印度民族独立运动的兴起》，第 235 页。

斯林上层，利用穆斯林来牵制印度教徒的活动。这个转变最早反映在1871 年出版的英国殖民政权官员维·亨特尔写的《我们的印度穆斯林》一书里。作者明确提出，19 世纪 70 年代的形势不同于大起义之后，必须在穆斯林上层中寻找和培植殖民统治的新支柱。19 世纪 70 年代末到 80 年代初，殖民当局开始采取这种新的政策。

赛义德·阿赫默德汗等启蒙活动家提出的与当局合作，争取当局支持的方针，正适合殖民统治者接近穆斯林的需要。阿里加学院的建立就得到了英国殖民当局的赞助，总督瑙思布洛克给予 1 万卢比的赞助，继任总督李顿参加奠基。殖民当局希望把这个学院变成一个强有力的穆斯林中心。西北省省督约翰·斯柴奇来阿里加说，你们有完全的权利享有一个民族的期望，没有权利忘记你们的过去。后来他在一本书中得意忘形地写道，各种敌对信仰同时并存是我们在印度的政治地位所以能强有力的因素之一。

允诺照顾穆斯林的特殊利益，是殖民当局拉拢穆斯林上层的重要手段。例如，当中央伊斯兰教协会要求总督在文官中优先照顾穆斯林时，总督达弗林 1885 年就作出决定，要各级地方殖民政权尽力这样做，并授意高等法院在任命法官时也这样做。1894 年，中央伊斯兰教协会又派代表晋见总督，要求立法会议选举和任命成员时照顾穆斯林，总督兰思堂回答道，打算保证给穆斯林以合理数量的席位。赛义德·阿赫默德汗 1878 年和 1881 年两次被任命为总督立法会议成员，1889年又被授予勋章，这都是殖民统治当局经过精心考虑而施展的手腕，是向穆斯林故意作出的善意姿态。

英国殖民当局还阴险地挑动穆斯林上层反对国大党。西北省省督柯尔文攻击国大党把印度分裂成 2 个敌对营垒，说穆斯林不满国大党，是因为国大党只代表印度教徒。这种挑动对加深穆斯林上层和国大党的矛盾起了相当大的作用。19 世纪 80 年代，对赛义德·阿赫默德汗影响更直接的是一个叫伯克的英国人。他担任阿里加学院院长，主编学院刊物，是赛义德·阿赫默德汗最信任的人，而他就是一个英国殖民者的忠实代表。伯克在赛义德·阿赫默德汗的身边所起的作用，下面的文字一目了然："国大党的目的是把这个国家的政权从英国人手里转到印度教徒手中。对穆斯林和英国人来说，迫切的任务就是联合起来，和这个鼓动者作斗争，防止引进任何不适合印度需要和特点的民主统治形式。"①这就是他设计的路径。

显然，伯克正是英国"分而治之"政策的一个不带官方头衔的执行人。他竭力使赛义德·阿赫默德汗相信，和民族主义者站在一起对穆斯林不利，支持殖民当局才是穆斯林的利益所在。他主编的阿里加学院刊物连篇累牍地发表文章攻击国大党，并威吓穆斯林说，如果国大党的要求实现了，它将成为比任何伊斯兰教皇帝都更残酷的专制暴君。1888 年，赛义德·阿赫默德汗建立反国大党的印度爱国者联合会，1893 年又建立另一反国大党的组织——穆斯林英印防卫协会。伯克既是这两个组织的主要谋划者，还亲自担任后一个组织的秘书。

穆斯林启蒙活动家态度的变化使穆斯林启蒙活动改变了方向，不仅对穆斯林本身，而且对印度民族运动的发展都起了有害的作用。他们的教派主义宣传给穆斯林群众的政治活动蒙上了阴影，在一定程度上冲销了前阶段启蒙活动的成果，严重妨碍了穆斯林群众民族民主意识的觉醒。穆斯林投入政治活动本可以为印度民族运动增添力量，促进它的更大发展。但是由于穆斯林领导人转向教派主义，这支新崛起的力量并没有能够投入和国大党同一方向的运动中，它有自己的独特方向，在一定程度上牵制着国大党的活动。

第二节　穆斯林联盟的成立

全印穆斯林联盟是在 1905—1908 年印度民族革命运动高潮中产生的。但它不是作为一个推进印度民族运动的组织出现，而是作为一个教派政治组织出现的，把维护伊斯兰教教派利益作为自己的最高目标。这样从一开始，它就站到了印度民族运动的对立面，与印度资本主义

---

① 林承节：《殖民统治时期的印度史》，第 189 页。

和民族主义发展的趋势不符。但是，全印穆斯林联盟成立不久内部就出现了革新力量，他们得到广大穆斯林群众的支持，成功地转变了全印穆斯林联盟的方向，使它成为印度民族主义力量的一部分。

一、成立背景

19 世纪末 20 世纪初，印度穆斯林群众的大多数仍然受教派主义路线的控制。赛义德·阿赫默德汗 1898 年病故，他的继承人穆辛·乌尔·穆尔克继续奉行他的路线。部分参加国大党活动的穆斯林继续呼吁印度教徒和伊斯兰教徒团结，但没有效果。

19 世纪末，穆斯林与国大党及印度教徒的关系越来越复杂化，表现在以下几个方面：

第一，在穆斯林教派主义兴起的同时，印度教教派主义也开始出现。从 1870 年起，一部分印度教徒柴明达尔、高利贷者、中产阶级知识分子开始煽动反穆斯林情绪。他们完全接受殖民者的印度历史观，猛烈抨击中世纪时期穆斯林的残暴统治，并感恩英国统治者把印度教徒从穆斯林的压迫中解放出来，使其重获自由。他们认为乌尔都语是穆斯林的语言，而印地语才是印度教徒的语言。

第二，小资产阶级民主派用印度教激发人民民族感情的做法带来了副作用，在穆斯林那里引起了强烈反感和更大的猜疑。这种情况被殖民统治者不失时机地利用来进一步挑拨穆斯林和国大党的关系。英国记者齐若尔臭名昭著的《印度的动乱》一书就是证明。这本书虽然出版较晚(1910 年)，但其中反映的思想，就是把印度的革命运动说成是印度婆罗门种姓恢复昔日统治地位的企图，则代表了 19 世纪末印度官方人士的一般说法。这种蛊惑宣传大大增加了穆斯林的疑惧心理。

第三，圣社发动由印度教正统派广为支持的保护母牛运动，把一个极为敏感的宗教问题带到政治斗争的旋涡中，造成了更大的混乱，引起了穆斯林更大的戒心。如印度历史学家指出的："1890 年早期，整个印度掀起了'禁止屠杀母牛'的宣传活动，矛头主要针对的不是英国统治者，而是穆斯林，例如，英国军营里依然可以大规模地宰杀母牛。结果，这场运动总是转变成教派冲突，常常导致教派骚乱。1896年'禁止屠杀母牛'运动慢慢平息下来，然而在20世纪20年代以更为猛烈的形式再次死灰复燃。"①国大党虽没有支持这种宗教要求，但它的某些成员参与了这个运动。

第四，19世纪90年代，印度教徒和穆斯林之间又发生了语言问题的冲突。在联合省，印度教徒要求印地语也应该和乌尔都语一样被允许在法庭上使用。穆斯林坚决反对，认为这样降低了乌尔都语的地位。在殖民当局接受前者的要求后，穆斯林举行了一系列集会，表示激烈的抗议。所有这些冲突，严重影响了双方群众的情绪，再加上殖民当局的挑动，结果就是19世纪80—90年代在一系列城市开始发生印度教徒与伊斯兰教徒的大规模的流血冲突，双方伤亡都很大。穆斯林领导人与国大党的政见分歧已经演变为印度教与伊斯兰教两大宗教的群众对立。这种局面的形成给民族运动造成严重威胁。然而，对玩弄"分而治之"政策的英国殖民者来讲，这只不过是他们挑动宗教对立的第一步。

英国殖民者在1905年分割孟加拉，目的之一就是进一步挑动宗教冲突，进而组织孟加拉民族运动的发展。按照他们的打算，把孟加拉一分为二，新成立的一个省（东孟加拉省）穆斯林人口占大多数，就可以把这个省变成由穆斯林起支配作用的省，以便和西孟加拉相抗衡。穆斯林上层最初也担心分割会损害自己的利益，加之当时听闻分割后会改变永久的税制，所以也反对分割法案。例如，中央伊斯兰教在1904年2月会议上就曾强烈谴责分割计划，并向总督递交了反对分割的呈请书。

总督寇松1904年专程去东孟加拉访问，向穆斯林封建主和知识分子说明分割计划对他们有利。他特别指出，分割将使东孟加拉穆斯林得到一个他们从昔日的穆斯林省督和国王们垮台以来未曾有过的实体，这将保证他们在政治上获得主导地位，并影响全印政治。寇松还向他

---

① Bipan Chandra, Mridula Mukherjee, Aditya Mukherjee, K. N. Panikkar, Sucheata Mahajan, *India's Struggle for Independence*, 1857-1947, p. 417.

们保证，分割不会导致永久地税的任何改变。当了解这一点后，不但东孟加拉，而且西孟加拉大多数穆斯林封建主和知识分子都转到支持分割的立场上。

最典型的就是达卡的纳瓦布萨里穆拉。他是东孟加拉最有影响的穆斯林领导人。原来激烈反对分割，说分割是人面兽心的安排。但在寇松访问后，他转变立场，成了穆斯林支持分割最积极的带头人。新省成立后，在他发起和支持下，东孟加拉穆斯林大封建主成立了穆斯林协会，提出在新省立法会议中要保证穆斯林在印度成员中的多数地位。萨里穆拉被任命为省立法会议成员，后又被任命为总督立法会议成员。1907年当局又给他31.5万卢比低息贷款。总督明托说，这笔贷款是政治性的，是印度政府政策的一种象征。这实际上就是犒赏。

中央伊斯兰教协会这个很有影响的穆斯林知识分子、商人和地主的组织，也在寇松访问后转到了英国殖民者一边支持分割。穆斯林文学社也发布声明，把分割说成是给穆斯林的礼物，要求穆斯林尽一切可能，衷心支持政府的这一政策，不要参加任何反分割的政治会议和鼓动。以阿里加学院为代表的孟加拉境外的穆斯林多数人持同样立场。"于是就出现了这种情况：当印度各界奋起反对分割的时候，穆斯林上层和知识界多数人却出面为分割辩护，甚至为分割而欢呼"[1]。1906年、1907年，每逢10月16日分割法生效的日子，孟加拉群众举行国丧，以示抗议，穆斯林上层却把它作为节日来庆祝。

在这种情况下，穆斯林参加国大党年会的人数急剧减少。1905年国大党年会出席代表756人中，穆斯林只有17人。伊斯兰教的许多商人继续卖英货，破坏抵制。伊斯兰教上层还竭力影响农民。由于在孟加拉，地主、商人高利贷者中印度教徒居多，有阶级矛盾存在，穆斯林上层就利用这一点，挑动农民的宗教情绪。1906年，不少地区发生两大宗教群众的流血冲突。印度教庙宇里的迦里女神像被取走，代之以牛头。

---

① 林承节：《印度民族独立运动的兴起》，第378页。

需要指出的是，有一部分穆斯林不受这股逆流的影响，积极参加了反分割斗争。例如，1905 年 9 月 23 日，加尔各答部分穆斯林集会，表示同情反分割鼓动，完全赞同司瓦德西运动。萨里穆拉的兄弟阿提奎拉不但继续参加国大党活动，而且在 1906 年国大党年会上提出反分割决议案。1906 年 1 月，阿卜杜尔·卡西姆批评拉贾夏西穆斯林协会禁止穆斯林参加司瓦德西运动，被殖民局骂为加尔各答收买的鼓动者。在孟加拉以外的有些地区，穆斯林和印度教徒一起参加司瓦德西和抵制运动。如西印度马哈拉施特拉的杜拉地区的穆斯林，响应提拉克关于开展司瓦德西运动的号召，1905 年 11 月举行了一次由地方穆斯林领导人和商人参加的会议，研究如何在当地开展司瓦德西运动。在孟买，这样的情况并不少见。后来成为穆斯林最著名的领导人的真纳，参加了 1906 年国大党年会，并担任年会主席达·瑙罗吉的秘书。但总的来说，持这种立场的穆斯林在全印是少数。

尽管殖民当局百般制造障碍，孟加拉的反分割运动还是轰轰烈烈地开展起来。殖民统治者决定利用立宪改革，加深两大宗教群众政治上的对立，以此破坏运动。1906 年英国印度事务大臣莫莱放话说，打算改组立法会议，扩大印度人选举代表名额。在拟议具体方案过程中，英印殖民当局通过阿里加学院的英国人院长，授意阿里加穆斯林领导人立即组织一个穆斯林代表团，向总督提出穆斯林的希望和要求。穆辛-乌尔·穆尔克随即发起组织了这个代表团，共 34 人参加，几乎全是各地有名望的大封建主和宗教上层，由贵族教派首脑阿加汗率领，于 1906 年 12 月去西姆拉晋见总督。

这个代表团提出以下要求：实行穆斯林单独选举制；在确定穆斯林在各级立法会议应享有的席位时，不但考虑穆斯林所占人口比例，而且考虑它的政治重要性；不通过竞争考试，直接任命穆斯林担任各级文官等。这些要求，总督都在原则上给予应允。整个晋见活动安排得煞有介事，事后又被大肆渲染，似乎这一切全是出自穆斯林的主动。英国官方人士则并不隐讳地说，这实际就是一场由总督自导自演的闹剧。总督明托自己也承认，这样做是为了把穆斯林制造成一个能与国大党目标相抗衡的对立物。殖民当局赞同穆斯林上层提出的单独选举制，这就表明，它蓄意鼓励穆斯林上层中开始萌生的分裂主义倾向。这是极其阴险的一招，这一挑拨行动使印度教徒和伊斯兰教徒之间的分歧无可挽回地发展下去。

这次晋见后，穆斯林领导人自以为得计，决定建立一个全印穆斯林政治组织，以便在即将到来的立法会议选举中代表穆斯林利益，使穆斯林作为一个民族中的民族，争取得到英国当局独立的政治承认。这场由英国人导演的闹剧，完全是为了塑造一个同国大党相抗衡的对立派组织。事实上，自从孟加拉开始反分割斗争以来，穆斯林就提出了建立组织的要求。他们既认为国大党是代表印度教徒利益的，就希望也有自己的政治组织。以往由于遵循赛义德·阿赫默德汗的不参加政治斗争的方针，这样的组织迟迟未能出现。赛义德·阿米尔·阿里的中央伊斯兰教联盟，影响地区主要是孟加拉，在别的地方虽然有分支，但人数有限，还不是全印组织。所以，当孟加拉的萨里穆拉利用1906年各地穆斯林领导人在加尔各答举行全印教育会议的机会，提出建立全印穆斯林组织的倡议后，立即得到普遍赞同。

1906年12月30日，全印穆斯林联盟在达卡成立。1907年12月，穆斯林联盟在卡拉奇和阿里加召开首次年会，通过了盟章，成立了中央委员会，阿加汗当选为常任主席，穆辛-乌尔·穆尔克是最早的秘书。这样，全印穆斯林的政治组织就在"维护穆斯林利益"的口号中出现了。"全印穆斯林联盟是在印度民族革命运动高潮中诞生的。然而，它是英帝国主义'分而治之'政策的产儿，一个把维护穆斯林教派利益看得高于一切，争取使印度穆斯林'得到英国当局独立的政治承认'的教派政治组织"[①]。

二、早期活动

穆斯林联盟成立后头几年的活动可归纳为以下3点：

---

① 培伦主编：《印度通史》，第466页。

第一，支持分割孟加拉，反对反分割鼓动和抵制英货运动。在1906年12月30日穆斯林联盟成立会议上就通过一项决议，认为分割孟加拉对穆斯林有利，表示反对一切反分割的鼓动，也反对抵制英货。1907年穆斯林联盟年会又对孟加拉群众性反分割斗争进行抨击，认为这个活动损害穆斯林的利益，号召穆斯林不要参加。1908年穆斯林联盟中央委员会又通过决议，欢迎分割，说分割拯救了孟加拉穆斯林，并要求当局坚决顶住反分割的压力。同年召开的年会激烈攻击当时正在开展的司瓦德西和抵制运动是叛乱鼓动，是邪恶势力。伊斯兰教上层的某些宣传还提出了"司瓦扎提"（意为本集团的，即穆斯林教派的）的口号，与司瓦德西的口号相对抗。有一本小册子甚至号召抵制印度教徒办的司瓦德西商店和民族学校，开办穆斯林商店、穆斯林学校。这些鼓动不是没有结果的，孟加拉穆斯林大多数退出了运动。这样，穆斯林联盟就不是促进运动的发展，而是便利了英国统治者扼杀方兴未艾的运动。

第二，把要求实现穆斯林单独选举作为首要任务。在1892年进行的那次各级立法会议中，穆斯林得到的席位一般都低于人口比例，穆斯林上层很不满意，所以要求穆斯林作为一个独立实体单独选举和增加穆斯林代表名额。英国殖民者知道，答应这个要求就是表示官方赞同穆斯林上层提出的"两个民族"论，不但使国大党争取穆斯林的希望化为灰烬，也将使国大党丧失全民代表的形象。显然，利用这个问题在国大党和穆斯林中间打进楔子，比利用其他任何问题都更有力。这就是英国官方在西姆拉导演那出接见闹剧的原因。总督明托手下一个官员当晚在一封信里得意扬扬地说，这是使用政治手腕的杰作，将长期影响印度和印度历史，这等于把6200万人拽住，使之不致加入反叛者行列。

穆斯林联盟成立后，穆斯林上层把主要注意力放在争取实现英国统治者设下的这个圈套上。整个1907年和1908年，围绕单独选举制问题，国大党和穆斯林联盟展开了激烈论战。双方都在全国范围内举行一系列集会。穆斯林联盟还在伦敦建立分支，宣传自己的主张。穆斯林联盟的基本论点还是过去提出的"两个民族"论,"实行普遍选举只利于印度教徒"论等。国大党反驳这种论点,穆斯林知识分子中也有些人持不同观点。1908 年穆斯林联盟年会主席赛义德·阿里就认为,单独选举制会使穆斯林与印度教徒完全疏远。他主张共同选举,不应计较席位多少。律师迪克·阿里汗也认为,按阶级和宗教选举代表的原则是极其有害的,从穆斯林的观点看,这个原则也是充满危险的。还有少数人清楚地看到,穆斯林联盟领导人坚持这个要求是上了殖民当局的圈套,呼吁他们正视走这条道路的危险。

　　然而,这些呼吁未能使穆斯林联盟领导人头脑清醒。1909 年,英国殖民当局正式颁布立法会议改革法,既给了穆斯林以单独选举权,又给了穆斯林高于人口比例的席位定额。穆斯林联盟领导人把这看作是自己的胜利。在国大党领导人中,只有戈·郭克雷赞成单独选举制。他看到两大宗教的鸿沟越来越深,认为只有用这种妥协办法才能争取穆斯林,把它称为"不可避免的弊端"。国大党绝大多数领导人对 1909 年改革法把单独选举制包括进去,持坚决反对的态度。马拉维亚后来在谈到这个法令时说,它是"在英国统治印度的历史上第一次承认宗教作为选举的基础,这就在印度教徒和伊斯兰教徒中间永远筑起了一道隔开两者的长城"[①]。

　　第三,阻止穆斯林参加国大党,号召继续保持对英国殖民当局的忠顺。国大党的产生是为了从英国殖民统治者那里争取改革,而穆斯林联盟的产生则是为了使这种改革有利于穆斯林。所以,从一开始,穆斯林联盟就认为自己的利益和国大党的利益成反比,认为保证穆斯林利益的关键在于发展自己的力量,遏制国大党的影响。在当时,单靠自己的力量是做不到这一点的,于是,穆斯林联盟自觉地继承了赛义德·阿赫默德汗的路线,向英国殖民者乞求庇护和照顾。这也就是它从一开始就把在印度穆斯林中促进忠于英国统治的感情,作为头一项宗旨列入穆斯林联盟章程的原因。

---

　　① 林承节:《印度民族独立运动的兴起》,第 383 页。

关于这点，穆斯林联盟有些领导人的个人讲话说得更明白。联盟秘书扎卡·乌拉说，我们和国大党人没有共同的政治目标。他们热衷于从事削弱英国统治的行动，他们要求代议制，而这意味着穆斯林的死亡。他们实行文官竞争考试制度，这将剥夺穆斯林担任文官的机会。因而，我们不需要和他们在政治上结合在一起。穆斯林联盟的任务，是通过尊敬的请求，向政府表达穆斯林的愿望。他们不应像国大党那样号召抵制，在讲坛上、报刊上发表激烈言辞，发动群众反对他们的仁慈的政府。联盟另一领导人瓦卡尔-乌尔·穆尔克也说，如果英国在印度的统治垮台了，印度教徒将成为我们的统治者，我们的生命、财产、荣誉就会处在经常的危险中。唯一拯救之路在于帮助维持英国统治，使之长治久安。如果穆斯林真诚地和英国人站在一起，他们的统治就能持久下去。他还号召穆斯林把自己看作是一支英国部队，随时准备为英王而流血牺牲。

宣布忠于英国统治，这也是早期国大党的路线，穆斯林联盟这样做不足为怪。但需要指出的是，这里有两点不同之处：首先，国大党是用宣布效忠换取改革，其目标是削弱殖民统治。而穆斯林联盟则是用宣布效忠求得庇护，目标是削弱国大党。穆斯林联盟把殖民统治者依作靠山，而把国大党视为仇敌。其次，20世纪初的形势已经和19世纪80—90年代不同了。国大党上层的忠于英国统治的路线正在遭到党内外小资产阶级革命派的谴责。1905年开始的斗争正在向革命运动转变。在这种时候，再以英国殖民统治的维护者的身份出现，谴责反分割行动，那就是完全站到革命运动的对立面，帮助英国殖民者扑灭革命运动的烈火。联盟领导人主观上是教派利益第一，客观上则成了殖民统治者手里的工具。整个1907年和1908年，几乎在一切问题上，联盟都和国大党唱对台戏。

当时流行一种说法，似乎任何由国大党发起的活动，都不可避免地自然带有反穆斯林利益的倾向。结果是，穆斯林参加国大党遭到非议和谴责，甚至像阿布杜拉·苏拉瓦底在英国参加克里希那瓦尔玛的"印度自治社"也受到谴责，理由是该组织的主要参加者是印度教徒。

这种敌视气氛不能不影响那些一直参加国大党活动的穆斯林，其中有一些人看到，由于穆斯林联盟出现并成为全国穆斯林的政治组织，国大党要把穆斯林争取过来再也不可能了。为了不招惹指责，为了不失去在本宗教内的广泛社会联系，他们也就不再参加国大党的活动。

总的来说，穆斯林联盟头几年的政策对印度民族运动没有起好的作用。英国殖民当局利用宗教冲突来破坏运动，它是被利用的主要工具之一。英国印度事务大臣莫莱就曾得意扬扬地把它称为国大党的天然反对派。之所以如此，是因为在这个地主资产阶级政治组织中，地主和宗教上层势力占据统治地位。这个力量对国大党掀起的政治运动忧心忡忡，唯愿维护自己和本教派现有地位不受影响，因而把殖民当局投来的诱饵当作礼物，心甘情愿地跟着它走。

穆斯林联盟的出现及其初期活动，刺激了某些宗教思想浓重的印度教徒。特别是当局明确保证在未来的议会改革中保障穆斯林利益的承诺，更使他们深感愤怒，进而认为国大党已经无力保护印度教徒的利益了。他们将愤怒直指国大党，鼓吹成立印度教组织。1906 年，"光荣印度教协会"建立。1909 年，"旁遮普印度教协会"建立。U·N·穆克吉和拉尔·昌德为印度教派主义思想及政策打下了基础。他们指责国大党试图将所有印度人置于一个"单独的国家"之中，为了"取悦穆斯林"而不惜"牺牲印度教徒的利益"。拉尔·昌德在他撰写的《政权的自我放弃》一书中，指责国大党是导致印度教徒"自我毁灭的恶魔"，印度教徒在过去 25 年里一直受到"毒素"的侵害，致使其正在渐渐走向灭亡；他们能得救的唯一办法就是清除"毒素"，去除"恶魔"；印度教徒在和穆斯林进行斗争的时候，应该和"第三方即政府保持中立"，同时"抛弃并终结国大党"。昌德强调："印度教徒不仅应该相信而且应该使之成为他的机体、生命和行为的一部分，那就是，他首先是印度教徒，然后才是印度人。"[1]这样，越来越多的印度教徒拒不参加国大党的日常活动，即使是 1909 年的国大党拉哈尔年会上，出席的

---

① Bipan Chandra, Mridula Mukherjee, Aditya Mukherjee, K. N. Panikkar, Sucheata Mahajan, *India's Struggle for Independence*, 1857-1947, pp. 417-418.

代表也只有 243 人。正是在印度教徒的愤怒与日俱增的情况下，全国性的印度教教派主义组织"全印印度教大会"于 1910 年 12 月诞生。纵观印度教大会孕育产生的全过程，可以清楚地看出，它同样是英国"分而治之"政策的产儿。

三、政策转变

穆斯林联盟的政策从 1913 年起发生了重大的变化。虽然它仍然坚持教派主义的原则，但民族主义倾向大大加强，和国大党团结的问题也提了出来，终于在 1916 年通过了著名的"国大党—穆斯林联盟勒克瑙协定"，建立了两大组织的合作关系。这是穆斯林联盟政治方向的重大转变，下列原因促成了这一转变：

第一，20 世纪初，特别是经过司瓦德西运动后，资本主义关系在穆斯林中得到一定发展。尽管穆斯林联盟反对司瓦德西和抵制英货运动，但穆斯林依然有部分人参加，从中得到了益处。孟买、孟加拉和北印度的穆斯林商人在这一运动中积累了更多资本，有一些人投资办工业，成为工厂主。封建主在工商企业中认股的也增多了。与此同时，资产阶级知识分子的队伍扩大了。据统计，1898—1902 年，穆斯林大学毕业生就有 1283 人，其中毕业于阿里加学院的 220 人，阿拉哈巴德各院校的有 410 人，加尔各答各院校的 398 人，旁遮普各院校的 255 人。有些人还去英国留学。大学毕业生部分成了政府官员。据 1898 年的统计，联合省担任副税收官和副治安长官的穆斯林有 94 人（印度教徒有 11 人），担任首席法官的有 8 人（印度教徒有 14 人）。更多的毕业生成了自由职业者。有的还投资于工商业，如著名活动家邵克特·阿里就在一家轧棉厂投资 15 万卢比。这样，到第一次世界大战前夕，穆斯林的资产阶级及其知识分子在伊斯兰教内已经是一支有力量的队伍了。"和封建主不同，资产阶级较多地感到了和英国殖民统治者的矛盾，较多地看到了整个印度的无权地位，在他们的思想中，民族主义倾向逐渐加强，因而对联盟领导人执行的路线越来越感到不满"①。

第二，殖民当局1911年取消对孟加拉的分割，使许多穆斯林对英国统治者的盲目信任破灭了。分割和取消分割，从英国殖民者来说都是从维护殖民统治者的利益出发。在1905—1908年运动镇压下去后，当局确定了拉拢温和派打击革命力量的方针，但看到分割一举使温和派耿耿于怀，而使秘密革命组织得到了适宜发展的土壤，因而决定取消分割，以安抚温和派，瓦解秘密组织。在穆斯林联盟成立后，宗教冲突的雪球已经滚动起来，殖民统治者知道，即使取消分割，它也不会停止滚动。当初穆斯林相信分割是殖民者为他们的利益着想，把殖民者视为知己，如今看到了，这个一再向他们保证永不变更既成事实的统治者，是怎样根据自己的需要，一夜之间就尽毁前言。这件事使许多穆斯林有识之士清楚地看到，原来英国殖民者关心穆斯林是假，追逐自己利益才是真。这就促使许多人转而采取了反英立场。当然，还有一些人虽然抱怨英国殖民者出尔反尔，但依然相信英国统治者，只是恳求他们今后不再做背弃穆斯林利益的事。

第三，英国对待西亚、北非伊斯兰国家的态度使印度穆斯林感到气愤。印度穆斯林泛伊斯兰主义倾向本来并不突出，莫卧儿皇帝们不承认哈里发。莫卧儿帝国崩溃后才有人承认，民族大起义后增多，主要是瓦哈比派。赛义德·阿赫默德汗和后来的穆斯林联盟领导人并不提倡泛伊斯兰主义。穆辛-乌尔·穆尔克1906年曾公开宣布，印度穆斯林不承认奥斯曼帝国皇帝的哈里发地位，他强调印度穆斯林只忠于英国统治。泛伊斯兰倾向在20世纪初突然变得强烈起来，其实是穆斯林中的部分人对英国信任破灭的一种表现。在1911—1912年的意土战争和1912—1913年的两次巴尔干战争中，英国支持意大利和巴尔干四国同盟对土耳其奥斯曼帝国作战，默许意大利侵占的黎波里，默许奥地利占领帝国的部分欧洲领土，英国的立场刺激了印度穆斯林，在他们中原来不很突出的泛伊斯兰思想开始广为传播。他们认为，英国人

---

① 林承节：《印度民族独立运动的兴起》，第386页。

蓄意打击奥斯曼帝国，损害哈里发的地位，与伊斯兰国家为敌。他们把这些国际事件和英国殖民者取消分割孟加拉的决定联系起来，感到英国是典型的利己主义者，不是穆斯林的朋友，更增加了印度穆斯林对英印统治的愤怒。

第四，20世纪初，广大穆斯林下层群众生活越来越贫困。在孟加拉，穆斯林农民的大部分没有永佃权，地主经常加租夺佃，农民处于生活无保障的地位。在北印度，失地农民有相当部分是穆斯林。都市的穆斯林手工业者和小商人在英资的排挤下，在高利贷者的压榨下，处境困难。青年学生毕业而得不到就业者，与日俱增。穆斯林上层希望英国保护，给予更多做官机会，广大穆斯林下层群众从中是得不到实惠的。他们对殖民统治当局不满，要求当局采取措施改善他们的地位。所有这些因素作用在一起，导致穆斯林社会中出现了一股强大的反对殖民统治的力量。

第五，"青年穆斯林"崛起，并在穆斯林联盟中崭露头角。正是在上述形势下，一批年轻的穆斯林活动家登上了历史舞台。这些年轻的穆斯林知识分子对穆斯林联盟中盲从当局、反对印度教徒的上层领导者感到不满，他们开始倾向于现代理性的民族主义思想。这时，由穆·阿里、邵·阿里、扎·阿里汗、哈·阿吉梅尔汗、哈·伊玛目等人领导的激进的民族主义阿哈尔运动兴起了。穆·阿里曾留学英国，回国后在巴罗达等土邦任职。1910年来到加尔各答，创办《同志报》。他认为穆斯林联盟反对穆斯林参加民族运动的政策已经过时，要求改变政策，与国大党合作。他在一篇文章中写道：我们无党无派，是所有人的同志，我们深深感到，不同种族不同信仰间日益激烈的争论孕育着极大的危险，热切地希望印度对立的不同政治团体相互取得更好的谅解，在平等的基础上为印度的共同利益而斗争。

这股新思潮来势迅猛，1910年就有人在穆斯林联盟年会上批评乞求英国保护及与国大党对立的政策，要求把实现印度自治作为斗争目标，响应很热烈。这也促进了1911年穆斯林联盟与国大党开始接触。在穆·阿里、邵·阿里、扎·阿里汗、哈·阿吉梅尔汗、哈·伊玛目等人的努力下，他们得到了一部分正统伊斯兰学者的支持。另一名被吸引到民族运动中的正统伊斯兰学者是年轻的阿·卡·阿扎德，他曾就读于开罗著名的艾资哈尔大学，并在他1912年创办的《新月报》上宣传他的理性主义和民族主义思想。1912年，开明的国大党领导人德罕默德·阿里·真纳被邀请加入穆斯林联盟。"经过不懈的斗争，这些年轻的穆斯林民族主义者不仅在穆斯林联盟中崭露头角，同时也在国大党中很活跃"①。总之，青年穆斯林的要求可以归纳为：(1)穆斯林联盟

阿·卡·阿扎德

与国大党合作；(2)领导穆斯林群众开展反对殖民统治的斗争；(3)争取印度自治。

然而，新思潮的涌现并非没有遇到阻力，真纳和阿扎德受到联盟某些领导人以及宗教正统势力的冷嘲热讽。英国殖民统治者也竭力阻挠，决不愿失去挑动宗教冲突这张王牌，决不愿看到国大党和穆斯林联盟两大组织的合作。他们竭力支持穆斯林联盟老的领导人维护自己的阵地。穆斯林联盟主席阿加汗就固执地反对把争取自治作为目标。他说，现在要求自治是摘苹果于未熟时，自治实现那天，将是印度历史上最不幸的日子。在穆斯林联盟领导人的怂恿下，反对新思潮的叫喊喧嚣一时。有些人说，国大党骨子里是反英的，跟他们不可能合作。也有人提出，与其穆斯林联盟被导向反英，不如立即解散。

然而，真纳等并未气馁，在穆斯林中做了大量说服工作。毕竟新思潮反映了全国广大穆斯林的要求，拥护者越来越多。穆斯林联盟常

① Bipan Chandra, Mridula Mukherjee, Aditya Mukherjee, K. N. Panikkar, Sucheata Mahajan, *India's Struggle for Independence*, 1857-1947, p. 420.

任主席阿加汗 1912 年辞职，并停止了对这个组织的财政资助。阿米尔·阿里、萨里穆拉等最有影响的人物也先后退出。在 1913 年穆斯林联盟内部新旧两种势力的斗争达到了历史性的转折点。从这年起，新势力确定地占了上风，穆斯林联盟的政策发生了明显的转变。从此，它成了以资产阶级为主的地主资产阶级政治组织。青年穆斯林的崛起和他们所代表的穆斯林的民族主义倾向，体现了广大穆斯林群众的心声和他们的根本利益。正因为有了他们的民族主义观点，才导致了第一次世界大战前夕穆斯林联盟的重大政策转变。

转变的标志是穆斯林联盟新的斗争目标的确立。1913 年 3 月 22 日，穆斯林联盟勒克瑙年会通过了要求印度自治的决议。其中规定，穆斯林联盟的奋斗目标是通过宪政手段，争取建立适合印度的自治制度，并强调，要通过与其他教派合作来实现这一目标。会议对国大党 1906 年年会上通过的自治决议表示支持。这是这个组织第一次明确提出民族自治的政治目标，标志着它的政治方向发生了根本性的转变。以印度自治为目标，这就意味着它的活动已经不限于为穆斯林争取更多的席位和担任文官的机会，而是提出了包括穆斯林在内的印度人民掌握自己命运的问题；还意味着它的立足点已由与殖民当局合作对付国大党，转变为与国大党一起共同提出民族要求。这年 12 月在阿格拉举行的穆斯林联盟年会上，主席易卜拉欣·拉赫玛图拉在致辞中说："像印度这样的大国，政治上不会永远受人控制，总有一天会取得完全的自由。"[①]以往穆斯林联盟的年会上听到的都是对英国殖民统治的一片颂扬，如果有指责，那也是怪当局对穆斯林利益照顾不够。但在这次年会上，许多人都对英国在印度的剥削和压迫提出了严厉批评。

穆斯林联盟与国大党在争取自治的目标上达成了一致，两大组织的合作也就逐步提上了日程。许多发言者强调，印度的政治前途有赖两大教派的携手合作。这个主动的表示得到了国大党热烈而积极的回应。国大党这年年会通过决议，对穆斯林联盟确立争取印度自治的斗

---

① ［巴基斯坦］阿拉纳：《伟大领袖真纳》，袁维学译，北京：商务印书馆，1983 年版，第 66 页。

争目标以及与国大党合作的主张表示赞赏。国大党认为，印度教徒与穆斯林正在恢复友好关系，印度人民的繁荣与进步取决于各教派之间融洽的努力与合作，以便为共同的利益找到联合行动的途径。这样就形成了良好的气氛，使两大组织的接触有取得成果的可能。

当然，穆斯林联盟政治方向的转变并不意味着它不再是穆斯林的政治组织。只要它依然是教派的组织，维护本教派利益的宗旨就不会完全改变。而且，穆斯林联盟内依然存在着封建势力，他们没有退出，也不完全接受新主张，而希望把两者折中调和。穆斯林联盟新的斗争目标在自治前面加上了"适合印度的"，就是这种折中的反映。它暗示穆斯林联盟对自治的解释有特定含义，与国大党要求的自治是有所不同。此外，穆斯林联盟仍十分坚持穆斯林单独选举区制，并把国大党接受这点作为合作的前提条件。这些对穆斯林联盟本身的政治发展都产生了严重影响，并为穆斯林联盟与国大党实现真正的持久的合作布下了障碍。

第五章　第一次世界大战时期
印度民族运动的发展

第一次世界大战（1914—1918）的爆发为印度民族运动注入了一股新的力量，使印度民族运动从 1908 年后的沉寂状态逐渐复苏。国内外秘密革命组织策划发动武装起义，试图以暴力推翻英国殖民统治；"自治同盟"在全国掀起了一场自治运动浪潮，以期实现印度"自治"；国大党内的极端派和温和派重新统一，国大党与穆斯林联盟也第一次实现合作。所有这些表明，民族运动较之第一次世界大战之前有了进一步发展，为战后民族运动高潮的到来铺垫了道路。

第一节　印度被拖入战争

1914 年 8 月，第一次世界大战全面爆发。印度作为英国的殖民地被拖入战争，成为宗主国的兵员、物资和财力的重要供应地。战争对印度资本主义和民族运动的发展带来了双重影响，既冲击了印度民族工业，同时也为它的发展带来了有利因素，为民族运动的发展创造了条件。

一、英国的战时掠夺

英国广泛利用印度的各种资源来满足其军事需要，在一战时期对印度进行疯狂的掠夺。

首先，印度大量青壮劳力被征入伍。总督哈丁在《我的印度生涯》中供认，战争开始后的 6 个月内，英印当局从印度派出 21 万名印度官兵和 8 万名英军部署到法国战场。在印度本土的英印军队有 70％以上被抽去参战，在相当一段时间内，英国在印度的驻军不足 1.5 万人。1917 年和 1918 年，哈丁又从印度派出 78.5 万名印军开赴战争前线。"据不完全统计，战争期间，英国从各个殖民地征兵 450 万人，其中从印度征兵 120 万～150 万，战争结束时，印度士兵死伤 10 万多人"[①]。这不但使印度失去了大量青壮劳力，而且军费开支猛增到每年平均约 3000 万英镑，数量之巨，前所未有。到 1918 年 3 月，英印当局战争花费已达 1.278 亿英镑。

其次，印度物资遭到空前掠夺。战争期间，英国加强了对印度原料的榨取，按照比世界市场低得多的固定价格收购农产品和各种原料，从印度运走大量粮食、油料作物、生丝、黄麻、茶叶和毛皮。从 1915 年底到战争结束，英国以低价收购各类印度粮食 800 万吨，使印度农民遭受了惨重损失。此外，殖民当局还突击开采多种矿藏类战略物资，如锰矿石近 200 万吨、硝石 9 万吨、云母石 6000 余吨，以及大量的木材。英国在中近东战场、非洲战场和部分欧洲战场所需要的桥梁、钢轨、货车和机车等，基本都是来自印度。例如，塔塔钢铁厂提供了近 30 万吨钢材和 1500 万英里的铁轨。英军的许多军用品也是用印度原料制作的，如军用鞋的 66% 是用印度皮革所缝制，供给麻布 40 亿码以上。

再次，印度财政被榨取一空。殖民当局巧立名目，榨取印度财政，以维持其庞大的军事开支。仅军费开支一项就占去印度国库年收入的 50% 左右，成为"印度财政的顽疾"。印度殖民当局以所谓战争"捐款"的名义向英国当局"馈赠"1 亿英镑，这个数字超过印度一年赋税收入总额，使印度国债增加了 30%。战争结束前夕，殖民当局向印度转嫁战争负担，又决定"捐款"4500 万英镑（实际支付 1550 万英镑）。殖民者还以"支持宗主国正义战争"的名义，两次强行摊派战时公债 7350 万英镑。英国还利用英联邦其他成员国的名义，从印度财政中花掉了 2 亿多英镑。就连总督哈丁都不得不承认，整个印度都被英国作战部"榨

---

① B. N. Pandey, *The Indian Nationalist Movement 1885-1947*: *Select Documents*, London: Macmillan, 1979, p. 37.

取一空"①。

英国的战时掠夺给印度社会经济带来了严重的恶果。其一，印度通货严重膨胀。1918 年 4 月，殖民者无法继续维持巨额军费开支，便用美国贷款进口 2 亿盎司白银铸造银币。同时，殖民当局又强制发行 13.4 亿卢比纸币，用通货膨胀加紧对印度掠夺并转嫁战争负担。其二，印度国债激增。印度的国债是英国殖民者罪恶统治的见证，印度国债从 1902 年的 2.08 亿英镑增加到 1918 年的 3.7 亿英镑，而 1918 年的财政总收入只有 1.1 亿英镑。上述数字还不包括宗主国费（1918 年比 1912 年增长 1114 万英镑）和土邦王公对宗主国的"捐款"在内。其三，人民生活苦不堪言。物价飞涨，投机活动猖獗，劳动人民生活困苦不堪。1918—1919 年，由于殖民掠夺和农业粮食歉收 1400 万吨，致使饥荒和瘟疫蔓延全国，约 1200 万人丧生。

二、民族资本的发展

战争的爆发和持续也给印度民族工业带来了好处：来自英国产品的竞争削弱了，军事订货和军需供应扩大了企业的国内外销路；农产品原料价格总体下跌；工业产品价格因进口减少而上涨。在这些因素的刺激下，战争期间，印度民族资本主义第一次有了显著发展。

首先，民族资本最为集中的纺织业发展尤为突出。战争期间，黄麻纺织业和棉纺织业得到的订货最多，发展也最快。1913 年和 1914 年度，印度共有 60 个麻纺织厂，纱锭 68 万枚，织机 3.35 万台，工人 20.84 万人；到 1916 年和 1917 年度，工厂增至 74 个，纱锭增至 82.43 万枚，织机增至 3.96 万台，工人达到 26.25 万人。与此同时，产量增加了 1 倍，实收资本也由 7930 卢比增加到 1.064 万卢比。棉纺织业 1914 年至 1918 年，工厂由 271 家减少为 262 家，纱锭由 660 万枚增加到 680 万枚，织机由 10.4 万台增加到 11.6 万台，工人由 26 万人增加到 28.2 万人。布匹产量由 1914 年和 1915 年度的 11.76 亿码增

---

① S. N. Pandey, *Economic History of Modern India* (*1757 to 1947*), New Delhi: Read-worthy Publications Pvt. Ltd. , 2008，p. 190.

加到 1917 年和 1918 年度的 16.16 亿码,几乎增加 1/3。棉布在国民布匹总消费量中的比重,由战前的 23.8% 增长到战争末期的 35.4%。民族棉纺织企业在印度棉纺织企业中的比重,由战前的 16% 上升到战争结束时的 37%,同期的进口布匹在印度国民布匹总消费量中的比重由 57% 降为 43%。经营纺织业的民族资产阶级获得了巨大的利润,战争结束时,他们的资本已比战争开始时增加了近 1 倍。[①]

其次,民族资本在钢铁、电力和化工等工业部门扎下了根基。1907 年,塔塔家族创办了塔塔钢铁公司,该公司是当时英属印度洋地区唯一的大型钢铁企业。第一次世界大战爆发后,该公司成为英国近东战场所用钢材的主要供应商。因有军事订货保证销路,塔塔钢铁公司开足马力生产,1916 年生产了 14.75 万吨生铁、13.95 万吨钢、9.87 万吨钢材。虽然政府压价收购,但是,大量的固定订货还是给塔塔钢铁公司创造了可观的收入。1912—1916 年 5 年中,公司净利润为 2350.9 万卢比,早已超过股份资本额,而在 1917 年以后的几年里,年利润高达 1000 万卢比以上。战争结束时,塔塔钢铁公司已具备相当规模,钢材生产能力已从建厂初期的 3000 万吨跃增为 12.3 万吨。塔塔家族还于 1910 年创办了第一家印度资本的电力公司,即塔塔水电公司,1916 年和 1919 年又相继建立了安德拉河谷供电公司和塔塔电力公司。这 3 家公司基本垄断了印度中西部铁路干线用电,以及孟买地区工业和民用电的供应。1916 年,民族资本还在印度首次创办了化工企业,即卡拉戈达的先驱氧化镁厂,专门生产棉纺织厂急需的氯化镁。建厂当年,先驱氧化镁厂就生产了 966 万吨氯化镁。战争结束时,该厂年生产能力已达 1800 吨,基本满足了印度国内的需要。1917 年,塔塔油脂公司成立,并开始生产工业烧碱等产品。此外,民族资本在煤炭业、玻璃器皿制造业、造纸业、制糖业等领域也取得了相当的发展。

再次,商业财团也得到了发展。战时,印度商人乘机更多地插足

---

① R. K. Ray, *Industrialization in India: Growth and Conflict in the Private Corporate Sector, 1914-1947*, New Delhi: Oxford University Press, 1979, p. 60.

出口贸易,寻求更大的发展。近代印度大财团比尔拉家族就是在大战中靠经营黄麻、棉布出口,而奠定其庞大资产基础的。1917 年,比尔拉在伦敦设立黄麻出口办事处,成为英属印度 3 大黄麻出口公司中唯一的印度公司。在整个战争期间,比尔拉家族的资本由 200 万卢比增加到 800 万卢比,为战后比尔拉家族转向工业生产准备了雄厚的资金。大战期间,由于进口货减少,印度国内的商业联系加强,各省间的商品流转额战前年均 5.46 亿英镑,1918 年增加到 6.84 亿英镑,1919 年又增至 8.13 亿英镑。印度工业家在积累大量货币资本后无法扩大再生产,许多人就把资金用在扩大贸易上。

总之,第一次世界大战结束时,以民族资本为主的企业由战争初期的 2552 家增至 2789 家,资本总额由 7.21 亿卢比增至 10.66 亿卢比。大战期间得到一定发展的民族资产阶级,进一步意识到了自己的力量和作用。为了巩固已取得的地位并争取获得进一步发展的有利条件,他们开始要求得到制定经济政策的权力,从而在政治上开始要求印度自治(取得自治领地位)。

三、国大党和穆盟对战争的态度

战争爆发不久,英国首相艾斯奎斯在谈到战后印度的政治地位时允诺,作为支持宗主国作战的报酬,印度将获得自治权力。继任的劳埃德·乔治首相也宣布,民族自决的原则将适用于战后印度。英国的詹姆斯·维尔洛克将军甚至在《同印度人在法兰西度过的日日夜夜》一书中,言过其实地说道:"印度的苦难已经成为历史,曙光正在显现。这次战争给她提供了前所未有的良机。印度的儿子们将在帝国内享有有尊严的地位。"[①]

鉴于此,国大党各派别支持英国作战,希望英国战后兑现自己的诺言。国大党温和派早在 1905—1908 年运动后已经一再表示效忠英国统治,持以效忠换取改革的立场,现在自然把支持英国作战看作是实

---

① V. P. S. Raghuvanshi, *Indian Nationalist Movement and Thought*, Agra: L. N. Agarwal, 1959, pp. 129-130.

践诺言的机会，并切盼英国当局能"以德报德"，答应战后实现他们的改革要求。1914 年 12 月，温和派把持的国大党在年会上通过决议，表示以支持英国作战的效忠行动换取英国在印度实行进一步的宪政改革，要求英国政府考虑印度人民在目前危机中所表现的高度的明确的忠诚，采取适当措施，承认印度为帝国联邦的一个充分而自由地享受应有的一切权利的组成部分。

国大党极端派也改变了策略，转而支持英国作战。主要原因有二：其一，对战争性质估计错误，认为世界大战完全是德国一方挑动的，德国是侵略者，英国是被迫参战，唯恐英国失败，印度被德国接管。其二，希望利用这次机会，以帮助英国渡过难关的方法，换取英国答应战后给予印度自治，即所谓"英国的困难就是印度的机会"。极端派领袖提拉克获释两个月后（饱受 6 年铁窗折磨之后于 1914 年 6 月获释），于 1914 年 8 月 27 日以致《马拉特人报》编辑部公开信的形式发表宣言，呼吁所有印度人一致帮助处于困难中的英国，打败德国，与政府合作，实现改革，争取战后达到自治目的。

提拉克的新方针受到了英国政府的欢迎，也得到了分散在印度各地的国大党极端派的普遍赞同，反映了国大党分裂后极端派政治热情的消退。提拉克大战前一直被关在监狱。奥罗宾多·高士出狱后转到了宗教立场，声称神给了他新的使命，促进人的精神进化，并躲到法属本地治理，不问政治，成为潜心实践瑜伽的宗教神秘主义者。比·帕尔坐了半年牢，观点也发生了重大变化，认为印度独立的思想是危险的自杀的想法。拉·拉伊在国大党分裂后宁肯留在温和派把持的国大党里，赞同温和派制定的新党章。实际上，极端派所有主要领袖的观点都从"四点纲领"后退了，更倾向于追随资产阶级的要求。这不仅反映了小资产阶级的脆弱性和动摇性，也反映了小资产阶级上层在司瓦德西运动后经济地位上升带来的政治态度的变化。

穆斯林联盟对战争的心情是矛盾的。从泛伊斯兰角度出发，他们反对英国同土耳其作战。但是，为了换取战后印度的政治改革和殖民者对穆斯林利益的优先考虑，他们又不得不违心地支持英国参战。作为一种精神上的自我安慰，他们要求英国在取得胜利后保证不损害土耳其素丹哈里发的地位。

在战争进行的 4 年当中，印度民族主义力量竭尽全力支持英国作战，把英国描绘成"正义事业的维护者"、"弱小民族的救星"。甘地在英国组织了救护队，苏·班纳吉等人则不辞劳累，在印度各地劝说青年人入伍，"为危难中的帝国而战斗"。甘地说得十分明白："难道使主人对奴隶感到需要，不正是寻求自由的奴隶们应该利用的良机吗？我们用帮助英国乃至同他们合作的办法提高我们的地位，我们也有权赢得他们对我们的帮助。"[①]

民族资产阶级及其政党正是从这样的动机出发，在战争期间基本放弃了进行反抗英国殖民统治的斗争。英国当局得意扬扬地炫耀印度的"忠顺"，1914 年，国大党在马德拉斯举行年会时，马德拉斯的英国省督亲临会场，表示对国大党的赞赏和感谢。

第二节　秘密革命组织的活动

大战时期，在民族运动中，对英国殖民统治者持反对态度的唯一有组织的力量，就是国内外的秘密革命组织。他们也提出"英国的困难就是印度的机会"的口号，但却赋予这个口号以不同的含义。他们不但不支持英国作战，相反，要利用英国的困难处境，不失时机地发动武装起义，推翻英国统治。对于秘密革命组织来说，第一次世界大战时期是其发展的第二个阶段。这一时期，国内外秘密革命组织密切配合，积极筹划在印度举行起义。虽然 1915 年 2 月和 7 月的两次起义皆因事泄而流产，但是，革命者艰苦卓绝的努力不应被抹杀。他们用鲜血和生命，在印度民族运动史上谱写了绚丽的一页。

一、国外秘密革命组织

在国外印度革命组织当中，影响和贡献最大的是北美的卡德尔党。

[①]　V. P. S. Raghuvanshi, *Indian Nationalist Movement and Thought*, 1959, p. 130.

卡德尔党是哈尔·达雅尔和其他旅居北美的印度革命家建立的印侨革命者组织，成立于 1913 年，因出版《卡德尔报》(《起义报》)而得名，本部在美国旧金山。

哈尔·达雅尔是一个思想激进的印度爱国者，富有革命热情。1911 年 4 月，他从法国来到美国加利福尼亚，在斯坦福大学教书。不久，他就投身于政治活动。1912 年夏，他主要向美国的知识分子、激进分子和工人团体讲述无政府主义和工团主义运动，对于引起印度移民愤怒的问题不太关注。然而，1912 年

《卡德尔报》

12 月 23 日，印度总督哈丁在德里遭炸弹袭击事件激发了哈尔·达雅尔，也点燃了他蛰伏多年的革命热情。他通过革命方式推翻英国在印度统治的信念再次复燃，他发表了一篇题为《尤根塔通告》("尤根塔"是孟加拉语，意为"新时代")的小册子，声援袭击总督事件。此时，正值美国和加拿大的印侨因遭侨居国当局种族歧视，深感作为殖民地印度人地位之屈辱，政治上日益觉醒之时，哈尔·达雅尔和别的革命者一起于 1913 年 5 月在波特兰创办了"印度协会"。

印度协会第一次会议在喀什·拉姆的家里召开，与会者有巴伊·帕玛兰德、索汉·辛格·巴哈克那、哈纳姆·辛格等。会议上，哈尔·达雅尔提出了他的行动计划：不是和美国人对抗，而是利用美国的自由环境反抗英国人；只有自己的国家解放了、自由了，我们才能受到平等对待；印度之所以贫穷和没落，根源在于英国统治，必须推翻之，不是通过请愿，而是通过武装起义；把这些信息传达给印度群众和在印度军队中的士兵们；鼓舞大批的人去印度，并争取得到印度

人民的支持。哈尔·达雅尔的思想立刻被其他人接受，随之成立了工作委员会，并决定创办周报《卡德尔报》，并在旧金山建立一个名叫"尤根塔修行所"的总部。各个城镇召开了一系列会议，最后在阿斯托利亚召开了代表大会，确认并通过了波特兰第一次会议的决定。卡德尔运动由此拉开了帷幕。

《卡德尔报》第一期于 1913 年 11 月 1 日发行，旨在宣传武装反英。卡德尔意为"起义"，报头标题为："英国统治之敌"，每一版头条都刊有"英国统治的恶行"特辑。除了揭露英国统治者的恶行之外，也连载萨瓦尔卡尔的《1857 年印度独立战争》，传播提拉克、奥罗宾多、卡马夫人、克里希纳·瓦玛、阿吉特·辛格和苏菲安巴·普拉萨德的思想等。

然而，最有影响力的莫过于刊登在《卡德尔报》的诗歌。这些诗歌作为《卡德尔诗集》出版，并免费发行。诗歌采用了比较世俗的基调来表达对革命的热情：

> 印度教徒、锡克教徒、帕坦人以及穆斯林们，
> 请把注意力放在军队的所有士兵身上。
> 我们的国家已经被英国人所占领，
> 我们必须发动战争抵抗他们。
> 我们不需要文人雅士，
> 我们也不希望失败。
> 做礼拜的时间已结束，
> 拿起宝剑奋战的时刻到了。[1]

《卡德尔报》在北美的印侨中大量发行，并很快传播到中国、马来联邦、新加坡、菲律宾、特立尼达、洪都拉斯的印侨中。《卡德尔报》成功地改变了旁遮普移民的自我形象，使他们从一个忠诚于英国统治

① Sohan Singh Josh, *Baba Sohan Singh Bhakna: Life of the Founder of the Ghadar Party*, New Delhi: People's Publishing House, 1970, pp. 30-31.

的士兵转变为一个对抗英国统治的反抗者。《卡德尔报》有意识地使旁遮普人认识到他们对英国忠诚是一件令人惭愧的事情，迫使他们勇敢地站起来反抗：

> 为什么你们会瞧不起辛格姓氏？
> 原因何在！你们已经忘记了"狮子"的威严。
> 如果迪普·辛格式的人物今天还在，
> 辛格家族怎么会遭受如此侮辱？
> 人们说辛格家族现在一无是处，
> 那你们何以在德里兵变中扭转战局？
> 齐声呐喊："让我们歼灭白人！"
> 你们为何现在坐以待毙、安于耻辱？
> 好好睁开眼看看，
> 你们的传统如此辉煌！[①]

　　这首诗很快传回祖国，激起了年轻人对革命的热情。他们摩拳擦掌，跃跃欲试，渴望为革命出一份力。

　　1914年，有3大事件影响了卡德尔运动的发展：

　　第一，哈尔·达雅尔被捕及逃亡。卡德尔党的活动使英国政府深感不安，在其外交压力下，美国以组织无政府主义活动罪于1914年3月25日逮捕了哈尔·达雅尔。保释后，哈尔·达雅尔离美赴欧，忍痛离开了他亲手创建的卡德尔党。他走后，党的领导工作由拉姆·钱德拉接任，但他制定的纲领和策略依旧是卡德尔党的活动指南。

　　第二，"驹形丸号"客轮事件。1914年3月，一位居住在新加坡的印度承包商葛迪特·辛格租了一艘"驹形丸号"客船，载有东亚和东南亚各地的376位印侨，前往加拿大温哥华。途经日本横滨时，卡德尔党人看望了这艘轮船上的乘客，并给他们作演讲和散发传单。当船抵

---

① Harish K. Puri, *Ghadar Movement: Ideology, Organization and Strategy*, Amritsa: Guru Nanak Dev University Press, 1983, pp. 73-74.

达温哥华时，加拿大警察不允许其在港口停泊，周围布下了警戒线。为了争取乘客们的权益，侯赛因·拉辛、索罕·拉尔·帕塔克和巴格万·辛格建立了"海岸委员会"。不久，"驹形丸号"被迫离开加拿大海域，原路返回。在抵达日本横滨之前，第一次世界大战爆发了。英国当局发出命令：乘客不许在返回途中的任何地方擅自下船，即使是之前的上船地点也不可以，他们只能在加尔各答下船。当局的规定使船每到一个港口，都会引起印度当地群众的不满及愤怒。同时，这件事情促使了印度人民决意组织起来对抗英国当局。当船在加尔各答附近的巴治巴兹靠岸时，情绪已经非常不满的乘客再次被英国当局人员的挑衅态度所激怒，从而引发了一场冲突，导致 18 位乘客死亡、202 位被捕，只有少数人脱险。

第三，第一次世界大战爆发。第一次世界大战爆发后，卡德尔运动的领导人召开了一次特别会议，决定必须牢牢地抓住这个机会，宁愿战斗到死绝不坐以待毙，回到印度并说服印度士兵加入他们的事业，解决他们武器短缺的主要问题。他们发表了《卡德尔党战争宣言》，并且广泛宣传。穆罕默德·巴卡图拉、拉姆·钱德拉和巴格万·辛格组织一系列公众会议，号召印度侨民返回祖国，组织武装起义。主要领导人被派往中国、日本、菲律宾、马来联邦、新加坡和缅甸，说服印侨同胞返回印度，加入到起义队伍中。卡德尔党中已经迫不及待的成员，如卡塔尔·辛格·撒拉帕（后来在一场密谋案中被英国当局处以绞刑）和拉胡巴尔·达亚·古普塔立刻起身返回印度。

卡德尔党卓有成效的宣传活动使它的影响迅速增长，其组织迅速扩展到北美以外，大战前已经在美、亚、欧 3 大洲建立了分支。在美洲，建立分支的国家除美国和加拿大之外，还有巴拿马、墨西哥、阿根廷。在亚洲，有日本、中国、印尼、马来亚、缅甸、泰国、菲律宾。在欧洲，有法国。[①]

与此同时，法国巴黎印侨革命中心也在积极为未来的武装斗争作

---

① Bipan Chandra, Mridula Mukherjee, Aditya Mukherjee, K. N. Panikkar, Sucheata Mahajan, *India's Struggle for Independence*, 1857-1947, p. 153.

准备，主要通过报刊、小册子宣传武装起义思想。第一次世界大战爆发前，这个中心受法国当局迫害而瓦解。卡玛和拉纳被监禁，其余领导人或转到德国柏林，或转到瑞士。1914 年，印度革命者在柏林建立了"印度之友协会"，1915 年改组为"印度独立委员会"，出版周刊《剑》，柏林形成了一个新的印侨革命中心。哈尔·达雅尔也应邀来到柏林，参加这个委员会。这个组织的其他主要领导人有维·恰特帕德哈亚，布·达多，恰·皮莱等。该组织与卡德尔党建立了直接联系，互相配合，成了大战时期印度国外革命者的主要指导中心。

二、国内秘密革命组织

国内秘密革命组织在 1908 年运动后受到了重创。殖民统治者在全国范围内进行大搜捕，使秘密组织遭到进一步破坏。到大战前夕，还存在秘密组织的地区主要是旁遮普、联合省和孟加拉。在这些地区，旧组织被破坏后，新组织不断建立起来。在孟加拉，建立了拉加·巴扎尔社（加尔各答）、巴里萨尔社（巴里萨尔）。在联合省，建立了一个新组织（贝拿勒斯），后来发挥了重要作用。在旁遮普，穆斯林激进民族主义者围绕宗教学院建立了穆斯林第一个秘密组织（德欧邦德），领导人是左翼思想家穆罕默德·哈桑，其成员多为前瓦哈比派教徒。

这一时期，革命组织大多数人为英国殖民者的高压政策所激怒，面临政治上的险恶形势，只想立即报复，以眼还眼，以牙还牙，走上了暗杀等个人恐怖道路，将暗杀视为最有效的发泄民愤、振奋人心的手段。从 1908 年下半年起，暗杀活动进一步发展，成为秘密组织活动的中心内容。据总督哈丁说，1909—1912 年 4 年间，"平均每两星期发生一次政治暗杀事件"[①]。其中最重要的一次是 1912 年行刺哈丁本人，虽然他侥幸躲过暗杀，但身受重伤。皮特·弗伦奇对这次暗杀作了如此描述："1912 年圣诞节前两天，哈丁来到德里火车站，骑上一头巨象。他坐在一个精致的银质象轿上，沿着昌迪尼桥克缓缓前行。

----

① Lord Hardinge, *My Indian Years 1910-1916*, London: Butler and Tanner Ltd., 1948, p. 79.

昌迪尼桥克是一条具有重要象征意义的大街，它曾经是莫卧儿帝国最优美的林荫大道和市场，只是在 1857 年起义之后变成了葬尸场，镇压了起义的英国人在大道中段绞死了无数纳瓦布、拉贾和起义者。现在，它被用作总督的行进线路，他前来主持建筑师埃德温·勒琴斯和赫伯特·贝克设计的新德里动工开幕典礼。总督阁下没有走多远，他的头盔就被射飞到了空中，只听 6 英里外一声巨响，举着'国伞'的官员被炸成了碎片。一个不知名的印度人向帝国政权的活象征投掷了一颗炸弹。总督的一只耳鼓被炸裂，许多年后所有的钉子、螺丝和留声针才从他的身体中取出来。这场未遂暗杀案一直没有破获。这次袭击是印度民族主义者发动的革命恐怖主义的高峰。"[1]

个人恐怖活动也扩展到英国。英国暗杀案中，最著名的是 1909 年印度事务部官员寇松·威利爵士在伦敦被印度爱国者丁格拉开枪打死。他在事先准备好的遗书中说，他要英国人流血，作为对其惨无人道地绞杀印度青年的抗议；由于没有机枪大炮，他只能扣动左轮扳机，由于不可能公开战斗，他只能突袭；像他这样的穷孩子，没有别的手段为祖国服务，只有把热血贡献给祖国的解放事业；如果同胞每人至少杀两个英国人，祖国的解放一天即可完成；如果他能再次投胎，他还要走这条路，再次为印度献身，直至解放。这并不是个别例子，类似情况不胜枚举。这种个人恐怖举动至多能激动民心于一时，实际后果极其有害，许多秘密组织因此遭到更大破坏，更多革命者被送上绞架，余下来的也像浮云一样，飘忽不定，不能在群众中扎根，甚至不能落脚。伦敦个人暗杀事件后，印侨革命组织难以存在，萨瓦尔卡尔被捕后被引渡回印度，其他领导人只得转移他国。行刺哈丁总督后，北印度秘密组织几近瓦解。英国殖民者越镇压，革命组织越用恐怖手段报复。个人恐怖越盛，殖民者镇压越疯狂。秘密组织宛如走进一条死胡同，在其中东奔西走不见出路。

这种情况一直持续到第一次世界大战前。沉重的血的教训使一些

---

① Pascal Alan Nazareth, *Gandhi's Outstanding Leadership*, Bangalore: Sarvodaya International Trust, 2011, p. 10.

革命者擦亮了眼睛，开始认识到个人恐怖手段的无益。战前，北印度散发的一份传单中说，谋刺一个总督只能使暴君震惊，但不能使你们达到预期目的。传单号召革命者不要白白浪费宝贵时间，要为伟大的革命事业做真正的工作。有些组织认为，不应再进行暗杀活动，应准备公开的武装起义。1914 年，领导 1912 年谋刺哈丁总督行动、遭到通缉的拉·比·鲍斯，已经放弃个人恐怖策略，转到积极准备武装起义的立场上。他应联合省青年社邀请，秘密来到贝拿勒斯，担任青年社领导，使这个组织面貌一新。东孟加拉的进步社和西孟加拉的"朱甘达尔党"之间有一定的合作，战前都已从主张个人恐怖转到主张武装起义立场上。[①]

三、两次流产的起义

第一次世界大战开始后，国内外革命组织一致认为发动起义的时机成熟了。这时，英国庞大的殖民帝国在德国进攻面前首尾不能相顾。印度的英军大部分被调到欧洲前线，有几个星期印度只留下 1.3 万英军。战争也加重了印度人民负担，引起强烈不满，英国统治出现不稳定因素。此外，英国的劲敌德国乐于支持一切给英国制造困难的行动，支持革命者在印度起义。于是，国内外革命组织立即开始武装起义的具体筹划工作。

第一，卡德尔党总动员，负责向国内输送革命者。卡德尔党在阿斯托利亚召开会议，党的领导人亲自动员自己的党员，并号召在世界各地的一切印度爱国者回到祖国去。党报《卡德尔报》也发表哈尔·达雅尔的文章，号召卡德尔党成员率先回印度，和敌人斗争。卡德尔党还在加利福尼亚的埃尔通举行返印革命者誓师大会。党的领导和成员踊跃报名要求回国，一批党的骨干被选派回国担任领导，包括党主席巴哈克那、党报编辑卡塔尔·辛格等。1914—1915 年，从国外回来的印度人共约 8000 人，其中相当数量是革命者。虽然英国殖民当局严加

---

① 林承节：《印度民族独立运动的兴起》，第 423 页。

防范，逮捕和软禁了巴哈克那等人，但是一大批革命者巧妙地逃过敌人的眼睛，像一批火种撒在各地，很快燃烧起来，以饱满的革命热情投入战斗，补充了印度秘密革命者的队伍。

第二，柏林印度独立委员会和卡德尔党争取德国援助，从德国得到经费和武器。德国是英国的劲敌，希望看到印度发生起义，在英国后院开辟第二战场，使英国两面夹击，背腹受敌。大战爆发后，在德国的印度革命者和在美国的卡德尔党同时与德国官方取得了联系。印度独立委员会与德国政府正式签订了一项双边协定，德国向印度革命者提供武器和经费，印度独立后作为贷款如数偿还。印度独立委员会的做法得到了卡德尔党的赞同，也得到了国内革命组织的支持。这样，印度革命者和德国政府之间建立了反英临时同盟，并一起制订了行动计划，向印度革命者秘密输送武器。1915 年，印度独立委员会、卡德尔党和德国安排了一次最大规模的武器偷运，从美国购买了 3 万支枪、12 万发子弹，但因中途出错，武器被美国当局查获。整个大战中，国外革命者和德国多方设法，巧妙安排，但所有偷运武器的努力都以失败而告终。①

第三，国内革命组织开始建立彼此联系，力图统一行动，并把工作重点放到争取军队上。印度国内革命组织从来没有形成统一的组织，而准备起义的共同目标要求各地的革命组织迅速建立接触，统一步调。从国外回来的革命者在这方面要求更加迫切，他们在国外一向有统一的组织，希望看到国内组织的统一，正是他们在这方面主动起了穿针引线的作用。在他们的努力下，从欧美回来的革命者所建立的组织与各地原来的革命组织之间建立了联系；旁遮普和北印度两地之间的革命组织也建立了紧密联系。与此同时，秘密革命组织把自己的工作重点放在军队策反方面，把争取军队的工作列为头等重要的任务。从北方的卢杰姆河流域到贝拿勒斯，这片广阔区域里几乎所有驻军都有秘密革命组织的人士去开展策反工作、散发传单等，许多驻军都做好了

---

① Tilak Raj Sareen，*Indian Revolutionary Movement Abroad*，*1905-1921*，New Delhi：Sterling Publishers，1979，p. 258.

哗变的准备。

在进行了上述一系列准备工作之后，革命组织认为发动起义的时刻到来了。大战初期是英国统治最困难的时期，也是起义最有利的时期。为了不错过这个大好时机，革命组织决定不等武器运到就开始起义。

1. 北印度起义。1915 年 1 月，贝拿勒斯秘密革命组织青年社领导人拉·比·鲍斯和卡德尔党骨干维·平格莱来到旁遮普阿姆利则，会见了这里的革命者，召开会议，决定发动旁遮普和北印度总起义。起义时间定在 2 月 21 日，后改为 19 日，并在拉哈尔设立了指挥中心。计划在规定的起义日子里，北印度驻军同时操戈而起，消灭英国部队，夺取武器库，切断电报线，接管国库，打开监狱，释放政治犯，然后建立革命政权。计划制订后，革命组织派得力成员分头到旁遮普和北印度各地进行具体准备，并派专使把计划告诉孟加拉秘密组织，希望提供大量炸弹，并作必要的配合。

然而，英国刑事调查局对此有所发觉，并派暗探渗透到秘密组织内部，摸清了起义计划。殖民当局立即在拉哈尔等地实行大逮捕，并把情绪不稳的军队调离原来驻地。旁遮普和北印度秘密组织的大批骨干遭到逮捕，整个组织被破坏，起义计划以流产而告终。拉·比·鲍斯逃脱了当局逮捕，躲过一劫，但无法继续在这里活动，被迫流亡日本。英国当局并没有就此罢休，对革命者进行了长期审讯，45 名革命者被判死刑，200 多名被判长期徒刑。这就是臭名昭著的"拉哈尔审判案"，是民族运动迄今为止所经历过的最沉重的镇压行为。从而，旁遮普整整一代革命领导阶层在政治上被绞杀。[①]

2. 孟加拉起义。1915 年 2 月北印度总起义计划失败后，东孟加拉的进步社和西孟加拉的朱甘达尔党并没有气馁，而是前仆后继，制订孟加拉起义的新计划。朱甘达尔党在大战开始后一直为起义作准备，一方面设法与国外革命者联系，获得武器和经费；另一方面加紧制造

---

① Bipan Chandra，Mridula Mukherjee，Aditya Mukherjee，K. N. Panikkar，Sucheata Mahajan，*India's Struggle for Independence*，1857-1947，p. 154.

炸弹，并以政治抢劫手段来筹划经费。孟加拉几个革命组织摒弃前嫌，召开几次秘密会议，建立参谋部，由贾廷·穆克吉担任总指挥。1915年3月，卡德尔党成员基·拉希里从欧洲回来，会见了孟加拉革命者，告诉他们载有德国帮助购买的3万支枪和1200万发子弹的货船"马维尼克号"正在驶往印度旁遮普邦卡拉奇的途中，将经过印尼的巴达维亚，建议孟加拉派人联系。贾廷·穆克吉派那·巴塔恰利亚前往巴达维亚，说服德国方面把这船武器运交孟加拉革命组织，预定在孟加拉海岸一个叫赖曼加尔的地点卸货。

1915年6月，贾廷·穆克吉和他的助手们一起制订了孟加拉起义计划：在7月初收到武器后，分别送往哈提亚、加尔各答和巴拉索尔的秘密组织手中，立即起义；在哈提亚，建立一支革命武装，先控制东孟加拉，然后向加尔各答进攻；加尔各答的秘密组织首先占领郊区所有武器库，然后夺取威廉要塞，最后占领加尔各答城；炸毁进入孟加拉的3条铁路干线的主要桥梁，以防止英国殖民当局派援兵到孟加拉。一切计划停当后，革命者开始做行动准备，等待"马维尼克号"达到。然而，革命者望眼欲穿，这艘船一直未到。就在等待期间，英国殖民当局发现了整个起义计划。秘密组织被破坏，许多重要的革命者被逮捕。贾廷·穆克吉和助手们在巴拉索尔的隐藏地也被发现，在抗击警察追捕的枪战中，贾廷·穆克吉身负重伤，被捕后不久牺牲，助手们或牺牲或被捕。接下来，就是对革命者进行审讯、判刑和绞死。就这样，孟加拉的起义宣告流产。

四、小结

印度国内外革命组织精心策划的起义无一例外地夭折了，主要原因有如下几点。

第一，把工作重点放在了争取军队上，脱离了人民群众，没有与群众斗争特别是农民暴动联合起来。1915年初，由于高利贷者的残酷剥削和商人的囤积居奇，旁遮普西南诸县发生农民暴动，捣毁奸商店铺和高利贷者住宅，焚毁债务契据，抢走粮食，使当地殖民政权机关处于瘫痪状态。当时正在筹划起义的秘密革命组织并未抓住这个有利时机，组织和引导农民暴动，使计划中的起义与农民暴动相结合，形成一场人民起义。他们对农民的斗争不反对也不赞成，认为革命起义与农民暴动是两码事，各行其道。

由于他们的活动带有少数人单纯军事暴动的性质，因此脱离了群众，得不到群众的理解与支持，甚至被人民群众所误解和反感。1915年4月，孟加拉革命者拦截了一辆汽车，抢劫了一个印度富人的钱财，并将拒绝开车的司机杀死，引起了一部分群众的反感，殖民者也借机诽谤革命组织，离间他们和群众的关系。结果，发生了群众协助警察追捕革命者的不幸事件。孟加拉革命组织领导人贾廷·穆克吉及其4名助手在躲避殖民者搜捕时，就是被村民发现，报告了当局，并协助警察抓获的。

这反映出，"秘密革命组织的起义仍然是少数人的军事暴动，而不是群众起义，甚至脱离群众，这就决定了它流产的命运"[1]。

第二，在没有完全做好准备的情况下，仓促地吹响了战斗的号角。许多国外革命者1914年底1915年初才回到印度，甚至来不及熟悉环境。而且，殖民当局用《印度入境条例》严格审查归国印侨，"安全的"侨民可以回家，"危险的"侨民要被捕，"不太危险的"侨民则软禁在家，哪里也不许去。在受到审查的8000侨民当中，5000侨民顺利通过审查，而对于那些没有通过的1500侨民，则要采取预防措施。到1915年2月，总共有189位被拘禁，704位被软禁在家。

革命组织还缺乏一位有能力并且任职时间长久的领导人。例如，哈尔·达雅尔善于宣传，善于鼓舞人心，善于思考，提出理论，却不善于当一个领导者。此外，革命组织缺乏一个系统的组织结构，他们更多的是靠革命者的热情，而不是有效的组织力量。同时，革命组织也低估了英国的军事力量、组织力量以及统治思想。出于对第一次世界大战爆发的震惊，以及对"驹形丸"客轮事件的愤怒，他们在没有完

---

[1]　Bipan Chandra, Amales Triathi, Barun De, *Freedom Struggle*, New Delhi: National Book Trust, India, 1972, p. 94.

全摸清敌人底细的情况下就吹响了战斗的号角。没有坚强的领导者，没有牢固的组织结构，对敌人了解不足，这些促成了起义的夭折和流产。

第三，国大党温和派和极端派等民族主义组织以及个人在大战爆发后，一致全力支持英国对德国作战。他们的支持使本来不稳的政局稳定下来，而且许多人认为，在德国支持下发动武装起义并非是正确的选择。印度士兵很多人答应起义又持观望态度，这是原因之一。这是印度在第一次世界大战时期政治局势的一个十分可悲的现象，国大党等民族主义组织和个人站在英国一边，支持英国对德国作战；秘密革命组织和个人则站在德国一边，反对英国，密谋起义。在这种政治局势下，得利的是英国殖民统治者，也注定了革命者起义必将夭折的结局。

印度革命者的理想尽管没有实现，但是，他们的行动在印度独立运动史上具有重大意义。

第一，秘密革命组织是第一次世界大战时期印度政治舞台上唯一主张用武力反抗英国殖民统治的力量，对英国殖民统治构成了实实在在的威胁。革命者筹划武装起义的活动使殖民当局深感不安，对殖民统治者第一次构成了真正的威胁。印度情报部在研究了印度革命者在大战中的活动后，向英国有关部门报告指出，印度已经到了十字路口，如果英国不给予印度更多的政治权利，印度人民就会用革命手段来夺取。1917 年的《蒙太古宣言》和 1918 年的《蒙太古改革方案》的出台，在一定程度上是革命组织活动压力的结果。印度革命者组织起义的活动为印度独立运动史增添了色彩斑斓、鼓舞人心的一章。

第二，革命者视死如归、气贯长虹的英雄气概在印度人民的民族记忆中留下了永不磨灭的烙印，成为自由斗争永不枯竭的精神源泉。据殖民当局 1918 年 7 月统计，战争期间，印度秘密革命组织成员先后 9 次受审，47 名革命者被处死，25 人被绞杀，88 人被驱逐出境。北印度革命者在所谓"拉哈尔阴谋案"审判中的英勇表现，一直在旁遮普和北印度人民中间传颂。维·平格莱和卡塔尔·辛格把整个起义计划的责任揽在自己头上，斩钉截铁地告诉法庭庭长，他们不惧怕被处死的后果，他们唯一的抱负就是看到祖国获得解放。法庭宣判当天，革命者高唱歌曲并为祖国母亲集体祈祷，祈愿活着的人继续为祖国的光荣和自由斗争到底。24名被判死刑的革命者集体起舞，视死如归，以为国捐躯为无上光荣。革命者气贯长虹的牺牲精神鼓舞了一代又一代人，在战后独立运动中，旁遮普所以是一个重点地区，与革命者在人民心中留下的强烈影响密不可分。[①]

第三节　民族力量的壮大与重组

第一次世界大战时期，除了秘密革命组织策划起义之外，印度民族力量也在发展壮大，并且进行了重组与合作。自治运动的兴起、国大党的统一、国大党与穆斯林联盟的合作等，清晰地显示出印度正在蓄积力量，迎接战后民族运动高潮的到来。

一、自治运动的兴起

自治运动的主要领导者是提拉克和安妮·贝桑特，他们彼此呼应，相互配合，掀起了一场全国规模的轰轰烈烈的自治运动浪潮，打破了沉寂多年的政治局面。

1914年6月16日，在监狱服刑6年的提拉克获释出狱。服刑期间，他大部分时间被拘禁在缅甸的曼德勒。此时的提拉克完全不同于之前的提拉克，他放弃了抵制策略，以司瓦拉吉为目标恢复政治鼓动。提拉克向媒体公开宣布："我谨此声明，就像爱尔兰自治运动者们在爱尔兰所做的那样，我们在印度正在做的是要改革行政制度，而不是要推翻政府；我可以毫不犹豫地说，印度各地所发生的暴力活动不仅令我厌恶，而且在我看来很不幸的是，它们也极大程度上阻碍了我们政

---

① 　林承节：《印度民族独立运动的兴起》，第 446～447 页。

治发展的步伐。"①他还向政府保证忠于英国王室，并敦促所有印度人支持危难时刻的英国政府。

由于先前联结全国极端派的纽带已经断绝，提拉克无法在全国范围内发动自治运动，于是就首先从孟买省和中印度范围内发动。为了推广自治运动，提拉克在马哈拉施特拉做了巡回演讲。通过演讲阐明建立自治同盟的重要性，并把这个概念普及到各个地方。他大声疾呼：印度如同已经长大成人的儿子，监护人或父亲是该把责任交给他的时候了。因此，印度人民必须担负起这个责任，这是他们的义务。

提拉克以爱尔兰自治同盟为榜样、在印度建立争取自治同盟的设想，最先得到了他的主要助手的赞同。在一次民族主义者会议上，由孟买极端派领导人巴布蒂斯塔出面提出这个建议，受到热烈欢迎。1915 年 12 月，在浦那召开了孟买省、中央省和比拉尔民族主义者会议，由提拉克主持，正式讨论建立自治同盟，开展自治鼓动的可能性，得到了绝大多数人的同意。

经过这一系列的充分准备，1916 年 4 月 28 日，在贝尔高姆举行的孟买省会议上，自治同盟正式成立。提拉克虽然因当时处于警察监视之下，没有正式担任职务，但是他是自治同盟的灵魂。巴布蒂斯塔任自治同盟主席，克尔卡尔任秘书。自治同盟出版了 6 本马拉特语小册子、2 本英文小册子，这些小册子相继被翻译成古吉拉特语和坎纳达语出版。同时，自治同盟在马哈拉施特拉、孟买、卡纳塔克、中央省、比拉尔建立了 6 个支部。

随着自治运动的高涨，当局选了一个"良辰吉日"开始反击。1916 年 7 月 23 日是提拉克 60 岁生日，根据习俗，要举办一个隆重的生日宴会。生日当天，他收到了 10 万卢比。同一天，殖民当局也送来了他们的"厚礼"——一则告示。内容是要求提拉克说明在一年内行为不良的原因，并且要求提拉克交 6 万卢比的保证金。对提拉克来说，这是他收到的最好的"礼物"。他表示，自治运动正像野火一样燃遍全国，

---

① Bal Gangadhar Tilak, *His Writings and Speeches*, Madras: Ganesh & Co., 1919, p. 392.

当局的压制必然煽起更猛烈的反抗火苗。

　　殖民当局以叛逆罪对提拉克提起诉讼，穆罕默德·阿里·真纳领导的律师团为提拉克辩护。此案在地方法院败诉后，11月上诉最高法院，提拉克被无罪开释。提拉克胜诉的消息传遍全国，所有人都为之欢呼。甘地在《青年印度》中表达了民众的情绪：就这样，自治同盟事业赢得了一场伟大的胜利，自治同盟挣脱了殖民者试图套在它身上的枷锁。提拉克也趁机立即发表一系列演讲，声明自治同盟已经获得当局的认可，他和其他成员正竭力扩大自治运动的宣传。截至1917年4月，自治同盟会员达到1.4万人。[①]

　　与此同时，安妮·贝桑特也在从事建立自治同盟的活动。贝桑特夫人是一位英国革命者，1893年来到印度，创建了"神智学会"。1914年，66岁的贝桑特夫人决定扩大活动范围，仿效爱尔兰自治同盟路线，发动一场自治运动。1915年初，贝桑特夫人正式发起了自治运动，创办《新印度报》和《公益报》，并组织公众会议和集会，要求按照战后白人殖民地路线，准许印度自治。从1915年4月开始，她的立场变得更加坚定。

　　1916年9月，贝桑特夫人在马德拉斯正式宣布成立"自治同盟"。她的同盟组织相较于提拉克的来说，比较松散。不同于提拉克的同盟，6个支部都各自有明确的活动范围，贝桑特夫人的同盟的每3个成员就可以建立一个支部。因此，贝桑特夫人的同盟总共有200个支部，其中有些支部是由一个城镇和几个村庄组成的。虽然7人执行委员会由34个"创始支部"选举产生，任期3年，但许多工作都是由贝桑特夫人及其助手们阿伦戴尔、拉姆斯瓦米·埃亚尔和瓦迪艾在总部阿迪亚尔完成。同盟成员的增长速度比提拉克同盟成员的增长速度慢，截至1917年3月，同盟有7000名成员。除了以前神智学会的成员，其他成员有来自阿拉哈巴德的贾·尼赫鲁，加尔各答的查克拉瓦提、班纳吉等。

---

① Bipan Chandra, Mridula Mukherjee, Aditya Mukherjee, K. N. Panikkar, Sucheata Mahajan, *India's Struggle for Independence*, 1857-1947, p. 162

提拉克和贝桑特夫人建立的两个自治同盟之所以没有合并，贝桑特夫人道出了其中的缘由：“他的一些追随者不喜欢我，而我的一些追随者不喜欢他，但是我们两人之间没有冲突。”①两个自治同盟管辖不同的地区，这样可以避免产生摩擦。提拉克的管辖区在马哈拉施拉特（孟买除外）、卡纳塔克、中央省和比拉尔，贝桑特夫人则管辖南印度、东印度和北印度其他地方。由于两个自治同盟参加者的主体同为原来的极端派，因而在行动上能够相互配合、相互支持。提拉克和贝桑特夫人之间建立了密切的合作关系。提拉克继续以《狮报》和《马拉特人报》为宣传阵地，而贝桑特夫人则以《新印度报》和《公益报》为宣传阵地。两个组织都要求英国当局定下年限，在战后实现印度自治。

1916年12月举行的国大党勒克瑙会议为自治同盟提供了一个展示实力的机会。提拉克的自治同盟创建了一个传统，这个传统后来成为国大党年会上必不可少的一部分。这个传统是指每年开会的时候，都要开通专列，这列火车命名为“国大党专列”或“自治同盟专列”，其路线从印度西部到勒克瑙，是会议代表团的专属火车。阿尔戴伦提出，自治同盟的每位成员要被选为勒克瑙会议代表，结果，国大党勒克瑙年会上几乎都是自治同盟的成员。

国大党勒克瑙会议后，两个自治同盟召开了联席会议，有1000名代表参加。贝桑特夫人和提拉克都发表了演讲，欢呼《勒克瑙协定》的通过。在返回总部的路上，途经印度北部、中部和东部的时候，两位领导者都受到当地群众的热烈欢迎，场面非常壮观。

自治运动的影响持续扩大，很快激怒了殖民当局。其中，马德拉斯政府最为愤怒，首先提出禁令，禁止学生参加政治会议。这个禁令受到广大群众的谴责。提拉克也对此作出了评论：当局已充分意识到学生是引起爱国情绪日益高涨的主力军，如果一个国家要繁荣，必须要靠精力充沛的年轻一代。

1917年6月，马德拉斯政府下令逮捕贝桑特夫人及其助手瓦迪艾

---

① G. P. Pradhan and A. K Bhagwat, *Lokamanya Tilak*: *A Biography*, Bombay: JAICO, 1959, pp. 265-266.

和乔治·阿奎恩达雷。这成为自治运动发展的转折点，引起了举国抗议。萨布拉马尼·艾亚尔公爵明确表示，放弃他的爵位头衔。有很多以前避不参加自治运动的温和派领导人，包括甘地、马丹·莫汉·马拉维亚、苏·班纳吉、真纳，现在都加入自治同盟，以示对拘禁者的支持和对当局镇压行为的抗议。

1917 年 6 月 28 日，全印国大党委员会召开会议。提拉克提议，如果当局拒绝释放被拘禁者，将拿起消极抵抗或文明不服从武器进行斗争。采用消极抵抗方式的提议发给各省国大党委员会，征求意见。贝拉尔和马德拉斯同意立刻采取消极抵抗行动，大多数省国大党委员会则持观望态度。在甘地的提议下，香克拉尔·班克和詹姆纳达斯·瓦尔卡达斯征集到 1000 人签名，志愿反抗软禁令，向贝桑特夫人的软禁地进军。他们也开始征集 100 万农民和工人签名，呼吁实现印度自治。他们频频造访古吉拉特的城镇和村庄，帮助建立自治同盟支部。

总之，镇压措施只是强化了自治运动者的态度，坚定了他们反抗政府的决心。蒙太古在他的日记中写道："湿婆把他的妻子砍成 52 块，不料发现他又多了 52 个妻子，这就是印度政府软禁贝桑特夫人后所面临的境遇。"

二、国大党的统一

国大党的重新统一是极端派和温和派的共同呼声，也是自治同盟的共同呼声，提拉克和贝桑特夫人以及其他民族运动领袖都对此作出了不可磨灭的贡献。

国大党在 1907 年苏拉特年会上的分裂、殖民当局对司瓦德西运动积极分子的打压以及 1909 年温和派宪法改革梦想的破灭，所有这些都导致了国大党的发展一直在走下坡路。因此，国大党必须实现统一，振作起来。

统一国大党的呼声首先源于极端派的提拉克和自治同盟的贝桑特夫人。从一开始，提拉克就把所有精力都放到重新回到国大党中，不仅是为他自己，也是为其他极端派的成员。他清楚地知道，国大党是印度唯一的全国性的资产阶级政治组织，是组织任何政治活动的强大后盾，因此一贯主张把国大党变成一个全民反殖统一战线组织。当初极端派由于不能接受温和派制定的新信条，而被迫离开了国大党。如今，提拉克领导的极端派已经转到资产阶级立场上，与温和派的分歧越来越小，没有理由再滞留在国大党之外，任由温和派把持国大党。此外，提拉克不满温和派领导人思想僵化，将国大党变成了一潭死水，渴望彻底扭转这个局面。

贝桑特夫人虽然加入国大党的时间不长，但她热衷于印度民族主义运动，在印度民族主义者中颇具声望。当时，贝桑特夫人正在致力于发动自治同盟运动。建立自治同盟需要得到国大党的支持，同时也要与极端派密切合作。因此，她对国大党温和派施加压力，竭尽全力说服温和派的领导人为提拉克及其同伴打开国大党的大门。然而，在1914年9月的国大党年会上，以梅塔为首的孟买温和派说服了以戈·郭克雷为首的孟加拉温和派，一起把极端派拒之门外。这一结果令提拉克和贝桑特夫人感到失望。因此，他们决定自己开展自治运动，对国大党施加更大的压力，希望极端派重新回到国大党。

国大党重新统一的呼声在温和派中也不乏回应。其实，温和派的许多成员都不满意1907年苏拉特年会上作出的分裂决定。鉴于国大党几乎沦为一潭死水，他们非常赞同提拉克和贝桑特夫人的主张。在国大党年会上、在报刊上，越来越多的温和派人士表达了他们的心愿。他们认为，极端派开展的自治运动温和派没有理由不赞成，况且极端派已经放弃抵制策略，国大党分裂的理由不复存在。当贝桑特夫人出面就国大党重新统一问题在两派中进行斡旋时，得到了温和派多数人的支持。此外，1915年温和派资深领袖梅塔和郭克雷相继去世，统一道路上的主要障碍消失了。国大党也对章程作了相应的修改，为极端派重新进入国大党廓清了道路。

1916年12月，国大党在勒克瑙召开年会，极端派和温和派终于实现统一。出席这次年会的代表达到2310人，当提拉克出现在主席台上时，雷鸣般的掌声伴随欢呼声响彻会议厅，经久不息。国大党温和派主席阿姆比卡·马宗达声情并茂地致辞，热烈欢迎提拉克及其极端派成员重新回到国大党："经历了将近 10 年的痛苦分离和游离，将近 10 年的误解和困惑，将近 10 年的不愉快争议和迷茫，如今，印度民族主义政党的两翼终于认识到'合则立，分则垮'，兄弟最终携手相聚。"[1]

在勒克瑙年会上，提拉克提出一个重要提议，希望成立一个小而有凝聚力的工作委员会，负责处理国大党日常事务，同时也负责执行年会上通过的议案。通过这个提议，提拉克希望能把国大党由一个只具有审议作用的团体转变为一个有能力领导一场持续革命运动的政治团体。然而很不幸，这个提案被温和派否决了。4 年后的 1920 年，圣雄甘地对国大党进行了改革，实现了提拉克的愿望。

从国大党勒克瑙年会起，提拉克成了国大党最孚众望的领袖。国大党宣布完全赞同自治同盟的活动，这促进了自治运动的进一步发展。由于提拉克的主张被国大党接受，极端派与温和派的区分也就消失了。提拉克领导国大党直到他 1920 年去世为止，这段时期的国大党被称之为"提拉克时代"。

国大党的统一对印度民族运动的发展具有重大意义。统一后的国大党重新振作起来，重新获得了力量，重新成为领导全国运动的中心，为战后民族运动高潮的到来准备了组织领导条件。

三、国大党与穆盟的合作

1916 年是印度民族运动史上具有划时代意义的一个年头，它不仅见证国大党两派的重新统一，而且实现了国大党与穆盟的第一次合作。

国大党与穆盟两大组织合作的建立，是双方长期共同努力的结果，也是印度民族运动发展的需要。

首先，从 1913 年起，穆斯林联盟中的新势力占据优势和上风，穆盟的政策发生了明显转变。这一年通过的新章程中明确规定，穆盟的

---

① Bipan Chandra, Mridula Mukherjee, Aditya Mukherjee, K. N. Panikkar, Sucheata Mahajan, *India's Struggle for Independence*, 1857-1947, pp. 165-166.

奋斗目标是通过宪政手段争取在印度建立适合于印度国情的自治。这标志着穆盟的政治方向发生了根本性转变，穆盟成为一个具有明确的民族主义政治目标的政党。这一转变主要体现在3个方面：(1)穆盟的视野已经超越了伊斯兰教的范围，开始从印度民族的角度考虑问题，民族利益优先于宗教利益。(2)穆盟的活动不再限于为穆斯林争取更多的席位和担任文官的机会，而是提出了印度人民掌握自己命运的政治问题，整体利益优先于教派利益。(3)穆盟的矛头不再是与殖民当局合作对付国大党，而是转而与国大党站在一条线上，共同向殖民当局提出印度民族要求。穆盟政治方向的转变，不仅对穆斯林运动本身，而且对整个印度民族运动的发展都具有重大意义。

其次，从1915年起，国大党同意穆斯林单独选举制，扫除了两大组织合作道路上的主要障碍。国大党和穆盟之间的主要分歧是穆斯林单独选举制，国大党以往在这个问题上持强硬的反对立场，双方没有协商的余地。为了民族自治的全局利益，国大党放弃了以前的强硬立场，第一次同意穆斯林单独选举，并逐省拟定了穆斯林在立法会议中所占席位的比例。穆斯林占人口少数的省，其席位略高于人口比例；而穆斯林占人口多数的省，其席位略低于人口比例。国大党对穆斯林单独选举制态度的转变，具有重大意义，主要体现在两点：(1)接受穆斯林单独选举制，有利于争取穆斯林衷心支持自治运动，有利于团结穆斯林共同对英斗争。(2)这是第一次由国大党和穆盟自己通过协商解决内部分歧，排除了殖民当局插手和挑拨的可能性，为两大组织的合作铺垫了道路。

再次，第一次世界大战的爆发，为国大党和穆盟提供了合作的契机。在第一次世界大战中，为了争取英国殖民统治者兑现其给予印度战后自治的许诺，国大党和穆盟持同一立场，都积极支持英国作战。两个组织进一步接近，双方约定以后两个组织的年会在同一时间和同一城市举行，以便双方领导人互相列席，交换意见。

在上述背景下，国大党和穆盟在合作的道路上阔步前进。1915年12月，国大党和穆盟两个年会同时在孟买召开，双方领导人互相列席，"团结就是力量"的口号响彻两边会场。在穆盟年会上，国大党领导人苏·班纳吉、贝桑特夫人、奈杜夫人、甘地，同穆盟领导人真纳、玛兹哈尔·哈克一起坐在主席台上。这是自两大组织成立以来国大党领导人第一次参加穆盟年会，奈杜夫人为此盛赞真纳为"谋求团结的无畏战士"①。在真纳提议下，穆盟决定成立一个委员会，与国大党商讨制定以实现印度自治为目标的政治改革方案。国大党也赞成相应地成立一个委员会，与穆盟委员会合作，共同制定方案，向殖民当局提出联合要求。

1916 年 12 月，国大党和穆盟同时在勒克瑙召开年会。国大党年会主席是阿姆比卡·马宗达，穆盟年会主席是真纳。双方同时通过了共同拟定的行动纲领，即著名的《国大党—穆盟勒克瑙协定》，提拉克和贝桑特夫人在促成国大党和同盟协议中起了重大作用。协定规定：战争结束后，印度应取得英帝国自治领式的自治地位；各级立法会议中应有 4/5 的民选议员；各级政府官员应有半数由议会任命；中央立法会议不得干预中央政府在对外政策和领导武装力量方面的权限。国大党在协定中还第一次接受了穆盟坚持的穆斯林单独选举制的原则：中央立法会议民选议员的 33％应为穆斯林；在穆斯林人口占多数的孟加拉和旁遮普，穆斯林选民可略小于人口比重；在穆斯林人口占少数的省，则可相应超过穆斯林在该省的人口比例。

《勒克瑙协定》的要求虽未被殖民当局理睬，但它标志着国大党和穆盟合作的开始，为战后初期甘地支持哈里发运动以及穆斯林群众积极参加不合作运动奠定了基础。真纳在年会致辞中高度评价了该协定，盛赞它象征着团结的印度的诞生，印度的未来、印度的团结和争取获得宪政自由的共同理想，在很大程度上都依赖于这个协定的实施。提拉克也称颂该协定，它融化和瓦解了有害于民族和社会的分歧，标志着民族意识的增长。既然印度团结一致的声音已经向英国殖民官僚们发出了走开的最后通牒，他们的日子已经屈指可数了。

---

①　林承节：《殖民统治时期的印度史》，第 263 页。

　　国大党以承认穆斯林单独选举制为代价换取穆斯林联盟的合作，是一件值得称赞的事情，然而却被某些伊斯兰教派思想严重的人用来作为鼓吹穆斯林政治实体的新依据。某些教派主义思想浓重的印度教徒也指责该协定对穆斯林作了过分的让步，是牺牲印度教徒利益讨好穆斯林，并为此责难提拉克和国大党。提拉克对此作出答复："先生们，有人说我们印度教徒对我们穆斯林兄弟让步太多。但我敢肯定地说，我们并未作出让步。我这样说代表了全国各地印度教徒的心声。我不介意自治权利是否只赋予了穆斯林团体，也不介意是否赋予了拉其普特人。如果英国政府认为印度教徒最低层比印度受过教育的人们更适合享受这些权利，那我也不介意把自治权利赋予他们。我不介意将这些权利赋予印度社会任何阶层。当我们不得不与第三方战斗的时候，非常重要的是，我们必须团结起来，不分种族，不分宗教，不分政治信条，团结一心。"[①]面对提拉克如此强大的气场，那些原本就不占优势的反对声音渐渐地消失了。

　　但是，由于复杂的历史和现实原因，印度教徒和穆斯林之间的矛盾并未因此而消除。国大党与穆盟合作的基础比较脆弱，合作的意义也有限，在良好的合作愿望背后潜伏着深刻的矛盾。印度不同宗教、政治和社会势力对勒克瑙协定的不同反应，为印度教派矛盾的加剧和殖民者挑拨宗教冲突、实行"分而治之"政策提供了可资利用的条件。印度历史学家马宗达曾说，国大党在 1916 年的行动，实实在在地为30 年后巴基斯坦的出现奠定了基石，他的说法有一定的道理。

四、《蒙太古改革方案》

　　1917 年，提拉克和贝桑特夫人发起的自治运动日益扩展，参加自治同盟的人越来越多，并逐渐从知识界和社会中上层扩展到下层群众之中。为了缓和印度人民的反英情绪，保证印度对英国作战的继续支持，英国政府决定在战略上稍作改变，采取一种和解的姿态。

---

　　① Bal Gangadhar Tilak, *His Writings and Speeches*, Madras: Ganesh & Co., 1919, pp. 202-203.

　　1917 年 8 月 20 日，新任
印度事务大臣蒙太古在英国下
院发表了一个重要的政策宣
言。印度前总督蔡姆斯福参与
了宣言的起草工作，因此又被
称为《蒙太古—蔡姆斯福宣
言》。宣言称："英国国王陛下
政府的政策就是要让印度人越

印度自治旗

来越多地参与一切政府管理部门，并逐步发展自治制度，以便在英帝
国的组成部分印度实现责任政府。"[1]《蒙太古宣言》是对前印度事务大
臣莫莱立场的修正，莫莱在 1909 年实行立法会议改革时断然宣称，他
的改革与逐步实现印度自治毫不相关。《蒙太古宣言》的发表是印度民
族斗争道路上取得的一个重要胜利，该宣言使自治运动的发展不再被
看成是扰乱治安的行为。

　　当然，该宣言并不意味着英国准备很快承认印度自治。宣言连"自
治"一词都没有使用，讲到目标是建立责任政府时，又规定为实现此目
标要经过一系列宪政改革步骤，每一个步骤的内容及日程都要由英国
政府规定。这无疑给英国政府足够的余地去防止权力真正回到印度人
手上。虽然如此，《蒙太古宣言》毕竟是英国政府第一次宣布要在印度
逐步实现责任政府，事实上是承认了要逐步给印度自治领地位。蒙太
古宣言发表之后，当局对贝桑特夫人及其助手们的禁令也随之解除，
贝桑特夫人的人气也随之高涨。她听取了提拉克的建议，在 1917 年国
大党年会上竞选主席一职，并顺利当选。

　　1918 年 7 月，蒙太古与蔡姆斯福联署公布改革方案，即《蒙太
古—蔡姆斯福改革方案》。这个方案在国大党内引起了严重的意见分
歧，把民族主义分子分成 3 派，削弱了自治运动。温和派主要人士对
改革方案深表欢迎，希望立刻接受改革计划。当局对改革的承诺以及

---

① S. R. Mehrotra, *India and the Commonwealth*, 1885-1929, London: George Allen & Unwin, 1965, p. 103.

释放贝桑特夫人的举措，安抚了这些在贝桑特夫人被软禁后加入自治运动的温和派成员。他们纷纷退出自治运动，同时也退出国大党，1918年9月以后不再出席国大党会议，并组织了支持殖民统治的自由同盟。极端派对此持反对意见，认为《蒙太古改革方案》过于吝啬，没有接受的必要，甚至提出消极抵抗。提拉克深刻地指出，该方案带给印度的是一个没有太阳的黎明。第三派则主张，即使当局的改革计划不充分，也应尝试一下。

在《蒙太古改革方案》和消极抵抗问题上，贝桑特夫人陷入了犹豫不决、进退两难的困境。一开始，她和提拉克一样，反对英国政府提出改革方案而印度被动接受，但后来她则主张接受改革方案。同样，一方面她反对消极抵抗，另一方面在其年轻追随者的施压下又赞成消极抵抗。提拉克虽然坚持一贯立场，但贝桑特夫人的犹豫不决以及温和派立场的改变，使得他独木难支，无力继续开展自治运动。此外，在年底最关键的时候，他去了英国，以文字诽谤罪起诉《印度叛乱》的作者瓦伦丁·吉尔乐，并和他打了好几个月的官司。由于贝桑特夫人立场摇摆不定，再加上提拉克在英国，因此自治运动群龙无首，无法继续前进，慢慢停滞下来。

虽然自治运动停滞了，但是自治运动取得了巨大成就。其一，它培养了一代坚定的民族主义者，成为战后民族运动的脊梁，在圣雄甘地的领导下，民族运动进入了真正的群众运动阶段。其二，自治同盟建立了城乡之间的联系，这对往后几年革命运动的发展发挥了重要作用。其三，通过普及自治思想，使自治家喻户晓，在全国形成了广泛的支持民族主义的氛围。

到1918年第一次世界大战结束，新一代民族主义者的政治意识不断提高，他们不满足于现状，积极探索新的政治斗争途径。自治同盟的领导者，曾经带领他们进行斗争，但现在不能继续领导斗争了。就在这时，甘地登上了印度政治舞台，掀起了20世纪20年代初期的民族运动新高潮。

第六章　20 世纪 20 年代的
非暴力不合作运动

　　第一次世界大战结束后，英国殖民者自食其言，拒不兑现赋予印度自治的承诺，反而加强了对印度人民的压制。印度各界人士纷纷指责英国背信弃义，反英情绪空前高涨。印度政治形势具有了新的特点，新的形势需要新的斗争策略。甘地以其独特的非暴力斗争学说和策略，登上了印度政治舞台，吸引了亿万人民群众参加民族运动，从而掀起了战后初期印度民族运动的新高潮。

第一节　战后初期的政治形势

　　战后印度民族意识空前增长，群众运动浪潮开始席卷全国，具有了更为波澜壮阔的势头。与此同时，英国殖民者也加紧了对印度人民的压制，纷纷出笼 1919 年《印度政府组织法》和《罗拉特法》，并制造骇人听闻的阿姆利则惨案，对本来就一触即发的政治形势火上浇油。

一、民族意识的增长

　　第一次世界大战后，印度民族意识空前高涨，主要表现在如下几个方面：

　　第一次世界大战结束后，英帝国主义者欢庆胜利，却没有采取任何手段改善殖民地劳动人民的处境。于是，工人、农民和手工业者在战争一结束，就奋然而起。孟买 12.5 万纺织工人，从 1918 年底开始到 1919 年初，举行了罢工。1919 年，罢工扩大到全国，几乎囊括所有生产部门。农民和手工业者也进行各种形式的自发斗争，从前线归来的印度士兵也参与其中。

第一次世界大战使印度民族资本主义在夹缝中得到发展，资产阶级力量随着民族资本主义的发展也大大加强。然而，战后英国资本力图恢复对印度经济的全面控制，为民族工业发展制造桎梏。为了保证民族资本能够继续发展，资产阶级把实现印度自治作为首要任务提上议事日程。

第一次世界大战不但给印度民族资产阶级提供了发展经济的良机，而且也使印度在一系列国际政治事务中取得了实际上的自治领地位。在巴黎和会上，在国际联盟中，都少不了印度人的身影。然而，印度国际政治地位的提高使它尝到了甜头，但国内政治地位带来的却是苦果，英国政府食言自肥，迟迟不肯明确宣布给印度自治领地位，激起了民族资产阶级的不满。

此外，俄国十月革命的成功和亚洲民族独立运动的发展，给印度资产阶级注入了一种新的思想，他们希望民族自治原则尽快在印度实现。国大党多次通过决议，要求获得民族自决权。1918 年，国大党德里年会决议指出："民族自决原则应该适用于一切进步民族。国大党要求不列颠议会和巴黎和会承认印度是可以实施民族自决原则的进步民族之一。"[①]同年底，国大党选举提拉克和甘地等组成赴英代表团，其他民族企业家也组成代表团分赴美英法等国，进行抗议和请愿。提拉克还致函巴黎和会主席、法国总理克里孟梭、美国总统威尔逊，要求协约国列强给印度以民族自决权。

国大党争取民族自决权的斗争代表着印度绝大多数人民的意愿，因而国大党也得以成为印度民族运动的主要领导者。此时的国大党不再是战前"三 P"式的乞求和哀恳，而是理直气壮的要求和呐喊。这充分表明了印度民族资产阶级的日益强大，也表明了印度民族意识的普遍增长。英国下院议员威廉·安德森 1919 年末的一番话就是最好的写照：印度的政治意识在最近若干年内已经被唤醒，人民迫切要求进行

---

① Satyapal and P. Chandra, *Sixty Years of Congress*：*India Lost*；*India Regained*，Lahore：Lion Press，1946，pp. 217-218.

改革；所有证据表明，这种压力将一直保持到印度人民取得彻底的自治政府为止。

二、1919年《印度政府组织法》

1919年，英国议会通过了《印度政府组织法》。该组织法有4个要点：

第一，英属印度的立法权由总督和两院（国务会议和立法会议）组成的立法机关行使。国务会议类似上院，主要是复议机构，由60人组成，其中26人由总督指定，34人由选举产生。立法会议类似下院，是初议机构，由145人组成，其中105人由选举产生，40人由总督指定。

第二，英印各省将实行双重管理体制，即各省立法机关成员亦分为指定和选举产生的两大类。与此相应，各省的行政机关也分为两种，即分别向总督和立法机关负责的部分。向总督负责的所谓"保留部分"包括警察、司法、救灾、灌溉、税收等部分，而向立法机关负责的所谓"移交部分"包括教育、公共卫生、公共工程、农业、工业发展等。

第三，英印总督和省督对立法机关的各项提案拥有最后确认权或否决权。

第四，每10年定期研究一次1919年《印度政府组织法》的具体实施情况，审查应否给予印度进一步的自治权限。

1919年《印度政府组织法》保留了穆斯林教派单独选举制，从这个意义上说，该法仍然是一部分裂印度民族运动的宪法。虽然它在一定时间和一定程度上缓和了民族矛盾，但却削弱了印度人民的内部团结，为教派冲突种下了新的祸根。

这部法案也没有给印度人民带来真正自治的权利。"国大党在相关声明中，对该法给予印度的有限的自治权表示不满，认为该改革计划在整体上令人失望，根据新的《印度政府组织法》，政府仍然向英国议会负责，在关键问题上权力仍属于英国人，因此国大党坚决要求成立符合自治原则的政府"①。

三、甘地的早期活动

当时，国大党的策略不能适应形势要求，不能表达人民的强烈不满情绪，也不能令资产阶级满意。资产阶级和人民群众希望有一个强大力量向英国当局施加压力，迫使它尽早允许印度真正自治。正是在这种形势下，甘地带着新的思想、新的斗争策略登上了印度政治舞台，立即引起了资产阶级的瞩目和人民群众的拥戴。

甘地全名莫罕达斯·卡拉姆昌德·甘地（1869—1948），出生在印度西部卡提阿瓦半岛古吉拉特邦的一个滨海小镇波尔班达。甘地家族虽属印度教第三种姓吠舍，但从甘地祖父起便弃商从政，连续几代人担任过几个小土邦的首相。甘地家庭是典型的印度教家庭，父母都是虔诚的印度教徒，笃信毗湿奴派。甘地父母的虔敬笃信给孩提时代的甘地以巨大影响，此外，许多耆那教徒、伊斯兰教徒和琐罗亚斯德教徒朋友经常在他家做客，谈论宗教

甘　地

问题。甘地从小沐浴在这种浓郁的宗教氛围之中，耳濡目染于各种宗教信仰并存的现实中。这种家庭环境使甘地从小就形成了虔诚的宗教性情和宗教宽容的心态，包括对印度教不同教派的宽容和对其他宗教的宽容。在小学和中学时代，甘地对自己的才能并不怎么自豪，但却非常重视和遵守道德操守，特别是诚实与正直。他13岁结婚，少不更事，父亲病重弥留需要服侍之际，他仍沉溺于床笫之欢。对此，他懊

---

① 培伦主编：《印度通史》，第507～508页。

悔不已，视为一生中的"双重耻辱"，这成为他后来禁欲的一个重要心理因素。

1888年9月，甘地甘愿冒犯教规，漂洋过海，远赴英国留学，在伦敦大学攻读法律，取得律师资格，1891年6月回国，历时2年8个月。在英国求学期间，甘地不仅受到西方资产阶级思想影响，也初次接触到各种宗教，极力抵制"美酒、女人和大肉"的不时诱惑，潜心于宗教和饮食体验。甘地初次与基督教徒、神智学者以及无神论者广泛接触，并在他们的影响下，悉心研读各种宗教经典和宗教书籍，包括基督教经典《圣经》、印度教经典《薄伽梵歌》的英译本《天籁之歌》、佛陀的生平和说教的英译本《亚洲之光》、著名的神智学者安妮·贝桑特夫人的《我为何成了一名神智学者》和布拉娃斯基夫人的《神智学入门》以及无神论的著作等。甘地从这些宗教典籍和宗教先知的说教与生平中，看到了与他所信仰的印度教共通的东西，获得了宗教和谐的感悟。《圣经·新约》山上宝训中的毋以暴力抗恶，以德报怨、以爱制恨的训诫，耶稣基督的非暴力品格、自我受苦精神和爱的法则，佛陀博大精深的慈悲胸怀，神智学所持的所有宗教是同一宗教的不同分支、所有宗教以同一真理为基础、宗教的核心不是教条和仪式而是道德和伦理的学说，无神论者追求真理和道德的执著精神，深深触动了甘地，在他思想上引起了共鸣。"他把印度教的真理和非暴力、佛教的慈悲说、基督教的博爱、神智学的宗教道德、无神论者追求真理的精神，联系在一起，贯穿起来，探求宗教真理"。①

甘地回国后，先后在孟买和拉吉科特当律师，但业务不兴旺。1893年，他应印度富商之聘，赴南非处理债务纠纷。不曾想，他在南非一住就是21年，并成为一位宗教圣人式的政治家，成为非暴力抵抗的坚强斗士。在此期间，甘地一方面广泛接触印度侨民，切身体验殖民压迫和种族歧视的痛苦，为改善印侨地位进行不懈的斗争，另一方面将政治斗争与探索宗教真理结合起来，将他的社会道德理想付诸实

---

① 尚劝余：《圣雄甘地宗教哲学研究》，北京：中国社会科学出版社，2004年版，第3～25页。

践。在拉斯金、托尔斯泰、梭罗等人的思想影响下，他先后建立"凤凰新村"(1904)和"托尔斯泰农场"(1910)，进行宗教道德实验，培养和锻炼非暴力抵抗斗士。实验场的居民来自印度和世界各地，具有不同的肤色，不同的种姓，不同的宗教派别，他们共同生活和劳作，素食节俭，和睦相处，一起祈祷；所有的居民包括儿童在内，都要从事体力劳动，自力更生，自给自足；实验场还开办学校，甘地亲自授课，传输他的教育思想，重视心灵的培养，而不是智力的形成，将手工劳动作为课程的必不可少的组成部分。这两个实验场是甘地成长道路上的一个里程碑，对坚持真理的非暴力斗争作出了巨大贡献，它们不但为入狱的非暴力抵抗战士的家庭提供了避难所，而且为未来的坚持真理的非暴力抵抗运动提供了榜样。甘地还创办《印度舆论》周刊，亲自写稿、编辑和出版，并撰写《向南非的英国人呼吁》、《印度人的选举权》、《印度自治》等著述，阐述自己的思想。此外，甘地组织政治团体"印度人协会"和"纳塔尔印度人大会"等，发起并领导印度侨民争取自身利益的斗争。这一斗争可以分为 2 个阶段：第一个阶段主要是"消极抵抗"(1893—1906)，拟定和提交请愿书，发动印度侨民签名请愿；第二个阶段是"非暴力抵抗"，即"萨提亚格拉哈"(1906—1914)，反对一系列针对印度人的种族歧视规定，这场"萨提亚格拉哈"运动持续了 8 年之久，最终以甘地的胜利而结束，迫使南非当局让步，废除了种族歧视规定。[①]

1915 年初，甘地带着在南非建树的崇高声誉，带着献身祖国独立事业的赤诚之心，也带着被同胞赋予"圣雄"(意为"伟大的灵魂")的无上光环，告别了作为练兵场的南非，终于回到了印度的政治舞台。在被他奉为政治导师的郭克雷的建议下，他并未立即投入印度政治，而是用一年多时间，在全国各地旅行考察，了解民意，洞察国情，熟悉环境，并建立了萨巴玛蒂等非暴力抵抗学院(真理学院)，为将他在南非实践过的理论和斗争方法应用于印度这个更广阔舞台作准备。甘地

---

① M. K. Gandhi, *Satyagraha in South Africa*, Madras: S. Ganesan Publisher, 1928, pp. 15-30.

一方面试图通过第一次世界大战同英国合作，为英国募兵，支持英国作战，达到印度自治；另一方面领导了 3 场小规模的非暴力不服从运动，拉开了他在印度非暴力抵抗运动的序幕。这场非暴力抵抗运动序幕由 3 个事件组成。

第一个事件是 1917 年比哈尔省查姆帕兰县靛蓝种植园调查案。1917 年，甘地应一位默默无闻、目不识丁的靛蓝种植园佃农苏拉克请求，调查剥削农民长达几百年的不合理的三分制（即佃农每耕种 20 卡塔土地，必须有 3 卡塔替种植园主种植靛蓝）以及种植园主不公正的税收。甘地一到查姆帕兰，当地政府便命令他马上离开。甘地故意违犯法令，拒不离境，被判有罪，后来地方当局被迫撤销了对他的有罪判决。甘地和他的助手拉金德拉·普拉萨德、马哈德夫·德赛、克里帕拉尼等起早贪黑逐村向农民进行广泛而细致的调查，差不多收集了 1 万件证言和相关文件。在甘地的建议下，比哈尔省省长爱德华·盖伊下令成立了一个调查委员会，由政府官员、地主和甘地 3 方组成，甘地代表农民。甘地提交的证据非常确凿，种植园主只好同意对农民作出赔偿。甘地不想让地主感到羞辱和痛苦，于是只要求赔偿不公正地榨取农民税收总额的 50%，但是，调查委员会最终裁决只赔偿 25%。有些批评家问他为什么不要求全额赔偿，甘地解释说，尽管只有 25% 的赔偿金，但也足以伤害种植园园主的尊严和地位了。后来的事态发展证明了甘地慷慨大度方法的效力，几年后，种植园主将他们的土地转让给了农民，离开了印度。1918 年，当地政府也废除了三分制，种植园主的"王国"结束了。查姆帕兰县靛蓝种植园调查案是甘地非暴力抵抗学说在印度的第一次大胆尝试，这次尝试确立了他的萨提亚格拉哈策略的有效性，也树立了他作为穷苦百姓代言人的英雄形象。甘地在《自传》中写道，一向受压迫的农民，现在多少可以抬起头来了，而靛蓝的污渍永远洗涮不掉的那种迷信也被破除了。①拉金德拉·普拉萨德也为此写了《查姆帕兰非暴力抵抗运动史》。

---

① ［印度］甘地：《甘地自传》，杜危、吴耀宗译，北京：商务印书馆，1989 年版，第 392 页。

甘地在查姆帕兰的事业并没有随靛蓝种植园调查案的结束而结束。靛蓝种植园调查案结束后，他在查姆帕兰着手组织解决农民的教育、健康和卫生设施问题。他原计划在查姆帕兰待 7 天，最终待了 7 个月。他后来又来过几次，总共待了差不多整整 1 年。他妻子嘉斯杜白、儿子德瓦达斯和两名秘书马哈德夫·德赛及那拉哈利·帕里克也来到查姆帕兰，参与了当地农民教育、健康和卫生建设工作。显而易见，即使在处理地方问题时，甘地脑海中也装着印度解放的大事情，不仅从英国殖民统治下获得解放，而且从一切压迫中获得解放，包括贫穷、失业、文盲、疾病、肮脏和恐惧。与那些将火力只对准加害者的激进民族主义者不同，他也关注受害者，努力使受害者勇敢地站起来，对抗所有压迫，包括政治、经济或社会压迫。

第二个事件是 1918 年古吉拉特邦阿迈达巴德市纺织工人罢工。1918 年，针对厂主想要撤销"瘟疫补贴"这一问题，工人与厂主之间矛盾日益尖锐，尽管瘟疫已消退，但工人仍希望不要撤销"瘟疫补贴"，因为第一次世界大战时期，收入的提高仍跟不上生活成本的提高。英国的税收官害怕摊牌，就让甘地给厂主施压，迫其作出妥协。甘地劝说厂主和工人达成协议，接受法庭仲裁。但后来厂主撤销该协议，提出给工人提高 20％工资，并威胁工人说如果谁不接受就解雇谁。甘地提出，综合考虑生产成本、产业利润和生活成本，工人理应要求提高 35％工资，并号召工人进行罢工。甘地与工人代表商定，要取得罢工胜利，必须宣誓信守下列条件：绝不使用暴力；绝不进行破坏；绝不依靠施舍；罢工期间，坚持用其他正当劳动维持生活。成千上万的工人接受了这些条件，天天在市内大街上游行，甘地每天都在萨巴玛蒂河边对罢工工人发表演讲。这次罢工持续了 3 周。在罢工期间，罢工活动有几天松弛下来，罢工者对工贼十分愤慨。甘地怕半途而废或导致暴力，于是宣布绝食，鼓舞工人，增强他们继续罢工的决心。工人被感动了，重振精神，把罢工坚持下来，并取得了胜利。在工人罢工的压力下，厂主同意让法庭来裁决。法庭决定最终裁决，按照工人要求，给他们提高35％的工资。①有趣的是，在这次罢工中，有一个受到冲击的工厂主安巴拉尔·萨拉巴伊是甘地的好朋友，罢工不久前曾给甘地的萨巴玛蒂非暴力抵抗学院慷慨捐助了一大笔钱，帮助萨巴玛蒂非暴力抵抗学院渡过了难关。安巴拉尔·萨拉巴伊的妹妹阿娜苏亚·本哈是甘地的一名助理，帮助甘地组织了这场罢工。

　　第三个事件是1918年古吉拉特邦凯达县农民抗税运动。1918年，凯达县发生了饥荒，农民要求免征一年赋税。根据税收法规定，当农作物的收成少于正常产量的1/4时，农民有权免缴土地税。在"印度公仆社"成员要求下，甘地调查并确认了凯达县农民收成情况。甘地作为古吉拉特协会主席，在向政府请愿失败之后，组织志愿队，领导农民举行非暴力抗税运动，鼓舞农民"与暴政恶行战斗至死"。政府实行高压政策，强行夺走了农民的牲口和物品，扣押农作物。甘地与当地年轻律师萨达尔·帕特尔等人一起前往各个村庄，鼓舞农民起来对抗政府的高压政策。参加非暴力抗税运动的农民签订了抗税誓言，庄严发誓拒绝纳税。那些能付起税的人也发誓，为了贫穷农民的利益，他们也拒绝纳税；但是，如果政府同意免征赋税，那些有能力付税的人可以全额纳税。甘地在这次农民抗税运动中特别强调文明，他说文明是非暴力抵抗中最困难的部分，这里所说的文明并非指在这种场合下讲话要斯斯文文，而是指对于敌人也要有一种善意的胸怀。这次抗税运动取得了胜利，政府同意免征农民的田赋。

　　查姆帕兰靛蓝种植园调查案、阿迈达巴德市纺织工人罢工和凯达农民抗税运动是甘地非暴力抵抗策略在印度的地区性试验，总体上反映了甘地式的政治风格和方法。他在这3个地区的经历也帮助他在印度民众特别是农民和工人中扎下了根，亲身实地了解了他们面临的问题。这些斗争让他更加理解人民群众的优势和劣势，验证了他自己的政治风格的可行性，使他同样也赢得了许多政治活动家特别是年轻政治活动家的尊重和信任，他们一直追随他，成为后来印度民族运动的

---

① 彭树智：《现代民族主义运动史》，西安：西北大学出版社，1987年版，第31～41页。

中坚，也成为印度独立后的第一代领导人。这些早期的非暴力抵抗试验为他提供了经验，为发动全国范围内的非暴力抵抗运动准备了条件，打下了基础。

四、反《罗拉特法》斗争

英国政府一面炮制《印度政府组织法》，一面开始疯狂镇压高涨的工农运动。早在 1917 年 12 月 10 日，殖民当局就成立了以英国法官罗拉特为首的委员会，研究处理印度社会治安问题的方案。罗拉特炮制了两个立法草案，建议英印政府授权殖民官吏可以不经法律程序镇压印度民族运动。1919 年 3 月，英印政府颁布了罗拉特委员会起草的 1919 年印度 1 号刑法（修正案）和 2 号刑法（紧急状态法），合称《罗拉特法》。《罗拉特法》规定：战时国防法仍然有效，并授权当局可以随时宣布戒严令，实行全国戒严；在印度设立特别法庭，这个法庭没有辩护律师和陪审员；地方当局可以不经起诉而搜查、逮捕和判决任何一个有嫌疑的人；禁止集会和游行示威。这个法案实际上是一部镇压印度民族运动的非常法，引起了全印度的愤慨，各种不同政见的印度人一致表示反对，人们愤怒而蔑视地称之为"黑色法案"。该法案激起了印度人民酝酿已久的反英斗争风暴，成为战后印度民族反抗情绪大爆发的导火线。然而，发起群众性反罗拉特法斗争的不是国大党，也不是穆盟，而是甘地。

《罗拉特法》将甘地推上了印度政治舞台中心。甘地成为印度民族主义的代言人，他致信呼吁总督，撤回"黑色法案"，但遇到的是总督置之不理。于是，甘地决定将他在南非所实践过的非暴力抵抗方法应用于印度政治，发动反《罗拉特法》非暴力抵抗运动。1919 年 2 月，甘地成立"萨提亚格拉哈同盟"（又译"非暴力抵抗协会"或"坚持真理社"），组织"萨提亚格拉哈会议"，发起"萨提亚格拉哈誓约"活动，决心以非暴力方式，有礼貌地、和平地拒绝服从《罗拉特法》。2 月 24 日，参加萨提亚格拉哈会议的萨达尔·帕特尔、奈杜夫人等人在萨提亚格拉哈誓约上签名。自治同盟中的年轻成员对政府不再抱任何幻想，也纷纷加入萨提亚格拉哈同盟。

受拉贾戈帕拉查里之邀，甘地在马哈德夫·德赛陪同下，来到马德拉斯，与马德拉斯领导人商讨具体行动方案。抵达马德拉斯的第二天早晨，甘地告诉拉贾戈帕拉查里："昨天晚上，我在梦中有了一个想法，我们应该号召全国进行哈塔尔，即总罢业。"①总罢业是萨提亚格拉哈的重要组成部分，主要内容是：和平抵制政府机关、法院、学校、爵位、封号、英货，抗税，实行罢工、罢课、罢市，辞去政府职务。这些内容在以前印度反帝运动中就实行过，但把这些分散的方式组成一个整体，而且置于非暴力的政治思想原则之下，形成一个有广泛群众基础的计划，则是甘地的创造。它比国大党的宪政鼓动政策更符合印度资产阶级的要求，更能发动民众。

甘地原计划3月30日举行全国总罢业，停止工作，进行祈祷和绝食。后来，又把行动时间推迟到4月6日。甘地说这是一个神圣的斗争，要印度人民坚信真理能战胜邪恶。所有领导人都开始为全国总罢业做准备，并公开向群众出售甘地的《印度自治》、《萨沃达亚》（《万人之福》）、《坚持真理运动》、《坚持真理的故事》等禁书和未经登记注册的《坚持真理周刊》。反《罗拉特法》的非暴力抵抗运动于3月30日开始了。这天，德里因未得到更改日期的通知，按原计划首先发难，形成了强大的反帝运动。工厂、商店、机关和学校都关了门。学生、工人、商人、政府职员走上街头。到处都是群众集会，人们都在严厉谴责英国的殖民政策。德里陷入瘫痪状态。殖民当局出动军警，向参加总罢业的群众开枪，8人被枪杀，受伤者甚众。4月6日，群众性反帝斗争达到高潮。加尔各答、孟买、比哈尔、奥里萨、联合省、马德拉斯、阿迈达巴德等地都发生了总罢业。

反帝高潮的中心在旁遮普。这里有30多个城市的市民、退伍士兵和农民参加了总罢业和群众集会，许多从不过问政治的人也被卷进了反帝斗争的洪流。《每日先驱论坛报》曾报道，在反对政府政策的各个

---

① Louis Fisher, *The Life of Mahatma Gandhi*, New York: Harper & Row Publishers, 1983, p. 176.

阶级和各种宗教信仰的人们心中，存在着异乎寻常的团结。甘地本人也被这惊人而壮观的一幕所激动，表现出对非暴力抵抗运动的乐观情绪。旁遮普两位著名政治家赛福丁·克其鲁和萨提亚帕尔，在锡克教圣地阿姆利则领导了群众性集会、示威游行和罢工斗争。4 月 10 日，阿姆利则殖民当局以"领导最激烈的反政府宣传"罪名，驱逐了这两名政治家。他们是坚定的反殖民主义战士，坚持印度教徒同穆斯林的团结，在人民中享有崇高威信。为反对英国政府的迫害，3 万群众在阿姆利则市政府门前广场集会，并举行游行示威。在反对军警的斗争中，流血冲突转变为武装起义。起义者占领了火车站、电报局、电话局，切断了该市与外界的联系。当天夜间，省督米歇尔·戴尔公爵指令戴尔将军率军开进阿姆利则，接管市政管理权，宣布实行紧急状态法，实行全城大戒严。

4 月 13 日是锡克人的宗教节日拜萨哈节，该节日标志着锡克教新年的到来。阿姆利则市的 2 万名市民和郊区农民在查利安瓦拉巴格广场集会，聆听民族主义领导人演讲；许多人带着小孩参加了这次和平集会。这个广场四周是高大围墙和建筑物，只有一个可同时进出几个人的出入口。当人们席地而坐、静听演讲时，戴尔率军（100 名印度籍士兵、50 名英国籍士兵）包围现场，堵住出入口，在未发出任何警告的情况下，向手无寸铁的群众持续射击 10 余分钟，之后又放入手持弯刀的廓尔喀人大肆砍杀。与会群众千余人当场毙命，受伤者多达 2000 余人。戴尔下令不准救护伤员，同时封锁消息。一位目击者描写了当时的惨状："许多大人和小孩躺在门口，整个广场也都横七竖八地躺满了人。有些人被打碎了脑袋，有些人的眼睛被打瞎了，有些人被打断了手和腿，有些人被打裂了胸膛。这是一幅可怕的凄惨景象。"这就是骇人听闻的"阿姆利则惨案"。①

戴尔事后大吹大擂他的伟大成就，声称他的残酷镇压目的在于对整个旁遮普产生心理影响，叫嚣如果不是子弹打光，他会下令持续开

---

① 彭树智：《现代民族主义运动史》，西安：西北大学出版社，1987 年版，第 45 页。

火。旁遮普省长为此向他发了贺电，英国 129 名贵族联名称赞他是"印度的救星"，并为他募捐 26317 英镑，以示嘉奖。印度政府也公然通过《豁免法案》，为戴尔之流开脱责任。法案宣称：任何为维护法律和秩序而采取的行动，均将得到保护和补偿。

阿姆利则惨案发生后，全印各地反英情绪急剧高涨。抗议和起义席卷了旁遮普省 50 多个城市，古吉拉特、孟买、联合省、比哈尔、奥里萨等地也发生了起义。在许多城市和农村，起义者破坏铁路、炸毁桥梁、捣毁警察局、监狱和政府机关。国大党也发表了著名的《秋季宣言》，愤怒谴责殖民者的镇压行径是一种"铁血政策"。殖民当局为平息印度人民的愤怒，不得不成立亨特委员会即印度政府旁遮普骚动调查委员会，装模作样地进行调查。该委员会 8 名成员中 5 名为欧洲人，3 名印度人。国大党也组织了一个平行的调查团，调查阿姆利则惨案真相，主要成员有甘地、奇·达斯、莫·尼赫鲁、贾·尼赫鲁等。

值得一提的是，阿姆利则惨案调查是未来印度总理贾·尼赫鲁与甘地政治联系的开端，是贾·尼赫鲁政治生涯的转折点。调查期间，贾·尼赫鲁多次亲临惨案地点，听取人们的讲述，数次落泪，进一步认清了帝国主义的残暴和野蛮。调查期间，贾·尼赫鲁也得以经常会见甘地，目睹甘地工作，甘地温和而诚挚的争辩以及富有见地的政治眼光赢得了贾·尼赫鲁的钦佩和尊敬，贾·尼赫鲁在政治上更接近甘地，信任甘地。正是从这时起，贾·尼赫鲁正式放弃了富裕的律师职业，完全投身于民族独立事业，成为一位坚定的职业政治家。阿姆利则惨案调查也对贾·尼赫鲁的父亲莫·尼赫鲁发生了深刻影响，他脱离了旧日的温和派立场，向激进立场转变，从此，他的政治命运与他的儿子及甘地联系在一起。

两个调查委员会相继发表了结论截然不同的调查报告。国大党调查委员会发表的报告称，阿姆利则惨案是一次精心策划的残忍行径，其残忍程度在不列颠现代行政管理史上是无与伦比的。报告要求当局废除罗拉特法，解除有关人员在政府中的一切职务，撤回不受信任的英印总督蔡姆斯福。亨特委员会中的欧洲委员发表"多数派报告"，称印度人民还没有达到与阿富汗战争相牵连的背叛程度，但却肯定反《罗拉特法》坚持真理运动是一次非法的阴谋，戴尔将军开枪驱散人群的行动是正当的，持续长时间射击似乎是一种错误。英国殖民者的做法不啻为一剂清凉剂，使许多国大党领导人清醒过来。

甘地对英国当局的暴行十分愤慨，同时对非暴力抵抗运动发展成为暴力斗争感到不安与失望。他在群众大会上要求犯有暴行的人承认罪过，请政府宽恕这些人的罪过。当双方都不接受他的意见时，他便决定停止非暴力抵抗运动。会后，甘地宣布他犯了一个"喜马拉雅山那么大的错误"，因为他在人民没有自愿服从国家法律的训练条件下发动了非暴力抵抗运动。4月18日，甘地正式宣布停止非暴力抵抗运动，并绝食3天以示自责。为宣传非暴力抵抗，甘地主办了两个刊物《新生活》和《青年印度》。

1919年底，国大党在阿姆利则召开年会，莫·尼赫鲁任主席。有趣的是，阿姆利则国大党年会"成为许多人的朝觐之旅，数以千计的代表和访客参观了查利安瓦拉巴格广场。有些人用额头触碰沾满血渍的泥土，有些人则将这些泥土带回家，作为圣物保存起来，还有一些人将这些泥土涂抹在额头"[①]。在这次大会上，甘地在国大党委员会中取得了合法地位，"圣雄甘地万岁"的口号开始左右印度的政治。印度民族运动开始采取一种新的形式，向新的方向发展。

这次反《罗拉特法》非暴力抵抗运动是甘地在印度进行政治斗争的总演习，在这次演习中，已经暴露了非暴力抵抗运动的固有矛盾。一方面，这个运动把工人、农民、市民、手工业者、学生等吸收到反对英国殖民统治的政治斗争中来，形成了规模庞大的反帝民族运动；另一方面，这个运动又把非暴力奉为不可变更的信条，不许逾越这个信条所规定的界限之外。甘地明确表示，那些要领导人民进行非暴力抵抗运动的人应当能够把人民保持在所希望于他们的非暴力界限以内。这次非暴力抵抗运动的演习是后来的非暴力抵抗运动的原型，在基本

---

① D. G. Tendulkar, *Mahatma: Life of Mohandas Karamchand Gandhi*, Vol. I, 1869-1920, New Delhi: Publications Division, G. O. I., 1961, p. 267.

方面，以后的非暴力抵抗运动只不过是这种固有矛盾在不同时期、不同条件下、不同程度的重演。

虽然甘地停止了反《罗拉特法》非暴力抵抗运动，但是，这并不意味着甘地对他的非暴力坚持真理运动失去信心，也不意味着他不再信任印度人民有能力继续这一斗争方式。一年后，他发起了另一场全国性的战斗，其规模比反《罗拉特法》非暴力坚持真理运动大得多。反《罗拉特法》斗争成为战后印度民族斗争高潮的序曲。

第二节 第一次全印非暴力不合作运动

1920年12月—1922年2月，甘地发动了第一次全国性的非暴力不合作运动，将印度民族运动推向了新的高潮。甘地领导的非暴力不合作运动具有巨大的战斗力，使群众运动在客观上服从国大党的政治领导，成为民族资产阶级向殖民者施加压力的威慑力量，印度民族独立运动进入了一个历史新时期。

一、哈里发运动

从第一次世界大战中同英国殖民统治者的合作到战后的不合作的代表人物甘地，在《自传》中真实地叙述了这个转变过程，《罗拉特法》特别是阿姆利则惨案是他转变的关键。阿姆利则惨案后，甘地明确表达了与英国政府不合作的思想，他说："当英国政府拿起武器对准它的手无寸铁的人民，那么它就丧失了自己的统治权力。这件事足以表明它已经不能用和平和正义的方式进行统治，所以除了推翻英国统治，实行完全自治以外，已不能使受到伤害的印度感到满意。"[1]

如果说阿姆利则惨案使甘地的思想发生了转变，那么哈里发运动则为甘地正式提出不合作思想提供了契机。1918年，在第一次世界大战中站在德国一边的奥斯曼土耳其沦为战败国，遭到英法等协约国的

---

[1] 彭树智：《现代民族主义运动史》，第45页。

瓜分。奥斯曼土耳其遭遇瓜分，引起了整个伊斯兰世界的愤慨。同年，印度著名伊斯兰活动家和国大党人阿里兄弟成立了哈里发委员会，领导了印度穆斯林反对英法等帝国主义瓜分奥斯曼土耳其帝国和保卫帝国素丹的哈里发运动（又称基拉法运动）。1919 年，英国侵略伊斯兰国家，印度成千上万的穆斯林开展离开印度运动，支持阿富汗的斗争。在印度国内，受英国殖民统治者压迫最甚的穆斯林手工业者和农民向往建立一个自由的哈里发国家，以反对英国殖民统治。广大中小资产阶级和伊斯兰教代表人物也参加了哈里发运动。

1919 年 11 月 14 日，甘地应伊斯兰教代表邀请，参加了在德里召开的第一次全印哈里发会议（基拉法会议）。甘地在大会上详细阐述了印度教徒和穆斯林团结的问题，并且第一次用"不合作"来表达他的反帝思想。他郑重声明，如果政府在像哈里发这么重大的问题上竟然背弃了我们，那么我们除了不合作之外，没有别的办法。在我们遭受背弃的时候，我们有权利不和政府合作，进行不合作是人民的一种不可剥夺的权利。他提出，如果英国当局拒不考虑穆斯林的要求，就号召穆斯林完全撤销与政府的合作。会上成立了一个委员会具体考虑在必要时采取不合作的步骤，甘地是主要成员。[①]

1920 年 1 月和 3 月，印度教徒和穆斯林领袖组成的代表团分别会见了总督和英国首相，但都无果而终。这引起了穆斯林的普遍不满，于 3 月 19 日举行抗议日，绝食、祈祷和总罢业。在孟买召开的哈里发会议上，甘地提出了具有历史意义的提议，主张哈里发委员会开展非暴力不合作运动来对抗英国政府。6 月 9 日，新成立不久的中央哈里发委员会在阿拉哈巴德一致通过了甘地的提议，决定从 8 月 1 日起开展不合作运动，并提出让甘地来领导这一运动，其内容包括放弃荣誉称号、抵制立法会议、抵制法庭和公立学校等。

不合作运动于 1920 年 8 月 1 日正式开始。是日凌晨，为印度民族独立事业奉献一生的提拉克与世长辞，这既是悼念提拉克的一天，也

---

① 彭树智：《现代民族主义运动史》，第 46 页。

是非暴力不合作运动开始的一天。人们联合起来举行总罢业和游行，许多人在这天绝食和祷告。8月，协约国强迫土耳其签订了《色佛尔条约》，促进了哈里发运动的加强。甘地号召印度教徒也积极参加哈里发运动，并要求国大党也考虑开展不合作运动。甘地带头退回英国勋章，其他人也都放弃了英国政府授予的荣誉头衔。在甘地的发起和领导下，哈里发运动成为穆斯林和印度教徒的共同事业。

实际上，甘地发动不合作运动，最初是以哈里发运动为基本阵地，以穆斯林中一些激进的政治家为主要依靠力量，包括阿扎德和阿里兄弟。最早表示拥护不合作运动的还有甘地早期开展坚持真理运动的比哈尔和古吉拉特的民族主义者，包括拉金德拉·普拉萨德、萨达尔·帕特尔等。但是，国大党大多数人最初对不合作政策持激烈的反对态度，包括真纳、莫·尼赫鲁、提拉克、奇·达斯、贝桑特夫人、马拉维亚、拉·拉伊等一批国大党领导人。真纳由于反对不合作，于1920年退出了国大党。他们认为，不合作运动只不过是一种敌不过帝国主义的癫狂的梦呓。形势的发展迫使国大党领导机构必须作出明确抉择，国大党全印委员会决定召开一次特别会议讨论开展不合作运动问题。

二、国大党那格浦尔年会

1920年9月，在拉·拉伊主持下，国大党在加尔各答召开特别会议。出席会议的代表共5800多人，包括几乎所有国大党著名领导人。甘地在会上提出了非暴力不合作决议案，虽然遭到一些人的反对，但最终以多数票获得通过。决议案陈述了英国政府在印度犯下的"错误"，提出发动"渐进的、非暴力的不合作"运动，直到这些错误得到纠正为止，并确定司瓦拉吉为不合作运动的目标。决议案详细阐述了非暴力不合作计划：(1)放弃政府授予的头衔和荣誉职位，辞去地方机构中的职务。(2)拒绝参加政府官员或以他们的名义举办的官方和非官方活动。(3)在各省建立民族学校和大学。(4)抵制英国法庭，通过建立自己的仲裁法庭解决私人争端。(5)拒绝参加立法会议选举。(6)抵制洋货。(7)从事手工纺织，为民众提供土布。(8)拒绝参军赴美索不达米亚服役。①加尔各答特别会议通过把不合作运动作为争取和满足哈里发运动的手段，这样，国大党和哈里发运动组成了反帝统一战线。

1920 年 12 月，国大党在那格浦尔举行年会。那格浦尔年会是甘地和印度政治生活中的一个里程碑。

首先，年会顺利通过了甘地拟定的"渐进的非暴力不合作计划"。出席年会的代表达到 14582 人，创有史以来最高纪录。年会肯定了国大党加尔各答特别会议决议案，通过了甘地拟定的非暴力不合作计划。这个计划主要包括 3 个步骤：第一步，所有印度人放弃政府授予的头衔和荣誉职位；第二步，对立法机关、法院和学校等实行普遍抵制，并辅以家家户户手工纺织活动，每个国大党党员从主席到普通党员都要亲自手工纺织，以抵制英货；第三步：抗税。这样，甘地的不合作策略便被国大党年会批准，成为指导国大党行动的总路线。

其次，年会提出了"用一切和平与合法的手段实现司瓦拉吉"的新纲领。年会通过了甘地主持起草的国大党新章程，提出了"用一切和平与合法的手段实现司瓦拉吉"的新纲领，取代了用"宪法手段""实现殖民地式自治"的旧纲领。甘地指出，"司瓦拉吉"的含义具有伸缩性和弹性：如果可能，就实行不列颠帝国范围内的自治；如果必要，就实行脱离不列颠帝国的自治。前者指自治领地位，后者指完全独立。可见，新纲领具有明显的实质性变化，它第一次向国大党提出了争取民族独立、领导人民砸碎殖民枷锁的历史使命。

第三，年会改组健全了国大党各级组织机构。国大党新章程对国大党体制进行了重大改革：(1)建立了一个由 15 人组成的国大党工作委员会，作为中央常设机构和执行机构，领导日常工作。(2)按民族语言划分省份(共 21 个省)，各省建立国大党省委员会，这样就能使用当地方言保持联系。(3)每个县建立国大党县委员会。(4)每个区建立国大党区委员会，甚至村支部。(5)国大党年会代表和国大党全印委员会成员由各省按人口比例选举产生。(6)大量吸收工农入党，在群众中发

---

① A. P. Srinivasamurthy, *History of India's Freedom Movement，1857-1947*，New Delhi：S. Chand & Co. (Pvt.) Ltd.，1987，p. 77.

展党员，计划成为 1000 万人的党。(7)党员要注册，要缴党费，为了使穷人能加入国大党组织，会费减少到每年 4 安娜。(8)成立 15 万人的国民志愿队和义勇团，其成员主要是大学生、青年工人和城市小资产阶级知识分子，骨干都是相信非暴力原则的爱国青年，负责在全国宣传和组织非暴力不合作运动。

经过这样的改革，使得具有 35 年历史的国大党第一次成为一个群众性政党，第一次成为一个领导广大群众反对殖民统治、争取印度独立的现代政党，成为一个包括广泛爱国阶层的反帝的统一战线的政治组织。原来很少为国大党上层注意的普通群众和政治上落后地区的群众被吸收到党内来，使各省在党内决策上具有同等地位，打破了原来由孟加拉和孟买等少数省少数头面人物把持国大党决策的局面。国大党内形成了新的领导层和以工农为主体的新生力量，殖民者惊呼，国大党被一群半开化的人包围了。

年会最后通过《关于非暴力不合作运动的决议》，授权甘地正式以国大党的名义在全印范围内领导开展非暴力不合作运动。从加尔各答特别会议到那格浦尔年会，甘地的不合作策略终于在国大党内得到确认，这个过程也就是甘地在国大党内领导权和领袖地位确立的过程。《孟买纪事报》把那格浦尔年会称为"甘地的大会"。从 1920 年起，甘地成为国大党的"太上皇"和"无冕之王"，也成为印度民族运动无可争辩的精神领袖和力量源泉。印度现代史上的"甘地时代"开始了。

三、不合作运动迅猛发展

国大党对不合作策略的采纳，给不合作运动注入了新的活力。早期的不合作运动主要由哈里发委员会领导，现在由国大党和哈里发委员会共同领导，不合作运动与哈里发运动结合起来，形成了蓬勃发展的势头。自 1921 年 1 月起，不合作运动在全国范围内迅猛开展起来，正如 1921 年国大党年会主席 H·A·汗所描绘的那样："每个真正的印度人心中都充满了为争取自治而愉快地吃苦受难的激情。"[①]不合作运动成就显著，主要体现在如下几个方面：

第一，国大党最高领袖甘地和哈里发运动最高领袖阿里兄弟一起，开展全国性的巡回演说，鼓舞群众的斗志。他们号召人们丢掉恐惧心理，自己起来掌握自己的命运。甘地在数百场集会上发表演讲，并接见了大批政治工作者。他提出了鼓舞人心的口号："一年内实现司瓦拉吉"，呼吁全国人民共同努力实现这个目标。他认为，不合作运动既是同政府的战争，也是旨在净化印度的腐败、欺诈、恐怖和白人霸权压迫的政治生活的宗教运动。他把实现手工纺织、印穆团结、消除不可接触制等建设性工作作为实现政治独立即司瓦拉吉的前提条件，只要他的非暴力不合作计划和建设性工作能得到实现，印度在一年内就可以获得司瓦拉吉。国大党和哈里发委员会的各级组织也层层贯彻不合作决议和开展建设性工作决议，号召人们根据自己的情况，采取各种适合自己的不合作形式投入斗争。全国民众热血沸腾，情绪激昂，投入战斗。如贾·尼赫鲁所描述的：大家有一种如释重负、获得解放和自由的感觉；压迫人们低头的恐惧心理减退了，人们挺起腰抬起头进行斗争。

第二，抵制教育。大批学生退出殖民政府开办的公立学校，转入雨后春笋般建立起来的民族学校。在甘地全国巡回演讲的第一个月，就有9万学生离开公立学校，转入800多所新建的民族学校和大学。教育抵制运动在孟加拉取得了巨大的成功。加尔各答学生引发了一场全省性的罢课，目的是为了迫使这些学校的主管退出政府机构。奇·达斯和苏·鲍斯在推动教育抵制运动发展方面起了重要作用。苏·鲍斯出任孟加拉民族学院院长。旁遮普教育抵制运动规模仅次于孟加拉，拉·拉伊最初对这个运动持保留态度，但是随着运动的发展他也成为运动的领军人物。在孟买、联合省、比哈尔、奥里萨、阿萨姆，教育抵制运动也很活跃。从下面的几组数字中，可以看出教育抵制运动的

---

① Satyapal and P. Chandra, *Sixty Years of Congress*: *India Lost*; *India Regained*, Lahore: Lion Press, 1946, p. 277.

巨大成就。在 1919—1920 学年，公立文科大学 150 所，学生 5.2 万多，公立中学 8708 所，学生 128 万多；1920—1921 学年，公立文科大学 160 所，学生 4.8 万多，公立中学 8923 所，学生 125 万多；1921—1922 学年，公立文科大学 167 所，学生 4.5 万多，公立中学 8987 所，学生 123 万多。在两个学年中，公立大学和公立中学的数量在增加，然而学生数量却不增反降，分别减少 6000 多人和 4 万多人。此外，大批学生举行罢课，走出校门，穿戴起流行的土布做成的白衣白帽，投身到非暴力不合作运动中去。

第三，抵制法庭。相较而言，律师对法庭的抵制运动远不如教育抵制运动那么成功，但是它的影响和意义却十分深远。许多全国一流律师和地方著名律师响应不合作号召，放弃丰厚的甚至王宫般的收入，投身抵制法庭运动，其中有尼赫鲁父子、奇·达斯、拉金德拉·普拉萨德、瓦拉拜伊·帕特尔、拉贾戈帕拉查里等。尼赫鲁父子是出身婆罗门高等种姓、受过西方高等教育的富有的律师，是搬到阿拉哈巴德欧洲居民区的第一个印度人，住的是全市最豪华的第一座装上电灯的别墅，配有大花园和游泳池；他们随意举家游历世界各地，由最豪华的轿车接送，住最气派的饭店，社会上甚至流传说尼赫鲁家穿脏了的西装也要专程送往巴黎浆洗。他们放弃了利润丰厚的案子，投身抵制法庭运动，甚至为被捕入狱作准备，体验睡地板。[①]他们的牺牲精神鼓舞了许许多多的人，到 3 月初，参加抵制法庭的律师有 180 多人。有些富商（如巴加伊）每年捐出 10 万卢比给参加抵制运动的律师，使他们能够全身心投入不合作运动。参加抵制法庭运动的人数，孟加拉最多，其次是安得拉、联合省、卡纳塔克和旁遮普。此外，许多地区建立了民族仲裁法庭，人们纷纷撤回提交给政府法庭的诉讼案，转到民族仲裁法庭。

第四，抵制洋货。不合作运动中最成功的可能是抵制洋货运动，主要有两种形式。一种形式是焚烧洋货，特别是洋布。许多志愿者挨

---

① Tariq Ali, *An Indian Dynasty: The Story of the Nehru-Gandhi Family*, New York: G. P. Putnam's Sons, 1985, pp. 98-100.

家挨户收集用外国布料做成的衣服，整个社区集中起来烧掉这些衣服。普拉布达斯·甘地曾陪同圣雄甘地在 1921 年初巡回演说，他回忆说每当火车经过一个小站，都要停留几分钟，甘地对拥挤在站台上欢迎他的成千上万群众演讲，劝他们现场丢掉那些洋布头饰和衣物。人们立刻把戴的洋布头巾，穿的洋布外衣脱下，很快堆成小山，当火车开动时，烈火已在熊熊燃烧跳跃。抵制和焚烧洋货席卷各个城市，到处是一堆堆篝火焚烧英国纺织品和西装的壮观场面。穿洋服的首先在民族主义者中绝迹了，在街道上也越来越少见。

另一种形式是纠察出售洋货的商店，劝阻人们不买洋货。志愿纠察队主要由青年学生组成，据 1921 年 8 月官方统计，这样的志愿纠察队有 345 个，1.5 万多人，另有社会服务组织 404 个，1.5 万多人。他们来到出售洋货的商店，站在商店门口，劝阻人们不要购买洋货。抵制洋货运动使得外国布料进口减少了将近一半，从 1920—1921 年的 1000 多万卢比下降到 1921—1922 的 570 万卢比。纠察抵制洋酒的活动也开展得轰轰烈烈，商店货架上的酒落满尘土，销售不出去。禁酒运动使旁遮普征收的消费税减少 330 万卢比，比哈尔减少 100 万卢比，孟买减少 60 万卢比。政府收入急剧下降，被迫大力宣传使人们相信好的饮料对人健康的重要性。比尔哈和奥里萨政府甚至编辑和发行小册子做广告，说历史上的一些伟人像摩西、亚历山大大帝、恺撒大帝、拿破仑、莎士比亚、格拉斯顿、坦尼森、俾斯麦都爱喝他们省产的酒，欢迎各界人士品尝。禁酒运动中广泛实行了社会排斥斗争手段，例如，继续卖酒的酒店店员死了，没人帮他办理丧事；丈夫不戒酒，女仆就拒绝侍候女主人；等等。

第五，抵制头衔和职位。在甘地等人的带头下，人们纷纷放弃英国政府授予的各种荣誉和头衔，并辞去殖民政府机构的职位。统计数据显示，1921 年 1 月底，即有 24 人放弃头衔和职位，3 月底达到 87 人。7 月，穆罕默德·阿里在卡拉奇举行的全印哈里发会议上演讲，宣布穆斯林继续在英国军队里服役不符合伊斯兰教法，并号召把这一信息传达给每一位穆斯林士兵。结果，阿里和其他一些领导人很快被捕。为了抗议当局逮捕，这个演讲在举国上下无数聚会上反复播出。10月4日，47名国大党要员（包括甘地在内）发表声明，支持阿里所言，并号召每个公民和每个军人都应该与这个残暴的政府断绝关系。第二天，国大党工作委员会通过了一项相同的决议。10月16日，全国各地的国大党委员会纷纷召开会议，宣布采取同样的决议。政府迫于舆论压力不追究这件事情，政府的声望也大大受损。阿里被捕后，联合省37名穆斯林警察和孟加拉40名穆斯林警察辞职，孟买也有17人辞职。①

第六，募集资金。1921年3月，国大党全印委员会在维加亚瓦达举行会议，制定了接下来3个月国大党需要集中精力完成的3大任务，即募集资金、招募党员和推广手纺车。募集资金的目标是3个月内为"提拉克司瓦拉吉"基金募集1000万卢比，这项基金主要用来资助国大党的活动和民族独立运动。到6月30日，募集资金的任务超额完成了。社会各界人士，包括商人、工厂主、知识分子、普通城市居民和农民都参加了捐献。孟加拉马尔瓦利商人1921年1月捐了10万卢比，艾洛尔一个黄麻厂主捐了一大笔钱，联合省费扎巴德佃农也参与捐款。相较而言，招募党员的任务截止到30日未达到原订目标，只完成了一半，约500万人。到年底，国大党党员已接近1000万人。

第七，手纺土布。到6月30日，手纺车推广任务也基本达到预定目标，达到200万辆。甘地要求每个国人党领导人都带头手纺，他自己身体力行，天天纺纱，走到哪里把纺车带到哪里。他用通俗易懂的语言宣传恢复手纺的意义，手纺车的每一次转动都纺织着自尊、自助、自爱和自强。如人人手纺，印度历史上的黄金时代罗摩时代就会在印度重现。甘地在马杜赖给学生演讲时，有学生抱怨印度土布太贵，甘地回答说解决这个问题的答案就是少穿衣服。自从那天起，甘地便以苦行僧的形象出现在世人面前：削发光顶，上身赤裸，不穿长裤，光着双脚，腰缠土布。这一装束虽然被丘吉尔讥讽为"半裸体的游方僧"，

---

① D. G. Tendulkar, *Mahatma: Life of Mohandas Karamchand Gandhi*, Vol. II, 1921-1929, New Delhi: Publications Division, G. O. I., 1969, pp. 52-53.

但在印度普通民众中赢得了威信。[①]为了促进手纺土布运动，他在《青年印度》上提出以画有纺车的三色旗为印度国旗。印度全国兴起了手纺手织土布运动，土布大量上市，土布衣服和甘地帽成了民族运动的制服。

第八，到农村去。在不合作运动期间，甘地和国大党提出了"到农村去"的口号。国民志愿队深入每一个村庄，发动农民参加不合作运动。许多国大党领袖积极响应号召，深入农村，贾·尼赫鲁即是其中之一。在运动中，贾·尼赫鲁一直担任联合省国大党委员会总书记，将全部精力和时间放在运动上。他以忘我的精神和热情投入运动，以致抛弃了其他社会关系，抛弃了老朋友，书和报纸也很少看，甚至忘掉了家庭，忘掉了妻子和女儿。他的个人和家庭生活方式也发生了变化，他戒烟、素食、脱掉西服穿上土布制服，家庭生活开始变得简朴，削减佣人，变卖马和马车以及多余的家具。尤其重要的是，他发现了真正的印度，即贫穷的农村，这一经历成为他政治生涯和思想发展中的一个里程碑。他在《自传》中写道：在此之前，他完全不了解工厂和田地里的劳动情况，政治见解也完全是资产阶级的观点，自从亲历农村，耳闻农民的悲惨遭遇，目睹农村的穷苦景象之后，他所看到的景象不可磨灭地印在了他的脑海，一想到印度，他心中就出现了这些衣不蔽体、食不果腹的农民群众。这一经历使贾·尼赫鲁的世界观发生了变化，对劳苦民众产生了深刻的同情，产生了一种新的责任感，即结束印度的贫困状态，这促使他开始转向马克思的学说，成为他信奉社会主义的契机之一。1920年10月，在贾·尼赫鲁等国大党人和农民运动领导人的共同努力下，奥德地区建立了农民协会，下属有33个分支。这个农协既号召农民参加不合作运动，也号召农民拒耕地主夺佃的土地，拒绝无偿地为地主服役，农民运动与不合作运动交织在一起。贾·尼赫鲁积极向农民宣传司瓦拉吉的意义，他在1921年11月25日的阿拉哈巴德农民大会上说："我们应该在印度努力实现司瓦拉

---

① Satyanarayan Sinha, 1921*Movement*: *Reminiscences*, New Delhi: Publications Division, G.O.I., 1971, pp. 86-87.

吉，不是资本家的司瓦拉吉而是穷人和农民的司瓦拉吉。"①

第九，抗税运动。随着不合作运动在农村的深入和农民运动的发展，要求实行抗税的呼声越来越高。1921 年 11 月 4 日，国大党工作委员会和全印委员会决定授权各省开展包括抗税在内的不服从运动。年底，国大党阿迈达巴德年会根据甘地建议，宣布准备开展文明不服从运动即实行抗税，同时授权甘地为领导这一运动的唯一权威。甘地选择古吉拉特邦苏拉特县的巴多利区作为试点，巴多利国大党组织征集了 300 人在不服从誓约上签名。1922 年 2 月 1 日，甘地向总督提出最后通牒，如果当局一周内不答应释放政治犯，取消对不合作运动的镇压，就在巴多利开始不合作运动的最后阶段，即抗税。然而，乔里乔拉暴力事件的发生，打断了这一进程。

第十，抵制威尔士亲王。1921 年 11 月 17 日，英国王位继承人威尔士亲王访问印度。在亲王访问前夕，总督试图与甘地和国大党达成协议，让国大党不要发动抵制活动。甘地以释放阿里兄弟为先决条件，殖民政府不同意，结果未能达成协议。于是，甘地和国大党号召全国各界人民抵制与亲王访问相关的一切庆祝仪式，并在亲王抵达孟买当天实行全国总罢业。在阿拉哈巴德和加尔各答，威尔士亲王所到之处，门窗紧闭，街道空空，无人迎接。在孟买，甘地在埃尔芬斯通厂举行了大型演讲，并焚烧外国布料。少数参加欢迎威尔士亲王活动的群众与参加甘地演讲的群众发生了冲突。骚乱接踵而至，拜火教徒、基督教徒和英裔印度人极易辨认，三者成了攻击的主要对象，3 天中有 59 人死亡。甘地绝食 3 天后，暴力才得以停止。事后，甘地立即要求工作委员会收回对各省开展不服从运动的授权，11 月 23 日，工作委员会通过决议，并指示各省委员会必须保证"绝对非暴力的气氛"。

四、不合作运动的中止

殖民当局就国大党抵制威尔士亲王实行镇压，并实施大逮捕。12

---

① Bimal Prasad, *Gandhi, Nehru and J. P.: Studies in Leadership*, Delhi: Chanakya Publications, 1985, p. 87.

月，国大党志愿服务队在全印被宣布为非法。国大党和哈里发委员会的著名活动家被逮捕，包括尼赫鲁父子、奇·达斯、拉·拉伊、苏·鲍斯等人。奇·达斯是第一个被捕的，他在被捕前的演讲中说："我感到了手铐和脚镣的沉重，这是束缚的苦痛，整个印度是个监狱，国大党的工作必须进行下去，我是否被捕没有关系，我个人生死算不得什么！"莫·尼赫鲁被捕后抱着年仅4岁的孙女英迪拉在法庭上受审，他自豪地宣布："和我唯一的儿子一起坐牢为祖国服务

莫·尼赫鲁(中)

是我最高的殊荣。"①群众也响应甘地的号召，掀起"入狱运动"，自愿进监狱，抗议当局的迫害。从1921年12月到1922年1月，被捕人数超过3万，监狱人满为患。当局禁止公共集会，在加尔各答向群众开枪，在达卡和阿里加武力驱散集会，在拉哈尔等地杀害志愿服务队人员和群众，抢夺并焚烧属于国大党的土布和纸张，搜查国大党和哈里发委员会办公室，封闭许多报刊，对出版物实行严格管制。虽然大部分著名的国大党领袖和工作人员被关进监狱，但运动的领导人甘地仍在外边自由活动。政府一直没有动甘地，原因是害怕逮捕甘地会引起印度军队和警察的反应。民族运动领导人和工作人员大批被捕入狱，

---

① G. C. Martin，*The Story of Jawaharlal Nehru-India's First Prime Minister*，Bombay：Asia Publishing House，1965，p. 37.

给不合作运动造成了巨大损失，成为不合作运动中止的潜在原因。

实行不合作和开展建设性工作，是甘地为这次运动规定的两大行动范围。不合作和建设性工作都涉及发动工农群众，而一旦工农群众发动起来，便会以自己的方式开展斗争。工农运动有反对殖民统治和压迫的，也有反对地主资本家残酷剥削的，既与不合作运动相一致，又有自身的诉求。因此，工农运动与不合作运动既是平行的两个运动，同时又相互交错，难解难分。工农运动中有些逐渐脱离非暴力不合作的轨道，演化成暴动和起义，这既招致了殖民当局的镇压，也违反了甘地和国大党非暴力不合作运动的原则，成为不合作运动中止的直接原因。

在不合作运动期间，工会组织普遍建立起来，在1920年底举行的全印工会大会第一次代表大会上，国大党人拉·拉伊当选为主席。1921年1月，国大党建立了负责工人运动的专门机构。在国大党的号召下，工人们纷纷拿起不合作武器进行斗争，工人罢工与不合作运动结合在一起。罢工浪潮以前所未有的群众性和政治性席卷了印度所有工业中心，1921年共发生近400次罢工，共有60万人参加。罢工者积极抵制外货，参加国大党发动的各项斗争。1921年5月，阿萨姆茶叶种植园6000多名工人成群结队离开种植园，回到他们的比哈尔或联合省老家；种植园主对离开的工人开枪。孟加拉民族主义者立即发动轮船和铁路工人罢工，支持阿萨姆种植园工人不合作运动。罢工期间，暴力冲突时有发生。印度总督曾惊呼，国大党人在促进劳工骚乱方面，显示了极大的热情和智慧，引起了最广泛的动乱。

农民运动更是如火如荼，轰轰烈烈。在旁遮普，信奉锡克教的农民和手工业者发起了"阿卡利运动"（1920—1922），要求收回受到殖民当局公开支持的锡克教僧侣（马汉蒂）封建主霸占的庙宇土地，把它交给锡克教团支配。1921年2月，阿卡利党员试图和平占领南卡纳庙，遭到马汉蒂武装人员大屠杀，200多人被杀死，当局进而逮捕阿卡利党领导人。5月中旬，阿卡利党领导机构通过决议，决定对殖民当局实行不合作。1922年，一部分激进成员分化出来，另外成立"阿卡利雄狮"秘密组织，号召进行暴力斗争。

在马拉巴尔海岸地区，毛普拉农民掀起了自发斗争，演化为毛普拉起义（1921—1922）。毛普拉是阿拉伯人的后裔，信奉伊斯兰教。在不合作运动和哈里发运动双重鼓动下，毛普拉农民积极行动起来，成立佃农协会，一面要求当局立法，规定减轻地租，一面要求维护哈里发地位。1921年2月，当局颁布命令，禁止举行哈里发会议，并逮捕4名领导人，引起民众抗议集会。8月，警察开枪打死多名聚会群众，引发了农民起义。起义者袭击警察局、法院、政府机关，并宣布建立哈里发王国。殖民当局调来大批军队镇压，许多印度教地主帮助当局，起义带上了教派斗争的色彩。起义最终被镇压。据官方宣布，起义者死亡人数为2337人，非官方估计死亡人数为1万人，4万多人被捕或投降。

在联合省，农民建立了"农会"和"爱卡"（联合运动），掀起了一波又一波运动（1920—1922）。联合省是农民运动开展较早的地区，1918年2月就建立了"联合省农会"，到1919年6月在全省173个区建立了450个分会。1920年10月，新的"奥德农会"成立，走上不合作斗争道路，吸引了330个草根农会加入。1921年1月，农民运动性质发生了显著变化，在参加国大党组织的反英集会游行的同时，开始袭击大地主的住宅，抢夺钱财。年底，在国大党和哈里发运动领导人的推动下，许多地方建立了"爱卡"（联合运动），掀起了爱卡运动。不久，爱卡运动的领导权落到草根农民手中，他们不接受国大党和哈里发运动领导人提倡的非暴力合作策略，而是走上了独立发展的道路，成立武装小分队，打击地主。[①]

尤其重要是，甘地本人领导的群众公民不服从运动也脱离了非暴力轨道，发生了暴力事件。1922年2月，甘地向总督发出最后通牒，但总督无动于衷。于是，甘地宣布在苏拉特区的巴多利开展群众文明不服从运动。甘地要求全国各地保持冷静，听从指挥，不要擅自行动，

---

① Bipan Chandra, Mridula Mukherjee, Aditya Mukherjee, K. N. Panikkar, Sucheata Mahajan, *India's Struggle for Independence*, 1857-1947, pp. 197-201.

将运动的焦点放到巴多利。然而，一场暴力事件打断了刚刚开始的群众文明不服从运动。2月5日，在联合省戈拉克蒲尔区的乔里乔拉村，国大党与哈里发委员会领导了一场群众示威游行，遭到警察弹压，游行者数人被打死，导致游行队伍群起袭击警察。警察躲入警察局，群众放火焚烧，试图逃跑的警察被砍成肉块，扔进火里。最终，22个警察被烧死，警察局被烧毁。甘地听到这个消息后，决定中止不合作运动。

1922年12月12日，甘地在巴多利召开国大党工作委员会特别会议，通过《巴多利决议》，并宣布绝食5天。《巴多利决议》的要点是：由于印度没有非暴力行动的足够准备，因此立即停止群众性不合作运动；责成国大党地方组织让农民缴纳田赋及其他应向政府缴纳的捐税，保证不损害地主的合法权益；今后的任务是实施建设纲领，即手工纺织、消灭不可接触制、教派团结、国民教育等。巴多利决议激起了被关在监狱中的尼赫鲁父子、奇·达斯、拉·拉伊、苏·鲍斯等人的不满，他们不明白为什么要整个国家为一个偏远小村所作出的疯狂行为付出代价。英国殖民统治者随即进行疯狂镇压，172名国大党人被处绞刑。3月10日夜，甘地因煽动人民与政府为敌罪被逮捕，并处长期徒刑。接着，印度教徒和穆斯林之间又开始了自相残杀，哈里发运动和不合作运动联盟也随之瓦解。

五、贾·尼赫鲁与甘地的分歧和对话

20世纪20年代的第一次全印非暴力不合作运动发生在第一次世界大战后印度民族独立运动的第一次高潮时期。在这个时期，甘地最终确立了他在国大党中的领导地位，以其独特的方式拉开了反抗英国殖民统治的非暴力不合作运动的帷幕。如同当时的每一个印度民族主义者一样，贾·尼赫鲁被甘地的行动深深吸引，他放弃了丰裕的律师职业，走上了职业革命家的道路，全身心地投入了甘地领导的民族独立运动，成为甘地的忠实信徒。但是，即使在这个时期，贾·尼赫鲁对甘地的某些作法和主张深感苦恼和不安，甚至产生了怀疑和动摇，

他通过与甘地通信和会谈表达了他的不满和困惑。不过，这些分歧尚处在初级状态，还没有公开化，没有演化为尖锐冲突。这一时期，贾·尼赫鲁与甘地的分歧主要表现在两个方面：

甘地（右）与贾·尼赫鲁

第一，印度民族运动的目标。1920年底的国大党那格浦尔大会是国大党历史上的一个里程碑，它揭开了全印范围内非暴力不合作运动的序幕，确立了甘地在国大党内的领袖地位，尤其重要的是，明确提出国大党的目标是"用一切和平与合法的手段实现司瓦拉吉"。但是，在对司瓦拉吉目标的理解上，贾·尼赫鲁与甘地存在着明显分歧。甘地指出，司瓦拉吉的含义是"如有可能就实行英帝国内部的自治，如有必要则实行脱离帝国的自治"①。可见，甘地对印度民族斗争的目标是模糊的不明确的，具有很大的伸缩性，既意味着自治领地位也意味着完全独立，实际上在当时甘地更倾向于赞成自治领地位。在第一次全印非暴力不合作运动中，甘地更多的是强调斗争方式即非暴力手段，而对运动的目标漠不关心，含糊其辞。对此，贾·尼赫鲁感到不满。他指出，当时人们都在谈论"司瓦拉吉"，可是每个人对"司瓦拉吉"的解释并不相同，在这个问题上，甘地故意含糊其辞，不鼓励大家把问题搞清楚，从而使我们完全不注意理论问题，忽视了运动的指导理论以及我们应有的明确目标。贾·尼赫鲁认为，在民族自由斗争中，首要的是要让人民明确他们争取的目标，以焕发人民进行斗争的热情。在国大党领导人中，贾·尼赫鲁是第一个明确提出争取完全独立目标的人。

第二，印度民族运动的方法。贾·尼赫鲁与甘地在印度民族运动

---

① Paul Brass, *The Indian Nationalist Movement*, 1885-1947: *Select Documents*, London: Macmillan, 1979, p. 51.

方法上的分歧表现在两个方面：（1）宗教神秘主义。甘地将某种带有宗教神秘主义色彩的方法应用于印度民族运动之中，贾·尼赫鲁对此感到不满和困惑，主要体现在两点：一是甘地不仅在民族运动中经常使用宗教术语，将宗教问题与政治问题扯在一起，而且直接运用绝食、祈祷等宗教方法解决政治问题。在第一次全印非暴力不合作运动期间，甘地将哈里发问题与不合作运动结合起来，使伊斯兰教领袖的宗教影响重新抬头，并且经常引用宗教词汇，一再提起神、罗摩等，强调运动在宗教方面的意义，从而使运动带有强烈的宗教复兴主义的性质，大多数国大党工作人员也拼命效仿甘地，甚至还转述他的那一套话。贾·尼赫鲁对政治活动中这种宗教因素的发展感到苦恼，对这种现象极为反感。在他看来，政治问题就应当从政治观点来考虑，不应与宗教扯在一起，伊斯兰教大毛拉和印度教斯瓦米之流在公开讲演中所说的许多话是错误的，他们对一切事物进行宗教歪曲，从而使人的头脑不清楚。甘地所用的一些宗教词语也使他感到困惑和震惊。二是甘地往往根据"内心声音"或"祈祷的回音（即直觉和本能）发动或中止运动。甘地做事往往凭借神秘的"内心声音"，而很少诉诸理性。甘地在《自传》中曾写道，他早就学会了使自己顺从内心声音并乐于顺从这种声音，如果背着这种声音做事，对他来说不但是困难的，而且是痛苦的。在民族运动中，甘地不仅凭内心声音决定发动斗争的方式，而且凭内心声音随意中止运动，然后随意找一个荒诞的理由为他的行为辩解。1919年反《罗拉特法》非暴力抵抗运动的帷幕是以全国性的总罢业方式拉开的，而这一斗争形式则是在神秘的梦境中决定的。1922年甘地以乔里乔拉事件为由突然决定停止非暴力不合作运动。（2）非暴力主义。甘地将非暴力方法奉为信条，贾·尼赫鲁则将非暴力方法视为策略。贾·尼赫鲁认为，甘地向印度人民提出的非暴力抵抗方法是争取实现独立目标的正确的和最有效的方法，然而，这种方法并不是不可侵犯的宗教教条，而是能够产生某些结果并根据这些结果来判断的方针和方法。个人可以将它视为不容争辩的宗教信仰，然而，政治团体决不能这样做。在大规模的群众运动中，暴力行为是不可避免的，因为在警察的挑衅和镇压下，不是所有的人都能保持斯文和沉默。此外，打入运动中的暗探和内奸经常有意制造事端或煽动别人采取暴力行动，以此来破坏运动。如果由于不可避免的个别暴力事件就必须停止争取自由的民族斗争，那么，非暴力抵抗方法就永远不会成功。贾·尼赫鲁感到困惑不解，是非暴力方法本身有缺陷，还是甘地对这种方法的解释有毛病？他写信给甘地，表达了他心中的困惑和疑虑。甘地给贾·尼赫鲁写了一封长信，解释了他停止非暴力不合作运动的原因。他承认，从战略观点看这个决定"在政治上是不合理的和不明智的"，但他在思想上毫不怀疑，这个决定在宗教上是正确的。"我向你保证，如果事态（文明不服从）不被中止，我们领导的就不会是非暴力斗争，而是暴力斗争。运动不自觉地偏离了正确道路，我们必须回到系泊处，才能够再次笔直向前"。[①]

这次对话对甘地产生了效果。若干年后，甘地清楚地说明，不应当因为发生个别的暴力行为就放弃非暴力抵抗运动。在他看来，非暴力方法是正确的方法，适合一切情况，就是在敌对的气氛中也可以有限度地运用。这种解释扩大了非暴力行动的范围，标志着甘地思想发生了变化，它也消除了贾·尼赫鲁心中长期存在的疑虑。贾·尼赫鲁后来对甘地中止非暴力不合作运动作了合理的解释。他认为，1922年2月非暴力不合作运动的中止有着深刻的原因，并不只是由于乔里乔拉事件，乔里乔拉事件只不过是最后爆发的导火线，是表面的理由。甘地做事往往凭本能，由于跟群众长久密切的联系，他像一般的伟大的群众领袖一样养成了一种新的感觉，使他能够了解群众的感情，群众做些什么事，能够做什么事，他根据这种本能的感觉，决定他的行动，然后为了安慰那些表示惊奇和愤愤不平的同事，他用各种理由说明他为什么采取这样的决定。这种表面上的说明往往不够，乔里乔拉事件就是一个例证。非暴力不合作运动的中止有其更深刻的原因：当时，非暴力不合作运动虽然表面上轰轰烈烈，实际上却快要解体了；

---

① B. R. Nanda, *Gokale*, *Gandhi and the Nehrus*: *Studies in Indian Nationalism*, London: Allen and Unwin, 1974, p. 112.

那个时候只有模糊的司瓦拉吉想法和非暴力斗争方法，缺乏明确的奋斗目标；优秀分子几乎全部在监狱里；群众一向很少受训练，不能自己坚持运动；许多不良分子，其中包括一些敌人派进来的破坏分子得了势，甚至控制了若干地方的国大党组织和哈里发组织，如果运动继续下去，只能招致政府的血腥镇压，建立恐怖统治。因此，贾·尼赫鲁认为，这些也许是当时甘地心里所考虑的理由和影响，如果承认了甘地这种推理方法，承认坚持非暴力方法的必要，那么甘地的决定是正确的。

甘地以乔里乔拉小村发生暴力事件为由中止不合作运动，这一决定引起的争议迄今在学术讨论会和历史著作中依然清晰可见。贾·尼赫鲁本人对这一事件的分析既表达了人们对甘地决定的困惑，同时也澄清了甘地决定的合理性，从中可以看出贾·尼赫鲁与甘地在民族独立斗争方法上的分歧与对话，也可以看出贾·尼赫鲁与甘地政治风格的不同。德赛曾在《印度民族主义的社会背景》中写道："在甘地的领导下，民族主义运动成为一个奇特的混合：勇猛前进随之以突然而任意的停止，挑战继之以擅自妥协，结果导致变幻无常，混乱慌惑和群众视野的模糊。"[①]这是对甘地的斗争方法的形象总结。

甘地是一位主张用宗教净化政治的圣徒式的政治家，贾·尼赫鲁是一位主张政教分离的现代政治家。甘地思想渗透着浓郁的宗教道德气息和传统的复古色彩，贾·尼赫鲁思想则具有明显的科学世俗色彩和开阔的现代气息。甘地与贾·尼赫鲁两人思想特征方面的分歧，导致两人政治风格上的明显不同。甘地强调手段，贾·尼赫鲁重视目的；甘地主张先个人后制度，贾·尼赫鲁主张先制度后个人；甘地重直觉，贾·尼赫鲁重理性。对甘地来说，直觉是灯塔，对贾·尼赫鲁来说，理性是向导。甘地感兴趣于该做什么而不是将做什么，贾·尼赫鲁则感兴趣于将做什么而不是该做什么。对于甘地来说，一个计划或行动因为它是对的所以是合理的，而对贾·尼赫鲁来说，因为它是合理的

---

①　A. R. Desai, *Social Background of Indian Nationalism*, Bombay: Popular Prakashan, 1966, pp. 363-372.

所以是对的。甘地奉行"一时一步"、"一步即够"的政治哲学，以在他看来植根于现实的眼前目标为满足。他不是用逻辑和缜密的计划看待未来，他只是对现在作出回答。对他来说，未来只是由一个尚未给他提出问题的现在构成。贾·尼赫鲁则依据将来的可能和需要判断现在，根据长期的行动计划思考。在民族民主运动中，甘地往往在重要关头采取突然而难以预料的决定，贾·尼赫鲁认为这不是政治态度或科学态度，或许连伦理态度也不是，它完全不符合现代的心理经验和方法。贾·尼赫鲁通过内心斗争和痛苦思考，给甘地的决定以合理的解释，使其理性化，赋予甘地主观思想以客观色彩。

贾·尼赫鲁与甘地之间的分歧与对话实质上是现代印度民族独立运动两种不同趋势之间的冲突与交融，是现代与传统之间的碰撞与汇流。现代印度民族独立运动时期是新旧印度交替的时代，各种社会力量和思潮并存，既有现代新印度的呼声，又有传统旧印度的抗争。印度是一个有着数千年文化历史传统、宗教气氛浓厚的农业古国。印度教派繁多，庙宇林立，人人笃信宗教，特别是印度教在印度社会中处于主导地位，印度教徒占全国人口的83％，印度教的传统习俗渗透到印度社会的各个方面，支配着人们的日常生活，有些习俗则成为社会进步的严重障碍。英国殖民统治摧毁了印度传统的农业和手工业相结合的自然经济结构，使农民和手工业者陷入破产和贫困，他们对英国的殖民统治深恶痛绝，具有强烈的反英情绪。然而，由于小生产者的社会地位和生活环境散漫窄狭，传统的宗教意识深深根植于他们的心理和观念之中，他们眼界狭隘、闭塞落后、墨守成规，在反英斗争中缺乏博大视野和明确目标，常常面向过去，在古老的传统中寻找精神依托和救赎之道。宗教的传统因素和宗教在印度广大社会阶层中的地位，以及建筑在农业社会生产基础上的小农文化的影响，是印度传统文化的最突出的特征。正因如此，从19世纪以来，印度的许多爱国者（从莫罕·罗易到提拉克）在寻找救国之道时，总是求助于印度的宗教文化传统，从印度教中寻求真理，用以革新传统社会，以求复兴印度。甘地是19世纪以来在印度历史文化传统中寻找救国救民之道的先驱们的继承者、发扬者和集大成者。在民族民主运动中，甘地始终立足于印度历史文化传统，利用传统因素为政治斗争服务，他不仅将印度民族主义中宗教与政治相结合的传统发挥到了最高峰，而且始终将改革和复兴传统社会结构作为主要使命，他不仅以印度传统社会的主体农民等小生产者为主要的政治力量，而且以与现代西方文明针锋相对的、以印度古老文明为基础的真理和非暴力的社会为理想。

在民族民主运动中，城市青年、知识分子、工人等深受西方现代文明熏陶的阶层，很少传统观念的羁绊，视野开阔，面向世界，面向未来，他们代表着新印度的呼声。在现代西方思潮，特别是马克思社会主义以及俄国十月社会主义革命实践的影响下，民族民主运动内出现了一个与传统的民族主义相对的现代的民族主义趋势，主张完全独立，实行社会主义变革，建立一个工业化和现代化的全新的印度。这个趋势由贾·尼赫鲁、苏·鲍斯、纳·德夫和贾·纳拉扬等人代表，而贾·尼赫鲁则是该趋势的最突出、最有远见的领袖。在民族民主运动中，贾·尼赫鲁不仅主张彻底摆脱英国殖民枷锁，争取完全独立，而且主张彻底变革传统的社会结构，不仅重视教育广大的农民群众，而且重视与工人、青年、学生等先进阶层加强联系，不仅反对将传统的宗教因素引入民族民主运动之中，使民族民主运动神秘化，而且以现代西方科技为基础的高度工业化的印度为理想。

贾·尼赫鲁与甘地之间的分歧与对话，正是民族主义内部现代与传统因素之间的冲突与交融的缩影。如有些研究者指出："甘地和尼赫鲁之间关系的紧张化起因于印度农村群众和城市中产阶级之间关系的紧张化。这两位领导人之间的深厚感情的建立，是由于他们两人发现，如果这两个有广泛差别的社会阶层不合作起来争取最低目标，印度的发展和进步就可能失衡和变缓。"[①]贾·尼赫鲁与甘地之间的分歧与对话贯穿民族独立运动始终，20 世纪 20 年代只是初露头角，20 世纪 30 年代和 40 年代进一步发展。

---

① Verinder Grover, *Political Thinkers of Modern India*, Vol. 10, *Jawaharlal Nehru*, New Delhi: Deep & Deep Publications, 1990, pp. 521-728.

第七章　20世纪30年代的文明不服从运动

20世纪20年代初的第一次非暴力不合作运动中止后，印度民族运动陷入了低潮，民族主义力量发生了分解与重组。20世纪20年代后期，随着国际局势的变化和印度新力量的崛起，民族运动开始步出低谷，迎来了第一次世界大战后的第二次高潮。20世纪30年代初，甘地领导了一场新的、蔚为壮观的、较之第一次非暴力不合作运动规模更大、斗争更激烈的"文明不服从运动"。

第一节　民族主义政治力量的重组与发展

第一次全印非暴力不合作运动停止之后，印度民族运动暂时陷入低谷，民族主义力量分崩离析，多种势力平行并存；与此同时，民族主义力量开始重新整合，国大党内异军突起，聚集力量，蓄势待发。

一、不变派与主变派之争

第一次非暴力不合作运动中止后，印度民族运动陷入低潮。群众对国大党的热情骤然下降，党员人数从原来的近千万突降至不足20万，县以下党组织基本瓦解；印穆团结破裂，印度穆斯林和哈里发委员会退出国大党，教派冲突重新抬头。尤为严峻的是，国大党内部发生分歧，出现不变派和主变派之争。

在民族运动低潮时期，国大党应当采取什么方式继续进行民族斗争？在这个问题上，国大党内形成了不变派和主变派两个阵营。不变派代表人物有萨达尔·帕特尔、拉金德拉·普拉萨德、拉贾戈帕拉查里等，他们坚持甘地的主张，即继续抵制立法会议、暂停大规模的政治斗争、全力以赴实施建设纲领，包括推广手纺手织土布运动、促进印穆团结、消除不可接触制、禁酒、促进民族教育等，为以后时机到来发动新的不合作运动准备条件。主变派代表人物有奇·达斯、莫·尼赫鲁等，他们主张不再抵制立法会议，而是重新参加立法会议选举，争取国大党有更多人进入立法会议，从而把不合作斗争转移到立法会议内部，从内部实行不合作，使立法机关瘫痪。不变派和主变派"两派争权夺利，互相竞争，以求控制国大党"。①

　　1922年12月，国大党在加雅召开年会，奇·达斯任主席，莫·尼赫鲁任秘书。奇·达斯和莫·尼赫鲁提出了参加立法会议的新方案，呼吁大会接受主变派主张，而萨达尔·帕特尔、拉金德拉·普拉萨德、拉贾戈帕拉查里等人则反对新方案，该方案最终以1748票对890票被否决。1923年1月1日，奇·达斯和莫·尼赫鲁辞去他们在国大党中的职务，宣布成立司瓦拉吉党，分别担任主席和秘书。奇·达斯和莫·尼赫鲁是一对传奇式的政治搭档。奇·达斯充满想象力，情感丰富，口才卓越，善于影响和安抚朋友及敌人，而莫·尼赫鲁性格坚毅，遇事冷静，理性自律，组织能力强。他们两人相互信任，彼此理解，可以不事先商量就以对方的名义发表声明。他们是热诚的爱国政治家，不但放弃富裕的律师业务，全身心投入民族运动，而且将自己的豪华住宅捐赠给国大党使用，他们对民族事业的忠诚深得印度人民敬佩。

　　不变派和主变派很快陷入激烈的分歧与争议之中。主变派认为，参加立法会议可以填补民族运动低潮时期的政治真空，立法会议的竞选活动和演说可以为政治鼓动和宣传提供新的阵地，保持印度人民的政治热情和士气；即使国大党不参加立法会议，立法会议也会行使职责，这样非国大党人会利用其职权削弱国大党；为什么要将革命斗争中的有利地位留在敌人手中？通过加入立法会议，国大党可以阻碍立法会议的工作，防止当局从自身利益出发制定法律。不变派认为，参

---

①　尚劝余：《尼赫鲁与甘地的历史交往》，成都：四川人民出版社，1999年版，第16页。

加立法会议会滋生政治腐败，一旦进入立法会议，就会受到帝国宪法框架的羁绊，逐渐丧失原来的立场，在微小改革和零碎立法方面与政府合作；此外参加立法会议会导致忽视群众性的建设工作，而群众性的建设工作将为下一轮文明不服从运动做准备。

随着不变派和主变派矛盾与冲突的加深，民族主义阵营担心 1907 年那场灾难性的分裂会重演。两派领袖开始反思，寻求谅解和妥协。这个趋势由多种因素促成：其一，所有国大党人都强烈意识到两派团结的必要性。其二，不变派和主变派都意识到，不管议会工作意义有多大，真正能够迫使当局接受民族要求的砝码只有一个，那就是立法之外的群众运动，而要发动群众运动就必须保持两派的团结。其三，两派领袖都完全接受甘地的领导。此外，贾·尼赫鲁的作用也不可小觑。贾·尼赫鲁 1 月 23 日第二次出狱，与其他 107 位政治犯一起受到了民众的热烈欢迎。贾·尼赫鲁反对派系政治，他拒绝了奇·达斯要他赞成主变派的主张，努力促使两派达成谅解。他认为不变派和主变派的方法可以齐头并进，强调两派团结的必要性。"不变派和主变派之争，标志着尼赫鲁第一次作为党派之间摩擦的仲裁人出现"[①]。

1923 年 9 月，国大党在德里召开特别会议，毛拉纳·阿扎德任主席。在这次会议上，不变派和主变派达成了初步妥协。会议通过决议，允许国大党成员作为候选人，以个人名义参加立法会议选举。10 月 14 日，司瓦拉吉党发表声明，承诺从立法会议内部抵制殖民政府虚假的议会改革。11 月，立法会议选举如期举行。司瓦拉吉党在立法会议选举中取得很大成功，获得中央立法会议 101 个席位中的 42 席，在中央省获得绝对多数，在孟加拉成为最大的党，在孟买和联合省也成绩不俗。广大群众对他们参加选举感到振奋，以原来拥护不合作的热情支持他们。

1924 年 2 月 5 日，甘地因患阑尾炎提前获释。他强烈反对参加立法会议，认为这与非暴力不合作背道而驰。3 月，奇·达斯和尼赫鲁

---

① N. L. Madan, *Nehru：A Multi-dimensional Personality*, Delhi：Ajanta Books, 1990, p. 28.

父子赴孟买附近海边的茹湖，与在此疗养的甘地会谈。在进入立法会议问题上，甘地拒不让步，奇·达斯和莫·尼赫鲁也据理相争，毫不动摇。最后，双方承认对方有自己的不同意见，同意保留分歧。6月，国大党全印委员会会议在阿迈达巴德召开。甘地提议从根本上修改国大党章程对党员资格的规定，取消4安娜党费，改为缴纳2000码手纺纱；此外，把每日纺纱和各种抵制作为担任党内领导职务的条件。奇·达斯和莫·尼赫鲁强烈反对甘地的提议，提前退出会场。国大党似乎又出现了分裂的危机，殖民当局对此兴高采烈，预言甘地与主变派将会分道扬镳。为防止国大党分裂，甘地不得不作出让步，纺纱的规定作为任人选择的办法，原来规定的缴纳4安娜的办法仍旧保留。

甘地最终与主变派达成妥协，受到如下因素的影响：其一，主变派进入立法会议已经成为既成事实，如果现在退出将会是"灾难性的"，会被当局和民众误解为"溃败和懦弱"，助长当局的独裁行为和镇压政策，加重民众中的政治失望情绪。其二，甘地与奇·达斯和莫·尼赫鲁保持着互尊互信的友好的个人关系。司瓦拉吉党人在立法会议中的所作所为使甘地相信，他们绝不会成为帝国政府的走狗，相反他们表现出果决、刚毅、纪律、团结和反抗精神，为印度立法机构注入了一种新的活力。其三，甘地为两派支持者无休无止的争论而苦恼，如他在1924年4月写道的："主变派"与"不变派"甚至互相污蔑诽谤，双方各执一词，理直气壮，咒骂另一方愚蠢得无药可救。他渴望尽早结束两派之间的争执。其四，当局以打击恐怖主义为由对孟加拉的司瓦拉吉党人发动全面进攻，于1924年10月25日下令对国大党的办公室和房子进行突袭，搜捕了一大批革命激进分子、司瓦拉吉党人和其他国大党人，包括苏·鲍斯和两位孟加拉立法机构司瓦拉吉党议员。

面对当局对司瓦拉吉党人的镇压，甘地决定向司瓦拉吉党人"让步"，以显示他与司瓦拉吉党人团结一致。正如他在《青年印度》上写道的："在司瓦拉吉党人需要的时刻，我若不站在他们一边，就是对国家的不忠。虽然我不相信进入议会或者发动立法战争的某些方法的效力，但是我必须和他们站在同一战线。虽然我是一名坚定的不变派人士，但是我必须不仅容忍他们的态度、与他们一起共事，而且必须尽可能地加强他们的力量。"[①]

1924 年 11 月 6 日，甘地与奇·达斯和莫·尼赫鲁签署了一项联合协定，即《甘地—达斯—尼赫鲁协定》，结束了主变派和不变派之间的冲突。甘地同意司瓦拉吉党作为国大党的一个组成部分代表国大党参加立法会议，奇·达斯和莫·尼赫鲁同意支持建设性纲领和以棉纱缴党费的决议。不变派认为此举是投降，甘地则说这是必要的让步。是年 12 月，国大党在贝尔高姆召开年会，甘地任主席，批准了《甘地—达斯—尼赫鲁协定》。甘地也在国大党工作委员会中为司瓦拉吉党人提供了大多数席位。1925 年 9 月，全印国大党委员会巴特那会议决定国大党不应再把自己的活动局限于实现建设性纲领，而应把政治工作包括在立法机构中工作当作主要任务。

林承节先生认为，主变派与不变派之争，实质上是资产阶级政治家与甘地独特的领导思想的一次激烈交锋。资产阶级政治家不满甘地的实际上以追求精神完善为重点的领导思想和方式，要求向资产阶级常规政治斗争模式靠拢，结果取得了部分成功，甘地在国大党的领导地位也因他及时调整策略而得以稳定下来。虽然甘地对不合作策略作了这样符合资产阶级政治家要求的调整，但他自己在思想上仍认为立法会议的斗争只是一种外在的努力，不是争取司瓦拉吉的根本。要取得斗争的胜利，根本的保证是自身的建设，通过坚持真理实现自我完善和社会协调。因此，他本人不参加立法会议活动，而是把实行建设纲领作为自己的活动领域，不变派也跟着他走，不参加立法会议，而是投身于建设纲领活动。这样，国大党在行动上就分成两条战线，主变派和不变派形成分工，各在一个领域活动。

主变派在立法会议中的斗争取得了一定成效，对保持国大党在群众中的影响起到了积极作用。他们在中央立法会议中成功地与真纳领导的独立派以及自由派等人士建立了政治统一阵线，在大部分省份也

---

① *The Collected Works of Mahatma Gandhi*，Vol. 23，New Delhi：Publications Division，Government of India，1961，pp. 310-335.

建立了类似的联盟，利用立法机构与当局进行斗争。1925 年 3 月，司瓦拉吉党人维特巴伊·帕特尔当选中央立法会议主席。司瓦拉吉党人在中央立法会议上提出了 3 个重大问题：一是关于起草新的印度自治宪法；二是关于公民自由、释放政治囚犯、废除高压法律；三是关于发展本土产业。对这 3 个问题的讨论，引起媒体的全面报道和民众的热心关注。此外，政府的许多提案、预算案和高压法规也被否决。

与此同时，1923—1924 年间，国大党人在许多市政府中也获得了胜利。奇·达斯成为加尔各答市市长（苏·鲍斯任首席执行官），维特巴伊·帕特尔任孟买市市长，萨达尔·帕特尔任阿迈达巴德市市长，拉金德拉·普拉萨德任巴特那市市长，贾·尼赫鲁任阿拉哈巴德市市长。不变派积极参与市政管理，因为他们相信地方机关可以推动建设纲领的实施。他们在教育、卫生、健康、反不可接触制以及推广土布工作上卓有成效，常常唤起民众的热情。

然而，1925 年之后，主变派的立法会议道路逐渐走上下坡路。主要有如下几个原因：其一，1925 年 6 月 16 日，奇·达斯逝世，主变派蒙受巨大损失，莫·尼赫鲁失去了亲密伙伴，独自领导司瓦拉吉党。其二，司瓦拉吉党的议会政治显示出局限性，缺乏内聚力。除了以多数票否决政府立法之外，在议会内没有任何进一步的举措。要加强政治对抗，必须依靠议会外的群众运动。但司瓦拉吉党缺乏协调议会工作与群众政治工作的政策，他们几乎完全依靠报纸报道。其三，司瓦拉吉党无法与盟友保持永久合作关系，因为后者并不相信司瓦拉吉党的"统一而持久的阻挠"策略。政治联盟的逻辑不久使司瓦拉吉党开始放弃激进的阻挠议会政策，而一些司瓦拉吉党立法议员也抵挡不住议会津贴和地位特权的诱惑。其四，殖民当局在民族主义者之间制造纠纷，使司瓦拉吉党脱离自由派，司瓦拉吉党激进派脱离温和派，印度教徒脱离穆斯林。此外，在殖民政府的鼓励下，司瓦拉吉党内部的教派主义抬头。

面对一些司瓦拉吉党人背离初衷、脱党变节、投靠殖民当局，莫·尼赫鲁大声疾呼，痛加斥责，但仍无力回天。为了遏制司瓦拉吉党进一步瓦解，制止议会"腐败"蔓延，防止党员道德堕落，司瓦拉吉党主要领导人重申对群众文明不服从的信心，并决定于 1926 年 3 月退出立法机构。1926 年 4 月，甘地也重申他对进入议会政策的批评："我研究了立法会议工作、进入立法会议对公众生活的作用以及对印度教徒—穆斯林问题的影响。我研究的越多，就越相信进入立法会议不仅是徒劳的而且是失策的。"[①]这样，通过司瓦拉吉党的议会路线策略争取独立的尝试失败了。

然而，司瓦拉吉党的活动也具有积极意义，对民族运动作出了积极贡献。他们的巨大成就在于填补了民族主义运动恢复期的政治空缺，并表明可以创造性地利用立法机关反对帝国主义。他们也成功地揭露了 1919 年《改革法案》的虚伪，向人们展示了印度人正在被"非法的法律"统治着。他们不仅全心全意支持国大党的建设性工作，而且努力帮助工人和农民免遭盘剥。他们试图通过"进入立法会议"使政府瘫痪的纲领路线，也对英国政府产生了某种影响，导致政府任命"穆迪曼委员会"对印度的两头政治运作进行评估。阻挠议会的策略甚至使英国保守派也相信，两头政治体系是行不通的。英国政府也考虑修改印度宪法，并任命"西门委员会"前往印度。

在另外一条战线上，甘地和不变派默默地、不辞辛劳地从事着建设纲领工作，致力于推动土布和手工纺织、国民教育、印穆团结、反对不可接触制、抵制外国布。

1925 年，甘地奔走于全国各地，大力宣传建设纲领的必要性和好处。建设纲领工作蓬勃开展的一个突出表现就是，数百个静修院如雨后春笋般地遍布印度各地。在这里，政治领袖们接受土布工作训练，与低种姓和部落民一起工作。比如，古吉拉特邦巴多利区建立了"维德奇静修院"，奇曼拉尔·梅赫塔、朱嘉全·大卫和奇曼拉尔·巴特全身心地投入印度土著部落民"阿迪瓦西斯"的教育事业，拉威山卡·马哈拉吉投身于卡达区的低种姓"巴莱亚斯"事业。

---

① *The Collected Works of Mahatma Gandhi*, Vol. 30, New Delhi: Publications Division, Government of India, 1968, p. 371.

国大党建立的全印手工纺织协会在甘地的关心和指导下，不仅从事土布宣传，而且承担原料供应、产品收购、技术推广的任务。甘地和国大党许多重要人物包括贾·尼赫鲁、萨达尔·帕特尔等都参加了这个组织的领导机构，手工纺织在全印度迅速推广。民族学校和民族大学为年轻人提供了一种新的选择，使他们在非殖民主义教育思想框架下接受教育。许多在1920—1921年辍学的年轻男女重新回到官方认可的民族教育机构，其中，不少人全身心投入了民族运动，成为骨干力量。在第一次不合作运动停止后教派冲突抬头之际，宣传印穆团结具有紧迫的重要意义。甘地以诚恳的劝说甚至绝食反对教派残杀，对缓和紧张气氛起了一定作用。反对不可接触制也取得了一定成绩，1924—1925年，一位非婆罗门领导人梅农领导了反对禁止"不可接触者"使用一条属于印度教寺庙的道路的斗争，得到甘地的支持，取得了胜利。抵制外国布也取得不小进展，向统治者和世界展现了印度人民争取自由的决心。

总之，甘地和不变派1924—1928年为实施建设纲领而进行的工作丰富多样，具有重大意义。"它使城市高等种姓上层骨干熟悉了农村和低等种姓的生存状况；使国大党政治工作者和骨干在民族主义运动低潮阶段保持持续而有效的工作；使国大党与至今未接触政治的群众建立了联系，并提高了国大党的组织和自治能力；给农民群众带来了新的希望，并提高了国大党在他们中间的影响力；为未来的文明不服从运动培养和储备了力量，土布工人、民族学校和大学的师生、甘地静修院的居民成为20世纪30年代文明不服从运动的脊梁"[1]。

二、青年独立派的崛起

从1927年开始，国大党内青年独立派异军突起，给印度民族运动注入了新的活力。青年独立派的崛起与以下几个因素密切相关：

第一，工农运动的勃兴。与国大党各派在寻找反帝运动、争取群

---

[1]　Bipan Chandra, Mridula Mukherjee, Aditya Mukherjee, K. N. Panikkar, Sucheata Mahajan, *India's Struggle for Independence*, 1857-1947, pp. 245-246.

众新方法的同时，印度工农群众也用罢工和起义开展反帝斗争。工人阶级在 1925 年举行了 134 次罢工，使资本家损失 1000 多万个工作日。1926—1927 年间，罢工运动有所减弱，但 1928 年罢工却增至 208 次，损失工作日达 3000 多万个，而且有 1/3 以上取得了胜利。中央省的达莽和贾姆巴尔普尔地区、马德拉斯的南阿尔科特和纳洛尔、旁遮普的卢迪阿纳和西亚尔科特的农民，举行了起义。1927 年末，孟买省工农群众联合发动反《土地占有最低限额法》斗争，迫使当局一度停止实施该法，一部分农民也因而得以暂时避免了破产的厄运。

第二，工农党的建立。第一次非暴力不合作运动的中止，引起了人民的不满和思考。许多先进分子开始认识到工人、农民、小资产阶级在民族独立运动中的作用，他们在寻找反对殖民统治的斗争方法和组织形式。1925—1928 年，在孟加拉、孟买、旁遮普和联合省，先后建立了 4 个工农党。1928 年 12 月，在约希主持下，上述 4 个工农党在加尔各答合并为全印工农党。全印工农党虽然在政治上接受共产主义者的影响，但在组织上却隶属于国大党。全印工农党要求国大党摆脱有产阶级利益的束缚，把目标定为完全的民族独立，通过改善劳动者处境唤醒群众，用文明不服从运动和直接行动争取独立。工农党的目的是使国大党成为全民争取独立的民主化机关。各地工农党的人数不多，但争取真正完全独立的口号影响颇大。

第三，共产主义运动的发展。在工农运动的发展过程中，共产主义运动也发展起来。早在 1920 年 10 月，罗易在苏俄成立了第一个印度共产主义组织。1921—1923 年，加尔各答、孟买、拉哈尔、马德拉斯、康浦尔等地出现了秘密共产主义小组。1922 年 3 月，罗易从苏俄派遣一批干部回国，准备与国内各共产主义小组取得联系。1924 年，英国殖民当局策划了迫害印度共产主义者的"康浦尔案件"。殖民者判处或缺席判处丹吉和罗易在内的 8 名共产党人每人 4 年监禁。但是，镇压行径并未能阻止共产主义思想在工人阶级和知识分子中的传播。此后，各地秘密存在的共产主义小组在工会、国大党、司瓦拉吉党内加强了活动。1925 年 12 月，所谓的"合法共产党"即"印度的共产党"

成立，并在康浦尔召开了第一次代表大会，组建了中央委员会。到1928年末，殖民当局担忧地表示：共产主义思潮席卷全国，各大团体和行业或多或少地受到其影响。

第四，青年运动的高涨。1927年是印度政治生活发生新变动的标志，青年运动高涨即是其中之一。苏·鲍斯回忆说："全国各地青年的活跃，是本年最叫人鼓舞的事实。青年们对老一辈的宗派主义感到失望，竭力用民族的纯洁气息洗刷社会生活。"[1]

第五，世界革命运动的感召。这个时期，世界革命运动蓬勃发展，帝国主义国家的劳工运动和殖民地半殖民地国家的反帝运动逐渐联合起来，相互支持，世界革命运动出现新的气象和面貌。1927年布鲁塞尔"世界被压迫民族代表大会"是这一新气象的集中体现，来自世界各国的左翼进步人士（包括英国劳工运动左翼领袖、印度和中国民族运动左翼领袖等），会聚一堂，发表联合宣言，强调在反帝斗争中加强合作，促进世界被压迫民族的解放。

第六，中国大革命的鼓舞。1924—1927年的中国大革命促进了印度民族独立运动的发展，给正在形成中的青年独立派以巨大的鼓舞。在中国大革命，特别是北伐战争中，领导战争的是经过改组的国民党，它是国共合作基础上的统一战线组织，当时存在左翼和右翼之分。右翼力图限制群众运动，是左翼的斗争保证了运动沿着正确的革命方向前进。贾·尼赫鲁非常了解这一点，他在布鲁塞尔大会后写给国人党的信中，提出在国大党内建立左翼集团的可能性。他说，建立左翼集团并非要分裂国大党，而是要打破右翼将运动拉向倒退的种种企图，反对国大党右翼在制定印度斗争目标的原则问题上倒退，确保印度国大党沿着正确方向前进，为印度的独立而战。

青年独立派的主要代表人物有贾·尼赫鲁和苏·鲍斯。贾·尼赫鲁1889年11月14日诞生于阿拉哈巴德的婆罗门贵族家庭，1905年就读于英国哈罗公学，后入剑桥大学三一学院，获自然科学荣誉学位，

---

[1] S. Bose, *The Indian Struggle*, *1920-1934*, London: Lawrence & Wishart, 1935, p. 146.

后又进入伦敦内殿学习法律，1912年获律师资格，同年回国，在阿拉哈巴德高等法院任律师，并投入争取印度独立的政治运动。贾·尼赫鲁在1916年5月国大党年会上第一次遇到甘地，1918年起任国大党全国委员会委员，1919年阿姆利则惨案发生后，参加国大党组织的调查委员会，并积极参加随后的第一次全印非暴力不合作运动，成为甘地的忠实信徒。第一次全印非暴力不合作运动中止后，印度民族运动陷入低潮，贾·尼赫鲁感到彷徨，希望找到新的出路。

1926—1927年，贾·尼赫鲁陪妻子赴欧洲看病，此次欧洲之行成为贾·尼赫鲁政治生涯和思想发展中的一个里程碑。其一，贾·尼赫鲁在游历瑞士、英国、法国、德国等国家期间会见了印度流亡者和革命家，有几位是马克思主义者和共产主义者，维仑德南纳什·恰托卡亚亚（简称恰托）即是其中的一位。贾·尼赫鲁与恰托通宵达旦地讨论国际问题和印度问题，恰托向贾·尼赫鲁阐述解决印度问题的唯一方法是革命，道德说教不能解决问题，印度除实行现代化别无他途。贾·尼赫鲁觉得这些话新颖而有启发意义。其二，贾·尼赫鲁作为印度国大党唯一代表出席了布鲁塞尔"世界被压迫民族代表大会"，第一次直接接触了世界进步力量，会晤了来自欧亚非拉的社会主义者、共产主义者和左翼民族主义者，结识了宋庆龄、胡志明、爱因斯坦、罗曼·罗兰等国际知名人士，并出任大会常务委员会委员和反帝联盟9人执行委员会委员，具备了开阔的国际视野。在大会发言中，贾·尼赫鲁强烈谴责帝国主义，认为英帝国主义对印度的统治不是孤立现象，而是当时世界范围内帝国主义现象的一部分，主张印度民族运动以解放工农大众为基础，并与世界其他地区的民族解放运动合作。正是在这里，民族独立和社会变革的目标在他思想上不可分割地联系在一起，并萌生了亚非国家合作的观念和转向社会主义的倾向。其三，贾·尼赫鲁在布鲁塞尔大会之后对莫斯科进行了短期访问，参加了苏联十月革命十周年庆典。"俄国的发现"无疑对他的思想产生了影响，他亲眼目睹了苏维埃的伟大成就，苏联的社会主义实践给他留下了深刻的影响，他更加坚信，政治自由必须与社会主义相联系。

1927年末，贾·尼赫鲁怀着激进的民族主义思想立场，"精力充沛、生气勃勃"地回到印度。他写道："过去那种常常使我苦恼的内心斗争和悲观失望情绪暂时消失了，我的眼界比以前更广阔，在我看来，民族主义似乎过于狭窄，不能解决问题。政治自由和独立当然十分重要，不过它们只是朝着正确方向走的步骤而已。没有社会自由，社会和国家没有社会主义机构，无论国家或个人都不可能有很大的发展。"①从此，争取完全独立和宣传社会主义变革成为贾·尼赫鲁的使命，他开始为传播激进民族主义思想奔走呼号，得到大量国大党员特别是青年的热烈拥护。

苏·鲍斯1897年出生于奥里萨首府库塔克的卡亚斯塔种姓家庭。苏·鲍斯1913年进入加尔各答大学学习法律，因从事学生运动于1916年被开除，遂入教会学院读书，1919年进入英国剑桥大学，1920年参加文官考试，以第四名的优异成绩通过考试。此时，第一次全印非暴力不合作运动正在印度如火如荼地展开。这位热血爱国青年不顾家庭反对，依然放弃了文官资格，于1921年6月回国参加不合作运

苏·鲍斯

动。他抵达孟买的当天即拜见了甘地，甘地将他推荐给了孟加拉国大党领导人奇·达斯。苏·鲍斯受到奇·达斯的器重，出任孟加拉民族学院院长，负责志愿服务队的工作。12月，被殖民当局逮捕，监禁6个月。第一次全印非暴力不合作运动被中止，他表示强烈不满。随后，他积极投入司瓦拉吉党的活动，成为奇·达斯的重要助手，负责主编《前进报》，出任孟加拉青年同盟主席和孟加拉国大党秘书。1924年10月，殖民当局借口苏·鲍斯与恐怖活动有牵连，再次逮捕他，直到

---

① ［印度］贾·尼赫鲁：《尼赫鲁自传》，张宝芳译，第188页。

1927 年 5 月才释放。这时，奇·达斯已经去世，苏·鲍斯成为孟加拉民族主义者的领袖。苏·鲍斯几乎和贾·尼赫鲁同时走上印度政治舞台，两个人都属于青年激进派领袖，有许多共同点：其一，两人都主张争取完全的政治独立，而不是自治领地位。其二，两人都主张在印度实行社会主义，将政治独立与社会变革结合起来。其三，两人都主张大规模地、广泛地动员和组织工人、农民、学生、青年和妇女运动，使民族独立运动成为名副其实的群众性运动。虽同属于青年激进派领袖，但他们两人也有不同之处，可以说贾·尼赫鲁是青年激进派中的温和派，而苏·鲍斯则是青年激进派中的极端派。主要表现在以下几点：其一，他们两人都对甘地的思想和方法存在不同程度的不满，但贾·尼赫鲁善于妥协，顾全大局，而苏·鲍斯则毫不妥协，勇往直前。其二，在国内斗争和国际斗争关系问题上，贾·尼赫鲁眼界开阔，能够在更广阔的世界背景下考察印度问题，从世界潮流的发展看印度的走向，将印度民族运动与世界进步运动结合起来，而苏·鲍斯则显得有些幼稚和极端，主张不受任何国家内部政治和国家形态的影响，只要是英国的敌人就可以成为印度的朋友。

以贾·尼赫鲁和苏·鲍斯为代表的青年独立派的出现，给印度民族运动注入了新的活力。1927 年底的国大党马德拉斯年会标志着国大党左翼激进力量即青年独立派的崛起，也是左翼独立派与右翼自治派的第一次较量。在这次大会上，贾·尼赫鲁提出了关于争取独立、组织工农群众、加入反帝联盟等一系列激进决议。独立决议声明，印度人民的目标是完全独立，"它意味着控制国家的国防力量，控制国家的财政经济，控制对外关系"[①]。独立决议得到了与会绝大多数代表的热烈拥护而获得通过，这是国大党成立以来第一个明确要求独立的决议。大会也接受了贾·尼赫鲁提出的其他决议，不仅使完全独立成为国大党的奋斗目标，而且使国大党加入了国际反帝联盟，将印度民族运动与世界反帝运动直接联系起来。但是，这些决议遭到了未出席马德拉

---

① M. S. Khan, J. *Nehru: The Founder of Modern India*, New Delhi: Oxford University Press, 1989, p. 32.

斯年会的甘地等其他国大党领导人的反对，甘地批评独立决议是"匆忙地想到而轻率地通过"的决议，他写信给贾·尼赫鲁，责备贾·尼赫鲁走得太远，本应三思而行，适应环境，并且在《青年印度》上公开批评贾·尼赫鲁的激进言行。虽然如此，贾·尼赫鲁和苏·鲍斯同时当选为国大党总书记，他们两人随后发起成立了印度独立联盟，尼赫鲁任主席，宣传独立和社会主义，与国大党右翼自治派抗衡。

1928年底，国大党在加尔各答召开年会，左翼独立派与右翼自治派展开第二次较量。这次年会由莫·尼赫鲁任主席，主要议题是讨论《尼赫鲁宪法草案》（由莫·尼赫鲁任主席的委员会起草，故名），该宪法草案要求在英帝国范围内实现自治领地位。这个草案背离了贾·尼赫鲁在国大党马德拉斯年会上提出的独立的目标，贾·尼赫鲁和苏·鲍斯决心予以抵制。在这次会议上，甘地从引退中走出来，重新掌握了国大党的实际领导权，声明接受《尼赫鲁宪法草案》，甘地提出如果当局在1930年12月前接受《尼赫鲁宪法草案》，国大党就完全接受自治领地位方案，否则就发动文明不服从运动。贾·尼赫鲁和苏·鲍斯则要求如果到1929年12月底前完全独立不被认可，就发动文明不服从运动。最后，甘地提出折中方案：限英国在1929年底前给印度以自治领地位，否则就争取完全独立。甘地的折中方案获得通过，贾·尼赫鲁虽然在公开会议上反对这个决议案，但最终还是接受了。在表面上看来，这个决议是对贾·尼赫鲁在马德拉斯会议上提出的独立目标的倒退。实际上，由于英国政府显然不可能在一年内给印度以自治领地位，因此，这个决议案的通过本身就意味着甘地等自治派的让步，意味着他们接受了独立目标。该决议实际上是对英国政府的"一个温和的最后通牒"。左翼独立派和右翼自治派的相互妥协，维护了国大党的团结和争取独立的长远目标。贾·尼赫鲁指出，该决议毫无疑问从独立的理想上后退了一步，但它防止了国大党内部的分裂，保持了国大党的团结，使它得以全力以赴准备1930年开始的独立斗争。

1929年底，国大党在拉哈尔召开年会，左翼独立派取得了重大胜利。这次年会是国大党历史上的一个重要里程碑，也是左翼独立派特别是贾·尼赫鲁政治生涯的新起点。其一，右翼自治派从现实中清楚地认识到左翼独立派的重要作用，当甘地本人被选为国大党拉哈尔年会主席后，他固辞不就，力荐激进的左翼独立派青年领袖贾·尼赫鲁任主席。甘地发表书面声明，表达了他对青年领袖贾·尼赫鲁的信任："有些人担心将权力由老一辈转交给青年是毁灭国大党，我不这样认为。他（贾·尼赫鲁）的英勇无畏和对祖国的热爱，无人可及。有些人说'他草率急躁'，在目前这个品质是一个附加条件。如果他具有一个武士的草率和急躁，他同时也具有一位政治家的谨慎和远虑。无疑，他是一位激进主义者，他的思想远远超过了他的环境。但是，他如此虚怀若谷和注重实际，不致趋于极端。他犹如水晶般纯洁，他的忠诚毋庸置疑。他是无惧而坦然的武士。将国家交托给他是十分可靠的。"[1]这是对贾·尼赫鲁为首的左翼独立派客观而公正的评价，也是甘地远见卓识的体现。儿子接替父亲任主席，这在国大党历史上还是第一次。贾·尼赫鲁与莫·尼赫鲁的交替，是印度民族运动发展趋势的反映，是左翼独立派胜利的标志。其二，国大党讲坛上第一次传来了左翼独立派的声音。贾·尼赫鲁的主席致辞全面阐述了左翼独立派的观点，是国大党历史上空前激进和猛烈的主席致辞，是对帝国主义、资本主义和印度封建主义的直接进攻，是对社会主义信念的表白，他也否定了甘地的托管制理论，说明了他对非暴力的态度。贾·尼赫鲁的主席致辞产生了爆炸性效果，从最初的震惊中恢复过来后，代表们报以长时间鼓掌，青年学生尤其热情空前。其三，国大党拉哈尔年会最后在激昂的气氛中通过了争取印度完全独立的决议和开展文明不服从运动的决议。大会授权甘地领导这一运动，并决定每年的 1 月 26 日为"印度独立日"。贾·尼赫鲁在"革命万岁"的欢呼声中竖起了印度三色独立旗帜，并领读《独立誓词》。从此完全独立不再仅仅是青年激进派的口号，而是成为国大党和全国公认的政治目标。拉哈尔会议后，贾·尼赫鲁的声望与日俱增，仅次于甘地，在某些方面甚至超过了甘

---

[1]　V. T. Patil, *Nehru and the Freedom Movement*, p. 84.

地，青年、学生、工人等激进阶层将他视为他们心中的英雄。人们称他为"印度的珠宝"、"牺牲的象征"，谱写以他为主题的歌曲，甚至流传一些关于他的传奇式故事。

以贾·尼赫鲁和苏·鲍斯为代表的左翼青年独立派的崛起，直接反映了印度民族运动中最激进最革命部分的呼声（即明确主张完全独立，把争取独立作为印度民族运动的政治目标；重视改善工农处境，把社会经济改革作为印度民族运动的社会目标；主张与世界其他被压迫民族的斗争建立联系；加强团结与合作等），对推动国大党重新发动群众运动，提出争取民族独立的政治纲领产生了积极作用，为印度民族运动高潮的再次到来奠定了必要的基础。

第二节　文明不服从运动

1930—1934 年，甘地顺应印度民族运动发展的需要，发动了文明不服从运动，印度民族独立运动掀起了第二次高潮。

一、运动的开始

文明不服从运动的新高潮始于 1930 年，但新高潮的征兆在 1928 年就已经出现。在青年独立派的推动下，1928 年印度政局呈现出令人鼓舞的新气象，农民、工人、青年、知识分子等各个阶层空前觉醒，群众组织拔地而起，群众运动蓬勃发展。正如贾·尼赫鲁所说，1928 年是内容丰富的一年，全国各地都很活跃，似乎有一种新的力量把人们推着向前走，这种现象到处都看得出，无论在产业工人中间、农民中间、中产阶级青年中间或一般知识分子中间都是这样。1928 年抵制西门调查团的群众运动，则是文明不服从运动新高潮的预演。

1919 年《印度政府组织法》第 84 款规定，自该法实施后 10 年，将派专门调查团赴印度，考察《印度政府组织法》的实施情况，研究进一步完善印度行政体制问题。1928 年 2 月，由英国下院议员约翰·西门率领的调查团抵达印度。国大党发动了抵制西门调查团的运动，穆斯林联盟、印度共产党、全印工会大会等都宣布抵制。广大工农群众、青年学生、商会和工厂主协会等都积极参加。西门调查团走到哪里，哪里就发生示威游行和总罢业。西门调查团所到之处，遇到的是打着黑旗的群众，听到的是"西门滚回去"的愤怒呼声。殖民当局出动大批警察镇压示威游行群众，几百人流血牺牲。在拉哈尔，著名国大党领袖 64 岁的拉·拉伊高举象征殖民统治的海盗旗领导群众性大示威，遭军警殴打致死。在勒克瑙，贾·尼赫鲁参加并领导了示威游行，第一次受到了军警的棒打，他被打得遍体鳞伤，头昏眼花，感到怒不可遏，真想动手还击。但是，长期的训练和纪律制止了他，他一动不动地站着。这次经历考验和磨炼了贾·尼赫鲁的意志。甘地写了一封感人的赞扬信："亲爱的贾瓦哈拉尔，我爱你。一切都表现得很勇敢，你做得尤其勇敢，愿神灵保佑你，使你成为他所选择的拯救印度的工具。"[①]国大党领导的群众性抵制西门调查团运动，在一定程度上推动了印度民族运动新高潮的到来，是文明不服从运动的先导。

1930 年 1 月 26 日，印度各地举行盛大集会和示威游行，庆祝第一个独立日。仅在孟买一地，就有 15 万群众在这一天举行了盛大集会和游行示威。群众高呼口号："印度属于印度人！""革命独立万岁！""非暴力万岁！"国大党领袖们走在游行队伍最前列。一名叫恰托巴达亚的妇女，勇敢地排除警察干扰，将一面国旗升在国大党办公楼上。庆祝独立日的活动，促进了甘地迅速开展文明不服从运动的决心。

1 月 31 日，甘地向殖民当局提出 11 点要求：(1)把卢比兑换率降为 1 先令 4 便士。(2)降低税赋 50%。(3)裁减军费 50% 或以上。(4)削减英籍官员薪金 50%。(5)实行关税保护政策，限制服装和布匹进口。(6)给印度人以内河航运权。(7)取消或监督刑事侦缉局。(8)印度人应有携带武器自卫的权利。(9)废除食盐专卖制，取消盐税。(10)禁止销售酒类饮料。(11)释放杀人犯和教唆犯以外的全体政治犯。这 11 点要求虽然没有提到印度独立问题，但是却关系到民族资产阶

---

① 尚劝余：《尼赫鲁与甘地的历史交往》，第 25 页。

级、地主、农民、爱国者、城乡劳动者、职员、民众等各个社会阶层的切身利益，集中反映了一般的民族、政治、经济和社会的要求。甘地想通过这11条关系到社会所有阶层利益的问题，把广大印度爱国阶层吸引到文明不服从运动中来。甘地将这11点视为"独立的要旨"，于3月2日向总督提出最后通牒，要求当局在8天内对上述要求给予令人满意的答复，否则就发动文明不服从运动。殖民当局对甘地的最后通牒置之不理，于是甘地着手准备发动文明不服从运动。

文明不服从运动的帷幕是以"食盐进军"的独特方式拉开的。3月12日，甘地挑选了78名信徒，从萨巴玛蒂出发，前往海滨小村丹地，开始了为期24天、行程240英里的震惊世界的"食盐进军"（亦称"丹地

食盐进军

进军"）。①路易斯·费歇尔描述了甘地发起"食盐进军"的情景：国大党授权甘地发动旨在争取独立的文明不服从运动后，甘地隐居到他的萨巴玛蒂静修院，沉思冥想，泰戈尔曾前往询问甘地的设想。甘地回答说：我正在日夜苦思冥想，我在周围黑暗中还没有看出任何光明。甘地探索了6个星期，全国在焦急地等待，整个印度的眼睛都盯着他的茅舍。终于，甘地找到了答案，决定以违反食盐法开始文明不服从运动。于是，一场群众性的文明不服从运动便以"食盐进军"的独特方式载入了史册。当时，包括贾·尼赫鲁在内的许多人对甘地的做法感到困惑不解，搞不明白民族斗争怎么能和盐这个普通东西联系在一起。甘地解释说，他之所以选择盐税作为运动的开端，是因为他认为盐税

---

　　①　笔者有幸于2005年3月12日至4月6日参加了印度国大党和圣雄甘地基金会组织的"食盐进军"75周年纪念活动，与索尼娅·甘地和图沙尔·甘地一起，踏着圣雄甘地当年的足迹，重温了"食盐进军"壮观的一幕。

是不合理的、可憎的，是英国殖民政府权威的象征，此外，盐是绝对的生活必需品，它能够刺激各个社会阶层加入运动。

在"食盐进军"途中，甘地边行走边宣传，每到一地都要召开群众大会，发表演讲，号召民众参加文明不服从运动，遵守非暴力原则。有200多个村长自动放弃了职务，更多民众参加了进军的行列。4月5日，甘地一行到达丹地，4月6日至海边，捡起盐块以示破坏盐法，开始了为期3周的制盐活动。甘地的"食盐进军"点燃了全国性反对食盐专卖运动，广大农民和手工业者纷纷响应，踊跃参加。印度报刊纷纷报道了甘地这次以"食盐进军"开始的、别出心裁的文明不服从运动。这种盛况深深打动了贾·尼赫鲁。他写道："我们回想起当甘地首先建议采用这种方法时，我们对这种方法能否生效表示怀疑，现在看见民众这样热忱，制盐运动像野火一样蔓延全国，我们不禁感到惭愧。我们羡慕甘地影响群众，使群众组织起来采取行动的惊人能力。"在此期间，贾·尼赫鲁和他父亲商量后决定将他们的家"极乐园"捐献出来，供国大党使用，改名"自治大楼"，用作全印国大党委员会办公楼，有一部分被改为医院。

二、运动的发展

4月9日，甘地进一步发出号召："每个村庄出售或制造违禁的食盐，姐妹们监视酒店、鸦片馆和洋布店。每家老少孜孜从事织机工作，每天纺织成堆的面纱。洋布应当烧毁。印度教徒放弃不可接触制。印度教徒、穆斯林、锡克教徒、拜火教徒和基督教徒达成真诚团结。多数民族安心于少数民族获得满足以后的情形。学生脱离公立学校，公务员辞去他们的职务而致力于为人民服务。这样一来，我们不久会发现，完全独立就会来叩响我们的大门。"[1]这意味着把不服从与不合作结合起来，使运动在多层面同时开展。

甘地的号召在全国获得热烈响应，各种形式的不合作和不服从迅

---

[1] A. R. Desai, *Social Background of Indian Nationalism*, Bombay: Popular Prakashan, 1966, pp. 363-364.

速展开，形成汹涌洪流。在泰米尔纳杜、马拉巴尔、孟加拉、安德拉、奥里萨等一些沿海地区，小型"食盐进军"轰轰烈烈开展，当地居民开始生产海盐，反抗食盐专卖法。据统计，全国有约 500 万人在约 5000 个地点破坏盐法。抵制外国布、鸦片和烈酒的运动也在全国进一步展开，无论城市或农村，到处都能听见慷慨激昂的爱国歌曲，看到来来往往忙于纠察工作的志愿队员。妇女们发挥了积极作用，那些从未单独踏出家门、仍处在深闺制度中的妇女们，那些年轻的妈妈、寡妇以及未婚的女孩们，从早到晚站在烈酒专卖店、鸦片馆和售卖外国布料的店外面，轻声但坚定地说服顾客和卖主改变想法，从而形成了一幅感人的景观。与妇女们一样，学生和青年在抵制外国布和烈酒方面也发挥了突出的作用。对烈酒的抵制使政府从消费税中所得的收入大幅下跌。

一些地区发生了不同形式的抗税运动。降低税赋是甘地提出的 11 点要求之一，国大党在农村通过各种形式大力宣传这项要求。在比哈尔，由于地处内陆，制盐运动难以开展，主要是开展抗交乡丁税运动。这里盛行一种专门供养乡丁的地方附加税。这些乡丁实际上是当局豢养的打手和密探，他们不仅充当政府的间谍，还经常保护当地的地主。农民非常痛恨这些乡丁，纷纷抗交乡丁税，当局严厉镇压，许多农民财产被没收，但他们不屈服，坚持斗争。在古吉拉特，主要是开展抗交土地税运动。萨达尔·帕特尔指导了抗税运动，数以千计的村民带着家人、家畜和家庭用品，从英属印度地区来到邻近土邦，在户外露营数月。他们的房屋被摧毁，财产被掠夺，土地被没收。警方甚至都没饶过萨达尔·帕特尔 80 岁高龄的母亲，当时她还在屋里坐着烧菜，她用来烧菜的用具被踢翻，被煤油和石头覆盖着。农民们坚持斗争，直到胜利返回家乡。在马哈拉施特拉和卡纳塔克，主要是开展反对《森林法》运动。殖民政府对森林使用的限制严重影响了这里的部落居民的生活，反抗《森林法》扮演着重要角色。在某些地方，反抗《森林法》的民众规模达到了 7 万人以上。在联合省，主要是开展抗缴地税和地租运动，即号召地主拒绝向政府缴纳地税，佃农拒绝向地主缴纳地租。

233

贾·尼赫鲁领导了运动，要求当局减税 50％，地主相应减租，如果当局不接受，就发动地主和佃农共同抗税，地主拒缴 50％地税，佃农少缴 50％地租。抗税和抗租运动迅速掀起，但是地主中有些人执行抗税决定，多数人则在当局压力下没有执行。这样，抗税运动在许多情况下便成了抗租运动。在一段时间内，政府当局和地主都无计可施。

和平进占政府盐场是文明不服从运动中波澜壮阔的一幕。甘地曾决定率领一批志愿队员，用非暴力形式进占政府的达拉沙拉盐场开仓取盐。甘地被捕后，这一计划由其他国大党领导人继续执行。按照甘地事先所作的安排，在他被捕后，由提亚勃吉代替他指挥这次行动，如果提亚勃吉也被捕，就由莎罗吉妮·奈都夫人接替指挥。提亚勃吉率领志愿队员从卡底出发，刚动身即遭逮捕。奈都夫人接过了接力棒，与甘地在南非时期的战友伊玛目·萨海布和甘地的儿子曼尼拉尔一起，一马当先，带领一支 2000 人的队伍，步行 150 英里，于 5 月 21 日来到达拉沙拉盐场前。盐场周围已经布满荷枪实弹的士兵，并树起了铁丝网，修筑了工事。铁丝网外布置了大批警察，手执带铁头的警棍。志愿队员排成纵队，编成小组，一组一组前进。在接近警戒线时，一帮警察猛冲过来，劈头盖脸地疯狂毒打，所有队员纷纷倒地，场地顿时被鲜血染红。没有失去知觉的人，挣扎着爬起来，继续前进，被再次打倒。事先安排好的担架队把第一组伤员抬下去，第二组、第三组、第四组、第五组相继挺身前进，相继被打倒。此后，志愿队改变战术，每 25 人组成一组，走近警戒线便就地坐下。警察冲过来同样毒打，还把有些伤员抛进水沟。这种史无前例的单方面厮杀的战争持续到上午 11 点，因天气太热才停止。共有 320 人受伤，2 人死亡。美国记者韦伯·米勒目睹了这场惊心动魄的斗争。他向全世界报道："在过去的 18 年中，我到过 20 个国家采访，目睹过无数次内乱、暴动、巷战和叛乱，还从没有见到过像达拉沙拉这样恐怖残忍的场面。"[1]韦伯·米勒对食盐进军的现场报道，被世界 1000 多家报纸转载。《纽约时报》社

---

① D. G. Tendulkar, *Mahatma: Life of Mohandas Karamchand Gandhi*, Vol. Ⅲ, 1930-1934, New Delhi: Publications Division, G. O. I. , 1971, p. 41.

论指出，英国因茶叶失去了美国，它正在因食盐失去印度！《时代》杂志将甘地作为"年度人物"，登上了封面。

进占盐场的斗争扩散到了其他地区。在孟买郊区的瓦达拉盐场，发生了同样的事情。为进占盐场，从孟买先后派出4批志愿队员，前3批共800余人，都被捕或被开枪打伤。最后一批志愿队员和群众共1.5万人，于6月1日不顾警察的疯狂殴打，终于冲破封锁线，进入盐场，在骑着马的警察面前胜利地运走一批食盐，使得这次瓦达拉盐场斗争达到高潮。在卡纳塔克，1万多人涌入了萨尼卡塔盐场，遇到了警棍与子弹的攻击。在马德拉斯，反抗盐法导致了与警察的多次冲突。4月23日在沙滩上举行的一次抗议聚会，遭到警棍和枪击的驱散，3人死亡。和平进占盐场的斗争在全国产生了很大影响，国大党领导人一方面用参加者的英勇精神进一步鼓舞群众的斗志，另一方面以其为榜样号召全国人民恪守非暴力。

文明不服从运动空前激发了民众的爱国热情。在残酷的暴行面前，人们为捍卫国旗的尊严，表现出气吞山河的英雄主义气概。在安德拉，托塔·奈拉赛亚·奈都宁愿被15个警察打得不省人事，也不愿放弃国旗。在卡利卡特，克里希纳·皮莱伊以同样的决心遭受了警棍的殴打。在苏拉特，一群孩子竭尽全力守护着国旗。由于手中的国旗总是反复地被警察抢夺，孩子们便将三色国旗缝在他们的土布衣服上。于是，这些"活国旗"胜利地在大街上游行，以反抗拿走国旗的警察。象征着新精神的国旗，成为了甚至在遥远村庄都可以见到的一道普遍的风景。大人和孩子们也经常围在一起，高唱民族主义歌曲，这几乎成了村庄和城镇里的一条不成文的规定。

尤为引人注目的是，印度妇女以空前姿态投身于民族运动洪流之中。甘地的妻子，贾·尼赫鲁的妻子、母亲和两个妹妹都带头加入运动，并做妇女发动工作。当时，国大党被宣布为非法组织，国大党领袖大多数被捕入狱，印度历史上从未有过的一个动人场景出现了：印度妇女来到前线，开始担负起斗争的重任。她们以排山倒海之势而来，像千军万马的洪流不顾政府的命令和警察的棍子汹涌而来，这不但使英国政府而且使她们自己的男同胞也感到惊讶，并非仅仅由于她们所表现的勇敢和决死的精神，更令人惊奇的是她们所表现出来的组织能力。例如，贾·尼赫鲁的妻子卡玛拉虽然体弱多病，但毅然出任阿拉哈巴德国大党区委主席，四处奔走，以巨大的能力、热情和勇气，组织文明不服从运动，领导游行示威，勇敢地面对警察的警棍和子弹。几个月内，她成了阿拉哈巴德的骄傲和印度妇女的象征。1931 年 1 月 1 日，卡玛拉被捕入狱。对此，她感到骄傲，她向一位新闻记者声明："能步我丈夫后尘，我深感高兴和自豪，希望我国人民不屈不挠继续斗争。"①贾·尼赫鲁也以赞赏的口吻写道："我的妻子卡玛拉除了参加纠察队外，还担任其他一些事，她积极参加阿拉哈巴德市和各区的运动，我虽然多年来很了解她，对此我也不免大为惊奇。"她身体不好，可是她仍然整天在太阳下东奔西跑，表现出惊人的组织能力。这是当时无数妇女的缩影和写照。

从甘地开始制盐起，英印当局便颁布特别法令，禁止群众集会和游行示威，在城乡实行戒严，随意逮捕和监禁印度人，还设立特别法庭，不经正常手续即可宣布死刑。1930 年 4 月 14 日，贾·尼赫鲁被捕入狱，10 月 11 日出狱，10 月 19 日再次被捕入狱。随后，甘地的秘书、他的两个儿子被捕入狱。5 月 4 日，甘地本人被捕入狱。6 月，国大党被宣布为非法组织。6 月 30 日，莫·尼赫鲁被捕入狱。7 月，67 家报纸和 55 个出版社被查封。后来，贾·尼赫鲁妻子也被捕入狱。据统计，1930 年的后 10 个月和 1931 年中，共有 9 万多人相继被捕入狱，其中包括妇女和儿童。在有些地方，军队和警察把整个村庄烧掉，在农村军队甚至施放毒气弹。当局的镇压行径，引起印度人民更强烈的反抗。工农运动以更大的规模发展，一些地方甚至爆发了武装起义。

三、武装起义

1930 年 4 月中旬后，随着文明不服从运动进一步发展，有些地方

---

① P. Kalhan, *Kamala Nehru: An Intimate Biography*, New York: Harcourt, Brace & World, Inc., 1973, p. 46.

开始转化为武装起义。主要有吉大港武装起义、白沙瓦武装起义、绍拉浦尔武装起义等。

1. 吉大港武装起义。孟加拉吉大港武装起义是由秘密革命组织"吉大港共和军"谋划和发动的。早在第一次世界大战期间一度活跃的秘密革命组织,于 1928 年在旁遮普、联合省、中央省、比哈尔和奥里萨等地恢复了活动,同时也出现了一些新组织。其中最重要、影响最大的秘密革命组织是孟加拉的"吉大港共和军",由苏里亚·森和安比卡·查克拉瓦蒂组建。"吉大港共和军"制订了广泛的起义计划,准备先在吉大港发难,然后在孟加拉全省发动反英武装起义。具体计划为:占领吉大港两个军械库,夺取武器,把大批革命者组建成一支武装部队;破坏吉大港的电话和电报系统;切断吉大港与孟加拉其他地区之间的铁路交通系统。

1930 年 4 月 18 日晚上 10 点,65 名革命者分组行动,夺取军火库,占领警察局,切断通讯联络,破坏铁路交通,以防止外来援军进入。起义者高喊"印度万岁"、"打倒帝国主义"和"建立甘地政权"等口号。苏里亚·森身穿长大衣,腰缠洁白土布带,头戴笔挺熨烫帽,行过军礼后,在欢呼声中升起国旗,宣布"临时革命政府"成立。起义者控制吉大港全市达数日之久,但由于疏忽没有攻占港口设施,给英军留下了反扑的阵地。退到港口的英军与加尔各答联系,得到增援后开始反扑。在打退英军数次进攻后,起义者力战不支,退往贾拉拉巴德山。4 月 22 日下午,几千名英军士兵在贾拉拉巴德山包围了他们。一场激战过后,80 多名英军和 12 名革命者战死沙场。苏里亚·森决定把革命者分散到邻近的村庄。在那里,他们形成了小分队,并对政府人员和财产进行突击搜查。尽管当局采取了镇压措施和搜查行动,但是村民们为逃亡的革命者提供食物和藏身地,长达 3 年之久。最终,苏里亚·森于 1933 年 2 月 16 日被捕,并于 1934 年 1 月 12 日被绞死。他的许多战友被捕,并被判处长期监禁。吉大港武装起义对孟加拉人民产生了巨大影响。正如一官方出版物所言,这次武装起义"点燃了有革命思想的青年的想象力",并"使许多人源源不断地涌入各种恐怖主义团体"。① 1930 年至 1932 年这 3 年间，共有 22 名英国官员和 20 名非官员被杀。吉大港武装起义中的一个显著特点是年轻女性大规模地参加运动，在苏里亚·森的领导下，她们为革命者提供庇护，担任信使和看管武器，并且拿枪与敌人战斗，直至献出生命。吉大港武装起义是秘密革命组织自成立以来，在印度发动起来的第一次也是唯一的一次起义，"吉大港共和军"放弃了个人恐怖主义手段，走上武装斗争道路，并在群众中进行宣传和组织工作，动员工农群众参加斗争。他们的行动是一个针对殖民国家机构的团体行动，而不是个人英雄主义行为或者个人暗杀行为。他们清楚地知道，武装起义终将被殖民者镇压，但是他们不愿只做历史的匆匆过客，而是希望给印度人民树立一个暴力反英斗争的榜样，用自己的行动推动人民斗争的进一步开展。正如卡帕娜·乔希所说，吉大港武装起义的目标是：政府会派部队来夺回吉大港，起义者将奋战至死，从而创造一个传奇，为国人树立榜样。也正如苏里亚·森所说，一群有献身精神的年轻人必须找出一条有组织的武装斗争路线来代替个人恐怖主义，在这个过程中我们很多人都会失去生命，但为了这项崇高的事业，我们的牺牲是有价值的。

2. 白沙瓦武装起义。在吉大港起义的同时，西北边境省劳动群众也开展了大规模的武装起义，其中心地区是白沙瓦。与吉大港起义不同，白沙瓦起义是群众自发进行的，是由不服从运动转变而成的。起义的导火线是群众要求当局释放被捕的国大党领袖阿卜杜尔·加法尔汗。阿卜杜尔·加法尔汗是甘地的信徒，号称"西北边境甘地"或"边疆甘地"，属于普什图人(亦称帕坦人)。普什图人富于反抗传统，在 1919 年曾同他们的同族人阿富汗人并肩抗英。白沙瓦起义前，阿卜杜尔·加法尔汗组织了民族主义政党"普什图党"(亦称"帕坦党")，并在乌特曼泽成立了义勇队(亦称"志愿队")。这支义勇队仿照国大党志愿队，自称"真主之仆"，起初穿白色衣服，后因白色易脏改用红色砖粉浆染成红色，被称为"红衫军"(亦称"红衫团"或"红衫党")。"普什图

---

① Nitish Ranjan Ray, eds., *Challenge-A Saga of India's Struggle for Freedom*, New Delhi: 1984, p. 51.

党"号召民族团结抗英和争取改善劳动人民生活的主张，得到农民群众拥护。到1930年末发展到8万人，1931年集体加入国大党。

虽然阿卜杜尔·加法尔汗要求党员恪守非暴力原则，但是随着公民不服从运动的发展，运动于1930年4月23日转变为武装起义。此日，当局拘捕阿卜杜尔·加法尔汗等领导人，激起民愤。数以万计的手无寸铁的市民、工人、学生和来自边境的普什图农民聚会抗议，要求当局释放国大党领袖。当局派装甲车前来镇压，装甲车在人群中横冲直撞，当场死亡21人，于是，白沙瓦各地相继爆发了武装反抗事件。人们到处设立路障，焚毁装甲运兵车，在冲突中，又有2000余人遭到军警惨杀。起义期间，印度皇家第18步兵团中的两营士兵在昌德拉·辛格号召下倒戈，转到起义者一边。当局害怕引起更多士兵哗变，急忙解除当地所有印度士兵的武装，并把所有武装力量撤出白沙瓦。起义者控制全市两个多星期。5月初，帕坦人阿弗雷迪部落和莫曼迪部落也举行起义，占领了英姿玛尔坎德经理行的设防中心和沙巴卡达尔镇，并向白沙瓦推进。5月中旬，殖民者调动了驻西北边境省2/3以上的英军进攻白沙瓦，白沙瓦起义被镇压下去。但帕坦部落的起义斗争仍在继续，5—8月，阿弗雷迪部落起义者三度围攻白沙瓦，殖民当局调动正规军进行血腥镇压。仅8月4—16日期间，印度皇家空军的6个飞行中队不分日夜地轰炸阿弗雷迪部落的和平村庄，累计飞行长达1835小时。在当年的日内瓦裁军会议上，英国代表安·艾登对此辩解说："用于警察目的的空中轰炸式完全必要的。"[①]殖民当局在西北边境省的军事行动一直持续到1931年底。

3. 绍拉浦尔武装起义。白沙瓦起义期间，孟买的绍拉浦尔又爆发了起义。这次起义也是参加文明不服从运动的群众在遭到当局镇压时揭竿而起的，性质与白沙瓦起义相同。1930年5月8日，在孟买省纺织中心绍拉浦尔，国大党地方委员会领导民众举行反英示威游行，遭到殖民军警的武装镇压，100多人被打死打伤。总督欧文电贺军警"表

---

① Shive Kumar, *Peasantry and Indian National Movement*, *1919-1933*, Meerut: Anu Prakashan, 1979, p. 187.

现英勇"。为了回答军警的暴力镇压，工人志愿队领导民众摆脱了国大党的控制，举行了武装起义，焚烧了1处军火库、6个警察局和殖民政权机关的建筑物。英国人躲在火车站里顽抗，被起义民众包围。起义者建立了自己的革命政权，并控制了全市。殖民当局承认，绍拉浦尔起义是1930年印度人民最成功的武装斗争。因此，当局在印度境内封锁消息。不过，印度人民仍然在一定程度上了解到事实真相，并开展了支援性斗争，其他大工业中心也爆发政治罢工，绍拉浦尔郊区农民也起而烧毁警察所，给殖民当局造成了严重威胁。起义者还得到了英国工人阶级和英国共产党在道义上的支持。英印当局派出英军约克夏团和印度皇家阿尔斯特联队2000人前往镇压起义。起义者奋起反抗，展开激烈巷战。5月16日，起义被镇压，殖民者控制了局势。起义领导者被交付军事法庭审判，许多工人领袖被绞杀，不少起义者被判长期监禁。

除了上述几个地区的起义之外，在米曼辛格、加尔各答、卡拉奇、勒克瑙、木尔坦、拉瓦尔品第、马尔丹等地，也发生了规模不同的暴力冲突。这些起义或暴力冲突加强了文明不服从运动的打击力量，使全国形势更加紧张化。除了对起义力量实行血腥屠杀外，殖民当局竭力玩弄欺骗手腕，诱使国大党停止文明不服从运动。

四、运动的中止

1930年6月，英国政府发表了西门调查团报告书，许诺实施新的《印度政府组织法》，宣布将在伦敦召开有印度各党派和各界代表参加的圆桌会议，由英国政府和印度各政党各界人士一起制定印度下一个宪政改革方案，并声明最终给予印度自治领地位。甘地向欧文提出3点要求：(1)正式脱离英国统治，建立一个直接向印度负责的全民国家政府。(2)该政府应有统辖印度军队和管理印度财政的全部权力。(3)依法处理英国对印度的全部不公正要求。甘地的要求遭到欧文的拒绝，于是，国大党决定抵制圆桌会议。

1930年11月至1931年1月，第一次圆桌会议在伦敦召开。参加会议的有穆斯林联盟、印度教大会、锡克教派、自由派、"不可接触者"领袖以及英国当局指定的土邦王公代表。由于没有国大党参加，第一次圆桌会议成了一台没有主角的滑稽戏。这样的会议不能如英国统治者所预期的那样，削弱甚至瓦解文明不服从运动，会议没有取得任何结果。英国政府认识到，英国人要想在印度获得一个安逸的统治环境，国大党是不可或缺的谈判对象。在英国当局的授意下，自由派的萨普鲁等往来穿梭于甘地所在监狱与政府大厦之间，沟通信息，进行斡旋。随后，1931 年 1 月 26 日，总督下令无条件释放甘地和贾·尼赫鲁等国大党领袖，并撤销对国大党工作委员会活动的禁令。2 月 5日，莫·尼赫鲁不幸病逝，他带着终身遗憾离开了人间。他曾表示："如果我非死不可，让我死在一个自由印度的怀抱里。"①甘地与其他领导人反复磋商，最后决定由甘地与总督直接谈判。甘地和国大党领导人之所以同意谈判，是因为他们看到，不服从运动按甘地的部署已经展开，已达到高潮，但并不能压垮殖民统治者；群众虽斗志高昂，但难以经受持久的镇压，运动势头已出现减弱趋势。

　　1931 年 2 月 17 日，甘地与欧文在德里举行了会谈。甘地提出释放政治犯、停止迫害、发还文明不服从运动参加者被没收的财产、恢复因政治原因被撤职者的工作、准许自由制盐和调查警方暴行等条件。欧文只同意释放政治犯、讨论新的《印度政府组织法》，但拒绝赔偿受害者的经济损失，拒绝处分警方暴行或讨论印度独立问题。经过艰苦谈判，双方于 3 月 5 日在德里签订"休战协议"，即《甘地—欧文协议》，亦称《德里协定》。协议中，欧文接受了国大党的部分要求，如停止镇压、废除一切有关戒严的法令、释放政治犯等，但继续垄断食盐专卖。甘地同意停止文明不服从运动，参加第二次圆桌会议。协议还宣布国大党为合法组织，并规定抗税者被没收的土地和财产只有在"不再抗税"的条件下才能物归原主，实行关税保护政策但不得排斥英货。

　　这是一个双方都有让步的协定，但甘地退让的太多，所得甚微，

---

① 　[英]杜德：《今日印度》下册，黄季方译，北京：世界知识社，1953 年版，第 78 页。

既没有提到印度独立问题，连食盐专卖法也仍继续有效。文明不服从运动开展了一年多时间，几乎又回到了原地。《德里协定》是《巴多利决议》在新形势下的重演。协议公布后，全国一片哗然和沮丧。《德里协定》引起印度社会各阶层人民的强烈反对，一些省份国大党人提出坚决的反对意见，印度民众也纷纷举行抗议性集会。

贾·尼赫鲁对该协议深感不满，与甘地进行讨论和争执。甘地坚持认为，作为一个非暴力抵抗主义者，他应该利用任何一个通向和平的途径。他想纠正吉大港、白沙瓦和绍拉浦尔起义偏离了非暴力原则的行为，也想用停止文明不服从运动为代价来换取殖民当局释放被捕者。甘地力图使贾·尼赫鲁相信他并未放弃原则，也未使印度丧失任何主要权益，他的解释很勉强，未能说服贾·尼赫鲁。贾·尼赫鲁痛苦地自问："难道我们一切英勇的言行就这样结束了吗？一再重复的国大党的独立决议和1月26日的誓言也就这样完结了吗？"他沉思万千，心中无限空虚，感到好像失去了某种珍贵的东西，而且几乎无法挽回。但是，木已成舟，甘地已经放弃了独立斗争，即使不同意，又有什么办法？难道把他推翻？和他决裂？宣布他们之间的分歧？这样做可能使个人得到一些满足，但对最后的决定并无影响。几天之内，贾·尼赫鲁犹豫彷徨，无所适从，协定已经缔结，无可挽回，与其独自伤悲，还不如接受既成事实，对协定进行最有利的解释。因此，在经过尖锐的思想斗争和精神痛苦之后，贾·尼赫鲁决定接受《德里协定》，并全心全意为之工作。

3月29日，《德里协定》签署3周后，国大党在卡拉奇召开特别会议，讨论该协定。甘地赴会途中，不断遇到打着黑旗的人们的抗议。大会上，争论也很激烈。但大会仍然批准了《德里协定》，并授权甘地代表国大党参加第二次圆桌会议，同时重申国大党的奋斗目标是完全独立。为了得到各阶层人民的支持，平息党内左派的愤怒并避免党的分裂，卡拉奇大会也通过了贾·尼赫鲁起草并得到甘地支持的《基本权利和经济与社会变革决议》。决议指出：为了消灭对群众的剥削起见，政治自由必须把千百万饥饿者的真正经济自由包括进去。决议规定：

言论、信仰、思想和集会自由；不分种姓、宗教或性别，法律面前人人平等；保护地区语言与文化；消灭不可接触制和种姓制；世俗国家；实行成人普选权；实行初级义务教育；产业工人的"生计工资"，限制工作时数，失业和老年保险；保护女工，提供充足的产假；禁止雇佣学龄前儿童；工人有组织工会的权利；累进所得税和遗产税；削减地税和地租；主要工业和公共设施、矿产、铁路、水路、航运实行国家所有或控制。

《基本权利和经济与社会变革决议》是贾·尼赫鲁等为首的左翼民族主义者的主张首次被国大党最高会议所采纳，被民族民主运动部分接受的第一个具体例证，它在当时是一个广泛的、超出了纯政治目标的国大党纲领，成为自由印度的福利目标。后来印度的1951年国民计划和1955年的"社会主义类型的社会"决议，都可以追溯到1931年的卡拉奇决议。贾·尼赫鲁写道："一直到现在为止，国大党仅仅考虑到民族问题，并且除了鼓励农村手工业和国货运动外，一向避免接触经济问题。在卡拉奇大会决议中，国大党朝着社会主义的方向跨了一步——很短的一步，主张将主要的工业及服务性的事业收归国有，并实行其他各种方案，以减轻贫苦人们的重担，相应地增加富有的人们的负担。"[①]该决议团结了国大党内的各派力量，稳定了国大党在人民群众中的地位。

几乎与国大党卡拉奇大会同时，工农党第二次代表大会和全印青年联盟第二次代表大会也相继举行，并发表决议，谴责《德里协定》，反对国大党参加第二次圆桌会议。决议提出了工人罢工和结社权利，消灭地主土地占有制，甚至提出工人阶级在独立运动中的领导地位。不过，在基本要求方面，却和国大党是相同的。

五、运动的恢复与停止

1931年8月底，甘地赴伦敦参加第二次圆桌会议。贾·尼赫鲁为

---

① ［印度］贾·尼赫鲁：《尼赫鲁自传》，张宝芳译，第302页。

甘地送行，从此他们便一别两年。

会议前夕，英国工党联合政府解散，主张对印度采取强硬政策的保守党在联合内阁中势力大增。保守党人主张，只有在各宗教各党派和表列种姓权利等问题获得圆满解决后，才能考虑讨论印度自治等问题。这种谬论的实质正如贾·尼赫鲁所指出的：在宗教团体问题后面，隐藏着政治上的反动。

甘地在会上号召各宗教团体和种姓之间团结起来，为印度自治这个共同目标而奋斗。他指出：宗教与种姓纠纷即使不是在外国统治下产生的，也是由于在外国统治下加深的；同时，这种纠纷的冰块一定会在自由的阳光下融化的。尽管甘地作了许多让步，甘地的建议都被否决。英国政府指派的穆斯林代表和"不可接触者"代表同英印混血儿、印度基督教代表达成了分裂协议。操纵会议的英国政府借口印度代表的分裂，于是提出少数民族问题由英国政府通过立法途径解决。甘地对这个建议和其他建议，都一概拒绝。

第二次圆桌会议显然是个骗局，被英国当局弄到会上来的王公、地主、教派主义者、自由主义分子更关心的是依靠英国庇护，维护自己的狭隘集团的利益，对国大党则竭力牵制，不希望其势力发展。会议接触不到问题的实质，却在枝叶问题上争吵不休，毫无结果。这正是英国统治者殚精竭虑安排圆桌会议的用心所在，既能迁延时日，拖垮运动，又能把达不成协议的责任推到印度人自己身上并加剧他们之间的冲突。1931 年 12 月 18 日，圆桌会议结束，甘地两手空空，愤然回国。

甘地在伦敦参加圆桌会议期间，发生了一些小插曲。会议间隙，卓别林拜访了甘地。《时代》杂志（1931 年 10 月 5 日）对此次会面作了如下报道："当他的印度友人奈都夫人告诉他：'著名的卓别林先生想见你。'甘地显得一脸茫然，问道：'他因何著名？这位卓别林是谁？'这位电影演员整个周末都和那位好战的国会议员温斯顿·丘吉尔待在一起，而丘吉尔公开反对印度独立。丘吉尔称甘地为'半裸体的滋事生非的苦行僧'！或许卓别林被丘吉尔预先洗脑了，刚介绍完毕便向甘地提了一连串的问题：'为什么你要捍卫像手纺车这种粗制的设备呢？所有发明都是人类的遗产，应该被允许用来帮助人类减轻负担。我完全反对废除机器的使用！'纺纱工甘地回答说：'手纺车和手织机对印度大众是必不可少的，它们给印度人民提供了工作机会。印度的现代机器让印度人民过分空闲。而且，我们生产的东西可能超出我们的需要，从而由于我们生产过剩而使得世界其他一些地区的人变得无所事事。'突然，圣人甘地掏出怀表，宣布已到晚上7点钟——祷告的时间到了。卓别林十分感动，跪下一同祷告，在长时间的印度教祷告时他几乎纹丝不动。祈祷之后与圣雄甘地又聊了一会，分手之后卓别林唏嘘不已地告诉记者：'甘地是个了不起的人物，实在了不起！他真是一个伟大的国际人士！而且，他也是一个伟大的戏剧性人物！'"会议后，国王乔治五世接待了甘地。国王直截了当地问甘地："你为何抵制我儿子？"（指的是1921年威尔士王子访问印度时，甘地组织了抵制活动）甘地立刻回应："并非抵制您儿子，也并非抵制国王陛下，而是抵制英国王室的官方代表。"他离开白金汉宫时，记者对他会见国王时的衣着打扮表示惊愕。他不动声色地回答："国王陛下的衣着足够我们两个人了！"后来，在他下榻的金斯利馆附近，一群年轻人向他搭讪："嘿，甘地，怎么看不到你穿裤子啊！"他开怀大笑着回答："你们穿遮腿裤，我们穿露腿裤！"赛珍珠这样评论甘地的幽默："甘地不仅是一位圣人，而且是一个幽默大师。这二者很少结合在一起，但是一旦结合，其产生的效果无可匹敌。"①

甘地返抵印度前，英印政府已经片面撕毁《甘地—欧文协议》，开始大规模镇压印度民族运动。贾·尼赫鲁已经被捕入狱，被判2年监禁。在联合省、西北边境省和孟加拉，监狱里关押了大批国大党人、志愿服务队员和抗税的农民。殖民者的镇压激起印度人民更大的反抗，联合省、西北边境省和孟加拉等省国大党人领导当地人民开展抵制英货，酝酿发动抗租抗税斗争，同时不断呼吁国大党重新开展文明不服

---

① ［印度］帕斯卡尔·艾伦·纳扎里斯：《甘地：杰出的领袖》，尚劝余等译，北京：商务印书馆，2012年版，第51～52页、第108～109页。

从运动。以贾·尼赫鲁和苏·鲍斯为首的国大党左翼和大部分基层组织也认为,只有重新深入广泛地开展文明不服从运动,才能迫使殖民者退出印度。国大党授权甘地同新任总督威灵顿会谈,然而威灵顿拒绝会谈,同时宣布国大党为非法组织。

国大党别无选择,只有开展新的反抗斗争。1932年1月1日,甘地主持国大党工作委员会,决定恢复文明不服从运动,但只限于国大党员以个人名义参加,进行有限的文明不服从运动。这次殖民当局先发制人,突然出击。1月4日,总督下令逮捕甘地和国大党主席帕特尔,继之实行空前未有的高压措施,连续颁布实施《紧急权力法》、《取缔非法煽动令》、《取缔非法集会令》和《禁止干涉及抵制外货令》等4项镇压法令。国大党各种附属组织——农民协会、青年联盟、学生联合会等均被宣布为非法,各组织办公处被查抄,财产被没收,经费被冻结。禁止新闻媒体使用印度民族文字,严令工农群众不得参加国大党的活动,不准商店按国大党要求实行罢业。国大党许多重要领袖还没有来得及开展斗争就锒铛入狱。据当局统计,1月份被捕者14800人,2月份17800人。到4月份,据报纸披露,被捕者多达66646人,其中包括妇女和儿童5300人。而据国大党估计,被捕者约达8万人。

国大党对殖民当局的严酷镇压没有思想准备,而殖民当局则早有预谋。这种猝不及防的铺天盖地的镇压,使文明不服从运动虽宣布恢复,实际上并未真正重新大规模开展。虽然如此,面对这种残酷的形势,工农大众和国大党依然自发地举行各种集会,取缔酒店和专营外国布的商号,封锁外资金融机构,出版"非法"报刊,在政府机关建筑物上升起国大党党旗,私制食盐,搜缴鸦片,围困殖民机关,拒缴各种赋税。"当局仅酒、盐、鸦片3项税收,就减少收入达2.5亿卢比"①。国大党工作委员会还举行了一系列政治纪念活动,如阿姆利则惨案民族周、全印自产日、全印囚徒日等。

除镇压之外,英国政府又利用"不可接触者"问题玩弄新的分化瓦

---

① B. P. Sitaramaypa, *History of Indian National Congress*, Vol. 2, Bombay: Padma Publications, 1947, p. 693.

解阴谋。在第二次圆桌会议上，关于少
数教派团体未来的选举办法因意见对立
没有结果。1932 年 8 月 17 日，英国首
相麦克唐纳就此发表裁决书，除继续规
定穆斯林单独选举区外，还规定为"不
可接触者"设立单独选举区。甘地在狱
中得知这一消息后极为震惊，他认为提
高"不可接触者"的地位不在于保留议会
席位，而在于努力革新印度教。他写信
给英国首相，宣布反对"不可接触者"单
独选举制，并为此从 9 月 20 日开始"绝
食至死"。许多地方发生了群众游行示

安倍德卡尔

威，要求政府取消决议，并向甘地表示慰问。在甘地绝食的日子里，
全国印度教寺庙破例为"不可接触者"开放，为甘地的健康祈祷。在舆
论的压力下，印度教领导人和"不可接触者"领袖安倍德卡尔紧急协商，
于 9 月 24 日就"不可接触者"在未来立法会议中的席位问题达成协议，
安倍德卡尔放弃了为"不可接触者"设立单独选举区的要求。这一协议
的内容电告麦克唐纳后，他也只好宣布撤销这项裁定。9 月 25 日，甘
地和安倍德卡尔达成《浦那协定》，放弃单独选举区的要求，各省立法
机关为"不可接触者"保留 148 个席位，这个协定获得当局的认可。同
时，全印宗教领袖通过一项决议，在印度教中不应存在"不可接触者"，
今后"不可接触者"享有与普通印度教徒平等的权利。于是，甘地于 26
日停止绝食。关于这次绝食。费舍尔写道：甘地具有"艺术家"的天才，
能够触动寓于人的灵魂深处的心弦，他的绝食触动了印度教徒的心，
绝食开始的前一天，阿拉哈巴德的 12 座印度庙第一次对哈里真（即"不
可接触者"）开放，绝食开始到 9 月 26 日的每一天，以及随后从 9 月 27
日到 10 月 2 日甘地生日的"反不可接触制周"的每一天，大批圣地都取
消了对哈里真的限制。

文明不服从运动的重心已经转向了废除不可接触制运动。甘地号

召建立了"不可接触者同盟"和"不可接触者之仆协会",创办了《哈里真》报。他认为,"不可接触者"应当有做人的平等权利,不应称为"不可接触者",应称为"哈里真",即神的子民。为此,国大党把 1932 年 12 月 18 日定为印度"全国反对歧视不可接触者种姓日",把 1933 年 1 月 8 日定为"不可接触者进庙日"。为了呼吁解放"不可接触者",甘地于 1933 年 5 月 8 日起开始 21 天的自洁绝食,他称这次绝食是诚心为他自己和同事涤除罪恶而祈祷,以期对哈里真事业更大的警觉和注意。殖民当局不愿承担甘地绝食的后果,就在甘地开始绝食的当天释放了他。甘地以在他绝食期间国家将处于"惶惶不安的状态"为由,宣布中止文明不服从运动 6 个星期,后来中止期又延长 6 个星期。甘地在狱外坚持完成 21 天自洁绝食,绝食期间,全国情绪波动。贾·尼赫鲁认为哈里真运动妨害了文明不服从运动,而甘地宣布中止运动则是对独立事业的致命打击,因为"不能拿民族斗争开玩笑,随便发动,随便中止"①。

1933 年 7 月,甘地在浦那召集国大党工作委员会非正式会议,讨论如何开展下一步反帝斗争。浦那会议没有认真讨论当前的形势和目标,只是讨论群众性文明不服从运动和个人文明不服从运动到底哪一种好,秘密的文明不服从运动和公开的文明不服从运动哪一种好。会议最终决定停止群众性文明不服从运动,开始个人文明不服从运动,并禁止一切秘密活动。甘地决定带头发动个人文明不服从运动,他通知当局他将于 8 月 1 日开始对古吉拉特农民宣传和平抵抗运动,结果以煽动罪被捕,被判 1 年监禁。甘地要求允许他从监狱中指导哈里真运动,遭到政府拒绝。于是,甘地宣布从 8 月 16 日开始再次"绝食至死"。绝食 1 个星期后,甘地病危,政府怕甘地死在他们手上,因此将甘地假释出狱。甘地宣称,他仍然是有 1 年刑期的囚犯,因此在 1934 年 8 月刑满前不参加政治运动,而是全力以赴于哈里真事业。9 月,甘地开始穿行全国的哈里真基金旅行,这次远游持续了近 9 个月,行

---

① [印度]贾·尼赫鲁:《尼赫鲁自传》,张宝芳译,第 435 页。

程1.25万英里，为哈里真事业募集了80万卢比资金。1934年初，比哈尔发生大地震。甘地在《哈里真》上发表声明，说地震是神对不可接触制罪孽的惩罚。贾·尼赫鲁因母亲病重，被提前开释出狱。他参加了比哈尔地震后的救济工作。当他疲惫不堪地回到家里的第二天傍晚，因"煽动罪"被捕，被判处2年监禁。这是他第7次入狱。

　　1934年3月，国大党工作委员会在德里开会，这是自1931年以来第一次正式召开的会议。贾·尼赫鲁等主要国大党左翼领袖都在监狱，当时领导国大党的是安萨里和罗易。会议认为，如果不无条件地停止文明不服从运动，当局就不会撤销镇压性立法，因此决定取消文明不服从运动，走自治党人议会斗争的老路。甘地对此表示赞同。4月，甘地发表声明，停止文明不服从运动。他在声明中说，群众还没有理解"萨提亚格拉哈"的任务，"萨提亚格拉哈"必须每次限于一个合格的人，在目前形势下，只有一个人，就是甘地自己，应暂时负起"萨提亚格拉哈"责任，并建议国大党员学习自制和安贫的艺术与美德，投身于反对不可接触制、发展手纺手织、增强教派团结、从事戒酒戒毒等活动。10月，国大党孟买年会正式决定停止文明不服从运动。这样，1930—1934年的文明不服从运动，几经波折，数起数落，最终卸下了帷幕。

　　1930—1934年的文明不服从运动，是甘地提出不合作策略以来开展得最好的一次运动，是直到印度独立甘地领导的这类运动的顶峰。这次运动把印度民族斗争推进到了以争取独立为现实任务的阶段，把独立思想传播到广大人民群众中，形成为鼓舞他们奋起斗争的强大力量；这次运动使国大党在群众中的威望大大增强，不但挽回了由于停止第一次非暴力不合作运动造成的不良影响，而且进一步提高了国大党在人民心目中的地位。这次运动也使殖民当局领略到了不服从这一斗争武器的威力，这是不合作运动中一种较为激烈的斗争形势，具有较之不合作运动更强的打击力量。殖民当局虽然能暂时抗拒印度人民的要求，但也不得不作出新的让步，表现在1935年《印度政府组织法》中规定实行省自治。

第八章　国大党省自治

随着 1934 年文明不服从运动的停止，印度民族运动阵营发生了新的分化。1935 年英国政府颁布新宪法，即 1935 年《印度政府组织法》，规定在印度实行省自治。省自治期间，国大党实行了一系列社会政治经济改革。围绕省自治，穆斯林联盟与国大党的关系空前恶化，导致穆斯林联盟走上分立主义道路，对印度独立运动产生了深远影响。

第一节　省自治的出笼

从 1932 年起，英国政府加快了印度宪政改革的步伐。1932 年 11 月，召开第三次圆桌会议，讨论印度宪政改革问题，草拟《印度政府组织法》。1933 年 3 月，发表关于印度宪政改革建议白皮书。1934 年 11 月，举行立法会议选举。1935 年 8 月，正式出台《印度政府组织法》。从而拉开了向省自治迈进的帷幕，印度民族运动也随之发生了新的变化。

一、民族运动路线之争

文明不服从运动停止后，印度民族运动再次陷入低潮。国大党在低潮时期应该采取什么样的路线，怎样才能摆脱当前面临的政治困境，又一次成为争论的焦点。民族运动阵营发生新的分化，出现不同潮流。[①]

以安萨里、阿萨福·阿里、萨提亚摩蒂、布拉巴伊·德赛等为首

---

① Bipan Chandra，Mridula Mukherjee，Aditya Mukherjee，K. N. Panikkar，Sucheata Mahajan，*India's Struggle for Independence*，*1857-1947*，pp. 311-314.

的新的司瓦拉吉党人，主张重新进入立法会议，参加定于 1934 年 11 月举行的中央立法会议选举。他们认为，在政治处于低潮消沉时期，国大党不能够继续大规模运动，那么为了保证政治利益和人民斗志，利用选举和立法会议渠道很有必要，这并不等于相信通过宪法政治来获取自由，而是意味着开辟一条新的政治战线来帮助巩固国大党，有组织地扩大它的影响，帮助人民为下阶段的大规模斗争做好准备。

左翼人士不赞同国大党重新进入立法会议，而是主张继续或重新采取非宪法的群众运动路线。他们认为，虽然文明不服从运动停止了，但是客观的革命形势和群众的革命情绪仍然保持着，国大党不应退却，而应采取进一步的措施发动群众，准备新的斗争。但左翼领袖贾·尼赫鲁尚在狱中，1935 年才获释。另一领导人苏·鲍斯也在狱中，后因病被提前释放，赴欧洲治病。左翼的主张未能集中反映出来。

面对右翼和左翼在民族运动路线上的分歧，甘地出面打破和化解了这种困境。他根据 20 世纪 20 年代非暴力不合作运动低潮时期取得的经验，同意司瓦拉吉党人重新进入立法会议的主张。他甚至为他们辩护，认为议会斗争固然不能带来自由，但国大党中由于这样或那样的原因不能进行非暴力抵抗或没有投身于建设纲领工作中去的大部分人不能无所事事。只要不限于合法主义泥淖，他们在低潮时期把自己的爱国热情发挥在议会工作上对民族事业有益无损。

结果，在甘地的指导下，1934 年 5 月在巴特那举行国大党全印委员会会议，同意国大党参加即将举行的立法会议选举，并成立议会局，着手从事准备工作。10 月，国大党孟买年会批准了这个决议。甘地在回应对此决议持批评态度的左翼人士时说，他希望大部分人不会因为立法会议的工作而受到影响，司瓦拉吉绝不会通过这种方式实现，而只能靠民众意识的全面觉醒来实现。

与此同时，甘地对尼赫鲁和左派人士担保说，停止文明不服从运动是受当时的政治形势决定的。但这并非意味着采取一种漂流不定的政策，或在政治机会主义者面前低头，或对帝国主义妥协。文明不服从运动停止了，但战斗仍在继续。他说，新政策建立在一个中心思想之上，即用和平行动加强和巩固人民力量。此外，他在 1934 年 8 月告诉尼赫鲁，他认为他有掌握时代脉搏的本领。另外，尽管面临来自拉贾戈帕拉查里和其他右翼领导人的压力，他还是力挺尼赫鲁当选勒克瑙国大党年会主席，以此安抚和满足左翼人士。

此时，左翼团体有了新的发展。在贾·尼赫鲁和苏·鲍斯等左翼领袖的影响下，一部分左翼人士于 1934 年 10 月在孟买成立了"印度国民大会社会党"，简称"国大社会党"，在国大党内形成了一个全印社会主义政党，宣布要在印度为实现社会主义目标而斗争。贾·纳拉扬当

贾·纳拉扬(左)

选为党主席。贾·尼赫鲁出狱后，国大社会党人邀请他加入该党并担任领导。贾·尼赫鲁婉拒了，因为从保持国大党团结考虑，如果置身于一个党内有争议的派别之中，将不利于维护党的团结统一。而且，国大党左翼中有相当部分人只是激进的民族主义者，并不赞成社会主义目标，如果参加国大社会党，将会失去这一大批追随者。不过，虽然没有加入国大社会党，但贾·尼赫鲁仍然被视为国大社会党的思想领袖。他与之保持密切关系，有时参加他们的会议，并发表讲话。正因如此，国大党右翼也常常指责他是国大社会党的后台。

在民族运动低潮期，面对左右翼在民族运动路线问题上的争执，特别是面对左翼势力的增强，甘地确信他同国大党中强有力的政治潮流已不协调。在这种形势下，甘地决定退出国大党，继续走他自己的路，从事建设性纲领工作。1934 年 9 月 17 日，甘地发表声明，表示将在形式上退出国大党。国大党各方人士多方挽留，他执意不允。10 月 28 日，在国大党孟买年会上，甘地正式宣布退出国大党。他说，退

出国大党后，可以"在思想上、言论上和行动上更好地为国大党服务"①。从 1934 年 10 月起，甘地退出国大党，潜心于农村手工业、卫生和基础教育等农村建设工作，直到第二次世界大战爆发。

甘地退出他一手改造的国大党，在国大党员和人民群众中造成了震惊和不解。实际上，甘地退出国大党是他独特思想体系与多数政治家之间矛盾分歧发展的必然结果。国大党多数领导人不满意他的领导思想与方式，他也不满意多数领导人的立场和方法。他在退党声明中指出，他本人与许多国大党员在非暴力问题、"不可接触者"问题、纺纱与土布等问题上存在分歧，特别是国大党内日益壮大的社会主义团体，与他的思想体系和领导方式格格不入。

既然知道自己已经控制不了国大党，他认为在组织上退出国大党是唯一可行的办法。国大党左翼和右翼都已经发展到他无法约束的程度，他感到无力要求国大党接受他的观点，而他自己也不想接受左右翼的主张。这样，与其在一个组织内都受约束，不如解脱这种约束各行其便为好。在组织上脱离关系后，还可在外部与党保持密切联系。

国大党接受了他退党，但要求他继续关心、指导国大党的活动。他退党后，仍被奉为党的最高领袖。国大党在涉及方针、政策、人事等重大决策时，都与他商量，取得他的同意而后行。他经常参加国大党领导机构的会议和年会，主动关心和指导国大党工作，在许多问题上起决定性作用。所以，甘地退出国大党不是退出国大党活动，更不是退出民族运动，只不过是退出国大党组织而已。

甘地在国大党和民族独立运动中的支配地位，并不在于他是否当主席，也不在于他是否留在党内，他是印度国大党和印度民族独立运动的精神领袖和有形无形的最高主宰。正如贾·尼赫鲁所说："甘地一向是国大党的常任太上主席，他在国大党内（当然也在全国以内）是一个比任何国大党主席还要重要的人物。虽然在印度的很多人在百般事情上可能和他意见不同，虽然他们可能责难他或者甚至为了某些特殊

①　D. G. Tendulkar, *Mahatma: Life of Mohandas Karamchand Gandhi*, Vol. Ⅲ, *1930-1934*, New Delhi: Publications Division, G. O. I., 1971, pp. 318-319.

的争点而与他分离，可是在印度的自由处于存亡关头而需要采取行动和斗争的时候，他们又会成群地向他奔来，并且把他看成是他们的当然领袖。"①

甘地在退出国大党前考虑了他的接班人问题，并公开说明了自己的想法。1934年，他对社会主义者领导人讲话时说到他在国大党中的地位，贾·尼赫鲁是他的接班人。后来，他说得更明确：尼赫鲁是他的接班人，在他离开后，贾·尼赫鲁将接替他的位置。甘地的想法国大党虽然没有正式讨论和作出相应决议，但是具有强烈的政治影响，事实上被国大党和人民群众所接受。甘地退出国大党后，贾·尼赫鲁就在处理国大党内外事务上日益发挥重要作用，当然最重要的事情还要请示甘地决断。

二、1935年《印度政府组织法》

1934年11月，印度举行了中央立法会议选举。结果，在给印度人的75个选举席位中，国大党得到45个，穆斯林联盟得到19个。国大党取得这样的成绩，反映了它在群众中的威望有了进一步的提高。同月，英国议会两院联合委员会发表印度宪政改革报告。12月，根据这个报告草拟了1935年《印度政府组织法》草案，提交英国议会审议。英国政府还希望得到改选后的印度中央立法会议讨论这个方案，企图用这种虚伪的"尊重印度民意"的形式，诱使国大党和印度其他政治力量接受。

新的中央立法会议在讨论《印度政府组织法》草案时，出现了尖锐的对立。官方成员和官方指定成员持赞成态度，而选举成员则几乎一致反对，认为这个法案是根本不值得接受的。然而，英国议会不顾印度中央立法会议的反对，于1935年7月通过了这个法案，8月2日获英王批准。实际上，不管印度立法会议是否通过，英国议会通过了就成了必须实行的法律。这就是1935年《印度政府组织法》。

① 尚劝余：《圣雄甘地宗教哲学研究》，北京：中国社会科学出版社，2004年版，第297页。

1935 年《印度政府组织法》凡 478 款，主要内容包括 3 部分：第一部分涉及国家体制；第二部分涉及省体制；第三部分涉及印缅分治。该法拟于 1937 年实施。

关于国家体制，该法案规定实行联邦制，即建立由英属印度 11 省和印度各土邦组成的印度联邦。联邦中设立由中央立法会议和国务会议（参政院和联邦院）组成的中央立法机关，前者相当于下院，后者相当于上院。中央立法会议 260 席中的 40％即 104 席由土邦王公直接指定代表参加，其余的 156 席除 6 席由总督指定代表参加外，都按分区选举产生。国务会议 357 席中的 33.3％即 125 席亦由土邦王公任命。这样，占全印度人口 25％的印度土邦，在整个中央立法机关中占去 33％以上的席位，而且议会两院所通过的立法只对英属印度有效，对土邦无效。该法还规定，土邦只缴纳未来全印度联邦税收的 10％。很明显，该法案的目的之一在于保存印度封建残余势力，竭力把它纳入中央政府的重要机关中去，以便作为英印统治的支柱。实际上，印度联邦政府权力非常有限，大权都操纵在总督手中。组成联邦政府的 10 名部长由总督任命，并向总督负责。总督的职能是防止任何对"和平"与"安全"的威胁，保证联邦政府财政稳定，保障土邦和王公的利益。总督还被赋予控制军队、警察、关税、外交，召集或解散立法机关，颁行法令和对各项立法的否认权、确认权或"自由处置权"。这样的印度联邦是毫无主权而言的。该法与 1909 年、1919 年的类似法案一样，印度的主权仍然属于英印总督和伦敦政府。

关于省体制，该法案规定实行省自治。这是殖民当局迫于民族斗争压力而不得不作出的一个较大让步，目的是拉拢民族运动右翼，削弱反帝斗争。法案规定，省立法机构选举产生，并降低了选民资产资格。小资产阶级、富裕农民甚至一些熟练工人，都得到了选举权。后来，按此法案登记的选民有 3 万多人，相当成人的 1/6。省政权由原来的双头政治体制改为统一的责任制政府，即由省立法会议中得到大多数席位的政党组织政府，由省督批准。省政府对省立法会议负责，可以在国家法律范围内行使职权。省督对省立法会议也操有像总督对中央立法会议那样的权限，可以否决省立法会议决议，解散省立法会议。对省政府的活动，省督也保留干预权力并有权解散省政府。实际上，被英国政府大肆吹嘘的省自治，既没有给印度"极大的民主"，也不是对印度资产阶级"最大的让步"。只不过是指定在孟买、孟加拉、比哈尔、阿萨姆、联合省和马德拉斯等6省成立两院制立法机关，在其余5省建立一院制立法机关而已。省政府的权力极为有限，只管教育、卫生、灌溉及公共事业。省督的权力炙手可热，大权独揽。

关于印缅分治，该法案规定，对英属印度的行政单位进行调整，将19世纪上半叶被英国殖民者征服后并入印度的缅甸从印度分离出来，实行印缅分治。此外，该法案还将原来作为一个省的比哈尔、奥里萨分别建省；信德地区从孟买省划出，成立信德省。这样，省的数目增加到11个，即孟买、孟加拉、比哈尔、阿萨姆、联合省、马德拉斯、奥里萨、信德、中央省、旁遮普、西北边境省。

其实，印度人民从1935年《印度政府组织法》中没有得到丝毫的民主权利。法案规定的选民人数虽有所增加，但由于财产及教育程度的严格限制，选民只能局限在占印度人口30％左右的社会上层人物中。法案还规定在印度实行团体选举法，即选民单位制。无论中央或省立法会议选举，在普通选举之外，都设立单独选举区。按照麦克唐纳裁定书，这样的单独选举区有10多个，如穆斯林选区、锡克教徒选区、欧洲人选区、地主选区、商人选区等。其目的在于制造印度社会内部的矛盾纠纷，使殖民者渔人得利。例如，印度的欧洲人只占印度人口的6％，而保留给他们的席位却占总席位的13.93％；在联合省立法会议的228个席位中，28％的席位即64个席位保留给了只占当地人口16％的穆斯林。其结果可想而知，不仅引起新的教派冲突，而且引起无休止的议会席位争夺战。这种利用印度宗教矛盾和社会集团矛盾加楔子的办法对英国统治有利，是英国殖民统治术"分而治之"的典型体现。因此，从1909年后，英国殖民统治者每次制定新的宪法改革法案，都要抛出单独选举区这一杀手锏。

1935年《印度政府组织法》不但与国大党提出的独立目标有天壤之

别，而且与印度各党派共同提出的自治目标也相距甚远。该法案遭到了印度社会各阶层的严厉批评和反对。共产党认为，该法案中的联邦制只是加强了土邦的封建反动势力与英国的联盟。穆斯林联盟从自身利益出发，对该法案加以谴责并提出自己的要求，认为该法案延缓和阻止印度建立责任政府，要求限制总督的权力并扩大各级立法机关的职权。国大党右翼认为，联邦制加强了印度封建势力和英国的专制统治；左翼认为，印度人民及其议会代表没有得到任何实质性权利。就连封建王公也害怕将来被合并于英属印度，害怕英属印度的民族运动因建立联邦而波及土邦，因而不愿接受联邦制结构。贾·尼赫鲁一针见血地指出，该法案是一部十足的"奴隶宪法"。[①]

由于印度各个社会阶层的反对，英国当局采取灵活策略，决定暂时搁置实施联邦制部分，从 1937 年 4 月 1 日起首先实行省自治部分，并定于 1937 年初实行省立法会议选举。英国当局同意实行省自治，是其长期战略的组成部分，有其一箭三雕的如意算盘。

第一，希望通过省自治重新恢复那些自由主义者和那些相信宪法途径且在文明不服从运动中失去民心的温和派的政治地位。与此同时，鉴于群众运动遭到严厉镇压，大批国大党人意识到法外手段的无效性和宪政主义的有效性。这促使他们放弃群众政治，转向宪法政治。国大党人一旦执政掌权，尝到权力的甜头之后，便不再会想重新回到群众运动政治道路上去。

第二，希望通过省自治在国大党宪政主义者和非宪政主义者、右翼和左翼之间制造不和与分裂。通过宪法以及其他方面的让步来抚慰国大党宪政主义者和右翼，诱使其落入议会游戏，鼓励其放弃煽动性的政治，与温和的自由主义者、地主以及其他保守派在宪政方面合作，以此提升他们在民族主义队伍中的分量。非宪政主义者和左翼会因此把宪政主义者和右翼的行为看成是与帝国主义的妥协和对群众政治的抛弃，因而使他们之间的矛盾更加尖锐。接着就可能出现两种结果，

---

① Michael Brecher, *Nehru: A Political Biography*, London: Oxford University Press, 1959, p. 90.

一是左翼人士主动脱离国大党，二是左翼人士因其激进的反右翼立场而被右翼踢出国大党。不管是哪种情况，国大党都会分裂和削弱。

第三，希望通过省自治在国大党内产生有力的省级领导人，使他们进而逐渐独立地使用行政权力，并尝试着去保护他们的行政特权，并能够慢慢成为政治权力的自治中心，从而使国大党被省级化和地方化。这样一来，国大党作为集中的全印度领导机构的权威就会被削弱。正如林里兹戈 1936 年所说："我们避免直接冲突的最大希望就是，用省自治的力量来摧毁国大党作为全印度革命工具的效力。"[①]

为了牵制和抵消民族运动力量，并使各种保守势力得以进入立法会议，殖民当局大力鼓励各地地主、教派势力建立地主党和教派政党，参加竞选。另外，在一些省，地方势力也组织起了一些地方性小政党。一时间，出现了许多具有不同色彩的地区小政党。其中，较有影响的有联合省民族农民党、旁遮普民族统一党、孟加拉农民大会党、孟买和中央省统一工人党。这些政党，有些是印度教的，有些是伊斯兰教的，也有世俗性质的。它们立即打起开场锣鼓，开始竞选活动。

第二节　省自治的实施

印度各政党踊跃参加省立法会议竞选活动，最终国大党取得最大胜利，凸显了国大党在印度民族运动中的优势地位。经过激烈争论，国大党出面组阁，在 8 个省掌权，成立省政府，实行省自治，推行一系列社会经济政治改革。

一、省立法会议选举

按照新法案规定，首先在印度举行省立法会议选举，然后由取得大多数席位的政党建立省政府，实行省自治。

国大党决定参加选举，但在竞选问题上，党内各派意见分歧很大。

---

① Bipan Chandra, Mridula Mukherjee, Aditya Mukherjee, K. N. Panikkar, Sucheata Mahajan, *India's Struggle for Independence*, 1857-1947, p. 319.

被贾·尼赫鲁称为"卫道士"的国大党右翼拒绝同左翼反帝力量或工农群众合作，企图用自己的候选人取代左翼代表，以便在执政后重走立宪参政，谋取一己私利的老路。以纳拉扬为首的国大社会党人极力排斥国大党右翼的影响，力陈以左翼人士作为国大党的候选人参加议会选举，企望他们执政后在印度实现社会主义。贾·尼赫鲁无疑支持国大社会党的政治主张，但也兼顾各派力量。

1936 年 8 月，国大党发表了贾·尼赫鲁起草的《竞选宣言》。宣言提出争取独立、废除 1935 年《印度政府组织法》、召开立宪会议以制定真正的宪法的要求。宣言指出，国大党参加省立法会议竞选的目的决不是与该法案合作，而是与之斗争，并设法废除之。宣言将变革现存土地关系和制定新的土地纲领提到首要地位，保证实行农业改革，削减地租地税，免除其中的不合理部分，减免农民债务。宣言保证产业工人的适当的生活水平，给工人以组织工会和罢工的权利，鼓励手工业。宣言还保证给妇女以平等权利，废除对妇女的歧视，保护女工。此外，宣言提出消灭不可接触制，给"不可接触者"以公民权，释放政治犯，解决教派问题。宣言基本反映了左翼的主张，同时也照顾到了中派和右翼的情绪，因此得到多数派和少数派的一致接受。

1936 年 12 月，国大党在法伊兹浦尔召开年会，贾·尼赫鲁任主席。大会正式承认了《竞选宣言》，通过了国大党参加竞选的决议，并通过了一个 13 点临时土地纲领，以代替以前的专心提倡的手纺手织。

贾·尼赫鲁代表国大党候选人到全国各地活动竞选，为争取国大党竞选胜利做了大量工作。在 4 个月时间里，他行程 5 万英里，足迹踏遍了每一个省，用了各种交通工具——飞机、火车、汽车、马车、牛车、自行车、轮船、木船，骑马、骑大象、骑骆驼，有时步行。每天召开多次群众集会，向农民、工人、商人、专业人员、学生、清扫工等各界群众发表演讲，近 1000 万人参加了他召开的集会，听了他的讲演。他不仅宣传与群众生活密切相关的问题，而且使他们认识印度之外的世界，向他们讲述中国遭日本侵略、阿比西尼亚被意大利征服、西班牙内战、法西斯主义在欧洲传播的危险、苏联的社会和经济建设。

贾·尼赫鲁的竞选活动促进了群众的觉醒，吸引了印度人民，为国大党竞选胜利奠定了坚实的基础。贾·尼赫鲁写道："选举运动真正有意义的特点是群众的觉醒。我们不仅将我们的要旨带给了 3000 多万选民，而且带给了几亿非选民。整个运动和选举本身展示了盛行全国的广泛的反帝精神。"[①]

选举于 1937 年 2 月进行。英属印度 11 个省的各主要政党、宗教团体和在印度的欧洲人等都参加了立法会议选举。结果，国大党获得了压倒多数的胜利。参加省立法会议选举者多达 1550 万人，占全体印度人数的 51％强。在 11 省中，国大党在马德拉斯、比哈尔、中央省、联合省和奥里萨 5 省中获得绝对多数选票；在阿萨姆、孟买、孟加拉和西北边境省 4 省中获得相对多数选票；只有在旁遮普和信德 2 省处于劣势。在各省立法会议总数 1585 个席位中的 1161 个竞选议席里，国大党共获得 711 席。其余席位则由穆斯林、锡克教徒、基督教徒、在印欧洲人、地主、工人、农民和"不可接触者"的上层人士获得。

穆斯林联盟竞选失利。在全部 11 省竞选中，穆斯林选区共 485 席位，穆斯林联盟仅得到 108 席，主要是在孟加拉、联合省、孟买和马德拉斯 4 省。在穆斯林人口占多数的旁遮普、西北边境省和信德，得票反而很少。在西北边境省，穆斯林联盟从指定给穆斯林的 33 个席位中未获一席。其主要原因是，激进的穆斯林认为穆斯林联盟太保守，转而投了国大党穆斯林候选人的票（国大党穆斯林得到 26 席，占穆斯林总席位的 5.4％）。印度教大会等组织，失败得更为惨重。印度教地方性地主政党和教派组织得票都极少，而亲英的自由同盟更是惨败，得票无几。

大选结果只是更加凸显了国大党在印度民族运动中的优势地位。产生这种局面的主要原因是，国大党的竞选宣言吸引了印度各阶层人民，广大的农民投了国大党的票，大部分工人、城市小资产阶级、资产阶级和一部分地主也投了国大党的票，共产党等左翼力量为加强反

---

① 尚劝余：《尼赫鲁与甘地的历史交往》，第 56 页。

帝力量的团结，大力支持了国大党的竞选活动。1937 年的竞选掀起了一次群众性反帝运动的高潮，到处举行了大规模的群众集会。选举表明，印度大多数选民在反对殖民统治的总体目标下，排除宗教、种姓、党派的偏见，团结到了国大党的周围。国大党同那些教派组织和临时拼凑起来参加竞选的"政党"相比，无疑是唯一拥有强大影响的全国性组织。这无疑是国大党获胜的重要因素之一。

二、省自治的成就

竞选获胜后，国大党面临着成立省政府的问题。这时，国大党领导层再次出现尖锐分歧。

以贾·尼赫鲁、苏·鲍斯、国大社会党和共产党为代表的各种左翼政治力量一致反对组织省政府，认为那将是转到与殖民当局在镇压和剥削人民方面合作的立场，与争取独立的目标不符，与争取废除1935 年《印度政府组织法》的既定方针相违背。贾·尼赫鲁指出，国大党如果组织省政府，就意味着"向帝国主义投降，与帝国主义镇压工具合作，成为镇压和剥削人民的帮手。意味着国大党将卷入殖民体系的议会活动，从而忘记自由、经济和政治公平、消除贫困等主要问题。那将是掉入一个我们很难再爬出来的陷阱"[1]。左翼主张国大党只利用立法会议进行斗争，同时大力加强发动和组织工农群众的工作，对国大党施加社会主义导向的影响，为重新发动大规模的群众运动作准备。

国大党右翼持相反态度，主张接受组织省政府的规定，认为组建省政府可以多少为群众做些有益的工作，体现国大党掌权与殖民统治的不同，有利于引导群众继续为实现国大党的目标而努力。此外，英国当局既然规定实行省自治，如果国大党不组织政府，它也会另找别的保守甚至亲英的党派组建省政府，这样于国大党不利，也于民族运动不利。国大党组建省政府，只要不忘根本目标，只要把它看作是低潮时的斗争方式，就只会有好处，不会有坏处。因此，他们认为，国

---

[1]　Bipan Chandra, Mridula Mukherjee, Aditya Mukherjee, K. N. Panikkar, Sucheata Ma-hajan, *India's Struggle for Independence*, 1857-1947, p. 320.

大党应该把大规模的群众政治运动与在立法机关和各部门的工作联合起来，改变不利的政治环境形势。换句话说，在他们看来，左翼和右翼所争论的并不是原则之争，而是策略之争。

在左右翼两派相持不下的情况下，甘地站了出来。他将 1935 年法案视为适时的暂停站，赞成组建省政府，但以省督保证不干涉省政府在合法权限内的活动为条件。他知道在既成形势下国大党拒绝接受组织省政府已不可能，希望以此使国大党组织省政府不同于一般的参政，而是名副其实地实现法律范围内的自治，从而成为一个显示国大党掌权根本有别于殖民统治的橱窗。他认为省自治至少是部分地以多数统治代替刺刀统治，是借合作的方式来达到不合作的目的，要利用它为加强民族运动服务。

1937 年 3 月，甘地在全印国大党委员会会议上，修改了贾·尼赫鲁起草的决议草案，提出一个折中方案：在省督不干涉省政府正常活动的前提下，同意国大党人参加政府工作。全印国大党委员会就甘地的折中方案进行表决，结果以 127：70 的票数获得通过。殖民当局对甘地的不干预条件最初拒绝接受，国大党因而宣布拒绝承担组织省政府的责任，并发动群众以总罢业和示威游行来施加压力。英国当局撇开国大党，指定其他党派组织临时政府。国大党表示要抗争到底。这样僵持一段时间后，英国当局被迫让步，于 6 月接受甘地条件，并向国大党保证，省督不干涉省内的日常行政。7 月，国大党在瓦尔达召开工作委员会会议，正式通过了《接受官职》决议，组建国大党省政府。

虽然《接受官职》决议违背了贾·尼赫鲁等左翼人士的初衷，但他们认识到，在当时，接受官职已成大势所趋，为了国大党的统一，别无选择，于是接受了该决议。面对既成事实，贾·尼赫鲁强调接受官职决议的积极的一面："接受官职并非意味着接受奴隶宪法！它意味着通过我们所掌握的一切手段反对联邦的到来。我们采取了一个新的步骤，它包含新的责任和危险。但是，如果我们忠于我们的目标，永远警惕，我们就会克服这些危险，获得力量和权力。"①

于是，从 1937 年 7 月起，国大党就在马德拉斯、孟买、奥里萨、比哈尔、中央省和联合省 6 个省成立了省政府。西北边境省先由地方政党组织政府，不久辞职，改由国大党组建政府。信德和阿萨姆情况相仿，在其他政党组织政府失败后，建立了以国大党为主的联合政府。这样，国大党在 9 个省掌权，贾·尼赫鲁的妹妹成为印度第一位女部长。在旁遮普，民族统一党组建了联合政府。在孟加拉，农民大会党、穆斯林联盟等建立了联合政府。

为了协调和指导各省政府活动，国大党成立了由帕特尔、阿扎德和普拉萨德组成的中央监督局。甘地也经常撰文，对省政府工作提出指导性意见，希望掌权的国大党人时刻不忘民族斗争的根本目标，不要像英国人期望的那样去掌权，不要做英国人打算做的事。省政府成立初期，国大党为履行竞选诺言和巩固自己的领导权，实行了一系列政治、社会、经济方面的改革措施，取得了一些成就。主要体现在以下几方面：

第一，在政治方面，停止了原来政府的一些高压措施，保护和扩大公民自由权。《公众安全法》及类似法律所拥有的紧急状态权力被废除，禁止成立非法政治组织的法令也被解除。虽然共产党仍被禁止（因为是由中央政府下达禁令，所以只有中央政府才能解除），但可以在国大党统治下自由公开地发挥自己的作用。所有出版和新闻限制被解除，报纸和刊物保证金已返还，国大党不再为政府作宣传而把报纸列入黑名单。悬而未决的上诉案件已撤回，没收的武器已返还，取消的特许也恢复了。警察的权力受到约束，中央调查局在省里的活动也受到限制。释放了数千名政治囚犯和被拘留者，包括被关押达 16 年之久的乔里乔拉事件中的被捕者。对行政人员拘留和驱逐出境的命令也被取消。

第二，在改善农民处境方面，国大党省政府采取了一些切实可行的措施，包括部分取消农民债务，限制债务利率，禁止增加地租，限

---

① V. T. Patil, *Nehru and the Freedom Movement*，New Delhi：Sterling Publishers Pvt. Ltd，1977，p. 102.

制欠租利率，在部分地区豁免田赋等。例如，在马德拉斯，国大党对1936年土地等级法的实施情况进行调查后，决定在全省范围内豁免田赋和水税每年达75万卢比。在国大党执政期间，马德拉斯的农业债务从9388万卢比减少到4480万卢比。在比哈尔，国大党于1937年和1938年两次颁布租佃法，规定1911年后所有增加的地租一律取消，这等于降低地租25％。此外，还规定给予耕种佃耕地满12年的次佃农以占有权。这是自英国殖民当局实行租佃立法以来第一个把佃权扩大到次佃农的法令。在国大党掌权的省中，还有6个省通过了债务立法，规定降低利率，从6.25％到9％不等。孟买还使4万名实际上的债奴获得自由。

第三，在改善工人待遇方面，也采取了一些措施。努力提升工人的利益，改善工作环境和产业安全，保障合理的加薪。与此同时，尽可能减少罢工，建立调解机构，在进行罢工之前提倡强制仲裁，国大党官员和部长扮演协调者，维护工人的切身利益。在孟买，省政府任命纺织业劳工调查委员会，调查纺织品咨询公司工人状况，建议改善工人劳动条件，增加工资1000万卢比，并不顾老板反对，强制执行。在联合省，省政府任命劳工调查委员会，调查康浦尔工人罢工风潮，建议增加工资、扩大女工福利、承认左翼工会等，并迫使厂主接受。在比哈尔，1938年成立劳工调查委员会，建议增加工会权利、改进劳工条件，部分得到实现。大体上说，这一时期发生的罢工，多数取得了胜利或部分胜利。

第四，在社会改革方面，也采取了一些措施，涉及社会文化经济生活的方方面面。例如，颁布法令准许"不可接触者"享用一切公共设置，包括庙宇、水井、学校、医院、饭店和交通设施等。增加"不可接触者"学生获得奖学金的比例和免费入学的名额，吸收"不可接触者"担任警察和政府雇员，任何法庭或政府高官都不得承认歧视"不可接触者"的风俗或惯例。高度重视小学、技校和高等教育以及公共健康和卫生。发展女子教育和"不可接触者"教育，推广以传播知识和手工技能结合为重点的基础教育。开展扫盲运动，组织成年人从事群众文化活动。大力支持和补助土布、纺织和乡村工业。监狱改革计划也已开始。清除原有的工业发展道路上的阻碍，积极尝试提高几项现代工业的投资，如汽车制造业等。

此外，国大党政府还通过与国家计划委员会齐心协力合作制订发展计划。国家计划委员会由国大党主席苏·鲍斯于1938年任命，贾·尼赫鲁任主席。国家计划委员会委任了29个分会，在全国进行调查，各分会向委员会提交报告，最后从这些报告中拟定综合报告。贾·尼赫鲁认为，民族独立是实行计划的必要条件，任何切实可行的计划必然涉及经济机构的社会主义化，但这并非意味着必须等待独立后才准备发展计划经济，必须现在就制订一个详尽计划，以适用于自由印度，同时也指出目前条件下，在国民生活的各个领域，现在就应该做什么。但是，甘地等许多国大党人不能理解国家计划委员会及其分会的重要性。甘地告诉贾·尼赫鲁："我一直未能理解或认识这个委员会的工作，我没有搞清楚这许多分会的目的。据我看来，许多劳动和金钱正浪费在一种不会有多少成果或根本不会有成果的事情上。"[①]

虽然省自治是殖民统治框架内的自治，受到各种限制，但是省自治的实施具有积极的意义。以往民族主义力量得到的让步是参加立法会议，只能清谈，没有实权。现在的省自治是得到了省政权，它意味着殖民统治者向民族主义力量交出部分阵地。这是印度人民长期不懈斗争的结果，标志着印度民族运动取得了重大进展。省自治的建立改变了印度整体国民的心理状态：过去镇压他们的政权现在转到了印度人手里，过去下令把国大党人关进监狱的英国官员现在不得不接受国大党部长们的指令，所有这些使他们从心底产生了一种解放感和扬眉吐气的感觉，并从省自治看到了全国胜利的曙光。

国大党的声望大大提高，它向所有人表明，它不仅可以带领人民进行群众反抗运动，而且也可以运用国家权力为人民谋利。国大党党员人数从1936年的不足50万，增至1939年的500万。省自治的实施

---

① B. R. Nanda, etc., *Gandhi and Nehru*, Delhi: Vikas Publishing House, 1979, p. 18.

大大增强了印度人民争取独立的决心和斗志，这与殖民当局实施这一步骤时所抱的企图背道而驰。

第三节　省自治的终结

省自治期间，国大党发生了很大变化，左翼与右翼之间的矛盾更趋激烈。与此同时，教派纷争加剧，国大党与穆斯林联盟之间的冲突日益尖锐，导致穆斯林联盟走上了分立主义道路。随着世界局势的变化，特别是第二次世界大战的爆发，国大党省自治终于走到了尽头。

一、国大党内部冲突激化

在 1935 年《印度政府组织法》实施前后和 1937—1939 年省自治期间，国大党发生了深刻的变化，左翼在国大党以及全国的影响越来越大，成为不可小觑的力量，左翼与右翼之间的纷争和矛盾也与日俱增。

1935 年《印度政府组织法》颁布后，国大党内左翼和右翼即"社会主义派"和"甘地派"之间的争论和冲突日益加剧，国大党处于内部危机之中。甘地提议贾·尼赫鲁出任国大党主席，充当"社会主义派"和"甘地派"之间的桥梁。甘地认为，这是避免工作委员会的许多难题和今天的激烈争论的唯一办法。此外，甘地也承认，国大党政策已经失去活力，需要注入新的生命和新的思想，只有贾·尼赫鲁能够负此重任。此时，贾·尼赫鲁因妻子病重被殖民当局提前开释，正在欧洲陪妻子看病。得知当选国大党主席后，贾·尼赫鲁决定立即回国，主持国大党勒克瑙会议。就在他预定动身的那天，即 1936 年 2 月 26 日，他年仅 36 岁的妻子卡玛拉永别了人世。

贾·尼赫鲁当选主席唤起了青年左翼激进分子的期望。苏·鲍斯 3 月 4 日从欧洲写信给贾·尼赫鲁，希望他与甘地抗衡，用一切方法阻止国大党接受官职，将国大党引向新的方向。苏·鲍斯声明："在当今主要领导人中，你是我们唯一能够期望的领导国大党进步的人。此外，你的地位很特别，我认为即使圣雄甘地也会对你比对其他人更为通融。我诚心希望你在做决定时充分利用你的有力的公众地位。请不要以为你的地位实际上较弱，甘地决不会采取疏远你的立场。"①

右翼保守派则对贾·尼赫鲁施加压力，不容许采取任何改变现状的激进行动。拉金德拉·普拉萨德写信给贾·尼赫鲁，信中说虽然贾·尼赫鲁的观点与帕特尔、拉贾及他本人的观点有分歧，甚至是根本性的分歧，但只要不对他们的工作纲领和方法进行彻底变革，对大家来说，继续共事还是可能的。否则，他们就会和他决裂。

贾·尼赫鲁接受了右翼保守派的挑战，在 1936 年 4 月的国大党勒克瑙会议主席致辞中，充分表达了他的激进观点。他坚信解决世界问题和印度问题的唯一钥匙在于社会主义，主张对政治和社会结构进行革命性变革，消灭农业和工业中的既得利益集团以及印度封建土邦制度，消灭私有财产，建立社会主义新秩序。他希望国大党成为一个社会主义组织，与世界上为社会主义新文明工作的其他力量携起手来。他主张建立一个包括一切反帝力量在内的广大的"联合人民阵线"，将工会和农会集体纳入国大党，使它们在国大党中直接代表组织起来的农民和工人，帮助它们进行争取自身经济要求的斗争。他猛烈抨击1935 年法案，反对接受官职，认为唯一明智的行动原则是通过立宪会议由印度人民制定新宪法。

然而，由于右翼保守派的反对，贾·尼赫鲁提出的关于工农组织集体加入国大党的提案和抵制 1935 年法案的提案被否决，勒克瑙会议批准了次年根据新法案参加竞选的决定。贾·尼赫鲁痛感失望，决定辞职，这是他以后几个月里 3 次辞职决定中的第一次。然而，经过思想斗争后，他重新考虑了他的决定，因为他的辞职会使形势恶化，国大党组织可能会因此而松散动摇。大资本家比尔拉也指出，贾·尼赫鲁本可以通过辞职引起分裂，但他没有这样做。

勒克瑙会议后，贾·尼赫鲁与保守派之间的分歧开始表面化。第一个摩擦点是工作委员会的构成。虽然在理论上委员会成员由主席任

---

① N. G. Rujurkar and S. N. Kurundkar, *Jawaharlal Nehru, the Thinker and the States-man*, Rohtak: Manthan Publications, 1985, p. 86.

命，但实际上贾·尼赫鲁却很难忽视保守派的势力。在工作委员会中，只有3名社会主义者，其余11人全是元老派。这样，尼赫鲁处于少数派地位，多数派则是甘地派。甘地曾向一位记者明确表示，多数派代表他的观点。贾·尼赫鲁给甘地写信，表示他不能承认该工作委员会。

贾·尼赫鲁的社会主义宣传引起了保守派的不满和反攻，导致了国大党的一次严重危机。1936年6月29日，普拉萨德、拉贾、帕特尔等6名著名的甘地派首先发难，给贾·尼赫鲁上书联名信，批评他的"社会主义"宣传有损于国家的最高利益和民族自由斗争的成功，并提出集体辞职。7月1日，普拉萨德又重申了对贾·尼赫鲁的指责，责备他充当了少数派的代言人，并指责他对局势的处理"有损于国大党的建设纲领，该纲领是国大党纲领的基本而重要的部分"[①]。

贾·尼赫鲁感到非常苦恼，觉得他的言论自由受到了限制，很难与多数派一起共事。7月5日，贾·尼赫鲁给甘地写信，明确表示，他决不放弃他对社会问题发表看法的权利，他准备将这个问题提交给全印国大党委员会公开讨论，并决定辞去国大党主席职务。甘地召见了普拉萨德等人，让他们撤回辞职请求，并否决了贾·尼赫鲁把争端提交给全印国大党委员会的做法。甘地7月15日回信责备贾·尼赫鲁，不应因为他和同事意见不合而使国家遭受痛苦，并表示让他担任职务就是为使他很快地掌权，希望他戴上国大党主席这顶带刺王冠。最后，贾·尼赫鲁放弃了辞职的决定，他后来将这归因于西班牙内战的爆发。西班牙内战有德国和意大利在幕后支持，可能扩大为全球冲突，印度也会被卷进去。在大家需要共同努力的时候，他不能由于辞职而削弱国大党组织，并引起内部危机。

当时，国大党内外许多人出于不同动机，力图使贾·尼赫鲁与甘地反目。到处流传甘地是利用贾·尼赫鲁来扼杀社会主义的眼镜蛇，贾·尼赫鲁力图使自己成为甘地的竞争对手。甘地利用一切场合，驳斥这种谣传。他在《哈里真》上撰文，明确表示，虽然他和贾·尼赫鲁

---

① R. C. Dutt, *Socialism of Jawaharlal Nehru*, New Delhi: Shakti Malik Abhinav Publications, 1981, p. 103.

之间存在明显观点分歧，但是他们的感情并未疏远，如果他们是对手，那也是在共同目标的追求中彼此爱慕的对手。虽然直到 1936 年底还有人在预言国大党会分裂，贾·尼赫鲁将把一群人引入荒原漫野，然而贾·尼赫鲁没有这样做，国大党的一场危机避免了。

1936 年 12 月，贾·尼赫鲁主持了国大党法伊兹浦尔大会。虽然他本人仍然坚信社会主义，但是出于全局考虑，他降低了调子。甘地也表示了他对社会主义的看法。大会正式承认了《竞选宣言》，通过了国大党参加竞选的决议。虽然贾·尼赫鲁与国大党工作委员会多数派有分歧，处于少数派地位，但是他代表一种不可忽视的力量，国大党离不开他，特别在参加竞选和省自治的重要关头更是如此。

国大党省政府成立后，左翼原本是不赞成国大党建立省政府的，因而让右翼去掌权，他们不担任政府职务，而是继续在群众中工作。这样，就形成了右翼掌握政权、左翼掌握群众的局面。正是鉴于此，甘地于 1937 年建议国大党再次选举贾·尼赫鲁为主席，次年又建议选举另一左翼领袖苏·鲍斯为主席。连续 3 年都让左翼领袖担任主席是为了保持国大党内平衡和驾驭群众。甘地希望左翼侧重在党的建设和民族运动发展上做工作，右翼则更多地在管理政府和议会斗争上发挥作用。这个安排是甘地独具匠心的杰作，但是左翼并不想偏安一隅，而是从全局考虑，继续努力从各方面促进运动的发展。因此，左右翼之间的冲突并未停息。

1937 年末，国大党着手准备下一年的主席选举。有迹象表明，贾·尼赫鲁很可能第三次连任。贾·尼赫鲁感到疲惫不堪，拒绝连任。11 月，贾·尼赫鲁在《现代评论》报上发表了一篇反对贾·尼赫鲁连任国大党主席的匿名文章。文章说贾·尼赫鲁虽然有才能，但却正在危及民主："独裁君主总是叩门，难道贾瓦哈拉尔不会将自己当作恺撒吗？通过第三次选举他，我们将捧高一人而毁掉国大党，并使人们以独裁君主制方式思考问题。虽然贾瓦哈拉尔言辞犀利，但他显然已经疲惫而迂腐。我们有权期望他将来好好工作。让我们不要用过分的逢迎和赞扬宠坏他。我们不要恺撒!"[1]这篇文章引起了很大震动,左翼垂头丧气,右翼扬眉吐气,人们纷纷猜测作者是谁,许多人指责是英国人或国大党右翼所为,有些人甚至指责是甘地所为。后来,尼赫鲁对《亚洲的内幕》一书的作者吐露了谜底,原来作者是他本人。

在甘地的推荐下,苏·鲍斯当选 1938 年国大党主席。1938 年 2 月,苏·鲍斯主持国大党哈里浦拉大会,通过了拒绝联邦制决议和战备决议。国大党右翼仍与当局谈判,企图在联邦制问题上与殖民者合作。苏·鲍斯对右翼保守派发起了猛烈攻

甘地与苏·鲍斯

击,结果与甘地发生了尖锐冲突。贾·尼赫鲁出席了会议,简短地谈了击败帝国主义的必要性,向代表们解说了国际形势。

1939 年 1 月初,国大党举行主席选举。苏·鲍斯决定带病参加竞选以求连任,因为他有一个对英国统治发动新攻势的想法,希望能借助国大党主席职位,影响国大党,接受他的想法。苏·鲍斯主张国大党应该立即发动一场争取完全独立的群众斗争,给英国人发出"滚出印度"的最后通牒,并指责国大党右翼与帝国主义合作,图谋建立联邦制,号召发动全国斗争反对联邦制宪法,并击退右翼领导方面的妥协倾向。苏·鲍斯受到左翼民族主义者社会党人和共产党人的拥护。

甘地和工作委员会的大多数委员反对苏·鲍斯连任主席,并提名帕达比·西达拉马亚为候选人与苏·鲍斯对抗。国大党主席选举第一次出现竞争。竞选结果,苏·鲍斯以 1575 票对 1376 票击败帕达比·西达拉马亚当选。这一结果对于甘地和右翼元老派是一个挫折。甘地承认这是他个人的失败,并宣称他现在明白了,代表们并不赞成他所

---

① Tariq Ali, *An Indian Dynasty*: *The Story of the Nehru-Gandhi Family*, New York: G. P. Putnam's Sons, 1985, p. 61.

主张的主义和政策。

苏·鲍斯不顾当权机构的反对而当选，引起国大党严重的内部危机。甘地对选举结果极为不满，他发表谈话，攻击国大党变成了有"伪党员"的腐化组织，并提出觉得留在国大党中不痛快的人们不妨退出。2月22日，帕特尔、普拉萨德等12名国大党工作委员会委员联名辞职，拒绝与苏·鲍斯合作。贾·尼赫鲁没有在联名辞职信上签字，他单独发表声明，退出了工作委员会，并提出在甘地和苏·鲍斯之间进行斡旋。工作委员会中只留下苏·鲍斯兄弟两人。

贾·尼赫鲁写信给甘地，要求接受苏·鲍斯经民主选举当选主席的事实，不要鼓励任何罢黜苏·鲍斯的做法。同时，他劝苏·鲍斯按照甘地的愿望组建他的工作委员会。然而，甘地毫不妥协，他将苏·鲍斯视为真正的威胁，拒绝与他共事。苏·鲍斯则指责贾·尼赫鲁不支持他反对甘地，与右翼站在了一起，对贾·尼赫鲁表示不信任。

3月，国大党召开特里普利会议，这次会议是苏·鲍斯的一次严重挫折。会议通过《民族要求决议》，重申国大党不妥协地反对《印度政府组织法》的联邦部分，坚决反对其强行实施，但没有向英国当局提出最后通牒。此外，会议通过了要求信任甘地的《潘特决议》：鉴于在这样的危机中，只有甘地能够领导国大党和国家走向胜利，会议认为必须使国大党执行机构享有信任，并要求国大党主席根据甘地的愿望任命工作委员会，这是绝对必要的。在国大党内部严重冲突面前，甘地曾宣布要绝食至死，《潘特决议》使他产生了新的希望，他在给苏·鲍斯的信中直言：根据《潘特决议》精神，我个人完全有资格给你组织工作委员会的名义，你可以自由选择自己的委员会，但十分不幸的是，达成共同协议的可能性是不存在的。

4月，贾·尼赫鲁与苏·鲍斯进行了讨论。苏·鲍斯告诉贾·尼赫鲁，他打算辞职，另组新党。贾·尼赫鲁认为这会导致国大党分裂，在关键时刻削弱民族运动，力劝苏·鲍斯不要辞职。他坦诚地告诉苏·鲍斯，同甘地直接冲突就可能是自取灭亡，因为"左翼的力量不够强大，不能独自挑起重担，国大党内真正发生竞争时，左翼就会失败，就会出现对它的反抗"①。苏·鲍斯可以在选举中战胜右翼候选人帕达比·西达拉马亚，但贾·尼赫鲁怀疑苏·鲍斯是否能够在同所谓的甘地主义进行彻底的较量时夺取国大党，即使他在国大党内赢得多数票，那也不能保证他在全国得到足够的支持。而且在任何情况下，同政府开展群众性斗争而没有甘地，那是不可想象的。

4月29日，国大党在加尔各答召开全国委员会会议。由于甘地拒绝提出国大党工作委员会名单，苏·鲍斯无法组成新的工作委员会，因而辞去主席职务，拉金德拉·普拉萨德当选为主席。苏·鲍斯在党内另组"前进集团"，旨在团结国大党激进分子和反帝分子，继续与甘地和党内右翼展开争夺反帝斗争领导权的斗争。前进集团主张利用一切可能的方式同英帝国主义进行不调和的斗争，印度人民应该摒弃甘地的非暴力哲学体系，摒弃贾·尼赫鲁的反轴心国外交政策思想。后来前进集团受到国大党的纪律制裁，被逐出各级领导机构。

在省自治期间，国大党左翼与右翼之间的矛盾斗争不但尖锐，而且涉及范围广泛。两派在关于坚持反对殖民统治宣传鼓动、切实改善工农群众处境、支持土邦民主运动等问题上，纷争与冲突不断。在群众中享有极高威信的左翼对控制省政府的右翼日益不满，因为国大党省政府成员越来越追逐个人名利、腐化堕落，逐渐成为英帝国主义的傀儡和工具。

贾·尼赫鲁指出，国大党省政府没有有效地发挥应有的作用，偏离了争取独立的主要目标，陷入了改良主义和追求个人利益，丧失了争取独立和社会变革的热情。他在给甘地的信中表达了他的看法：国大党的部长们过于迁就旧制度，并且努力辩解自己的这种做法；而比这更糟的是，他们没有准备行动的原则，他们的工作被日常机会主义所统治，正在丧失我们辛辛苦苦在人民心目中建立起来的崇高地位。

甘地也对当权的国大党人的营私舞弊和腐化堕落感到不满，他在《国大党人面临的选择》一文中指出，国大党人似乎不能胜任它所取得

① N. G. Rujurkar and S. N. Kurundkar, *Jawaharlal Nehru, The Thinker and the Statesman*, Rohtak: Manthan Publications, 1985, p. 84.

的权力，每个人都想分享官职，这不是争取司瓦拉吉的方式，也不是履行官职的方式，出任国大党政府的任何官员必须以服务精神为宗旨，如果国大党政府不涤除非法行为和不轨行为，它就会失去今天的权力，当国家面临真正的斗争时会辜负众望。

1939年10月，因为第二次世界大战带来的政治危机，国大党省政府全部辞职。甘地之所以赞成辞职，其中的一个重要原因是，这样做有助于清除国大党"猖獗的腐败现象"。甘地在写给拉贾戈帕拉查里的信中说，他知道这是一剂苦药，但却是必需的，它将驱除身体中所有的寄生虫。

二、教派纷争加剧

除了国大党内部分化加剧外，省自治期间，印度政治发展的另一个主要特征是教派纷争加剧，进入了一个新阶段，即"极端教派主义"阶段。

现代印度教派主义的兴起与发展经历了3个不同阶段，这3个不同阶段分别体现了现代印度教派主义意识形态的3个基本要素。

第一阶段可以称之为"世俗教派主义"。"世俗教派主义"是教派主义意识形态的第一个要素。"世俗教派主义"持有如下观念：信奉同一宗教的人具有相同的世俗利益，即相同的政治、经济、社会和文化利益。这是教派主义意识形态的第一个基石。由此产生了以宗教为基础的社会—政治群体观念。正是这些以宗教为基础的群体被视为印度社会的基本单位，而不是阶级、族群、语言—文化团体、民族或政治—地域单元（如省或邦）。人们相信，印度人只有作为这些以宗教为基础的群体的成员，才能够从事社会和政治活动，并保护他们的集体利益或非个体利益。这些以宗教为基础的不同群体有它们自己的领袖。那些高谈阔论自己是民族、地区或阶级领袖的人，只不过是戴着面具在演戏。在面具下面，他们只不过是他们群体的领袖。他们力所能及的就是作为教派领袖团结起来，然后为更广泛意义上的民族或国家服务。个人、政党或运动中的教派主义意识形态往往始于这一阶段。许多民族主义者陷入"世俗教派主义"的陷阱不能自拔。这些人自视为印度教民族主义者、穆斯林民族主义者、锡克教民族主义者等，而不是自视为单纯的民族主义者。①

第二阶段可以称之为"温和教派主义"或"自由教派主义"。"温和教派主义"是教派主义意识形态的第二个要素。"温和教派主义"持有如下观念：在像印度这样一个多元宗教社会里，某一宗教信奉者的世俗利益，即社会、文化、经济和政治利益，与另一宗教信奉者的利益是不同的、分歧的。"温和教派主义者"基本上来说是教派政治的信奉者和实践者，但是他们仍然坚持某些自由、民主、人道主义和民族主义价值。即使他们认为印度由截然不同的宗教群体构成，这些宗教群体具有各自独立而特殊的利益，这些利益有时候导致宗教群体之间彼此冲突，但是他们依旧坚持并公开承认这些不同的教派利益可以逐渐得到调和，并且在整体的、不断发展的民族利益框架内保持和谐，将印度建设成为一个民族。在 1937 年之前，大部分教派主义者都是在温和或自由教派框架内发挥作用，包括"印度教大会"、"穆斯林联盟"、阿里兄弟（1925 年之后）、真纳、马丹·莫汉·马拉维亚、拉·拉伊、科尔卡（1922 年之后）。

第三阶段可以称之为"极端教派主义"或"法西斯教派主义"。"极端教派主义"是教派主义意识形态的第三个要素。"极端教派主义"持有如下观念：不同宗教信奉者的利益或不同"群体"的利益相互排斥、对抗和敌对。"极端教派主义"具有法西斯主义特征，以恐惧和憎恨为基础，具有使用暴力语言和敌视语言及行为来对付政敌的倾向。"极端教派主义者"认为，印度教徒和穆斯林不可能具有相同的世俗利益，他们的世俗利益必定是互相对立的。在这一阶段，教派主义者宣扬，穆斯林、穆斯林文化、伊斯兰教以及印度教徒、印度教文化、印度教处于被压制和消亡的危险之中。也是在这一阶段，穆斯林教派主义者和印度教教派主义者提出两个民族理论，即穆斯林和印度教徒构成不同的民族，

---

① Bipan Chandra, Mridula Mukherjee, Aditya Mukherjee, K. N. Panikkar, Sucheata Mahajan, *India's Struggle for Independence*, *1857-1947*, pp. 398-400.

他们之间的相互敌对是永远的和无法解决的。1937 年之后，穆斯林联盟、印度教大会、国民志愿团日益转向了极端教派主义或法西斯教派主义。

虽然教派主义的 3 个阶段和要素彼此不同，但是它们也相互作用和影响，具有某种连续性。第一阶段或要素即世俗教派主义，助长了第二和第三阶段或要素，即温和教派主义和极端教派主义，使得与温和教派主义和极端教派主义进行斗争何其之难。同样，温和教派主义者发现很难阻止温和教派主义意识形态向极端教派主义意识形态转变。

在省自治期间及前后，由于新形势下教派主义的泛滥以及英国统治者的利用，也由于国大党对问题严重性认识不足和处理不当，国大党与穆斯林联盟关系空前恶化，教派主义由第二阶段向第三阶段转化。

从一定意义上来说，省政府竞选主要是国大党和穆斯林联盟之间的竞争，它直接决定省一级权力的分配，双方的教派主义势力甚至把它看作是一场生存之战。国大党在竞选中所处的遥遥领先地位使穆斯林教派主义势力深感不安，也使穆斯林联盟有了一个确定的认识，即穆斯林联盟要在未来的权力竞争中与国大党抗衡，必须使自己发展成为一个真正的全国穆斯林组织，更多地反映穆斯林上层的教派主义要求。

其实，真纳 1936 年从英国返回印度后，一开始是想在自由教派主义基础上复兴穆斯林联盟。1936 年期间，他一直强调民族主义信念，并希望实现穆斯林和印度教徒的合作。例如，他于 1936 年 3 月在拉哈尔的演讲中谈道："不管我做什么，我都希望你们相信，自从我加入国大党以来，我从来没有改变过自己，一点也没有。也许某些时候我做错过一些事情，但决不是为了党派利益。我想让你们相信，我的唯一目标就是维护我的祖国的利益。为了神圣的印度利益，我愿赴汤蹈火，任何事情都不能阻止我这样做。"[①]他一方面鼓动穆斯林自身发展，另一方面呼吁穆斯林去证明他们的爱国精神是不容玷污的，他们对印度

---

① Bipan Chandra, Mridula Mukherjee, Aditya Mukherjee, K. N. Panikkar, Sucheata Mahajan, *India's Struggle for Independence*, 1857-1947, p. 434.

的爱不比其他任何组织少。然而，1937 年 2 月的选举结果使真纳转向了极端教派主义政治。

真纳转向极端教派主义政治与国大党的态度和决策不无关系。面对不尽人意的选举结果，真纳仍希望在维护穆斯林利益的基础上与国大党合作，并为此作了一番努力。例如，联合省穆斯林人数不少，大选结果穆斯林联盟得到 27 个席位，真纳和穆斯林联盟联合省领导人都希望国大党在组织省政府时给穆斯林联盟几个部长职位，实现合作，共同治理联合省。国大党从联合省领导人到中央领导人，绝大多数都不愿让穆斯林联盟参加政府，认为穆斯林联盟加入会妨碍实行社会经济改革，造成政府内部意见不一，无法工作。国大党活动家阿扎德主张考虑穆斯林联盟要求，被工作委员会拒绝。国大党这种态度使真纳和穆斯林联盟所有领导人感到反感，认为它体现了国大党代表印度教徒排斥穆斯林的本质。国大党拒绝在联合省省政府问题上与穆斯林联盟合作是重大失策，丧失了改善两大组织关系的又一机会，两大组织改善关系的可能性从此一去不复返了。

国大党在竞选中为了争取广大穆斯林的支持，也发表了一些引起穆斯林联盟领导人反感的言论。例如，贾·尼赫鲁曾说：归根结底，当今印度只有两方力量，即政府和国大党，其他力量必须分别列入这两方力量之中。真纳反驳说：印度还有第三种力量，那就是穆斯林，他拒绝与国大党为伍，穆斯林不打算受任何人摆布。贾·尼赫鲁也说：他比穆斯林领导人更了解穆斯林群众，而那些领导人只知道在立法会议席位和政府职位问题上讨价还价。国大党领导人的主张表明，他们轻视穆斯林联盟在穆斯林群众中的影响。

大选之后，国大党许多领导人更是过高估计了把多数穆斯林群众争取过来的可能性，过低估计了穆斯林联盟影响穆斯林的潜力，对穆斯林居住集中的省多数群众跟着穆斯林地方政党走这一事实也缺乏足够的重视。国大党想撇开穆斯林联盟和其他穆斯林政党，直接从下面争取穆斯林群众站到国大党旗帜下。国大党认为自己的做法是与穆斯林教派主义作斗争，实际上这样做只会激怒穆斯林联盟内那些还主张团结合作的人，驱使他们也转入极端教派主义立场。

国大党的错误决策引起真纳和穆斯林联盟的强烈反应。1937年10月15日，真纳在勒克瑙会议上发表演讲，谴责国大党"醉心于权力"，"当前国大党的政策"只会导致"阶级仇恨和教派战争"。甘地写信给真纳，说他的演讲是"宣战"。真纳回复说，这"纯粹是为了自卫"。[①]甘地和贾·尼赫鲁在写给真纳的信中，力图说服他改变态度。结果，双方的通信变成了激烈的笔战。真纳在各地发表演讲，号召穆斯林起来捍卫自己的利益。穆斯林联盟也对国大党省政府持不信任和谴责态度。

穆斯林联盟在各省成立支部，发动了"反对国大党独裁暴政"运动。穆斯林联盟主要领导人坚定地认为，印度教和伊斯兰教是基于互相冲突的观念和思想上的两种文明体系，两者在共同的国家内求得一致发展的想法是一种不可思议的梦幻。真纳主张，作为一个民族的穆斯林，应该有自己的家园，这样才能使他们在精神、文化、经济和政治生活中得到充分的发展。这种理论成为后来导致巴基斯坦独立的思想基础。

1938年3月，穆斯林联盟组成调查团，调查国大党省政府"对穆斯林的压迫"，并公布了调查报告，罗列了国大党压迫穆斯林的措施。例如，实行民族教育，推广印度斯坦语教学，唱《向祖国致敬歌》，悬挂国大党党旗等。真纳认为，国大党省政府推行强制学印地语的政策，不仅会破坏乌尔都语的推广，而且会强迫穆斯林儿童和学生接受印地语及梵语文学和哲学等，唱《向祖国致敬歌》是灌输反伊斯兰情绪和鼓励偶像崇拜，甘地的瓦尔达教育计划（即以传授基础知识和手工艺为中心，贯彻理论与实践相结合、学以致用原则的计划）是企图复兴和宣扬印度教文化。他要求国大党放弃印度教徒统治的美梦。

比哈尔省穆斯林联盟的调查报告称，比哈尔穆斯林生活在经常担心生命财产会遭到攻击的恐惧状态中。尽管国大党自称是非教派的，尽管少数国大党领导人希望遵循真正的民族主义政策，但国大党绝大多数成员是印度教徒，渴望建立纯粹印度教的国家。一般印度教徒也

---

① 林承节：《殖民统治时期的印度史》，第416～418页。

倾向于把司瓦拉吉和罗摩拉吉联系在一起，把国大党统治和印度教徒统治联系在一起。一位穆斯林联盟活动家写信给贾·尼赫鲁，表示国大党在比哈尔的统治充满了宗教复兴主义精神。所有国大党掌权的省穆斯林联盟都提交了调查报告，提出了类似的指责，但是都没有提出真正货真价实的省政府"压迫"穆斯林的材料。

穆斯林联盟的这一举措，使它在穆斯林界赢得了很高的声望，其他穆斯林政党纷纷表示支持和拥戴，纷纷向穆斯林联盟靠拢甚至与穆斯林联盟合并，从而使穆斯林联盟势力空前壮大。在 1937 年 10 月勒克瑙会议上，旁遮普首席部长、孟加拉首席部长和阿萨姆首席部长都号召他们的穆斯林政党成员加入穆斯林联盟。孟加拉农民大会党、旁遮普统一党、联合省民族农民党等，都加入了穆斯林联盟。穆斯林联盟还在所有省开展发展新盟员运动，此外，决定凡是参加国大党的不能加入穆斯林联盟。这样，穆斯林联盟一跃而为一个与国大党并立的真正全国性的穆斯林政党，把全国穆斯林集结在自己周围。1938 年 4 月，真纳不无骄傲地说：穆斯林联盟日益强大起来，勒克瑙会议前盟员只有几千人，如今已经有千千万万穆斯林站在穆斯林联盟的旗帜下。

国大党领导人终于意识到了问题的严重，急忙寻求与穆斯林联盟调整关系，但是为时已晚。穆斯林联盟宣称：只有它是印度穆斯林唯一代表，国大党只代表印度教徒。1938 年 4 月，甘地出面与真纳会晤，但毫无结果。6 月，穆斯林联盟向国大党提出 11 项要求，包括承认穆斯林联盟为印度穆斯林唯一代表组织，放弃以《向祖国致敬歌》为国歌，穆斯林宰牛不受干涉，穆斯林早课或礼拜不受干扰，国大党不得再反对穆斯林单独选举区制，制定法律保障穆斯林基本权利和伊斯兰文化，保障乌尔都语的使用，地方民意机构组织也采取穆斯林单独选举区制等。国大党拒绝接受穆斯林的 11 项要求。真纳在穆斯林中的威望空前提高，在 1938 年底全印穆斯林联盟会议上，真纳开始被尊称为"伟大领袖"。

第二次世界大战爆发后，国大党因抗议英国对印度民族要求的漠视，1939 年 10 月 23 日至 11 月 25 日，8 个省的国大党省政府全部辞职。对于国大党省政府辞职，穆斯林联盟兴高采烈。当国大党省政府辞职，省督委派官吏组成政府时，穆斯林联盟表示同意参加这些政府。穆斯林联盟主席真纳宣布 12 月 22 日为印度穆斯林的"拯救日"，感谢神把印度的伊斯兰教徒从国大党两年半暴虐、压迫和非正义的统治下解救出来。这一天，各地举行游行集会，组织"庆祝"活动，庆祝穆斯林"从国大党枷锁下解放出来"。这一极端教派主义性质的举措加深了穆斯林联盟和国大党的裂痕，并使印度教和伊斯兰教两大教派群众间现有的猜忌和恶感迅速增长。[①]

在和国大党对抗以及与印度教极端教派组织印度教大会和国民志愿团的激烈交锋中，穆斯林极端教派主义继续升温，终于导致穆斯林联盟通过《巴基斯坦决议》，走上分立主义道路。建立穆斯林单独国家的思想最早由穆斯林著名诗人、宗教哲学家和政治思想家穆罕默德·伊克巴尔(1873—1938)于 1930 年提出来，他主张将旁遮普、西北边境省、信德、俾路支斯坦、孟加拉组成一个单一的伊斯兰国家。1933年，一个在英国剑桥大学念书的学生乔杜里·拉赫曼·阿里又提出了类似设想，并给这个穆斯林国家起名为"巴基斯坦"，意思是"纯洁的国土"。自 1939 年起，在穆斯林联盟与国大党关系空前恶化的情况下，建立单独伊斯兰国家的思潮迅速活跃起来。1940 年 3 月，真纳撰文阐述"两个民族"理论。

与此同时，穆斯林联盟拉哈尔年会于 1940 年 3 月 23 日正式通过了建立穆斯林单独国家的决议，当时并没有使用"巴基斯坦"这一国名。该决议在第二天早晨头版头条见报时，报社编辑加上了"巴基斯坦决议"字样。《拉哈尔决议》因此也称为《巴基斯坦决议》，并以此而闻名于世。从此，在印度建立巴基斯坦成为穆斯林联盟的主要斗争目标，这也是日后穆斯林联盟与国大党争执的最大症结所在。

对于穆斯林联盟走上分立主义道路，林承节先生作了精辟的分析。1937 年后穆斯林联盟与国大党关系急剧恶化，穆斯林联盟走上分立主

---

① 林承节：《殖民统治时期的印度史》，第 422～423 页。

义道路，说明国大党在大选胜利后对穆斯林联盟的态度，特别是在建立联合省政府问题上的失策产生了多么严重的后果。不过，如果把原因都归结到这一点是不公允的。穆斯林联盟走上分立主义道路，与英国殖民当局长期鼓励、利用穆斯林教派主义是分不开的。此外，教派主义发展有其经济、政治根源。只要这些根源存在，教派主义膨胀就不可避免。1937年后教派主义迅速膨胀的直接原因，是省自治的实行使政权逐步转移到印度人手里成了现实问题，国大党在未来政权中占多数的前景使穆斯林上层感到忧虑，害怕自己在穆斯林社会中的经济和政治地位也受到损害。于是，他们便借助分立主义来保障这种地位，而国大党在关键时刻的失误，为这个趋势的发展打开了闸门。

第九章　20世纪40年代的"退出印度"运动

　　"退出印度"运动是印度独立运动洪流中的最后一次巨大浪潮，在印度现代史上占有重要地位。第二次世界大战爆发 3 年以来的英印矛盾的不断积累与激化，是导致"退出印度"运动的根本原因，而 1942 年 8 月 9 日的大逮捕是诱发"退出印度"运动突发的直接原因。"退出印度"运动经历了初期、中期和晚期 3 个阶段，每个阶段呈现出不同的特点。"退出印度"运动的性质需要具体情况具体分析，不可一概而论，就爆发方式而言，"退出印度"运动是自发的，就其进程而言，则是有计划的；就动机而言，"退出印度"运动是非暴力的；就结果而言，则是暴力的。"退出印度"运动具有重大意义，它不仅宣告了甘地非暴力理想的破灭，更重要的是标志着印度在独立的道路上向前迈进了一大步。

第一节　"退出印度"运动的原因

　　第二次世界大战不仅加剧了世界局势的动荡，而且加速了印度政治生活的进程，使英国殖民当局与印度民族主义者之间的矛盾和冲突空前激化，危机迭起。"退出印度"运动是第二次世界大战爆发以来英国殖民统治与印度民族矛盾不断加剧和激化的必然结果，是英国殖民当局在严重的战争危急关头仍然顽固坚持其殖民政策而引起的印度民族反抗情绪的总爆发。

一、第一次危机

　　1939 年 9 月 1 日，第二次世界大战全面爆发。9 月 3 日英国对德宣战。为了保证战争的胜利及防止后院起火，英国对印度采取了一系列强化其殖民统治的措施。

首先，英国宣战数小时后，印度总督林里兹戈奉内阁指令，如法炮制第一次世界大战时的做法，在未与印度民族领导人协商的情况下，以印度命运主宰者的身份专断地宣布印度为交战国，把印度作为驯服的工具，绑在自己的战车上，强行拖入战争。这一行动激起印度各界人民的极大愤慨。正如尼赫鲁所说："一个人——他既是外国人，又是一种可恶的制度的代表——竟能够把 4 亿人投入战争中去，而对他们连最起码的商量都没有过。千百万人的命运就可以这样地被决定。它伤透了印度的心。"①

其次，颁布了旨在镇压印度人民、加强其独裁统治的战时条例和法令。例如，9 月 3 日颁布的《印度国防条例》规定，为确保英属印度的防务、治安和正常秩序，确保战争的有效进行，禁止一切集会和政治宣传，对破坏社会秩序的嫌疑分子，可以不经审讯进行逮捕，对违反战时条例的人判以终身流放或死刑。9 月 11 日英国议会用 11 分钟的速度通过了《印度政府法修正案》，宣布中止 1935 年政府法规定的联邦条款的实施，对国大党省政府的权限作了进一步的限制，并规定印度总督和各省省督有权"为了印度的和平与安宁"解散自治省政府，实行省督接管，另派人治理，对印度人民进行赤裸裸的专制统治。

再次，在实行政治高压政策的同时，英国对印度在经济上进行疯狂掠夺，完全把印度变成支持英国战争的人力和物力供应地。英国一方面以宗主国身份榨取殖民贡赋，增加战时税收，发行 10 亿英镑的战时公债，把战争重担转嫁到印度人民身上；另一方面为掩盖对印度的赤裸裸的掠夺，与印度缔结双方负担国防经费的《财政协定》。根据该协定，本应该由英国负担的英印军队和驻扎在印度的英国军队的给养，绝大部分转嫁给印度，此外，印度还要从自己的财政预算中拨款，支付其他军费。军费比战前预算增长近 1 倍，在整个战争期间，印度军

---

① Jawaharlal Nehru, *The Discovery of India*, New Delhi: Penguin Books, 2004, p. 576.

事预算增加了 164 亿卢比，约合 12.75 亿英镑。印度军费拨款总额达到 28 亿英镑，平均每个印度人负担 16 卢比，占人均年收入的 1/4。贾·尼赫鲁指出，印度在 5 年之中所负担的实际战争费用，大大超过了英国 100 多年来在印度投资的总和。为了搜刮更多的钱财，英国殖民者实行赤字财政，大量印发纸币，造成通货膨胀，战时印度粮食和生活必需品奇缺，亿万劳动人民陷于水深火热之中。

战时印度

　　英国的这种殖民高压政策激起了印度各个阶层的普遍不满与反抗。国大社会党、前进集团、印度共产党及其影响下的左翼群众组织走在反战反英活动的最前列，工人运动和农民运动也进一步高涨。正如贾·尼赫鲁所说：他们为这种政策所激怒，同时要求国民大会党去反抗它。于是，国大党工作委员会在 1939 年 9 月 17 日发表了《战争目的决议》，表明了国大党对战争的态度，同时要求英国申明其战争目的。决议谴责英国政府不经印度人民同意而宣布印度为交战国，谴责法西斯主义和纳粹主义，并对那些抵抗侵略的人们表示赞同。决议声明：倘使战争只是为了维护现状、帝国主义领地、殖民地、既得利益和特权，那么印度与战争毫不相干。但如果问题是民主和基于民主的世界秩序，那么印度对战争就有极大的兴趣，本委员会确信印度民主利益和英国或世界民主利益并无冲突。如果大不列颠为了维持和扩大民主而战，那么它就必须先结束它自身领地内的帝国主义，在印度建立完全的民主。决议要求"英国政府明确声明他们在民主、帝国主义和他们所构想的新秩序问题上的战争目的；特别是这些目的将如何应用于印度和如何在目前实行"①。可见，国大党的目标很明确，即只有在确定了战争的民主目的并立即给予印度独立的条件下，印度才能积极参战。

《战争目的决议》是贾·尼赫鲁起草的，他在促使国大党采取这个政策性很强的立场方面起了主要作用。当时，国大党主要领导人在对待战争问题上发生了严重分歧和争议。前进集团创始人苏·鲍斯的主要动机是反对英国，他要求在战争危机之时发动反对英国人的新的文明不服从运动。甘地的主要动机是反对战争，他将战争看作是对他的非暴力信念的挑战和考验，他坚决主张不论英国还是印度都不应卷入冲突，因为即使在捍卫正义，暴力也是有害的，他甚至呼吁英国人，劝他们用精神力量反对希特勒的暴力，只给英国以道义上的支持。贾·尼赫鲁的主要动机是反对法西斯，他认为战争的主要原因是法西斯主义和纳粹主义的发展与侵略。因此，很明显，必须发对法西斯主义。但是不能用放弃自由和争取自由的斗争来获取对法西斯主义的胜利。因此，他主张只要英国立即给予印度独立，印度将全力支持英国抵抗法西斯。贾·尼赫鲁出于全局考虑，逐渐与极左翼组织国大社会党、前进集团拉开距离。他的着眼点是保持国大党统一，将国大党左右翼大多数人团结在共同的旗帜下。在甘地不再能继续有效地发挥轴心和聚合点作用的情况下，贾·尼赫鲁及时地填补了这个空缺，这对国大党在新的艰苦条件下齐心协力进行斗争具有重要作用。甘地明确表示，让贾·尼赫鲁肩负起领导国家的重任。甘地说如果他不能使所有人跟着他走，那么他就放弃领导。他觉得贾·尼赫鲁应该完全负责，领导国家。

对于《战争目的决议》，甘地表示赞同，并赞扬贾·尼赫鲁在制定决议中的决定性作用。甘地说：决议的作者是一位艺术家，虽然在极力反对各种形式或形态的帝国主义方面没有人能超过他，他却是英国人民的朋友；的确，在思想和性格方面，他更像英国人而不像印度人，

---

① 尚劝余：《尼赫鲁与甘地的历史交往》，第 66 页。

他与英国人在一起往往比与自己的同胞在一起更自如；他也是一位人道主义者，他反对每一个错误，不管是在哪里犯的；他的民族主义因为他的卓越的国际主义而得以丰富；因此，决议不仅是给他自己同胞、不仅是给英国政府和英国人民的宣言，而且是给全世界各民族包括像印度那样受剥削的民族的宣言；他通过工作委员会使印度不仅考虑她自己的自由，而且考虑世界所有被剥削民族的自由。甘地希望全党一致支持这项决议，但他本人仍然坚持他的信念。

英国政府对国大党战争目的决议的答复令人失望。1939 年 10 月 17 日，总督发表声明，断然拒绝国大党的要求，既没有宣布战争目的，也没有答应印度独立，只是重复上次大战许诺的在未来给印度以自治领地位。总督的声明使印度政治家认识到，这不是一场争取民主的战争，而是一场帝国主义战争，战争并没有使英国政府对其殖民地的态度发生变化。贾·尼赫鲁指出，我们现在明白，英国坚持其帝国主义并为维护帝国主义而战，战争的目的是维护大英帝国，建立某种确保其安全的国际体系，尽量延长对印度的统治，我们无意于高呼"嗨，希特勒"，我们也无意于高呼"英帝国主义万岁"。甘地也指出，国大党要求面包，得到的却是石头。国大党态度逐渐强硬起来。①

1939 年 10 月 23 日，国大党工作委员会阿瓦迪会议通过决议，反对总督声明，谴责英国坚持帝国主义政策，宣布对于英国的战争努力不给任何支持。决议提出了几点印度民族要求：允许印度战后独立；召开全民选举的立宪议会制定印度宪法，决定印度未来地位；立即成立责任政府。决议警告英国政府，如果不满足这些要求，国大党将发动全国规模的不合作运动。10 月 24 日，甘地宣布国大党工作委员会授权他随时恢复文明抵抗运动。国大党工作委员会还决定，所有国大党省政府全部辞职，以示对英国顽固不化的殖民政策的抗议，作为不合作的第一步。1939 年 10 月 23 日至 11 月 25 日，8 个省的国大党省政府全部辞职。对于国大党省政府辞职，穆斯林联盟组织了"庆祝"活

---

① ［印度］辛哈、班纳吉：《印度通史》，张若达、冯金辛、王伟译，北京：商务印书馆，1964 年版，第 675～677 页。

动，庆祝穆斯林"从国大党枷锁下解放出来"。殖民当局趁势进一步拉拢穆斯林联盟，打击国大党。这是第二次世界大战爆发后英印关系的第一次重大危机，是走向群众性不合作运动的第一步。

二、第二次危机

虽然国大党退出了省政府并授权甘地随时恢复文明抵抗运动，但在法西斯主义威胁面前，它并未采取妨害政府的极端步骤，而是采取更为积极的姿态，希望英国政府能够作出积极的反应。国大党工作委员会指出，不惜一切努力与敌对者达成一项光荣的解决乃是非暴力抵抗的一切形态中所固有的品质。因此，虽则英国政府已经对国大党砰然关上了大门，而工作委员会仍将继续探索一种达成光荣解决的方法。甘地也声明：你们必须知道，和解是我的天性；如果必要，我可以去会见总督50次。

此时，左翼战线仍积极开展反战活动，但在用什么方式反战上发生分歧。印度共产党主张总罢工，甚至开展革命战争。苏·鲍斯和国大社会党领导人则主张开展非暴力群众斗争。双方矛盾趋向激化，摩擦随之发生，互相指责并清除对方党员，左翼统一战线破裂。殖民当局对印度共产党领导人、国大社会党领导人、前进集团领导人实行大逮捕，左翼反战力量受到沉重打击。

群众的反战情绪，当局对左翼的严厉镇压，促使国大党采取行动。1940年春，国大党兰姆加会议宣布，代表英国政府所作的最近对印声明，证明了英国基本上是为了帝国主义的目的而进行战争。在这种形势下，国大党显然决不能直接或间接参加战争，并决定举行文明不服从运动。

1940年夏，纳粹德国在欧洲战场所向披靡，占领整个北欧和西欧，并对英伦三岛进行大规模空袭。英国陷于困境。面临纳粹侵略之虞，这种形势改变了国大党的政策。贾·尼赫鲁强烈反对在这个严峻时刻发动文明不服从运动。他声明：在英国处于生死斗争的时刻发动文明不服从运动，是有损印度声誉的举动，正在和平抵抗运动边缘上的国大党当自由英国的生存处于千钧一发的时候，就不能够考虑采取任何这样的运动了。甘地也声明："我认为，我们应该等待，直到盟国内部的战斗热情消沉和未来局势比现在更明朗。我们不会从英国的毁灭中寻求我们的独立。这不是非暴力的方法。"[1]

所有关于和平抵抗运动的谈论都暂时被搁置不提。国大党提出新的合作建议，再次尝试与英国政府达成协议。国大党的条件是，承认印度的自由并建立一个各党派合作的临时国民政府，在这个条件下，国大党将在对外防御上放弃甘地的非暴力主义，与英国的战争努力充分合作。由拉贾发起的这个提议对英国政府作出了很大让步，是一个妥协性的提议，国大党就这个提议发生了争议。贾·尼赫鲁在经过极其艰苦而焦虑的思考后，才使自己同意了这个提议，主要是考虑到更大的国际问题，即与反法西斯主义和反纳粹主义斗争的人们保持完全一致的立场。

甘地则明确表示反对国大党同意为狂暴的战争努力承担责任。他认为即使在对外战争问题上，他也不能放弃他的非暴力原则，不能使自己卷入这场暴力的战争中去，而且他希望国大党对这个问题也采取同样的态度。他只同意给予道义和其他方面的帮助，反对在实际上协助武装与暴力的战争。他要求国大党宣布坚持非暴力原则，并把这个原则扩大到自由印度，用这个原则保卫自己，防止内乱和抵抗外来侵略。当然，他知道在印度，甚至在国大党内部有许多人对非暴力主义并不信仰；他也认识到一个自由印度的政府当涉及国防问题时，可能会放弃非暴力主义以建立起陆海空军的力量。然而，他要求国大党至少高举起非暴力的旗帜，从而使人民的心智受到熏陶并使他们越来越采取和平行动。他害怕目睹印度军事化，他梦想着印度会成为非暴力的象征和示范，并且由于它的示范使得战争和暴力的手段在世界其他地方也消失殆尽。即使整个印度不会接受这种概念，当考验的时刻来临的时候，国大党也不应该放弃它。

---

[1] Sandhya Chaudhri, *Gandhi and the Partition of India*, New Delhi: Sterling Publishers Pvt. Ltd, 1984, p. 68.

　　然而，贾·尼赫鲁、拉贾、阿扎德等国大党领导人不赞成甘地的这一主张。贾·尼赫鲁指出，我们每个人深信我们在斗争中应当坚持非暴力主义原则，实际上我们一向就是如此，欧洲的战争加强了这种信念，可是要未来的国家确守这种原则却是另外一回事，而且是一件更加困难的事，一个从事政治活动的人怎么能够这样做，实在很难说。甘地则坚持他不能放弃或缓和他为全世界所提出的使命，他应当自由行事，而不应该由于一时政治上的考虑而畏缩不前。这样，甘地与国大党工作委员会在非暴力问题上第一次公开对抗，各走各的路。

　　1940 年 6 月，国大党工作委员会在德里召开紧急会议，通过决议：大不列颠承认印度的完全独立是解决印度和英国共同面临的问题的唯一途径，作为第一步应在中央成立一个临时国民政府，如果这些措施被采纳，国大党就能够投入全力为有效地组织国防而努力。决议指出，圣雄甘地要求国大党忠于非暴力信条，并要求它宣布不愿意使印度维持武装力量来保卫自由、抵抗外来侵略或平息内乱，而各委员则无法完全同意甘地的意见。决议认为，甘地应享有以自己的方式实现自己伟大理想的自由，因而解除他对国大党所必须采取的纲领和活动所负的责任。贾·尼赫鲁力图缩小国大党与甘地分歧的意义，他说过去 20 年的国大党是甘地的创作和孩子，没有什么能使这种结合破裂。甘地被这一忠诚的表达深深感动。1940 年 7 月底，国大党在浦那召开全国委员会会议，批准了工作委员会德里会议通过的决议。投票结果，以 91 票对 63 票赞成抛弃非暴力，又以 95 对 47 票赞成有条件合作的建议。[①]这是一个妥协的提议，放弃了立即独立的要求，而主张建立临时政府。

　　纵然如此，英国政府仍然顽固坚持其帝国主义立场，一意孤行，无视国大党伸过来的友谊之手，拒绝国大党浦那会议决议。1940 年 8 月 8 日，印度总督发表声明，即《八月宣言》，提出英国不能计划把它目前对印度安全和幸福所负的责任，移交给一个其统治体制为印度国

---

①　[英]杜德：《今日印度》下册，黄季方译，第 251 页。

民中多数有势力的人物所直接否认的政府。作为一个替代方法：（1）战时扩大总督行政会议的印籍成员的名额。（2）任命一个由王公和政党代表组成的战时咨询委员会。（3）战后设立代表印度国民主要分子的立宪机构，草拟新宪法。这个构成后来克里浦斯计划基础的《八月宣言》事实上没有提出一点新东西。

贾·尼赫鲁一针见血地指出：那是全盘的拒绝，而更有甚者，它的措辞明明白白告诉我们，英国并无任何放弃在印度的政权的意思；他们一心想怂恿分裂，并增强每一个中世纪式的和反动的分子；他们似乎宁愿发生内战使印度毁灭，而不愿放松他们那帝国主义者的控制。甘地也写信给总督，对《八月宣言》表示不满：我非常仔细地读了你的声明，我脑子一片空白，它使我伤心，它的含义使我吃惊，我不由自主地感到，这是一个极大的错误。《八月宣言》是对国大党及整个印度的又一次严重挫伤，它再次关上了合作的大门。当时的国大党主席阿扎德表达了印度的反应：既然英国拒绝了国大党的一切提议，那么，我们所剩下要做的只有一件事，那就是在一切方面与战争努力不合作。

1940年9月16日，国大党工作委员会在孟买召开会议，通过了甘地参加起草的决议，表示国大党绝不接受剥夺印度人民的天赋人权、禁止印度人民言论自由并继续奴役印度人民的政策。决议要求甘地重新出来领导群众性不合作运动，废弃浦那会议批准的德里决议，表示国大党坚信非暴力的政策和实践不仅适用于争取印度自治的斗争，而且在可能的范围内，它也适用于未来自由的印度。

但是，甘地认为立刻发动群众文明不服从运动的时机尚不成熟，他决定发动象征性的个人文明不服从运动，对英国表示道义上的抗议。这不是争取自由的斗争，而是维护反战言论自由权利的象征性行动。参加运动的人由甘地挑选，名单交甘地审查和批准，他们发表反战演说，并事先将他们举行这种象征性反战运动的时间和地点通知警察。每个参加不服从运动的人的口号是："用人力或财力帮助英国的战争努力是错误的，唯一可取的努力是用非暴力抵抗来抵制一切战争。"这样做得到了国大党领导机构的同意，国大党只想对英国施加压力，并不想妨碍英国作战。

个人文明不服从运动大致分为 3 个阶段。第一阶段是纯个人不服从，只由甘地事先指定的一个人发表反战演说，被捕后再由第二个人继续，这样一个一个地进行。1940 年 10 月 17 日，甘地挑选维诺巴·巴维（梵文学者、甘地真理学院成员）在瓦尔达附近的波拉村发表反战演说，开始了个人文明不服从运动。21 日，巴维被捕，被处 3 个月徒刑。甘地挑选的第二个人是贾·尼赫鲁，预定 11 月 7 日开始，但当局以他 10 月初曾发表反战演说为罪名，没有等他发表演说，就于 10 月 31 日将他逮捕，判刑 4 年。第三个发表反战演说的是国大党普通党员布拉赫姆·多塔，当场被捕，判刑半年。甘地最初打算在第三个志愿者被捕后进行绝食，但被同事劝阻了。11 月中旬，运动进入第二阶段，由纯个人不服从改为代表性的不服从。由甘地指定国大党工作委员会委员、全印国大党委员会委员、前中央或邦议会国大党议员，分别以集体名义发表反战演说。到年底，计有 11 名工作委员会委员、176 名全印国大党委员会委员、29 名前内阁部长、400 名议员被捕入狱，其中包括一大批高级领导人，如阿扎德（本年度国大党主席）、帕特尔、拉贾等。1941 年 1 月，运动进入第三阶段，即个人同时不服从。由各级党组织推荐名单，送甘地批准，由甘地分派任务。甘地按名单一批批指派，每批数人，他们分别从一个地点走到另一个地点，高呼反战口号，召集群众会议，发表反战演说，直至被捕。4 月，基层党员报名参加。"至 6 月底，约有 3 万余人被捕，运动已经消亡，但它在形式上一直持续到 12 月"[①]。

1940—1941 年的反战个人文明不服从运动由于没有广泛发动群众，本身没有力量，失败是必然的。但它在显示国大党斗争决心方面，在鼓舞广大群众坚持反战反英立场和民族目标方面是有积极作用的。在印度共产党、国大社会党和前进集团的反战反英遭到镇压后，国大党以个人文明不服从的方式表达人民的反战要求，并和上述反战的左

---

① A. P. Srinivasamurthy, *History of India's Freedom Movement*, *1857-1947*, New Delhi: S. Chand & Co. (Pvt.) Ltd., 1987, p. 128.

翼同样作出了巨大牺牲，这就在印度人民心目中维护了它作为民族斗争旗手的声望和地位。这次个人文明不服从运动是第二次世界大战爆发以来英印关系的又一次重大危机，是向群众性不合作运动迈进的又一步。

三、第三次危机

1941年6月22日，纳粹德国撕毁《苏德互不侵犯条约》，进攻苏联，苏德战争爆发。苏联参战加强了这场战争的世界民主力量，第二次世界大战进入新的阶段，战争性质和国际局势发生重大变化。事态的这一转变给印度提出了一个难题：英国是反法西斯同盟国成员，从世界反法西斯角度看，应当支持英国的作战努力；但英国又顽固拒绝印度的独立要求，力图保持对印度的殖民统治，如果无条件支持它作战，从民族斗争角度看，就等于前功尽弃，最终丢掉这个难得的施压机会。对这一难题的不同回答导致了印度民族反战反英力量的分裂，使印度政治局势更加复杂化。

苏德战争爆发后，印度共产党领导人兰那地夫、阿·高士等在狱中制定了《德奥利提纲》，认为战争性质已经改变，印度共产党对战争的态度也应相应地作出根本改变。他们提出"人民战争"的口号，主张印度共产党应全力支持英国作战。这个文件从狱中传出，在印度共产党内引起震动。英国共产党领导人也发表呼吁书，要求贯彻执行共产国际新的政治路线，无条件支持盟国的反法西斯战争。英国共产党印度问题权威杜德也撰文，要求印度共产党无条件支持战争，不管英国统治者会答应或作出什么让步。以总书记约希为首的印度共产党政治局全盘接受了共产国际的指示，即接受了《德奥利提纲》。12月，印度共产党发表了《我们对战争的新路线》的文章，随后又发表了《狱中文件》和政治局《关于反法西斯人民战争以及我们的政策和任务》的决议。这几份文件标志着印度共产党对战争的态度发生了根本变化，以往必须先获得自由才能进行自由之战的说法被抛弃了，如今强调的重点是世界反法西斯战争的结果将给印度带来自由。印度共产党号召印度人民同英国建立反法西斯统一战线，以全民的力量投入对法西斯的斗争，并号召工人不要罢工，要努力增加生产支援前线。英国当局为了使印度共产党能正常开展活动，也为了向苏联等世界民主力量表示友善姿态，取消了对印度共产党的禁令，并从狱中释放了共产党人，印度共产党重新获得了合法地位。

国大社会党、前进集团都不同意印度共产党的新方针，对印度共产党提出了指责。他们仍坚持原来的反战反英立场。纳拉扬从狱中给外面的国大社会党人写信，对苏联卫国战争表示同情，认为印度争取自由就是支持苏联和世界反法西斯力量。他对甘地领导的个人反战不服从运动很不满意，称之为"滑稽剧"。从这时期，他主张进行武装斗争。

国大党在苏德战争爆发后也坚持原来的方针不变。虽然印度总督宣布扩大行政委员会，建立国防委员会，吸收印度各界领导人参加，但甘地表示，这一决定没有满足国大党的要求，也不会影响国大党的立场。1941年8月，罗斯福与丘吉尔发表《大西洋宪章》，宣布尊重所有民族选择其赖以生存的政权形式的权利，并愿意保证被强行剥夺了主权和自治权的民族恢复其主权和自治权。《大西洋宪章》给印度以希望和鼓舞，国大党呼吁英国政府将宣言立即应用于印度。然而，丘吉尔9月9日发表声明，《大西洋宪章》原则上只适用于纳粹桎梏下的欧洲国家，而不适用于印度、缅甸和英帝国其他部分。丘吉尔的这一奇怪逻辑遭到国大党领袖以及其他政党领袖的猛烈抨击，也遭到美国等国家公众舆论的谴责。

10月，个人文明不服从运动进入低潮，出狱的人很少再参加运动。有的领导人公开要求甘地停止运动。甘地拒绝这种意见，表示运动将按照非暴力的法则继续发展。在印度国内外压力下，殖民当局12月3日宣布释放贾·尼赫鲁、阿扎德等全部国大党人，作出和解的表示。甘地对此发表声明说："这一行动不会使我有任何激动或感奋"，"对英国人民的友情不能使我对英国政府奴役印度熟视无睹。印度今天只有被奴役的自由而没有平等的自由即完全的独立"。甘地表示仍要继续个人文明不服从运动，"国大党的反抗是精神上和道义上的"，有了这一点，"终将赢得印度的独立"。①

1941年12月7日，日本突袭珍珠港，太平洋战争爆发，战争性质发生了根本变化，真正具有了全球性质，成为民主力量与法西斯主义之间的一场生死决战。贾·尼赫鲁对战争性质的转变立即作出了明确的反应。12月8日，贾·尼赫鲁即宣告，世界进步力量现在都与以苏、中、美、英为代表的集团站在一起，我们必须同情和祝愿包含这些进步力量的集团。在12月17日的声明中，贾·尼赫鲁说，他长年来一贯主张对中国和苏联提供帮助，他不能仅仅因为它们与大不列颠结成了联盟而改变他的观点。虽然在目前情况下，他不能与英国政府合作，但是他不赞成群众文明不服从运动，以免阻碍政府的战争努力，损害世界民主事业。苏·鲍斯信奉"我的敌人的敌人就是我的朋友"的信条，于1941年初即避开英国人的监视，逃往柏林，主张与法西斯轴心结盟，利用德、意、日法西斯力量争取印度的独立。甘地则坚决主张完全的非暴力，反对参战。他12月8日发表12点建设纲领，号召全国人民努力推行，以支持个人文明不服从运动。贾·尼赫鲁、阿扎德等极力主张与反法西斯力量结盟，有条件地参战，国大党主要领导人再次与甘地发生尖锐分歧。

1941年12月23—30日，国大党工作委员会在巴多利召开会议，宣布停止个人不服从运动，并通过了赞成武装抵抗轴心国的决议。决议声明：虽然英国的对印政策毫无变更，但本委员会必须考虑由于战争的发展及其迫近而产生的世界新形势。国大党必须同情和支持那些遭受侵略而为自由斗争的民族，但是唯有一个自由独立的印度才能担负全国范围的防务。工作委员会认为，甘地坚决不参战的立场已不适应形势。甘地致函国大党主席阿扎德要求解除他的领导权，他在信中指出，他以为国大党是基于非暴力的立场反对参加目前的或所有的战争，可是多数委员却不认为如此，因此他不能再领导国大党的非暴力

---

① 任鸣皋、宁明主编：《论甘地——中国南亚学会甘地学术讨论会论文集》，上海：上海社会科学院出版社，1987年版，第203页。

反战运动。国大党工作委员会接受甘地的要求，解除了他的领导权。这是甘地在大战中第二次被解除领导责任。巴多利决议重新开启了国大党与英国政府谈判的大门。

1942 年 1 月 15—16 日，全印国大党委员会在瓦尔达召开会议，批准了工作委员会通过的巴多利决议。在这次会议上，甘地阐述了他对非暴力的信念："非暴力是我的信条，是我生命的呼吸，但它决不是我给印度提出的信条。我将它作为政治方针摆在国大党面前。也许它是一个新颖的方法，但并不因此而失去其政治性质。作为一个政治方法，它可以不断变化、修正、改变，甚至被抛弃。如果这些年来我带着国大党跟我一起走，那是在于我作为政治家的能力。因为我的方法是新颖的而将之说成是宗教的，这是不公正的。"针对当时流传着的他与贾·尼赫鲁发生根本分歧的谣言，甘地予以反驳，并公开声明贾·尼赫鲁是他的继承人。甘地指出："观点分歧远不能疏远我们，从我们成为共事者那一刻起，我们就一直有分歧，但是，我几年来说过，并且现在还要说，不是拉贾而是贾·尼赫鲁将成为我的继承人。他说他不理解我的观点，他所持的见解与我格格不入，这也许对也许不对，但观点不能阻碍两颗心相通。我知道，当我离开人世后，他会站在我的立场上。"[1]

太平洋战争爆发后不出 3 个月，日军便占领了整个东南亚，英军在前线节节败退。在战争形势恶化的情况下，印度问题成为盟国普遍关注的国际问题。1942 年 2 月 8—12 日，蒋介石访问印度，敦促英国尽快给印度以实际权力，以便印度全力参战。2 月 21 日，澳大利亚外长在议会演说中力主在战时给予印度自主，以便加强印度参战。2 月 22 日，罗斯福总统针对丘吉尔的声明，明确宣告，《太平洋宪章》不仅适用于欧洲，而且适用于全世界，并致函英国政府敦促丘吉尔立刻给予印度独立。印度激进民族主义者苏·鲍斯通过电台从柏林向印度加紧宣传鼓动，主张与德意日轴心国结盟反抗英国。而英军在东南亚的

---

[1]　Michael Brecher, *Nehru: A Political Biography*, London: Oxford University Press, 1959, p. 108.

节节败退也使印度民众对英国的防御力量产生了极大的怀疑。英国舆论也转向同情印度，下院在2月关于战争形势的辩论中，给政府施加压力，敦促在印度成立国民政府。3月8日，缅甸首都仰光陷落，日军直指印度东部边境，通往印度的大门被打开，印度濒临日本侵略的直接威胁。正是在这些强大压力和严酷的战争形势下，英国政府被迫对国大党的提议作出反应。

1942年3月11日，丘吉尔任命克里浦斯使团前往印度进行谈判。印度各党派、各阶层都对克里浦斯使团翘首以待，寄予厚望。然而，"谈判以满怀希望开始，以完全失败告终"。克里浦斯使团带来的方案包括战时和战后两部分。这个方案没有改变英国殖民政策，只不过是从前反复申述过的老调重弹，是1940年《八月宣言》的翻版。在谈判中，国大党作出了许多让步，希望达成确实的解决方案。如贾·尼赫鲁所说："在这22年里我第一次吞下了许多苦药丸，因为我的确想将我们的一切同情和精力投入组织印度防御。"然而，英国政府则持"要么接受，要么拒绝"的顽固立场，丝毫没有商谈的诚意。其实丘吉尔派克里浦斯赴印度只是做个姿态而已，根本不想在战时真正解决印度问题。"但不幸的是克里浦斯本人不知道这一点，即他的使命旨在失败，而不在成功"，他做了丘吉尔政治骗局的替罪羊。①

《克里浦斯方案》遭到印度各界人士的猛烈反对。甘地称它是一张行将破产的银行发出的远期支票。他质问克里浦斯："如果这就是你要提出的计划，你为什么要来印度？我劝你趁早搭第一班飞机回去吧！"尼赫鲁也悲叹道："最可悲的是，像斯塔福·克里浦斯爵士这样的人竟让自己充当魔鬼的代言人。"4月11日，国大党发表声明，宣布拒绝《克里浦斯方案》。国大社会党、前进集团都赞成国大党的态度。穆斯林联盟认为这个方案有可取之处，但总的说不能接受，因为它只提出战后建立印度联邦，而没有明确宣布赞成穆斯林联盟的巴基斯坦要求。只有印度共产党基本赞成《克里浦斯方案》，呼吁国大党和穆斯林联盟

① V. T. Patil, *Nehru and the Freedom Movement*, New Delhi: Sterling Publishers Pvt. Ltd, 1977, p. 136.

克里浦斯使团

在这个方案基础上寻求解决分歧的办法。4 月 12 日，克里浦斯在一片反对声中，悻悻地离开了印度。

克里浦斯使团的失败在国大党和印度全国激起了深沉的失望和愤怒的浪潮。这时，日本已开始轰炸印度沿海城市，而英军在东南亚战场不堪一击，节节败退，毫无防御能力。鉴于英国不可能改弦更张，为了能组织全民力量保卫印度，留在国大党和印度面前的唯一出路便是采取断然行动，使用群众文明不服从这个最后武器，将英国统治者赶出印度，由自由的印度自己来担负防御任务。克里浦斯使团离开印度后，甘地指出，整个事件造成了坏印象，他坚决主张英国人立刻有秩序地离开印度。

四、《退出印度决议》

克里浦斯使团访印失败表明，英国在日本入侵印度的危急关头，也不打算对印度民族独立要求作出丝毫让步，国大党的唯一选择就是采取行动。但是，在行动方针问题上，甘地与贾·尼赫鲁等其他国大党领导人产生了分歧。

贾·尼赫鲁不但关心印度的独立事业，也关心战争的进程和民主国家的命运。他对英国的帝国主义政策深感不满，极力主张争取印度独立，但同时对盟国寄以同情，对德意日法西斯侵略深恶痛绝。他不希望法西斯轴心国胜利，因为这将意味着印度和全世界的灾难，盟国的胜利是印度自由的先决条件。因此，他反对一切妨碍盟国战争努力的行动，反对在这个时刻发动非暴力不合作运动，此外，他主张坚决抵抗日本侵略，不惜使用武力，甚至发动游击战争。

甘地则认为，英国统治的存在似乎是招致日本侵略的诱饵，如果英国离开印度，日本就不会侵略印度，他坚信印度的安全在很大程度上取决于英国有秩序地、及时地撤出印度。此外，他认为，英国难以保卫印度，轴心国会取得胜利，故而主张与日本和谈。即使在日本侵略印度的情况下，他反对贾·尼赫鲁提倡的武装抗战和组织游击队，而主张用非暴力不合作抗日，主张精神上同情盟国反法西斯事业，反对印度参战，反对盟国军队驻扎在印度。

1942年4月27日—5月1日，国大党在阿拉哈巴德召开工作委员会会议，双方观点分歧公开化，进行了直接交锋。甘地未出席会议，但他提交了一个7点决议草案，要求英国"退出印度"，声明外国军队是对印度自由的严重威胁，印度将用非暴力抵抗和不合作来对抗日本侵略，甚至与日本和谈。甘地的决议草案写道：英国不能保卫印度，印度军队是一个种族隔离体，不代表印度人民，印度人民决不将它视为他们自己的军队；日本不是与印度有怨，它在对英帝国作战；如果印度获得自由，它的第一步可能是与日本和谈；国大党认为，如果英国"退出印度"，印度能够在日本或其他任何侵略者进攻面前保卫自己。

甘地的决议草案受到贾·尼赫鲁和其他一些委员的强烈批评。贾·尼赫鲁指出："草案的整个基调必然会使全世界以为我们正在消极地与轴心国搞联合。要求英国撤走后我们将与日本谈判，可能与其达成条件，这些条件可能包括由我们控制大部分内务、由他们控制军事、军队通过印度等等。""甘地的感觉是日本和德国将打赢战争。这种感觉不自觉地支配了他的决定。"① 果不其然，几个月后，英国政府对甘地的决议案小题大做，突然向世界公布，并大肆渲染，力图将甘地描绘成亲轴心国的代理人。甘地对此进行了反驳。

经过激烈辩论后，阿拉哈巴德会议最后通过了一个由贾·尼赫鲁起草的折中甘地和贾·尼赫鲁观点的决议案。国大党主席阿扎德支持贾·尼赫鲁的草案说，在甘地最初的草案和贾·尼赫鲁后来的草案之间没有意义上的分歧，分歧只在于方法上。会议最后采纳的决议拒绝了克里浦斯方案，主张用非暴力不合作抵抗一切外国侵略，其要点有三：(1)英国应放弃对印度的控制。(2)国大党应继续坚持非暴力不合作的思想。(3)国大党反对外国军队在印度作战。决议号召：万一发生侵略，必须进行抵抗。这种抵抗只能采取非暴力不合作的形式，因为英国政府阻止人民以其他任何形式组织国家防务。因此，本委员会期望印度人民对侵略军进行完全的非暴力不合作，不给他们以任何援助，我们不会向侵略者屈膝，也不会服从他们的任何命令。如果他们占领我们的家园和田地，我们将不惜以死来拒绝。

甘地对国大党工作委员会阿拉哈巴德会议通过的折中决议感到不满，他坚决主张英国"退出印度"。他指出，英国必须"退出印度"，将印度留给神，或者留给无政府状态，英国退出后随之而来的无政府状态也许导致一时的残杀战争或土匪抢劫。但一个真正的印度将从这里崛起，取代我们所看到的这个虚假的印度。印度 22 年非暴力教育的不息努力，不会付诸东流。人民将从混乱中演进出真正的民治政府。甘地通过文章和讲话给印度政治空气注入了一种新的推动力，他的挑战性的"退出印度"口号激起了人民的斗争热情，将人民从消极无为和麻痹昏睡中唤醒，激起了行动的决心。

随后，贾·尼赫鲁与甘地进行了多次广泛交谈和激烈争论。甘地曾写道：我和他一连争论了好几天，他反对我的看法，其情绪之激烈是我无法用言辞形容的。贾·尼赫鲁和甘地之间的互相讨论澄清了一

---

① S. Bose, *The Indian Struggle*, *1935-1942*, Calcutta: Chuckervertty, Chatterjee & Co., Ltd., 1952, p. 40.

些模糊的问题，达成了某种程度的共识。甘地认识到了国际因素，从而用更宽阔的眼界看待印度问题。甘地承认，他早期的文章和观点有缺陷，他改变了原来的立场，声明英美军队可以留在印度国土上，印度获得独立时他们应与新近成立的国民军和游击队一道为印度防御而战。他承认可以用非暴力抵抗英国政府，但是它不适用于阻止日本进攻。但在发动要求英国"退出印度"的文明不服从运动问题上，甘地的态度坚如磐石，毫不让步。

贾·尼赫鲁最终同意了甘地发动"退出印度"运动的主张，他之所以改变初衷基于以下因素：其一，当时，日本已打到印度东大门，英印政府无力抵抗，准备从孟加拉撤退，实行焦土政策，到处弥漫着一种强烈的失败主义情绪。在这种情况下，需要激发群众的斗争热情，创造一种抵抗精神，以便用这种抵抗英国殖民者的精神来抵抗日本。其二，贾·尼赫鲁认为这场运动短暂并会迅速结束，将在3周内迫使当局建立国民政府，在日本侵入印度之前获得胜利，然后即全力投入反法西斯事业，国大党主要领袖也都这样认为。其三，甘地发动运动的决心已定，态度坚决，他声明如果他的"退出印度"决定被否决，他就脱离国国大党，另立新组织，创建一个比国大党本身更强大的运动。在这种情况下，置身民族运动之外，会导致国大党和民族运动的分裂，使局势更加危险。贾·尼赫鲁一旦改变了初衷，便以空前的热情全力投身民族运动之中。

1942年7月6—14日，国大党工作委员会在瓦尔达召开会议，经过激烈辩论，最后接受了甘地的决定，通过不合作的决议，即《退出印度决议》。其中写道：迄今发生的种种事件以及印度人民切身的经验使国大党确信，英国在印度的统治必须结束；印度要自由，不仅是为了印度的利益，也是为了世界的安全，为了根除纳粹主义、军国主义或其他形式的帝国主义，以及一个民族侵略另一个民族的现象。决议说，国大党决心抵抗日本侵略，要求英国退出绝不是要损害盟国的反法西斯战争，国大党同意盟国军队驻扎在印度。关于英国撤出后的设想，决议提出组织包括一切党派团体参加的临时政府，召开立宪会议制定宪法，然后自由印度的政府与英国政府共商两国未来关系以及如何合作抵御侵略。决议最后呼吁英国当局为了印度也为了自身利益接受印度要求，并宣布如果这个正义要求遭到拒绝，将在甘地领导下发动新的文明不服从运动。

瓦尔达会议后，国大党给伦敦当局发出最后通牒，限英国政府24天之内，在《退出印度决议》基础上与国大党达成政治协议。甘地写信给罗斯福和蒋介石说明了国大党的立场，要求支持印度自由斗争。他在给蒋介石的信中写道：决不采取匆促的行动，而且不论采取什么行动，都将受这种考虑的支配即不损害中国或鼓励日本侵略印度或中国，并说他正在竭尽全力来避免和英国当局发生冲突。然而，丘吉尔拒不接受罗斯福和蒋介石的意见，这使甘地和国大党大失所望。

1942年8月8日，即24天期限到期的那一天，全印国大党委员会孟买会议批准了瓦尔达工作委员会决议，并以修正的形式最后通过了《退出印度决议》。决议指出：如果英国拒绝"退出印度"，国大党将被迫"使用自从它1920年采纳非暴力为其政策以来所聚集的一切非暴力力量，来争取政治权利和自由"，在甘地的"必然领导下"，发动"一场非暴力的群众斗争"。会议结束时，甘地向大家祝福说："这里我要给你们一个短短的赠言，这个赠言就是'不行动，毋宁死'，不是印度获得自由，就是我们在斗争中死去。"①

《退出印度决议》充分表达了国大党争取自由的决心，但是，如贾·尼赫鲁所说：这个决议不是恐吓，而是邀请和解释，是要求合作的建议。甘地也告诫说：实际斗争并未在此刻开始。《退出印度决议》批准发动一种非暴力的必须由甘地先生领导的群众性的斗争，但是，并未确定发动运动的具体日期。实际上，甘地并未放弃协商的愿望，他试图以此作为最后的压力，迫使政府让步。在决议的结论中，甘地清楚地说明他的第二个步骤将是去会见总督，并向主要的盟国首脑呼吁，以求达成一项光荣的协议，即一方面承认印度自由，同时也推进

---

① Sarkar Sumit，*Modern India：1885-1947*，Delhi：Macmillan India Ltd，1983，p. 120.

盟国反法西斯事业。

孟买会议结束后，甘地即开始写信，并决定次日晨由贾·尼赫鲁携带赴美国，向美国政府说明《退出印度决议》的性质和目标。然而，在 8 月 9 日拂晓前，英国殖民政府突然大肆逮捕国大党领导人。英国政府希望通过这一迅速而猛烈的行动将运动扼杀在摇篮里。但是事与愿违，这一突然的大逮捕行动却成为实际引发"退出印度"运动的火星。于是，"甘地运动"的最壮观、也是最后的一幕拉开了。

可见，正是由于在战争形势日益恶化的严峻时刻，英国当局仍然死死抱住其殖民政策不放，导致了英印矛盾激化，危机迭起。在头两次危机中，国大党并未诉诸大规模的群众运动，而是以辞职和个人文明不服从进行象征性的抗议，以期英国当局能够作出积极的反应，为印度与英国合作共同抗击法西斯侵略创造条件。克里浦斯使团谈判的失败，使印度受到了最沉重的一击，印度各阶层中残存的最后一线希望破灭了。正是在克里浦斯使团失败后，甘地和国大党才最终决定诉诸大规模的群众运动，迫使英国"退出印度"。而 8 月 9 日的大逮捕则成了导致印度久已蓄积的民族愤怒情绪总爆发的导火线。

因此，可以说，第二次世界大战爆发 3 年来的英印矛盾的不断积累与激化，是导致"退出印度"运动的根本原因，而 8 月 9 日的大逮捕是诱发"退出印度"运动突发的直接原因。

第二节 "退出印度"运动的进程

"退出印度"运动从 1942 年 8 月 9 日国大党领导人被捕到 1944 年 5 月 5 日甘地出狱，历时近 2 年，大致经历了 3 个阶段，每个阶段呈现出不同的特点。

一、运动的爆发

1942 年 8 月 8 日《退出印度决议》通过后，按照惯例甘地准备向总督提出"退出印度"要求，在遭到拒绝后，再正式开展运动。然而，没等到他通知总督，殖民当局迫不及待地抢先动手了。

事实上，早在一个多月前，总督林里兹戈和印度事务大臣阿麦里频繁交换电报和函件，密谋对付甘地和民族运动之策。6月15日，林里兹戈说："决不允许圣雄妨碍我们的战争努力，干扰我们保卫印度和反对日本的安排"。"准备给甘地寻找一个条件舒适的监狱，或者关在印度某地，或者把他（也许连同尼赫鲁）用飞机遣送出境。"阿麦里回复说："务必采取迅雷不及掩耳的手段，镇压甘地的活动"，甚至建议"用飞机把甘地送往乌干达"。[①]

8月9日凌晨，殖民当局开始大逮捕。包括甘地、贾·尼赫鲁、阿扎德、帕特尔、普拉萨德等主要领导人在内的148名国大党领导人被捕，被判长期监禁。各省的部分领导人随后也遭到逮捕。当局说被捕人数总共数百，实际上仅联合省一个省就有574人。国大党工作委员会、全印委员会、省委员会都被宣布为非法。虽然国大党对镇压有所准备，但没有料到会如此迅猛。国大党中央领导机构一举被摧垮，全党陷于无领导状态。

甘地被单独关在浦那土邦王公阿加汗的私邸，这是甘地一生第15次入狱，是最后一次被监禁，也是时间最长的一次，共635天。甘地后来致书总督说：你把我安置在一座宫殿里，在这里一切应有的物质享受无不具备，我不客气地享受这种生活，完全认为是一种义务，绝不认为是一件乐事。

贾·尼赫鲁等国大党工作委员会委员被监禁在亚马那加堡垒监狱，这是贾·尼赫鲁一生第9次入狱，是最后一次被监禁，也是时间最长的一次，超过1000天。他远离了喧嚣的政治，潜心于研究印度历史文化，在狱中写成了700多页的鸿篇巨著——《印度的发现》。西塔拉马亚在他的回忆录中说，工作委员会的委员们在这几年中甚至不想讨论政治问题，而是专心致志于宗教、哲学和修养。甘地也在狱中第一次研读了马克思的《资本论》。

---

① Nicholas Mansergh (ed), *The Transfer of Power*, *1942-1947*, Vol. 2, London：HMSO, 1972, p. 214.

殖民当局欲先发制人，期望通过这一快速而猛烈的行动，将运动扼杀在未爆发之际和摇篮之中。然而，与其愿望相反，大逮捕行动反而成为实际引发"退出印度"运动的导火索。印度民众自发地起来抗议当局的镇压行径，如贾·尼赫鲁所说：自从1857年大起义以来，这是第一次极多数的民众再度奋力（但是一个没有武器的力量）来向英国统治印度的组织挑战了。这场运动被称之为"八月革命"。

二、第一阶段

1942年8月9日至1942年8月中旬，是运动第一阶段，即初期阶段。

在这一阶段，运动的形式限于总罢业、游行、示威、集会；运动的地区限于城市和工厂；运动基本上是自发的，受到转入地下的国大党下层领导人的指导。这一阶段，印度各大城市几乎都爆发了抵抗英货、商店和市场罢市、学生罢课、工人罢工、示威游行等，抗议政府逮捕民族领导人。

8月9日大逮捕消息一传出，孟买成千上万名工人、学生、市民涌向全印国大党委员会开会地点，集会抗议当局的逮捕行动，更多人涌向街头。警察开枪，5人被打死、20多人受伤。阿迈达巴德、浦那、德里、阿拉哈巴德、巴特那、康普尔等城市都爆发了群众示威、罢业、罢课、罢工在全国各地展开。[①]

少数未被捕的国大党高级工作人员召开了紧急会议，拟定了12点应急措施，决定在全国立即开展全面的不服从运动，争取在两个月内结束英国统治。国大党基层组织和广大党员开始按各自为战的精神行动起来，应急措施强调开展非暴力斗争。

这一阶段的突出特征是产业工人的罢工，有些罢工持续到第二阶段。塔塔钢铁厂募自印度各地、各个种姓和各个教派的约2万名工人一起参加了罢工，为期2个星期，他们提出不释放国大党领导人并成

---

① 培伦主编：《印度通史》，第600页。

立国民政府决不复工。

在阿迈达巴德纺织业中心，未经工会的特别号召，许多工厂发动了突然间的全体停工，这种总罢工持续了3个多月。巴格达、茵多尔、那格浦尔和德里的纺织厂也进行了长期罢工，导致罢工头个月生产总损失2500万码。

此外，6000名飞机厂和班加罗尔报社的工人与丝绸厂等厂的工人一起，不仅罢工，而且参加游行示威。帝国烟草公司及其在加尔各答、孟买和沙哈兰浦的工厂，康普尔的皮革厂，德里的面粉厂等也发生了罢工。

尼赫鲁指出，这是工人们纯政治性的和自发的反应，并且他们受到了很大的损失，因为当时正是工资较高的期间。在这段时期内，他们未曾接受过任何外来的经济支援。这一阶段的示威游行比后来温和得多。

三、第二阶段

1942年8月中旬至9月末，是运动的第二阶段，即中期阶段。

这一阶段，运动的领导权转入激进的青年、学生手中；罢工工人和青年学生将革命的火种带到了农村；随着运动在农村的传播，暴力事件也随之发生。

群众反英斗争是在全国范围内展开的，斗争最激烈的地区是比哈尔省、联合省、孟买省、孟加拉省等。此外，马德拉斯、中央省、阿萨姆、奥里萨和西北边境省也都或多或少地出现了反英暴力行动。比哈尔省的群众以木棒、刀剑和长矛等为武器，最早在城乡同时开始进行暴力斗争。

在联合省，阿拉哈巴德市大学生因游行遭到警察棒击，愤而举行暴动。当局立即下令封闭大城市的高等院校。有些城市的大学生随即组成小分队去较小县城和农村开展斗争。贝拿勒斯印度教大学的学生将"退出印度"的信息带到了农村，他们高举"焚烧警察局"、"焚烧火车站"、"英国人溜之大吉"的标语，劫持火车，插上国旗。据官方材料记载，一列插有国大党党旗的列车，载有许多大学生，从贝拿勒斯来到巴里亚县，不久这里就"失去控制"。大学生们在这里和某些已在准备武装斗争的组织结合，组成了许多小分队，举行暴动。像巴里亚这样组织武装小分队的做法，在联合省许多县得到广泛效法。当局把该县国大党负责人潘迪等释放出来，企图用国大党的非暴力来扼制暴力。但潘迪等由狱中出来后，并未指责群众的暴力斗争，而是径直走上街头示威，大批群众浩浩荡荡跟随其后。[①]

在孟买省，孟买、浦那等大城市的大学生和下层群众首先发动暴力斗争。暴动群众用石头、棍棒、玻璃瓶为武器，与警察展开了几天的街垒战。一个秘密电台在孟买出现，播音员是一位攻读硕士学位的女学生叫乌霞·梅塔，她号召与英国斗争的声音传遍孟买及周边各地，后来电台被破获，乌霞·梅塔被捕牺牲。

这一阶段，运动的矛头首先指向交通及通信设施——车站、邮局以及警察署，列车、铁路、公共汽车、电车、信箱、电话线等都是愤怒的民众的攻击目标。不论在农村还是城镇、大城市还是小城市，民众到处行动起来，以各种方式如煤油、汽油、炸药、纸张和布匹等进行攻击或焚烧。

铁路交通破坏最严重的是联合省东部、比哈尔和马德拉斯，在这些地方，好几天没有通火车，致使交通瘫痪。在马德拉斯的安德拉，起义者将永久性铁路拆了好长一段。孟加拉几乎完全与北印度隔断，马德拉斯与加尔各答隔断。据政府估计，造成的损失如下：烧毁车站318个，严重破坏邮局252个，彻底摧毁邮局60个，被劫邮局945个，铁路出轨59次，破坏电话线11285起；破坏车站设施损失65万卢比，破坏卡车损失90万卢比，机车被毁损失180万卢比。

另一攻击目标是监狱。不论从内部还是从外部破狱的事例都时有发生。这主要集中在比哈尔和孟加拉。近1万名村民袭击了哈兹浦尔、塞塔马里、艾拉和贡达的监狱，成功地破入大门，释放了所有囚犯（包

---

① Amba Prassad, *The Indian Revolt of* 1942, Delhi: S. Chand & Co., 1958, p. 73.

括政治犯和刑事犯）。在达卡监狱，发生了严重的囚犯叛乱，导致 29 人死亡，136 人受伤。

与此同时，发生了针对欧洲人的种族憎恨的示威。在孟买的一些边远地区，男女鼓动者登上火车，要求欧洲旅客坐三等车，戴甘地帽，要求欧洲女士穿土布制的女服。但是，没有发生针对欧洲人的蓄意暴力。据知，在骚乱中虽然有许多人特别是官员受伤，但没有欧印人被杀。

运动的最高峰是占领法院和政府部门，并建立自己的独立政府——共和国。占领法院和政府部门的活动遍及大部分省份，而取得比较显著成绩的是比哈尔、联合省东部和孟买一些地区。在边远地区，村民们组织从村庄到区总署的列队进军，他们从四面八方聚集到法院或政府部门，迫使官员戴民族帽，将国旗插在大楼上，然后胜利返回。在有些地区还焚烧了政府案卷，袭击了政府金库。这是这次运动的最高峰，也是运动的最终目的。交通的瘫痪使这些地区的独立共和国存在了好多天或好多个星期，有些长达 4 个月。当局费了好大劲才完成了所谓的"再征服"。

在这一阶段，各地民众的目标基本上是不危及生命。在人民方面，就整个说来，是在有意地设法使他们的敌人免受肉体的伤害。对交通设备和政府财产有着大量的破坏；但是就是在这种破坏当中，他们也留心避免伤害人命。然而，在被警察行动（鞭笞、催泪弹、枪击）激怒的情况下，民众也采取无情的行动予以回击。据估计政府人员的伤亡数字是：文职人员 100 人，军人和警察 648 人。

四、第三阶段

1942 年 9 月末至 1944 年 5 月，是运动的第三阶段，即晚期阶段。

这一阶段，开始对人身以及政府财产和交通设施进行武装攻击。

武装攻击最显著的地区是孟加拉和马德拉斯。9 月 21 日，用刀和其他武器武装起来的民众袭击了马德拉斯管区的一个盐厂，杀死了巡视员，放火烧了栅子。两天后，孟加拉的一群民众携带炸弹和长矛袭击了警察。

从 1942 年 9 月 23 日到 1943 年 2 月间，不时有投弹或爆炸事件发生。这一活动在孟买、中央省和联合省特别突出。第一次炸弹爆炸于1942 年 9 月 23 日发生在孟买，最后一次于 1943 年 2 月 10 日发生在康浦尔。政府白皮书承认："炸弹最初很粗糙，没有效力，但是，技术改进很快，到运动第 12 周的时候，炸弹和其他爆炸装置（有些属于高度危险型）大规模投入使用，特别是在孟买省。"①

在孟买，大学生们到农村发动斗争，在许多地区建立了以农民为主，大学生参与其中的一支支农民武装力量。这些农民武装有时单独活动，如 1943 年 1 月一支约百人的小分队以突袭手段解除了一支正在托尔吉征税的警察的武装，夺走全部枪支和 2305 卢比税款。他们有时候也协同行动，一次多达数千人参加。技术性较强的破坏工作如炸毁桥梁，通常由专门的技术小组负责。由于采取这种较有组织的和灵活的形式，这些地区的武装斗争持续时间较长。

针对英国殖民者的人身攻击时有发生。在比哈尔省，两名皇家空军军官被群众杀死在火车站，尸体在城中游街示众。两架皇家空军飞机失事，机上人员被村民统统杀死。

1943 年 1 月，警察占领了位于孟买 60 英里远的革命者的山中总部，运动实际上已经结束，但它形式上一直保持到 1944 年 5 月甘地出狱。在此期间，运动表现为民众以和平游行来庆祝独立日、提拉克周年纪念、民族周等。

甘地在狱中得知外边的暴力斗争情况，他并不赞成但也不谴责。他认为暴力局面是由当局疯狂镇压国大党和人民的和平示威所致，是政府驱使人民走向狂怒。为了抗议当局的做法，并作为一种自洁，甘地宣布从 1943 年 2 月 10 日起，在浦那狱中绝食 21 天。

甘地绝食引起印度全国人民的深切忧虑，到处发生游行集会，要求释放甘地的呼声响遍全国。2 月 19—20 日，在德里召开了各界名流

---

① P. N. Chopra, *Quit India Movement：British Secret Report*, Faridabad：Thomson Press，1976, p. 51.

会议,一致要求释放甘地。总督参事会的印度成员有 3 人辞职,抗议英国内阁拒不考虑群众的呼声。要求释放甘地的呼声也来自世界各国。沈钧儒、黄炎培等 18 位中国社会名流,给总督发电报,要求立即释放甘地。中国共产党喉舌《新华日报》也发表专文,告诫英国当局说:甘地先生是印度国民大会的领袖,他拥有极广大的印度民众。无视甘地先生的生命,就是无视印度的广大群众。

但是,伦敦当局和德里当局置一切呼吁和抗议于不顾,将甘地绝食说成是进一步妨害他们的举动,是"政治敲诈"。他们不但没有劝阻甘地放弃绝食,反而盼望甘地自然消失,为甘地一旦绝食死后的后事作了"慷慨"而充分的安排:派专机运送甘地的骨灰,举行公众葬礼,放假半天。丘吉尔对内阁曾说:我们正在世界上到处获得胜利,现在绝不是向一个始终是我们的敌人的可悲的老头低头的时候。总督林里兹戈更露骨地谈论甘地死后可能会出现的情景:6 个月的不愉快,而后声势逐渐减弱,最终只留下微小痕迹或完全消失。然而,甘地以惊人的毅力以 74 岁高龄安然度过了 21 天绝食。

甘地绝食后,国大党临时领导人之间的意见分歧进一步扩大。一些不赞成暴力斗争的人认为自己参与现行的运动违背甘地教导,问心有愧,决定放弃现行斗争,转而致力于建设性工作。全印国大党委员会秘书萨迪克·柯里离开了孟买的中心,去联合省从事建设性工作,一到那里即遭逮捕。另一些持同样观点的人在贝拿勒斯开会,决定"从地下"进行建设性工作,结果也被关进牢房。

一方面由于殖民当局的严酷镇压,另一方面由于没有一个集中统一的领导,这场分散的多少带有自发性的斗争没有能持续下去,1943 年之后便逐渐消沉了。

1944 年初,战争形势开始引起英国政府的极度不安。2 月 22 日,甘地夫人嘉斯杜白病逝狱中。甘地的健康状况也恶化了。5 月 6 日,甘地因健康原因从监狱中获释。出狱后,甘地声明:1942 年 8 月 8 日决议中的群众文明不服从部分已自动作废。历时近两年的"退出印度"运动画上了句号。

第三节　"退出印度"运动的性质

关于"退出印度"运动的性质，涉及两个问题：(1)这场运动是自发的还是有计划的？(2)这场运动是暴力的还是非暴力的？"退出印度"运动的性质问题，是一个颇有争议的问题。对这个问题必须作具体分析，不能笼统地一概而论。

一、自发抑或预先计划

从"退出印度"运动爆发的方式上看，它确实带有某种自发的性质。

"退出印度"运动是由甘地和国大党著名领袖们所构想的一场群众性的反英斗争，而且全印国大党委员会以决议的形式明确规定运动必须由甘地领导。然而，政府8月9日的大逮捕使甘地和所有国大党著名领袖全部被捕入狱，这样，运动的爆发至少在形式上是自发的。而且，政府的逮捕行动是如此之突然和猛烈，以致"没有一个人似乎知道应当怎么办"，于是，民众自发地行动起来，举行"骤然而无组织的示威和暴动"，以抗议政府对国大党领导人的逮捕。因此之故，许多人将"退出印度"运动视为自发的运动。[1]

然而，决不能因为运动形式上的自发性而全盘否定运动在爆发前和实施当中的某种计划性。

就宏观指导的角度而言，"退出印度"运动无疑是一次有计划的运动。我们知道，克里浦斯使团失败后，甘地即初步形成了"退出印度"的思想，即迫使"英国有秩序地和及时地撤出印度"。为此，甘地一方面以《哈里真》为基地，宣传他的观点，要求所有的人参加运动，并准备为争取独立牺牲一切；另一方面就有关运动问题与国大党领导人进行正式和非正式的讨论，在国大党领导层中统一思想。1942年5—6月间，甘地与贾·尼赫鲁多次激烈争论，最终迫使贾·尼赫鲁同意发

---

① V. T. Patil, *Gandhi, Nehru and the Quit India Movement: A Study in the Dynamics of A Mass Movement*, Delhi: B R Publishing Corporation, 1984, p. 142.

动"退出印度"运动，甘地曾写道：我和他一连争论了好几天，他用一种我无法用言辞来形容的激情反对我的观点，当他明确看到没有印度的自由，其他两个国家（中国和俄国）的自由就处于极大的危险之中时，他让步了。这样，甘地和国大党提出了《退出印度决议》，规定运动的总方向是"最大规模的非暴力的群众斗争"。

在8月7—8日的孟买全印国大党委员会会议上，甘地和国大党不仅规定了运动的基本方略和总方向，而且提出了初步的行动计划。甘地拟定了一份设想，提出每个印度人都是自由战士，必要时都可以自主行动，自行决定应该采取什么斗争方式。这表明甘地希望速战速决，把潜力发挥到最大程度。这份设想中的另一个突出特点是高度重视发动农民，要组织农民抗税，要明确告诉佃农，国大党主张土地属于耕种者，并号召佃农对不参加运动、站在政府一边的地主实行抗租。这些措施在以往的运动中是农民积极要求而甘地竭力压制的，这次则不设任何障碍，希望开展得越广泛越好。这些都表明了甘地背水一战的决心和他对运动的新构想。

虽然运动因为甘地和国大党领导人的被捕而突发，中央领导机构也不存在，但"退出印度"的思想和总方向早已深入人心，转入地下的国大党人和其他人士也建立了地下领导机构。在运动的进程中，虽然最初几天确实是自发抗议，但青年学生和转入地下的国大党人及国大社会党人很快掌握了运动的领导权，并且在孟买设立总部"全印国大党委员会办事处"，以"全印国大党委员会"的名义向全国秘密发布传单和小册子，从宏观上指导运动的进展。这个机构最初只起到与各省联络的作用，后来逐渐形成一个多少起指导作用的全印地下中心。其主要成员包括阿·帕特瓦尔丹、阿茹娜·阿萨夫·阿里、拉·洛西亚、苏·克里帕拉尼、纳拉扬等。不过，对全国正在开展的斗争究竟如何引导，这些领导人中分为3种意见：第一种意见主张全力支持群众暴力斗争，并把它引上健康道路，把群众自发的武装斗争转变为全国有组织的游击战；第二种意见主张大力鼓励群众开展多种形式的不服从运动，通过引导逐步将群众暴力斗争转到非暴力方式上；第三种意见主张放弃暴力斗争，把精力全部用到开展建设性工作上，使运动重新成为甘地式的非暴力斗争。

该中心印发的小册子，反映了上述 3 种主张，对运动起了某种指导作用。运动早期发行的小册子《全印国大党委员会 12 点纲领》（也是 8 月 11 日最早被政府查封的小册子），规定了和平总罢业、制盐、抗税等，而没有提到破坏、暴力或任何违反甘地非暴力学说的活动。运动中期发行的小册子，除了主张第一阶段的活动外，还赞成破坏交通通信，要求人们"通过非暴力行动占领警察局和分局，接着是区局"。但这一阶段所有的小册子都强烈警告反对人身暴力："我们的行动决不应危及人的性命，不管是印度人还是英国人。应该经常发出警告。"特别要求学生记住非暴力是斗争的基础，并劝告学生"即使在被激怒的情况下，也要坚持非暴力"。[①] 运动晚期发行的小册子号召农村居民组成游击队，躲进森林袭击占领他们村庄的军队，有些还号召所有的人进行武装斗争。

当然，这种计划性质只限于宏观指导和总的方向。甘地曾指示，每个人有在非暴力范围内充分行事的自由，用罢工和其他可能的非暴力手段使政府机构完全瘫痪，但并未规定具体而详细的计划和步骤，而是指出，具体细节可以由你们填补。甘地之所以不明确规定运动的具体计划，似乎出于策略上的考虑：一是为了防止政府事先知道运动的准备情况，对运动采取讨伐行动，先发制人；二是让各地根据自身的条件同时又在国大党群众文明不服从纲领的总体框架内计划其行动，充分发挥基层的作用。不幸的是，甘地的这一策略并未奏效，政府还是先发制人，逮捕了甘地和国大党领袖；而掌握运动领导权的激进分子，在没有具体计划的情况下以他们自己的方式解释甘地的思想并制定具体指示。

事实表明甘地本人的策略有失误，但不能因此而否定运动的计划性。那种认为"退出印度"运动是"一次没有计划的起义"，是"人民表达

---

① Amba Prassad, *The Indian Revolt of* 1942, Delhi: S. Chand & Co., 1958, p. 90.

他们反对逮捕甘地、尼赫鲁等领袖的自发反应",是"人民对英国继续统治印度的自发而失控的抗议"的观点,与"退出印度"运动的事实相去甚远,不免失之偏颇,有以点代面之嫌。

二、暴力抑或非暴力

关于运动是暴力的还是非暴力的问题,同样必须作具体分析,不能一概而论。

从动机上看,"退出印度"运动无疑是非暴力性质的。

甘地和国大党为运动所构想的总方针是,无论在什么情况下,运动都应该是非暴力的。甘地就这个问题所写的最早的文章曾谈到,"非暴力不合作"是代替任何形式的暴力抵抗的最有效的方法。在 6 月 14 日的《哈里真》上,甘地撰文说,他就运动的"非暴力性质"问题向一位记者发表了谈话。7 月 26 日的《哈里真》发表了甘地关于"严格的非暴力性质"的群众运动的思想。甘地 8 月 7 日在制定退出印度决议的孟买全印国大党委员会上的讲话,表达了他的指示的实质。他要求人们即使在被激怒的情况下也不要诉诸暴力,他宣布当这种事情发生的时候,人们会发现他不会活着,不管他在哪里。如果人们不明白这一点,最好不要接受退出印度决议。可见,甘地对"退出印度"运动的非暴力性质是坚定不移的。

此外,其他国大党领导人的讲话以及瓦尔达决议和孟买决议在提到"退出印度"运动时,总是用"非暴力"来限定。孟买决议 3 次重复非暴力,使用了"非暴力路线上的运动","非暴力力量"和"和平斗争"这些词语,要求人们"勇敢而坚韧地面对即将来临的危险和困难",劝告他们贯彻甘地的指示,作"有纪律的印度自由的战士"。决议中对运动很关键的句子是:"必须记住,非暴力是运动的基础。"[1]贾·尼赫鲁、阿扎德和帕特尔在他们的讲话中,也都说明运动将是非暴力性质的。

1943 年 2 月,印度政府发表了白皮书(即《国大党对 1942—1943

---

[1] Amba Prassad, *The Indian Revolt of* 1942, p. 54.

年动乱的责任》），将责任一股脑儿推到甘地和国大党身上。白皮书力图证明，甘地虽然表面上谈论非暴力，但实际动机是希望暴力。白皮书将甘地文章中的一段话摘出来，给一个词打上斜体（原稿中不是斜体），得出了另一层意思（如果参照一下上下文，实际上被曲解了）。此外，白皮书将某些描述运动的短语和句子，如"不行动，毋宁死"、"公开起义"等曲解为甘地存心采用暴力。其实不然，"不行动，毋宁死"并非号召暴力，而是针对消沉无为、束手待毙而言的，是为了号召民众行动起来投入非暴力运动之中。为了激发群众争取独立的牺牲精神，甘地劝告人们要丢弃"妻子、朋友"和"世界上的一切东西"，"要么使印度获得自由，要么在这个努力中死亡"。而"公开起义"则是针对秘密活动而言的，并不是指暴力反抗，在甘地看来，非暴力抵抗只能意味着公开活动。白皮书断章取义、有意歪曲，只不过是出于英国当局不可告人的宣传目的，是为其残酷镇压运动寻找借口。

　　不幸的是，有些印度学者也持同样的观点，他们认为"甘地在1942 年发出了直接行动的号召，实际上是要求群众暴力"，"非常清楚，虽然甘地谈论的是一场非暴力不合作的反抗政府的运动，但是，事实是，总的趋势会导致暴力行动"。这种观点显然是站不住脚的，其根本错误就在于企图用所谓的"发出了直接行动的号召"和"总的趋势"等理由否认甘地非暴力动机的纯真性。我们知道，任何大规模的群众运动都必须借助于有力的号召来进行宣传和鼓动，任何人规模的群众运动都会存在暴力的趋势，都会不可避免地伴之以某种形式的暴力，这一点已为印度前几次群众性非暴力不合作运动所证实。持上述观点的印度学者自己也承认，"印度的英国人会毫不犹豫地给国大党运动渗入内奸，他们会制造暴力事件来败坏群众运动的名声"。[①]因此，怎么能够用运动的趋势和号召来否定运动的动机呢？此外，众所周知，甘地将非暴力视为放之四海而皆准的、不可更改的绝对信条，它适用于一切场合，在"退出印度"运动中当然也不例外。否认"退出印度"运动

---

① V. T. Patil, *Gandhi, Nehru and the Quit India Movement: A Study in the Dynamics of A Mass Movement*, Delhi: B R Publishing Corporation, 1984, p. 143.

的非暴力动机，也就是否认和无视甘地对非暴力的信念。

另一方面，从结果上来看，"退出印度"运动并不是甘地和国大党所设想的"严格的非暴力性质"的运动。

运动初期基本上遵循甘地的非暴力路线，但是很快便过渡到非武装的暴力阶段，最后演变成武装的暴力。群众采用各种方式进行抗议和斗争：罢工，游行，切断电话线，拆除铁轨，袭击和焚烧警察局、邮局、火车站、政府大楼，投掷炸弹等。据官方公布，到 1943 年底为止，铁路站被毁 332 个，路轨损坏 441 处，车辆损坏 268 次，邮局被袭击 945 次，警察署被袭击 208 次，其他政府机关被袭击 749 次，道路遭破坏 474 处，电线遭到破坏 12286 处，炸弹爆炸 664 次，警察被打死 63 人、打伤 2012 人，政府官员被打死 10 人、打伤 364 人。政府用各种方式进行疯狂镇压：鞭笞、警棍、催泪弹、逮捕、枪击，甚至出动飞机。据政府声明，从 1942 年 8 月 9 日到 11 月 30 日，警察和军队开枪 538 次，空中扫射 6 次，1028 人丧生，3215 人重伤，958 人被判鞭笞（不包括联合省），60229 人被捕。官方公布的到 1943 年底为止的统计数字如下：警察和军队开火 669 次，打死群众 1060 人，逮捕 91836 人，集体罚款 173 次，罚款数 9007382 卢比，鞭笞人数 2562 人。政府声明和官方公布的死亡人数显然是保守的，数百次枪击和扫射不可能造成 1000 多人丧生，而且，这个数字尚不包括被亲属或参加运动的人运走的尸体。非官方的估计是：1 万到 4 万人被杀，6 万多人受伤，15 万人被捕。

显然，"退出印度"运动的暴烈程度是印度非暴力史上所罕见的，它是一次印度意义上的名副其实的暴力运动。这里所说的"印度意义上的"，是为了强调印度暴力斗争的独特性，因为印度人民从 1857—1859 年民族大起义失败后，就被剥夺了拥有武器的权力，而且从 20 世纪初叶起甘地的非暴力学说就在印度民众的心中扎下了根，因此，不能以世界其他国家或地区的暴力斗争为标准来衡量印度的暴力斗争。贾·尼赫鲁指出，正是那个非暴力方式的教义产生了疑虑和踌躇而成为了暴力行动的障碍。如果国大党忘掉了它的信条，很早就、甚至只对暴力行动暗示一下的话，毫无疑问，那正在进行的暴动将会增强百倍！因此，在印度这个被剥夺了武装权力并深受非暴力思想影响的国度，"退出印度"运动无疑是一次名副其实的暴力性质的运动，正因如此，许多著作都将"退出印度"运动视为一次革命或起义。

"退出印度"运动之所以脱离甘地和国大党所设想的非暴力轨道而转化为暴力斗争，首先要归因于英印政府对甘地和国大党著名领导人的大肆逮捕。8月9日的大逮捕为暴力斗争创造了条件：第一，甘地和著名国大党领导人的被捕，成为运动爆发的导火线，印度许多地区爆发了种种自发的抗议和示威运动。第二，甘地和著名国大党领导人的被捕，使运动失去了舵手和制衡器，结果，运动的领导权转入下层国大党领导人和青年学生手中，他们主张剧烈行动，赞赏暴力斗争。正如布雷切尔所说，如果暴力随之而来，它是由印度政府8月9日的镇压行动招致的。

其次，军警的残暴行径是运动向暴力转化的重要因素，而且是直接因素。军警8月11日在孟买对示威群众的所作所为很能够说明问题。到下午2点，军警开枪多达13次，死伤无数，包括妇女、儿童和老人。在死者中，发现了一位妇女和一个12岁男孩，伤者中有一位8岁男孩、一位11岁男孩、两位18岁男孩和一位60岁老汉。除开枪杀人外，军队还对家住动乱地区附近的人不分青红皂白地滥施逮捕。这种残暴行径驱使人们铤而走险。正如尼赫鲁所说："所有表达公众情绪的正常途径都被闭塞住了。于是所有这些被压制的感情爆发了。"[1]

此外，政府为了给镇压运动制造根据，有意编造事实并封锁甘地对运动的指示。英国统治者在大逮捕后竭力编造事实，夸大宣传，说甘地已经决定在全国采取破坏行动，包括攻击政府机关、毁坏交通设施等，英国印度事务大臣阿麦里还在电台作了多次广播。1942年9月23日，甘地在狱中听到运动的暴力倾向后，便给总督写信，声明不赞成民众的暴力行动。而总督却扣压了这封信，为此甘地进行了长达21

---

[1]　Jawaharlal Nehru, *The Discovery of India*, New Delhi：Penguin Books，2004，p. 643.

天的绝食，以示抗议。政府这样做的目的是要诋毁国大党和甘地，结果却启发了正在各自为战的国大党基层组织和群众。《哈里真》编辑马西鲁瓦拉在该刊撰文指出：割电线、撬铁轨、毁桥梁等群众暴力行为是合法自卫行为，非暴力革命者必须像对待轴心国那样对待英国政权，采取同样的措施反对它。马西鲁瓦拉后来说，他正是受了阿麦里广播讲话的启发，希望把阿麦里的臆说变成现实。

甘地在"退出印度"运动中演讲

可见，"退出印度"运动之所以爆发并脱离非暴力轨道而转化为暴力斗争，责任完全在于英印政府，那种认为"政府和国大党对大规模的暴力同样负有责任"的观点是不敢让人苟同的，是为政府的残暴行径减轻罪责。

总之，就爆发方式而言，"退出印度"运动是自发的；就进程而言，则是有计划的；从动机上看，"退出印度"运动是非暴力性质的；从结果上来看，则是暴力的。既不应因为"退出印度"运动爆发方式上的自发性而否定它在爆发前和实施当中的计划性，也不应因"退出印度"运动结果上的暴力性而否定它在动机上的非暴力性。

第四节　"退出印度"运动的意义

甘地一生为争取印度民族独立发动和领导了多次非暴力不合作运动，"退出印度"运动是其中的最后绝唱。这场运动不论对甘地本人还是对印度民族都产生了不可估量的影响，具有重大的标志性意义。

一、甘地非暴力理想的破灭

"退出印度"运动虽轰轰烈烈，如火如荼，却以失败而告终。它不是甘地所说的"最后决战"，更不是甘地亲自指挥的一场决战，而是士卒们在失去主帅失去统一指挥的情况下奋不顾身的一场搏斗。它不是按《退出印度决议》和甘地的模式开展的，但是从总的方向说，也并没有完全脱离《退出印度决议》和甘地模式的轨道。这场运动在目标上依然是迫使英国"退出印度"，这实际上是在执行《退出印度决议》。在斗争方式上，虽然采取了暴力形式，但并不像通常的武装斗争那样去建立军队，去打仗，去攻城略池，去建邦立国，去夺取政权，而是去攻击殖民统治机构和公共设施，破坏正常的统治秩序，造成一种使英国殖民统治者无法正常统治的局面，使殖民政权瘫痪。因此，这仍然是一种不合作策略，是以暴力形式实行不合作，是在特定条件下对非暴力不合作的灵活运用。换言之，在当时的特定条件下，传统的非暴力的不合作不够了，必须以暴力的不合作来补充。可以说，这场运动虽不是《退出印度决议》的直接实现，却是这个决议的精神产儿。

然而，正如林承节先生所说，"退出印度"运动宣告了甘地终生所笃信的非暴力理想的破灭。在这场运动中，那个十分崇敬甘地的国大党，那个十分崇敬甘地的印度群众，却并不崇敬甘地的非暴力原则。在甘地看来，非暴力原则是绝对原则，是信条，不可动摇，不可改变，不合作或局部合作可以灵活掌握，而在国大党组织和广大群众看来，不合作原则不可动摇不可改变，非暴力或暴力可以灵活掌握。在甘地看来，非暴力是原则，而在国大党组织和群众看来，非暴力只是政策。

作为政策，它有很高的应用价值，为国大党所需要和欢迎，若作为原则，只能妨碍民族独立事业，因而不被国大党所接受。以往国大党人是从理论上证明它行不通，这一次则用实际行动来证明。在以往不合作运动中，普通群众虽不相信甘地的感化说，还多少相信非暴力斗争的压力作用，但大战中英国的顽固态度早已使他们不抱希望了，正因为这样他们才决心以最后决战拯救印度。在这种情况下怎么可能还以非暴力来束缚自己手脚呢？不管是暴力还是非暴力，最能打击敌人的手段就是最好的武器，这才是他们的原则。

20 多年来，甘地一直抱着最大的期望，日夜用非暴力的甘露精心浇灌国大党这块园地，结果开出来的却不是非暴力的花朵。从迫使英国退出印度的目标上说，这是可以容忍的，但是从他追求的根本目标上说，这又是他难以忍受的。在"退出印度"运动中，没有人把他的非暴力原则真正放在眼里，甘地的非暴力原则受到了致命打击。"最后决战"没有能使英国退出印度，却使他的非暴力原则从国大党人心目中最终退了出去。这场运动宣告，甘地 20 年来所抱有的期望破灭了。[①]

二、印度民族独立斗争的里程碑

"退出印度"运动虽然失败了，但是它在印度民族独立斗争史上具有里程碑式的意义。

首先，"退出印度"运动给英国殖民统治者敲响了警钟。"退出印度"运动是甘地所发动的历次非暴力不合作运动中最为猛烈的一次，其暴烈的程度是前几次非暴力不合作运动不可比拟的，是划时代的，是空前绝后的。总督林里兹戈在给丘吉尔的电报中，忧心忡忡地称这场运动为"1857 年以来最严重的叛乱"。这场运动清楚地表明，印度人民的反英情绪已经炽热化到无以复加的地步，就连长期接受甘地非暴力思想熏陶的广大国大党党员也开始诉诸暴力争取印度民族独立。对英国殖民统治者来说，这是一个再清晰不过的危险信号，是一记振聋发

---

① 林承节：《殖民统治时期的印度史》，第 454 页。

聩的警钟，是一场挥之不去的噩梦。

其次，"退出印度"运动得到了印度社会各界人士的广泛同情和支持。工人、农民、学生、市民等不仅站在运动的最前列，而且积极支持地下活动者。甚至商人、飞行员、火车司机、政府官员都以各种方式支持地下活动者。印度女企业家苏玛蒂·莫拉吉帮助阿·帕特瓦尔丹躲避警察搜捕，政府官员包括警官也给地下活动者通风报信，飞行员和火车司机将炸弹和其他物资运到各地。虽然穆斯林联盟和印度共产党官方不赞成"退出印度"运动，但是穆斯林群众和印度共产党员还是有不少人以个人身份参加运动。甚至穆斯林联盟的支持者们也为地下工作者提供庇护所，此外，没有发生任何穆斯林和印度教徒之间的教派冲突。成百上千的地方和农村印度共产党员，受到运动的感召，与其他人一起参加了运动。

再次，"退出印度"运动改变了印度的政治风向。运动期间和之后，越来越多的人支持国大党，与政府不合作。比哈尔省官方报告称，公众同情国大党运动的最终目标，政府从他们那里得不到任何合作。联合省当局说，除了个别例外，本来可望给政府以帮助的人也很少给予帮助，国大党已使农民政治化，农民都跟国大党走，连政府官员也愿与国大党合作。孟买官员也抱怨，他们面临一个人民普遍保持沉默的阴谋，以致找不到任何人出庭作证，使审判无法进行。越来越多的人已经看到印度政治风向在改变，因而开始调整自己的政治态度。这种新变化使赢得了这场斗争胜利的殖民统治者不但没有胜利感，相反自从统治印度以来，他们第一次感到自己政治上的孤立。

总之，印度人民反英情绪的增强，印度政治风向的转变，越来越广泛的社会阶层支持国大党，所有这些对促使英国当局 4 年后最终决定撤离印度起了重大作用。"退出印度"运动将民族独立要求提上了民族运动的议事日程，其后不会有任何退却。未来与英国政府的任何谈判，只能以移交政权为目标。独立不再是一个可以讨价还价的事情，而是唯一的目标。从这个意义上说，"退出印度"运动使印度朝着实现独立的目标前进了一大步。①

---

① 林承节：《殖民统治时期的印度史》，第 455 页。

第十章　午夜新生

第二次世界大战结束意味着印度民族独立运动决胜阶段的到来，1945年至1947年，民族独立运动在印度大规模展开，印度人民走向了追求自由的道路。所有民族主义组织都投入争取独立的行列，广大人民群众也积极发挥历史首创作用，以空前高昂的政治热情，投身于民族斗争的洪流，印度民族独立运动掀起了新的高潮，从而敲响了英国在印度殖民统治的丧钟。英国内阁使团计划的失败，证明使用宪政改革安抚办法对付印度人民已经不能奏效，而付诸军事镇压又力不从心。在内外交困下，为了避免自下而上的革命，打破印度教派纷争的政治僵局，英国殖民者被迫抛出《蒙巴顿方案》，和平撤出印度，印度午夜获得新生。

第一节　战后印度民族运动的高涨

世界反法西斯战争的胜利，极大地鼓舞了被压迫民族的反帝反殖斗争，印度民族独立运动空前高涨。抗议审判印度国民军浪潮，工人罢工浪潮，农民抗税浪潮，海军起义浪潮，汇成了滔滔洪流，迫使英国当局接受现实，采取灵活策略。

一、战后初期印度面临的新形势

第二次世界大战结束后，世界形势发生了重大变化：

第一，世界殖民体系危机加深。战争期间，亚洲、非洲和大洋洲广大地区变成战场，这里的许多殖民地和半殖民地国家的人民拿起武器，同德意日法西斯进行英勇斗争。同时，为了自身解放，在不同国家，由于条件和历史背景不同，采取独特的斗争形式。在亚洲，中国、越南、缅甸、菲律宾、马来西亚和印度尼西亚所进行的武装斗争，在日本帝国主义投降后，已经汇成一股不可抗拒的革命洪流，彻底冲垮了那里的殖民体系，极大地鼓舞和支援了印度人民的斗争。

第二，战后帝国主义国家普遍遭到削弱，法西斯战败国彻底垮台，而战胜国除美国发了战争横财急剧膨胀起来外，英法帝国主义则一蹶不振，尤其老牌殖民主义国家英国，已经从世界一流强国地位上跌落下来，它在对付殖民地的民族独立斗争问题上已感力不从心。

第三，社会主义苏联虽然在战争中蒙受了巨大损失，但在战胜法西斯战争中发挥了重要作用，并且使东欧一系列国家走上社会主义道路，形成了与帝国主义国家对峙的社会主义阵营，成为世界民族民主运动的坚强后盾。

第四，大英帝国面对现实，为了适应变化了的战后国际形势，不得不改变某些对内对外政策，进行战略调整。1945年9月英国大选中，虽然僵化顽固的保守党内阁首相丘吉尔赢得了战争胜利者的声望，但没有挽回保守党在大选中的惨败，而上台执政的工党政府在维护资产阶级根本利益这一点上与保守党是一致的，但在策略上有所变通。"在工党代表大会上，虽然大会执行委员会极力反对，但大会还是通过了主张印度独立的决议"[①]。

综上所述，战后国际形势的变化，对印度民族独立斗争是十分有利的。

与此同时，在国内，印度政治经济形势发生变化，阶级和民族矛盾急剧尖锐，群众政治积极性空前高涨：

第一，出现工农运动和民族运动的新高潮。早在1944年印度工业生产开始衰退，随着战争进入尾声这种状况更加严重，大宗军事订货被削减导致生产萧条和企业倒闭，大批工人被解雇。工厂主为了保证高额利润，压低工人工资，拒绝支付物价津贴，而市场上的生活必需

---

① 培伦主编：《印度通史》，第610～611页。

品的价格比战前上涨 2 倍，这使工人实际生活水平大幅度下降。家庭手工业和工场手工业者的处境也十分困难，他们也因为战争结束失去军事订货而成批地被抛向街头。另外，1945 年印度农业歉收，使原已十分短缺的粮食供应状况更加恶化，印度总督也不得不承认，全国约有一亿人口受到饥饿的威胁。食品和其他生活必需品的缺乏，引起物价飞涨和投机活动猖獗，这一切对于陷于水深火热中的亿万印度人民来说更是雪上加霜，激起工人、农民群众的强烈不满，在世界民族民主运动的鼓舞下，他们强烈要求结束英国殖民统治。所以，从 1945 年中开始，印度出现了工农运动和民族运动的新高潮。

第二，掀起抗议审判印度国民军的浪潮。印度国民军系左翼激进领袖苏·鲍斯所建。二战初期，苏·鲍斯因积极投身反英斗争被当局逮捕入狱。当时德国在西欧和北欧战场上的巨大军事进展，使苏·鲍斯产生利用德、日法西斯力量争取印度的独立的想法。他利用绝食手段要挟殖民当局，最后被保释出狱。随后，乔装打扮，避开英国人的监视，离家出逃，辗转欧洲，从苏联前往德国柏林。由于苏·鲍斯和希特勒各有打算，所以他企图依靠德国援助争取印度独立的计划落空。1943 年，苏·鲍斯历经 90 天艰险航行，从德国来到日本占领下的东南亚，被推举为印度独立同盟主席，组建由 6 万印度战俘组成的"印度国民军"，宣布成立"自由印度临时政府"，兼任国家元首、总理、作战部长和外交部长，同时对美国和英国宣战，得到德国和日本等轴心国的承认。1945 年 5 月，印度国民军被围困于仰光，苏·鲍斯偕同几位部长和军官乘机逃往西贡，2 万多名国民军全部被俘。8 月11 日，苏·鲍斯在台湾飞机失事身亡。后苏·鲍

印度国民军

斯被授予"尼塔吉"(领袖)称号。①

第二次世界大战后,为了转移人民视线,殖民当局于 1945 年 11 月以"叛国罪"审判印度国民军军官。但适得其反,这一事件对印度紧张局势无疑是火上浇油,激起各阶层人民极大愤怒。在印度人民心目中,苏·鲍斯所领导的国民军不仅不是叛徒,而是手持武器同殖民者进行斗争的民族英雄,殖民者对他们的审判就是对人民的挑战。全印国大党委员会通过决议,抗议当局的这种行动,并专门成立辩护委员会为这些军官辩护。贾·尼赫鲁再次穿上 30 年前脱下的律师长袍,来到法庭为他们辩护。贾·尼赫鲁虽然不赞成苏·鲍斯依靠法西斯力量争取印度独立的做法,但是从未怀疑他的爱国主义。他认为苏·鲍斯幼稚,容易感情用事,但同时非常敏感,有火一般的民族主义热情,他反对一切诋毁苏·鲍斯的企图。甘地也写信给总督,谴责这种审判,说尽管他不主张武装斗争,但钦佩印度国民军的勇敢和爱国主义精神。

抗议审判印度国民军运动体现出一些显著特征。首先,运动规模和激烈程度前所未有。这可以从大量的新闻报道、公开发表的威胁报复宣言和大规模的集会诸方面得到体现。起初,媒体只是呼吁政府从宽处理被俘国民军,但到了 1945 年 11 月即红堡审讯开始时,媒体转而抨击政府,称赞国民军为最忠实的爱国者。在德里,判处一名印度国民军,就杀死"20 条英国狗"的威胁广告随处可见。在阿杰米尔,《是爱国者而非叛国贼》的小册子广为流传,"胜利属于印度"、"退出印度"的标语在各种建筑物墙上比比皆是。在贝拿勒斯,公众集会表示,如果不释放国民军,就报复欧洲儿童。在 1945 年 10 月最初的两个星期,仅仅在中央省就召开了 160 次抗议集会。11 月 5 日至 11 日,各地举行了"印度国民军周"。11 月 12 日,又举行了"印度国民军日"。最大的一次群众性会议在加尔各答的一个公园举行,贾·尼赫鲁等人发表演讲,预计参会人数将达到 20 万至 30 万。

其次,运动参与者来自全国各地、各个社会团体和各个党派,参

---

① 尚劝余:《尼赫鲁与甘地的历史交往》,第 90 页。

与方式也多种多样，捐款、罢业、罢市、罢课等不一而足。新德里、孟买、加尔各答、马德拉斯，以及联合省和旁遮普各市镇，是运动的中心地区，但更值得一提的是，一些偏远地区，如俾路支斯坦和阿萨姆等也受到波及和影响。市委员会、海外印侨等机构和团体都慷慨地给国民军基金会捐款。值得一提的是，孟买和加尔各答的影星们也捐了大笔善款。学生是此次活动的主力军，从印度南部城市到北部城市，学生们召开会议，举行集会，集体罢课；商业机构、店铺和交易市场都暂停交易。除了国大党外，穆斯林联盟、印度共产党、联合党、正义党、印度教大会和锡克教联盟等都在不同程度上支持国民军事业。情报局局长不无感慨地赞叹："很少有哪件事能够如此引起印度公众的广泛兴趣和同情。全国各地甚至最偏僻的农村，所有的人们，不分种族、肤色和信仰，都纷纷表达他们的热切关心和深切同情。"[①]

再次，对英国殖民政权的传统支柱产生了影响。政府职员、效忠派、军队等英国殖民政权的传统支柱，也都沉浸在同情国民军的浪潮中。政府官员一般都私下里对国民军表示同情，但也有一些表示公开支持，例如中央省铁路官员为国民军公开筹集资金。很多政府官员认为，这是暴风雨即将来临的前兆。西北边境省省督发出警告，现在每天越来越多的上层印度人士加入到反英阵营中。情报局局长也指出，对国民军的同情不只是来自一贯反对政府的人士，而且来自有效忠政府的优良传统的家庭。未曾料到的是，军队也持同情态度，这是对官方言论的回击。官方曾表示士兵们对国民军叛国贼持敌视态度。科哈特的印度皇家空军和旁遮普的陆军，身穿军服，参加了抗议集会。加尔各答、阿拉哈巴德、联合省、康普尔等地的印度皇家空军还为国民军辩护团筹款。军队总司令表示，除了这些公开的支持，印度军队中弥漫着越来越强烈的同情国民军的氛围，印度军队的总体观点是赞成对国民军俘虏从轻发落，他建议英国政府这样做。

最后，抗议活动演化成为暴力冲突。共经历了 3 个阶段：第一阶

① Bipan Chandra, Mridula Mukherjee, Aditya Mukherjee, K. N. Panikkar, Sucheata Mahajan, *India's Struggle for Independence*, 1857-1947, p. 477.

段始于学生群体抗议政府，遭到政府镇压。1945年11月21日，同情前进集团的学生和伊斯兰学院的学生在加尔各答的政府所在地戴尔豪斯广场游行示威，并拒绝撤离。在与警方争执的过程中，示威者朝警察丢石头，扔碎砖。结果，警方开火回击，造成2人死亡，52人受伤。1946年2月11日，穆斯林联盟的学生再次发起游行示威活动，国大党和共产党学生组织也加入其中，导致有些人被捕。第二阶段，市区其他民众加入抗议活动，游行示威以各种暴力的抗英形式出现，导致加尔各答和孟买这两座大城市瘫痪。最初只是集会、游行示威、罢课和罢工，随后矛盾升级，印度人民开始袭击欧洲人，火烧警察局、邮政局、商店、火车站、银行、杂货店，甚至连基督教青年会中心也不放过。还有些人坐在铁轨上强迫火车停止运行，用石头砸警察，焚烧军用卡车等。第三阶段，其他地区民众团结一致，声援和支持。德里、卡拉奇、马德拉斯、加尔各答、科钦、贾姆讷格尔、安达曼群岛、浦那、安巴拉、贾巴尔普尔等地，也纷纷行动起来，加入抗议活动。

总之，第二次世界大战结束后初期，印度的政治形势可谓山雨欲来风满楼。

二、工农运动的高涨和海军起义

1945年下半年开始，工人阶级为改善劳动和生活条件，进行了大规模的罢工斗争。这些罢工不仅提出增加工资、扩大就业、惩治投机倒把等经济要求，而且常常具有鲜明的反英政治色彩。因此，罢工斗争常常发展为反英示威游行，一个工厂或一个部门的斗争常常转变为整个城市的群众运动。英国当局感到不安，常常出动大批武装警察镇压工人的示威游行，酿成暴力冲突。1945年8月，在贝拿勒斯，工人和其他下层人民游行示威演变为和警察武装冲突，17人被打死，2000多人被捕。当法庭判处国民军前参谋长等3名军官无期徒刑时，加尔各答工人举行抗议性总罢工，并与警察发生流血冲突，数十人被打死，数百人被打伤。工人斗争从加尔各答扩大到印度许多城市。1945年，全年罢工达到850次，参加人数约80万。

1946 年，工人运动进一步高涨。罢工达 1629 次，参加人数 196 万，损失工作日达 1071 万个。不论是罢工次数，还是参加人数，都比前一年翻了一番。这年夏季，工人斗争特别激烈。7 月 11 日，印度政府邮电部职工举行全国性总罢工，全印工会大会号召全体工人阶级行动起来，支援职员的罢工斗争，使大罢工获得胜利。9 月 15 日，马德拉斯铁路工人因当局解雇工人而举行罢工，遭到当局镇压。罢工工人同前来镇压的军警展开英勇搏斗，警察向工人群众开枪，当场打死 9 人，打伤百余人。殖民者的残酷镇压更激起全印工人的反抗，西北铁路工人、联合省和阿迈达巴德工人举行支援性政治罢工，同时大批政府雇员也卷入罢工浪潮。全印工会大会宣布 9 月 18 日为"支援南印度铁路工人日"。这一天，全国各主要工业中心举行罢工和群众集会，表示支持。斗争成为全印性的，持续到 9 下旬。[①]

1947 年，工人罢工有增无减。1 月，康普尔一些工厂工人为抗议降低工资，举行示威游行，在遭到镇压后，全市工人和学生团体宣布总罢工和罢课，表示对他们的声援。参加声援者有 10 多万人。手工业者和商人也举行罢工，参加斗争。2 月，加尔各答电车和码头工人罢工，在遭到当局镇压时，也得到全市工人、大学生、手工业者和小商人的广泛支持，有 40 万人参加了总罢工和罢业。全印工会大会系统领导的工会在斗争中最活跃，它本身的力量也得到进一步发展。不过，国大党和印度共产党的关系既然已经决裂，共处于一个全国性工会也不可能。5 月，国大党影响的工会退出全印工会大会，另组自己的全国工会组织"印度全国工会大会"。

农民运动也如火如荼。在孟加拉，战争期间爆发的"三一减租运动"到 1946 年 11 月已具有相当大的规模，扩大到整个东北印度。占农民人数一半的分成农拒绝把收成的一半交给地主，要求把地租额减为收成的 1/3。有约 500 万人参加了"三一减租运动"，穆斯林佃农和印度教徒佃农一起进行斗争。地主派武装打手强制收租，殴打和非法关

---

① 培伦主编：《印度通史》，第 613 页。

押农民。农民们与地主雇佣的打手多次发生流血冲突，农民协会领导农民群众夺取了地主和高利贷者的谷物和财物。殖民当局派军队进行残酷镇压，出动飞机轰炸村庄，残害许多农民。但农民斗争愈演愈烈，直到满足农民部分要求的新租佃法颁布后，"三一减租运动"才逐渐平息下来。这场斗争是由农民协会领导的，印度共产党在农民协会中有很大影响。

在旁遮普，农民运动中心在莱亚普尔县，主要是佃农要求降低地租和延期偿还高利贷。在联合省和比哈尔，农民运动主要是反对地主逐佃，这两个省的地主害怕未来的土改，纷纷夺佃自营。特别是在联合省的巴斯底、巴利亚等县和比哈尔的芒吉尔、加雅等地区，地主常常建立雇佣武装，强迫农民离开田地。农民起而自卫，联合起来赶走武装打手，继续耕种土地。旁遮普、联合省和比哈尔的农民运动也是在农民协会领导下进行的。其中，有的处在印度共产党的影响下，有的处在国大党左翼的领导下。国大党早在1941年与印度共产党决裂，组建了自己的农民协会系统，原全印农民协会主要成了印度共产党领导的农民协会组织。

土邦人民的斗争在1946年以后也得到了新的发展，在内容上与第二次世界大战前有很大不同。战前，土邦开展的运动主要是资产阶级改革运动，由新兴的资产阶级知识分子阶层领导。1946年后，各土邦成立了工会和农会，由这些群众组织领导的工农斗争发展起来。在有些情况下，工农运动与资产阶级改良运动比肩并行，给资产阶级改良运动以推动。

在土邦人民的斗争中，规模较大的工人运动是特拉凡柯尔总罢工。1946年10月，椰树纤维制品工人罢工，遭到土邦当局镇压，从而引发了总罢工。罢工者提出的斗争口号包括"消灭王公专制制度"，表明它已经超出经济斗争范围，当局最后派军队镇压了工人运动。在土邦人民的斗争中，工农斗争与资产阶级运动结合在一起的典型是克什米尔的斗争。克什米尔资产阶级活动家建立了自己的组织"克什米尔国民会议"，要求在土邦实行民主改革。在遭到王公拒绝后，提出"王公退出克什米尔"的口号，号召各界抵制王公的专制统治。①农民在共产党号召下积极参加斗争，拒绝纳税，拒绝服劳役，同时也提出取消地主所有制。

在土邦人民的斗争中，农民运动发展程度最高的地区是海德拉巴土邦的特伦甘纳地区。特伦甘纳面积占土邦总面积 1/3 强，居民属于安德拉人，说泰卢固语，信奉印度教。农民除了受地主剥削外，还受土邦当局压迫。第二次世界大战中，由于当局按低价强征农民粮食，农民起而反抗。1946 年 6 月，特伦甘纳地区纳尔冈达县的苏里亚佩特村，由于当局杀害农民领导人并向送葬队伍开枪，激起农民起义。起义者占领了苏里亚佩特镇和其他许多村庄，建立了自己的权力机关潘查雅特，宣布废除强迫劳役制，不准地主横征暴敛、欺压农民，不准夺佃，被地主侵占的土地要收回，归还农民。此外，起义者也建立了自卫队，抵御地主武装及土邦当局派来的武装警察的进攻。由于地主竭力帮助土邦当局镇压起义，潘查雅特没收了地主的土地，分给少地的农民和佃农。特伦甘纳农民起义由印度共产党为首的"安德拉人协会"领导，这时只是处于开始阶段，印度独立后进一步发展和壮大。

在工农运动浪潮的冲击下，英国殖民统治的支柱军队也发生了动摇。1946 年 1 月，孟买达姆空军基地皇家空军飞行员和地勤人员 1500 人举行罢工，抗议英国军官侮辱印度飞行员。罢工者反对宗族歧视，要求英印军人地位平等，要求给复员的飞行员安排工作。这时，抗议审判国民军军官的浪潮正在全国涌起，罢工的军人也提出了释放国民军军官的要求。孟买空军基地的斗争得到加尔各答空军基地飞行员的支持。英国当局迅速采取措施，平息了这个事件。

一波未平，另波又起。1946 年 2 月，孟买海军基地的皇家海军，不满英国军官对印籍水兵的歧视和虐待，发动了武装起义。2 月 18 日，停泊在孟买港内的巡洋舰塔尔瓦尔号上的全体水兵举行罢工，一个名叫杜特的水兵在墙上写了"退出印度"的标语被逮捕。第二天，停

---

① 林承节：《殖民统治时期的印度史》，第 468—469 页。

泊在孟买港口的所有 20 艘舰艇，市郊 12 个陆上编制人员约 2 万多人也参加了罢工。罢工者一致要求反对种族歧视，英国人和印度人平等，改善生活待遇。英国国旗被从桅杆上降下来，升起了国大党和穆斯林联盟的旗帜。这一天，有 2 万水兵乘坐卡车在孟买游行，开始提出两项政治要求，即释放政治犯，包括印度国民军军官，并将英印军队撤出印度尼西亚。游行水兵们高呼"打倒英帝国主义"、"印度必胜"、"革命万岁"等口号，打出了国大党、穆斯林联盟和印度共产党的旗帜。水兵们成立了领导机构"中央海军罢工委员会"，向舰队司令部提出了自己的要求，得到的却是镇压。

2 月 20 日，殖民当局派大批英军包围了兵营。海军上将高德弗莱威胁道，政府将倾其一切力量镇压起义，即使将印度海军全部毁灭也在所不惜。而海军罢工委员会的回答是号召孟买工人和市民进行罢工和罢市，全力支援海军起义。21 日上午，双方进行了 7 小时的炮战，英军没有取得胜利，双方处于相持对峙。孟买海军起义的消息迅速传遍全国，卡拉奇、加尔各答、马德拉斯、维萨卡帕特纳姆等港口的印度海军以及德里、浦那、坦纳的基地的士兵和雇员都宣布支持孟买起义，几乎整个海军的所有 75 艘舰艇和 20 个炮台都受到影响。2 月 22 日，孟买 20 万工人响应海军的号召开始了总罢工。广大市民群众都参加进来，全市到处举行集会和游行。示威群众与警察发生冲突，筑起了街垒，斗争持续到 24 日。当局派来大批军队实行镇压，打死 270 人，打伤 1700 人。工人斗争使前来镇压的印籍士兵受到民族情绪的感染，他们拒绝向群众开枪，骚动也在陆军中酝酿。印度形势犹如即将爆发的火山，英国议会惊呼，印度面临全国大起义的危险，要求采取紧急措施。

对于海军起义，国大党、穆斯林联盟和印度共产党基本上持消极态度。印度共产党主要是支持水兵的斗争精神和要求，事后宣布它没有参与组织起义，参加起义的共产党员是独自行事。国大党与穆斯林联盟对水兵的罢工表示同情，但是反对水兵起义。甘地发表声明，指责海军起义违反非暴力原则，"为印度树立了一个糟糕的、不合适的榜样"①。国大党派帕特尔劝说起义者投降，答应向当局转达他们的要求，以国大党力量保护他们不受迫害。真纳也采取了大致相同的立场，答应以穆斯林联盟力量保护他们。在国大党和穆斯林联盟的压力下，23 日起义领导机构发表告民众书，宣布停止斗争。甘地在《哈里真》上撰文说，幸好海军们听了帕特尔的劝，虽然海军们投降了，但是不失尊严。他认为，兵变是最坏的打算。如果是为了发泄，印度人民应该等候政治家们的谋划和指示。如果印度人民想通过兵变获得独立，那他们就大错特错了。没有革命政党的号召，不可能获得成功。如果他们认为只需通过自己的力量，就能将印度从大英帝国的手中解救出来，那说明他们鲁莽无知。

海军起义在整个英印军队中产生了强烈的影响，士兵和警察对殖民政权的离心倾向迅速发展，英国统治印度的柱石出现了分崩离析的征兆。印度海军起义所造成的革命形势以及对殖民政权的直接冲击，使英国殖民者再也不能按老办法统治下去了。人们认为印度皇家海军反抗事件标志着英皇统治的结束，是英国准备退出印度的开端。

三、英国工党政府的灵活策略

在战后新形势下，英国保守党政府维护殖民统治旧秩序的僵硬政策，越来越不得人心。1945 年 7 月，在第一次西姆拉会议破裂不久，英国举行战后第一次大选。丘吉尔保守党内阁虽然在领导英国人民夺取战争胜利方面赢得了荣誉，但这也没有使他在竞选中免遭惨败，而历来以温和灵活著称的英国工党以绝对优势获胜，组成工党政府，艾德礼出任首相。

工党政府尽管在维护资产阶级根本利益、推行内外政策方面与保守党没有根本区别，但在印度问题上则采取了较为灵活的现实态度。英国工党早在执政前的一次代表大会上，就通过一项主张印度独立的

---

① ［印度］南布迪里巴德：《圣雄甘地与甘地主义》，何新译，北京：生活·读书·新知三联书店，1961 年版，第 114 页。

决议，并享有印度独立斗争同情者的声誉。所以它的上台使国大党感到高兴，他们满怀希望地向工党首相艾德礼致电祝贺。而艾德礼在形势逼迫下，不得不对他的前任政策进行必要的调整。

1945 年 8 月 24 日，工党政府执政不久，印度总督魏菲尔被召回伦敦，研究商讨着手解决印度问题的方案。9 月 16 日，魏菲尔带着政府的方案返回印度。19 日，他代表英国政府发表声明：英国政府决心与印度领袖协作，作出最大努力促进印度自治领地位的早日实现。根据这个声明，1945 年冬进行印度中央立法会议和省立法会议选举，立法会议议员将组成制定印度新宪法的制宪机构，并且把总督行政会议加以改组。但最引人注目的是，声明中没有用"独立"这个词，而是一再重复"完全自治"的提法。很明显，自治领地位仍然是英国解决印度问题的最终目标。①

国大党对英国政府声明一面提出批评，一面又表示相信工党政府解决印度问题的诚意，宣布准备参加中央和省立法会议选举，以显示人民要求立即移交政权的决心。穆斯林联盟对英国政府声明没有表示支持建立巴基斯坦很不满意，强调未来制宪必须以赞成巴基斯坦为前提，否则穆斯林联盟绝不接受。穆斯林联盟也决定参加立法会议选举，宣布参加选举就是要通过宪政手段为实现这个目标而斗争到底。

中央立法会议选举定于 1945 年 11 月举行，省立法会议选举定于 1946 年初举行。各政党团体纷纷发表竞选宣言，开展活跃的竞选宣传活动。选举结果，国大党大获全胜。在中央立法会议选举中，国大党获得普通选区选票的 91.3%。中央立法会议共 102 个选举席位，国大党获得 57 席，占 55.8%。在省立法会议选举中，国大党获得普通选区总票数的 80%。省立法会议全部选举席位为 1585 个，国大党获得930 席，占 58.6%。在阿萨姆、比哈尔、孟买、中央省、马德拉斯、西北边境省、奥里萨、联合省 8 个省，国大党的席位占绝对多数。在旁遮普、孟加拉和信德 3 个省，也得到一部分席位。

---

① 培伦主编：《印度通史》，第 615 页。

穆斯林联盟在穆斯林选区内获得大多数选票。中央立法会议选举，穆斯林联盟获得穆斯林选区选票的 86.6％，在总席位中获得 30 个席位，占 29.4％，仅次于国大党。省立法会议选举，穆斯林联盟获得的票数占穆斯林选区总票数的 74％，得到 428 个席位，占总席位数的 27％，也是仅次于国大党。在 1937 年选举中，穆斯林选票是分散的，穆斯林联盟得票不多，没有在任何一省获得多数席位。这次则不同，穆斯林选票大大集中，穆斯林联盟得票压倒多数。这表明，穆斯林联盟已经成了名副其实的全国性穆斯林政党了。除一部分穆斯林参加或支持国大党外，绝大多数穆斯林都站到了穆斯林联盟旗帜下。

根据大选结果，国大党在它掌握绝对多数的 8 个省又建立了自治省政府。穆斯林联盟在信德和孟加拉组成省政府，在旁遮普建立联合政府的努力未能成功，结果旁遮普成立了由民族统一党和国大党等组成的联合政府。这次选举是一次重要的民意测验，它表明国大党在民族运动中的主导地位已经十分牢固，但也清楚地表明绝大多数穆斯林拥护穆斯林联盟。国大党对穆斯林的影响，自 1937 年以来下降了。

面对现实，英国工党政府作出最后决断，接受印度的独立要求，移交政权。1946 年 1 月下旬，工党政府开始酝酿派人到印度寻求最后解决方案。孟买海军起义的爆发促使艾德礼立即作出决定。2 月 19 日即海军起义的第二天，艾德礼在下院宣布，委派以印度事务大臣劳伦斯为首的内阁使团赴印度，协同总督，就制宪方法、召开制宪会议办法和成立临时政府问题，与印度各民族主义组织和各界领导人协商，提出解决方案。

第二节　内阁使团和《蒙巴顿方案》

印度人民的革命斗争加速了英国政府向印度移交政权的进程。英国政府派出内阁使团，制定《内阁使团方案》，并在此基础上成立印度临时政府。由于国大党和穆斯林联盟矛盾重重，临时政府无法运转，制宪会议也形成虚设。蒙巴顿临危受命，出任印度最后一任总督，为打破僵局，他快刀斩乱麻，制定了以印度与巴基斯坦分治为基础的政权移交方案，即《蒙巴顿方案》。

一、内阁使团及其建议

1946 年 3 月 23 日，由印度事务大臣劳伦斯、贸易大臣克里浦斯和海军大臣亚历山大 3 位要员组成的内阁使团抵达新德里。他们在印度待了 3 个月，同印度领袖们一起努力寻求印度宪政问题的解决办法。他们首先同印度总督商量未来的纲领，同各省

内阁使团

省督和总督行政会议官员讨论印度的形势，然后会见印度党派领袖、土邦王公和著名人士，主要是与国大党和穆斯林联盟举行谈判。

具体来说，"从 3 月 23 日到 6 月 29 日，内阁使团在印度的工作大致分为 3 个阶段。第一个阶段是 3 月 23 日至 4 月 17 日，广泛与印度各界交谈；第二阶段是 4 月 17 日至 5 月 16 日，重点与国大党和穆斯林联盟领袖就重点问题交换意见，草拟宪法改革方案；第三阶段是 5 月 17 日至 6 月 29 日，进一步协调国大党和穆斯林联盟之间的关系，希望帮助他们达成协议，但最终未能取得成功"[①]。

内阁使团在协调国大党和穆斯林联盟之间的分歧时，遇到了不可逾越的障碍。在移交政权问题上，国大党领袖们主张，英国人先撤出印度，把问题留给印度自己去解决，主张建立统一的临时政府，召开统一的制宪会议制定未来印度宪法。而穆斯林联盟则主张英国必须安排好分治事宜后撤出，分治后再由两国各自的制宪会议为各自国家制

---

①　谌焕义：《英国工党与印巴分治》，北京：社会科学文献出版社，2004 年版，第 164 页。

定宪法。在建立国家问题上，国大党主张，独立后的印度是一个统一的联邦国家，中央权力限制在一定范围内，赋予各宪政单位以充分自治权。穆斯林联盟则坚决主张建立两个独立国家，而且主张巴基斯坦的范围应包括孟加拉、旁遮普、阿萨姆、信德、西北边境省和俾路支斯坦。

内阁使团为了让双方自己协调他们的分歧，特意暂时回避，到克什米尔度假。当他们回来后，发现双方的僵局仍然没有打破。于是，5月5日内阁使团和总督召开由各党派领导人参加的第二次西姆拉会议，讨论解决方案。5日至12日，一共举行了7次正式会谈。内阁使团提出一个建议，即在一个松散的联邦里，各省享有充分的自治权。中央政府负责国防、外交和交通，各省分别联合成为不同的教区，一种是以印度教徒占多数的省组成，一种是以穆斯林占多数的省组成。参加会议的各党派代表在内阁使团建议的基础上，对未来印度前途问题进行了认真的探讨。但是，国大党接受教区省的建议，是以建立一个强大的中央政权为条件的，而穆斯林联盟接受的中央政府，是以建立一个松散的中央政权为条件的。双方各持己见，互不相让。5月12日，第二次西姆拉会议像第一次一样不欢而散。

第二次西姆拉会议破裂后，国大党和穆斯林联盟最后和解的可能性已不复存在，这就为英国政府单方面进行裁决准备了条件。5月16日，英国首相艾德礼根据内阁使团的建议，发表了关于印度政府问题的"白皮书"，即《内阁使团方案》。主要内容有以下几点：

(1)英属印度和土邦组成印度联邦，获得自治领地位。中央政府负责国防、外交和交通，并拥有筹措上述事务所需要经费的权力。除此以外，其他一切权力应由省和土邦政府行使。

(2)英属印度各省联合成3大省教区，即印度教徒区，由印度教徒占多数的马德拉斯、孟买、联合省、比哈尔、中央省和奥里萨6个省组成；西北伊斯兰教区，由穆斯林占多数的旁遮普、西北边境省、信德3个省组成；东北伊斯兰教区，由穆斯林占多数的孟加拉和阿萨姆2个省组成。

（3）中央立宪会议共 389 名议员。英属印度分教区，由各省立法会议议员按每 300 万居民 1 名比例，选出 296 名，土邦代表 93 名由王公指定。选举产生的中央立宪会议分为 3 部分，每部分相当于大教区，可制定所代表的各省宪法，并有权决定是否制定大教区宪法。3 部分制宪议员和土邦代表共同制定联邦宪法，宪法的每一条必须得到立宪会议绝大多数议员和各大教区多数代表投票赞成才能生效。

（4）在宪法制定前的过渡时期，英属印度成立受各主要党派拥护的临时政府，由总督在改组总督行政会议的基础上组成。

内阁使团宣布，一旦这个方案实现，根据宪法建立印度政府后，英国对土邦的最高权力即告停止，所有英国与土邦的政治安排失效，在任何情况下，英国都不会把对土邦的最高权力移交给印度政府。

国大党对这个方案的反应是赞成和批评兼而有之。甘地认为，不应该从一个小地区的角度而要从整个国家的角度看待《内阁使团方案》，"它包含有将这个悲伤的国家变为没有悲伤和痛苦的国家的种子"[①]。国大党工作委员会批评该方案具有按照教派来划分印度的一切缺点，但还是宣布接受这个方案，准备参加制宪会议，以便能制定一个自由、统一和民主的印度的宪法。穆斯林联盟因该方案没有答应建立巴基斯坦而感到不快，但因该方案含有建立巴基斯坦的基础而最终同意该方案，并同意参加制宪会议。

《内阁使团方案》发布当天，总督魏菲尔在广播演说中就建立临时政府的席位分配提出了建议，即印度教徒和穆斯林代表各占 40%（各占 5 席），分别由国大党和穆斯林联盟提名，其余 20% 的席位留给少数教派（锡克教徒和基督教徒各占 1 席），并且决定如果某一政党不参加政府，就成立没有该党参加的政府。《内阁使团方案》公布后，接着举行了组织临时政府的谈判。国大党认为，总督的建议把国大党视作印度教徒组织，因而拒绝接受。内阁使团和总督对方案作了修改，于6 月 16 日宣布了新方案。

---

① 谌焕义：《英国工党与印巴分治》，第 196 页。

新方案规定，临时政府由 14 人组成，国大党 6 人（包括 1 名"不可接触者"），穆斯林联盟 5 人，锡克教徒、基督教徒和袄教徒各 1 人。内阁使团和总督宣布，如有任何政党不同意接受，就授权同意接受的政党组成政府。国大党要求在自己的名额中提出一位穆斯林候选人，遭到穆斯林联盟的反对，总督也不同意。因此，国大党 6 月 26 日宣布拒绝参加临时政府，只参加制宪会议。6 月 29 日，内阁使团离开印度回国。行前发表声明，对临时政府组成上发生故障表示遗憾。

二、临时政府组建与纷争

1946 年 6 月，国大党和穆斯林联盟参加了立宪会议选举。选举结果表明，穆斯林联盟的力量与国大党相比，悬殊甚远，国大党获得 192 席，穆斯林联盟获得 70 席位。因此，在国大党拒绝参加临时政府的时候，魏菲尔总督拒绝穆斯林联盟按原规定单独组织没有国大党参加的临时政府，决定暂不成立临时政府。穆斯林联盟对此极为不满，认为总督自食其言是对穆斯林联盟的蓄意侮辱和蔑视。

7 月 6 日，国大党在孟买召开年会。在甘地的提议下，贾·尼赫鲁当选为国大党主席。贾·尼赫鲁声明反对任何分割印度的计划，《内阁使团方案》不是最后计划，国大党可自由修改。之后，魏菲尔总督以书面形式建议国大党主席贾·尼赫鲁组织临时政府，预定由总督任临时政府总理，贾·尼赫鲁任副总理，放弃教派对等原则，国大党成员与穆斯林联盟成员在临时政府中的比例为 6：5。贾·尼赫鲁和国大党同意组织临时政府。

穆斯林联盟针锋相对，于 7 月 29 日在孟买召开会议，并通过决议，撤销接受《内阁使团方案》的决议，不但不参加临时政府，而且不参加制宪会议；此外，决定采取直接行动，争取建立巴基斯坦。决议获得通过后，真纳作了总结报告：我们已经作出最具有历史意义的决定，穆斯林联盟自诞生以来从来没有做过除宪政方式和宪政谈判以外的事情，但现在我们被迫处于这种地位，不得不与宪政手段告别了。穆斯林联盟工作委员会授权真纳为达到目的可以采取任何行动，并确定 8 月 16 日为"直接行动日"。

"直接行动日"那天，印度许多大城市爆发了大规模的印伊教派流血冲突。加尔各答市在 3 天的冲突中，至少有 5000 穆斯林和印度教徒丧生，2 万人受伤，15 万人无家可归。冲突很快从加尔各答蔓延到孟加拉、比哈尔、孟买、阿迈达巴德和拉哈尔。

在孟加拉的诺阿哈利区，冲突最严重，受害者主要是从事手工业的印度教徒。在比哈尔，冲突十分激烈，死者大半是伊斯兰教徒。在孟买许多人被杀，其中包括妇女和小孩。在比哈尔北部，许多印度教徒突然向住在该地区的少数穆斯林发起进攻，结果导致七八千人丧生。在联合省，也出现了类似的情况。

印度教徒和穆斯林的仇杀已经发展到无法控制和无理性的地步，并且以内战的规模在迅速扩大。到 1946 年末，印度许多城市街道上堆积着的尸体，导致交通阻塞。甘地坚决反对仇杀，赞成成立工人自卫队（所谓"和平军"）。他到骚乱地区，号召居民停止自相残杀的战争。他指出，印度教徒和穆斯林彼此不是仇敌，希望他们彼此仇视的是第三种力量（即英国人）。

就是在这种背景下，8 月 17 日，贾·尼赫鲁会见总督，提交了推荐给临时政府的国大党成员名单。总督请求穆斯林联盟参加临时政府，并放弃直接行动政策，真纳予以拒绝。8 月 24 日，总督宣布，总督行政会议全体成员已经向英王辞职，英王已经批准成立印度临时政府，即成立以贾·尼赫鲁为首的没有穆斯林联盟参加的临时政府。9 月 2 日，临时政府成员宣誓就职，总督魏菲尔出任总理，贾·尼赫鲁出任副总理；12 名政府成员中，有 8 名属于国大党。贾·尼赫鲁庄严声明：长期以来，我们一直是事态发展的消极旁观者，是别人的玩具，主动权现在到了我们的人民手里，我们将创造我们选择的历史。甘地认为，临时政府应该做 4 件事：取消盐税；致力于教派和睦；解放贱民；倡导用土布。

穆斯林联盟号召穆斯林将 9 月 2 日作为"黑色日"来抵制，穆斯林纷纷打出黑旗对政府进行抵制。孟买、加尔各答、阿迈达巴德、卡拉

奇等地发生了严重的教派骚乱，生命和财产遭到了严重损失。孟买有
200 多人丧生，加尔各答在冲突中死去的印度教徒有 162 人、穆斯林
有 158 人。甘地评论说："我们虽然未处于内战之中，但是我们已到了
内战的边缘。"[1]教派狂热从穆斯林联盟蔓延到国大党队伍，在 11 月的
国大党米鲁特会议上，帕特尔在欢呼声中鼓吹对穆斯林"以剑还剑"。

真纳不久认识到，穆斯林联盟抵制临时政府就可能使国大党长期
垄断中央政权，从而不利于巴基斯坦目标的实现，于是改变策略，同
意参与政府，从内部瓦解这个政府，用以证明建立巴基斯坦是摆脱困
境的唯一出路。10 月 15 日，临时政府改组，穆斯林联盟参加临时政
府，5 名穆斯林联盟成员分别担任财政部长、商业部长、交通部长、
卫生部长、法律部长。甘地希望这将巩固印穆团结。

临时政府成立后所面临的首要任务是缓和教派关系，维护和平与
秩序，然后在局势相对平静的情况下，召开制宪会议，制定新的宪法，
以迎接印度的独立。然而，在临时政府中，穆斯林联盟仍以实现巴基
斯坦为目标，几乎在一切问题上穆斯林联盟成员都与国大党成员意见
相左，甚至尖锐对立。国大党和穆斯林联盟的合作，不仅"神离"，而
且也"貌不合"。结果，临时政府分裂成了两大敌对集团，在一切重大
问题上的表决，14 名成员根据各自党派利益，投票结果总是 9∶5，使
政府工作完全陷于瘫痪。贾·尼赫鲁沮丧地说：我们的耐心很快达到
顶点，很难说临时政府能够持续多长时间。

在这种情况下，英国政府为实现内阁使团计划作最后一次努力。
12 月初英国首相艾德礼在伦敦召开联席会议，参会者有印度总督魏菲
尔、印度事务大臣克里浦斯、贾·尼赫鲁、真纳等。会议经过 4 天争
论，毫无成果；12 月 6 日不欢而散。贾·尼赫鲁乘飞机抵达印度，在
群众大会发表讲话指出：现在，我们对伦敦已经完全失去希望。真纳
拒绝参加 12 月 9 日召开的制宪会议，警告教派内战的可能性。

12 月 9 日，贾·尼赫鲁主持召开制宪会议，穆斯林联盟和土邦采

---

[1]　［巴基斯坦］阿拉纳：《伟大领袖真纳》，袁维学译，北京：商务印书馆，1983 年版，第
355 页。

取抵制政策。贾·尼赫鲁宣布印度为主权共和国，并提出历史性的《目标决议》，规定人民的民主权利。他声明他自己主张社会主义，希望印度将主张社会主义，走向社会主义国家宪法，全世界必将走这条路。但是，他在决议中未提到社会主义国家，他解释说："根据我的愿望，如果我提出我们想要建立一个社会主义国家，那么我们就是提出了可能与许多人一致，而与一些人不一致的东西，我们不想使决议就此问题发生争议。"[1]

内阁使团方案表面上似乎在实施上有了进展，然而实际上进展是假象，对抗在发展，临时政府近乎瘫痪，制宪会议残缺不全。这表明《内阁使团方案》事实上已告夭折。

三、《蒙巴顿方案》

1947 年初，印度国内政治危机四伏。

在下面，蓬勃发展的工农运动和日益扩大的教派冲突，已经汇成一股巨大的洪流，猛烈冲击着英国殖民统治的基础。教派冲突接二连三，流血冲突伤亡甚众，而且还在酝酿着更大的冲突。工农斗争在各地发展，不仅范围扩大，斗争方式也日趋激烈。当时，局势的严重性正如殖民当局给英国政府的报告中所说，局势正在不可收拾，国家有分裂的危险。

在上面，国大党和穆斯林联盟矛盾重重，临时政府无法工作，制宪会议形同虚设。2 月 15 日，国大党要求英国政府强迫穆斯林联盟参加制宪会议，否则就从临时政府撤出去。而穆斯林联盟则声明，他们有像国大党一样多的权利留在临时政府里。双方在关于政府代表去留问题上，也争执不休。国大党声言，如果英国政府不采取行动，他们就集体辞职。

英国政府在印度面临下面沸腾、上面僵持的困境中，已经感到印度有爆发自下而上的内战和革命的危险。为了使自己能在这场政治动

---

① R. C. Dutt, *Socialism of Jawaharlal Nehru*, New Delhi: Shakti Malik Abhinav Publications, 1981, p. 184.

乱与危机中全身而退，英国统治集团一致要求加快从印度撤出的速度。2 月 20 日，英国首相艾德礼在下院发表对印度政策声明，指出印度的混乱局势不能无止境地继续下去，英国政府将采取措施于 1948 年 6 月以前把政权移交给负责任的印度人手里，如果到那时印度还没有成立中央政府，那么就把政权移交给各地现存的省政府。为了加速政权移交进程，艾德礼召回了战时内阁任命的温文尔雅、少言寡语的魏菲尔总督，由果断干练、雷厉风行的二战期间战功卓著的东南亚战区盟军总司令蒙巴顿勋爵接任。从工党政府解决印度问题作出的这一姿态，可以看出英国急于摆脱印度困境的心情。

1947 年 3 月 22 日，新任印度总督蒙巴顿抵达德里。他看到形势比人们在伦敦所想象的更为危险和具有爆炸性，认为要避免危机演变为两大教派的内战，要避免人民斗争的兴起和英国权威的崩溃，就要用最快的速度解决问题。他在给艾德礼的第一份报告中写到，这里的局势十分不妙，通过谈判解决印度问题希望渺茫，如果不迅速采取行动，一场内战即将爆发。既然目标是尽快移交政权，不管是统一还是分治，只要国大党和穆斯林联盟双方愿意接受就可以。在与各党派领导人的磋商中，他也曾提出保持印度统一的希望，但发现要穆斯林联盟接受是完全不可能的。于是，他撇开内阁使团的建议，采取快刀斩乱麻的办法，用承认穆斯林建立巴基斯坦的权利，打破印度政治僵局，转而说服国大党接受分治。

穆斯林联盟主席真纳以执着的信念和百折不挠的精神，为建立巴基斯坦而努力。在同蒙巴顿的会谈中，他强调了印度穆斯林遭受屠杀的情况，谴责国大党用各种办法阻止建立巴基斯坦。他认为，即使有一个被虫蛀蚀得残缺不全的巴基斯坦，总比没有巴基斯坦好。真纳建立巴基斯坦的态度非常坚决，毫不妥协。

甘地坚决反对分治印度，认为这是对印度的"活体解剖"。他在与蒙巴顿谈判时，批评英国人的"分而治之"政策，一再重申印度只有一个民族，应成立一个国家，并强调："重要的是请你拒绝分割印度，即使这一拒绝招致一场血流成河的战争。"他甚至建议，只要能避免分裂印度，宁可将印度主权交给真纳和穆斯林："你可以把整个印度送给穆斯林，但千万不要分裂印度。请你将 3 亿印度教徒置于穆斯林统治之下，委托真纳及其同伙组成政府，把印度的主权移交给他们。"①

贾·尼赫鲁最初也反对分割印度，但是在临时政府中与穆斯林联盟共事的经历以及穆斯林联盟"直接行动"造成的大规模的教派流血冲突，使贾·尼赫鲁得出了痛苦的结论，分治不可避免，拖延分治只会意味着加剧已经存在的严重的内战状态，进行外科手术比让印度不断流血要好，砍掉脑袋能够摆脱头痛。在蒙巴顿的极力说服下，贾·尼赫鲁和工作委员会违背甘地的立场，讨论了旁遮普和孟加拉的分治问题，最终接受了印巴分治的主张。4 月 20 日，贾·尼赫鲁公开声明，如果穆斯林联盟执意坚持，在不把拒绝参加该国的地区并入的条件下，可以建立巴基斯坦。贾·尼赫鲁同意分治后，国大党其他领导人也纷纷表示赞同。6 月 3 日，蒙巴顿发表了印度和巴基斯坦分治方案，即《蒙巴顿方案》，亦称《六三方案》，并将权力移交的日期提前到 1947 年 8 月 15 日。

在分治问题上，甘地众叛亲离。他凄楚地悲叹到，人民和掌权者现在都不要他，他的唯一夙愿是为国捐躯，但他仍然坚持他的立场。6 月 4 日，甘地准备与国大党领导人断绝关系，在晚祷会上谴责分治方案。蒙巴顿急忙会见甘地，说服甘地避免发表反对分治方案的宣战书，以免发生灾难性事件。甘地在原则上反对分治，但在蒙巴顿的坚持和说服下，在严酷的事实面前，他不得不接受了分治。最后，甘地在晚祷会上宣布：英国政府对分治没有责任，总督没有插手，实际上总督像国大党一样反对分治，但是印度教徒和穆斯林在任何事情上都不能形成一致意见，那么，总督除此之外，没有别的办法。

甘地在分治问题上众叛亲离，根本原因也许在于他尚未找到在群众基础上解决印度教徒和穆斯林问题的途径。在教派仇杀和印度分治的洪流面前，他显得无能为力，他的呼吁犹如孤鸿哀鸣，无人回应。

---

① ［法］多米尼克·拉皮埃尔、［美］拉里·柯林斯：《圣雄甘地》，周万秀、吴葆璋译，北京：新华出版社，1986 年版，第 120 页。

甘地也认识到了这一点。因此，虽然他对贾·尼赫鲁和工作委员会在同英国政府谈判的最后阶段将他撇在一边，似乎始终耿耿于怀，然而，在国大党工作委员会和全国委员会的关键性会议上，他仍给予他们以强有力的支持。虽然他在原则上一直到最后都反对分治，但在严酷的事实面前，他不得不忍受了使他痛苦的"活体解剖"，并没有像西方人士曾担心的那样以绝食制止分治，而是明智地接受了这一事实。

《蒙巴顿方案》主要内容有4点：（1）印度分为印度教徒的印度斯坦和伊斯兰教徒的巴基斯坦，两国都获得自治领地位。（2）在印巴分治前，解决旁遮普和孟加拉的划界问题，由两省立法会议投票表决。立法会议分为印度教徒占多数地区的议员组和穆斯林占多数地区的议员组，两组投票，有一组赞成分治就有效。（3）印度制宪会议也一分为二，归属各自国家。（4）授予土邦自由选择加入两个自治领中任何一个的权利，如果不愿加入，可以保持与英国的原有关系，但得不到建立自治领的权利。

蒙巴顿在全印广播电台发表讲话，贾·尼赫鲁、真纳等在场。按照事先安排，贾·尼赫鲁和真纳也接着分别作了广播讲话。英国即将移交政权和实行印巴分治的消息使印度全国人民惊喜交集，人们为民族独立的理想即将实现而欢欣鼓舞，同时，想到独立伴随分治，又不禁黯然神伤。虽然如此，印度各主要党派和人民最终接受了《蒙巴顿方案》。

7月4日，《蒙巴顿方案》在英国议会获得通过，7月18日，作为《印度独立法案》正式公布。虽然英国撤出印度的步伐十分仓促，但英国统治集团内部并没有产生太大的政见分歧，就连素以保守顽固著称的殖民主义卫士丘吉尔也一反常态地对《蒙巴顿方案》表示拥护。《曼彻斯特卫报》评论说："自有议会以来，丘吉尔和艾德礼两人的立场从没有这样一致过。"[①]这说明印巴分而独立已势在必行，而且条件业已成熟。

---

① ［英］杜德：《今日印度》下册，黄季方译，第301页。

第三节 英国撤出印度和印度独立

随着分治方案立法工作的推进和完成，英印政府紧锣密鼓地落实分治方案的实施工作。重建过渡政府，设立分治委员会和边界委员会等分治机构，划定旁遮普、孟加拉和阿萨姆相关地区边界，在西北边境省、信德和俾路支斯坦举行立法会议和公民投票，进行军队、资产和债务等分割。随之，巴基斯坦和印度分别于 1947 年 8 月 14 日和 15 日（即 14 日子夜）宣布独立。

一、英国向印度移交政权

在移交政权方案得到国大党、穆斯林联盟和锡克教派同意后，各有关省份随即根据方案规定的方式和程序陆续举行投票，决定最终归属。

1947 年 6 月 20 日，孟加拉省立法会议投票结果决定该省一分为二，穆斯林占人口多数的东孟加拉加入巴基斯坦，印度教徒占人口多数的西孟加拉留在印度。6 月 23 日，旁遮普省立法会议投票结果也决定一分为二，穆斯林占人口多数的西旁遮普加入巴基斯坦，东旁遮普留在印度。6 月 26 日，信德省立法会议决定加入巴基斯坦。6 月 30 日，英属俾路支斯坦决定加入巴基斯坦。7 月 7 日，阿萨姆省锡尔赫特县举行全民公决，多数人赞成并入东孟加拉，加入巴基斯坦。7 月 17 日，西北边境省全民公决，多数人赞成加入巴基斯坦。这样，巴基斯坦就包括东孟加拉、西旁遮普、西北边境省、信德、俾路支斯坦和锡尔赫特县。

6 月 5 日，总督建议设立分治委员会，负责协调各专家委员会和各分会工作，处理武装部队、档案、人员、资产、债务等各方面的分割。27 日，由国大党和穆斯林联盟成员组成的分治委员会正式成立。6 月 30 日，成立边界委员会。7 月 5 日，组建仲裁法庭。7 月 19 日，重组印度和巴基斯坦临时政府。7 月底，成立临时联合防卫委员会。

经过分治委员会等分治机构的艰苦努力，最终确立了边界、军队、文员、资产、债务等的分割和重组。

从《蒙巴顿方案》宣布到印巴两国分别宣告独立仅仅 2 个多月，从《印度独立法案》公布到印巴两国分别宣告独立还不足 1 个月，因此两国在边界、人员、资产、债务等分割问题上，没有来得及充分讨论和安排，留下了无尽的争端和纠纷。

例如，主持边界委员会工作的是一位对印度情况一无所知的英国大律师拉德克利夫爵士。他对印度情况的一无所知被视为公正裁决的先决条件，他被关在与世隔绝的别墅里，在一张工兵军用地图上，根据教派原则划定两国边界线。这条闭门造车的边界在实际标定时荒唐至极，印度和巴基斯坦都谴责他的裁决。在边界裁决方案公布的前一天，拉德克利夫在严密护卫下返回英国。他对自己承担此任追悔莫及，并拒绝接收送给他的 2000 英镑酬金。

现有的军队和文官也一分为二，陆海空三军按一定比例分割和重组，文官由本人选择加入巴基斯坦或留在印度。资产和债务的分割更是一塌糊涂，经过艰苦的讨价还价，最终达成协议。巴基斯坦得到17.5％的银行资金和以英镑为计算单位的差额，需承担原印度 17.5％的国债。行政机构财产的 20％归巴基斯坦，但装载着分给巴基斯坦财物的几百辆车厢被盗窃后不知去向。巴基斯坦应得的 17 万吨军用物资，只收到 6000 吨。

在英属印度紧张地进行分治工作之时，国大党和穆斯林联盟也大力开展活动，争取土邦加入自己的自治领。6 月 15 日，国大党全印委员会通过决议，要求未参加制宪会议的土邦参加制宪会议，并宣布不承认任何土邦搞所谓独立。印度临时政府还成立了土邦事务部，帕特尔任部长，加紧争取土邦的工作。帕特尔主持制定了《加入协定》，规定土邦加入印度自治领只需向中央政府交出国防、外交、交通 3 项权力，其余所有事务仍由土邦王公掌管，中央不干预。由于采取这样灵活的政策，不到 3 个星期，绝大多数王公没有太勉强就在这份文件上签了字。到 8 月 15 日，除了朱纳格和海德拉巴外，在地理位置上处于印度自治领的所有土邦，都加入了印度自治领。[①]

　　与巴基斯坦毗连或在其境内的巴哈瓦普尔、凯尔浦尔、卡拉特等土邦加入了巴基斯坦。查谟-克什米尔的情况比较特殊，该土邦居民穆斯林占多数，而王公哈里·辛格却是印度教徒，在地理位置上它与印度和巴基斯坦两个自治领都毗邻。直到印巴分治，查谟-克什米尔王公都没有决定加入哪个自治领。它的归属很快引起印巴争端，直到今天仍是一个悬而未决的难题。除朱纳格、海德拉巴和查谟-克什米尔外，土邦加入问题的迅速解决为蒙巴顿按预定计划和时间表移交政权扫除了一个重大障碍。

　　印度和巴基斯坦既然是以自治领地位接受移交，在自治领成立后，都还要有一位由英王委任的总督。国大党邀请蒙巴顿担任首届印度自治领总督（直到1948年6月为拉贾戈帕拉查里所取代），巴基斯坦则宣布真纳为首届巴基斯坦总督，两个自治领的军队总司令仍由原英印军队总司令奥金列克将军担任。

　　1947年8月14日，巴基斯坦自治领宣布成立，首都为卡拉奇（后迁至伊斯兰堡），国旗为两色：3/4是绿色，代表穆斯林；1/4是白色，代表其他少数民族。这一天，成千上万的穆斯林，穿着洁白的服装，从各条道路涌向卡拉奇，庆祝巴基斯坦的诞生。真纳向他的人民说：你们自由了，你们可以自由地到庙宇去，到清真寺去，或者到这个国家的任何地方去；不论你们属于什么宗教、种姓或信仰，都毫不妨碍我们是同一国家的公民而且是平等公民这一基本原则。

　　8月14日午夜12点，即15日零时，12点的钟声响起之时，贾·尼赫鲁提议印度制宪会议全体代表起立，宣誓竭尽全力为印度和印度人民服务。贾·尼赫鲁满怀激情地庄严宣布：很多年以前，我们曾发誓要掌握自己的命运，今天是到了我们实现誓言的时候了，虽不是完全实现也是基本实现；在夜半钟声敲响之际，当世界还在酣睡之时，印度奋起获得了新生和自由；一个不幸的时代今日宣告结束，印度重

---

　　① 谌焕义：《英国工党与印巴分治》，第360～361页。

新发现了自己。会议厅外人海如潮，欢呼雀跃，载歌载舞，欢庆自由印度的诞生。在印度领空飘扬了 100 多年的英国国旗终于悄然落下，印度国旗徐徐升起。

国大党领袖们在庆祝会上，纷纷称颂甘地对民族独立运动所作的贡献。贾·尼赫鲁说，在这个日子里，我们首先想到了自由的奠基人，我们的民族之父，他体现印度古老的精神，高举自由火炬，照亮了我们周围的黑暗世界，印度人民世世代代不会忘记他的教导。然而，甘地并没有参加庆典。印度的独立与他的理想相去甚远，印巴分治与他终生为之奋斗的印穆团结的目标背道而驰。此时，甘地正在教派仇杀的加尔各答祷告、绝食和纺纱，以此来纪念印度独立。

甘地在 8 月 14 日下午的祷告会上曾对 1 万多名信徒宣布："从明天起，我们将摆脱大不列颠的桎梏。但是，从今日子夜起，印度将分为两部分。明天是喜庆的日子，也是痛苦的日子。"他提醒信徒们："如果加尔各答恢复理智，维持手足之情，那么，整个印度也许就得救了。但是，如果兄弟残杀的战火蔓延到全国，我们刚刚获得的自由将不复存在。"[①]他拒绝参加庆祝印度独立的仪式，更没有发贺电。他和他的弟子们，待在印度乡村的一个土屋里，不吃不喝，摇着纺车过了一天，为拯救印度而绝食和祈祷。

实际上，随着独立的到来，国大党领导人与甘地在思想上日益疏远，他们感到甘地的学说与当前的政治形势格格不入。在席卷全国的教派暴力骚乱中，甘地放弃了其他一切活动，专心从事教派团结的宣传工作。他四处奔波，不顾疲劳医治国家分治造成的创伤，用蒙巴顿的话说，他成了使骚乱地区保持平静的一支单人边防军。然而，在教派仇杀的洪流面前，甘地显得势孤力单，无力回天。他凄婉悲叹：在印度形势发展的今天，没有他的容身之地，他已放弃活 125 岁的希望，他可能只有一两年光景了。甘地的话不幸言中，1948 年 1 月 30 日，他在参加晚祷时，被一名印度教狂热分子枪杀身亡。这位唯一自始至

---

① ［法］多米尼克·拉皮埃尔、［美］拉里·柯林斯：《圣雄甘地》，周万秀、吴葆璋译，第 291 页。

终反对印巴分治的国大党领袖，这位终生致力于教派团结的非暴力先知，最终因印巴分治倒在了教派分子的暴力血泊之中。

印度和巴基斯坦两个国家都在事实上获得了独立。1950年1月，印度新宪法宣布印度为主权的民主共和国。1956年巴基斯坦的第一部宪法宣布巴基斯坦为伊斯兰共和国。虽然印度和巴基斯坦仍然留在英联邦内，但都作为主权国家参与，与英国及其他成员国处于完全平等的地位。

二、国大党接受印巴分治和自治领地位

印度独立是以印巴分治为代价，独立的果实因分治的缺憾蒙上了阴影。分治把两大教派的对立推向顶峰，导致了边界两侧地区印度历史上最严重的宗教残杀与逃亡。在整个印巴分治期间，约有100万～200万人被夺去了生命。在分治后的13个月中，约有1500万难民越过新的边界线，彼此迁移到对方境内。分治破坏了次大陆的经济联系，撕裂了统一的市场，分割了互相依赖的工农业区域，给两国经济发展带来了严重困难。分治产生了克什米尔归属争端，使两个自治领成立伊始就兵戈相向。分治不仅使两国保留了对英国的依赖，而且为美国染指南亚地区提供了方便。

印度独立是以自治领地位的形式，通过英国和平移交政权实现的。属于殖民政府的公营企业，包括铁路、港口、航空、邮电、水利工程、兵工厂和其他工厂，都原封未动移交给了自治领政府，英国在印度的私人资本也没有受到触动。以殖民时期文官制度为核心的官僚体系基本被沿袭下来，军队内的英籍高级军官和总司令继续留用。殖民总督蒙巴顿继续被聘用，成为印度自治领总督。独立后的印度，仍然留在英联邦内。[①]

因上所述，对于贾·尼赫鲁和国大党接受印巴分治和自治领地位，国内外学术界有些人多有诟病，持批评或谴责态度，并由此对印度独

---

① 林承节：《殖民统治时期的印度史》，第486～489页。

立的真实性持怀疑乃至否定态度。诚然，印度独立是以印巴分治为代价的，分治本身是个悲剧，使独立黯然失色。印度独立也是通过和平移交政权，以印度获得自治领地位的形式实现的，与完全独立的目标有一定距离。然而，贾·尼赫鲁和国大党接受印巴分治和自治领地位是当时印度历史发展的必然，有其深刻的内外原因，不可脱离历史实际一味指责。

印巴分治和印度留在英联邦，有一定的客观必然性。就远因来说，印巴分治的历史进程是由多种历史、政治、经济和宗教原因促成的，如果说英国推行的"分而治之"政策是重要的外在原因，那么印度教与伊斯兰教两大教派之间历时久远、根深蒂固的政治经济宗教对立冲突则是重要的内在原因。英国长期执行"分而治之"政策，人为地制造和扩大教派冲突，使印度教徒和穆斯林之间的矛盾不断激化。英国的"分而治之"政策之所以起作用，则是通过利用印度内部久已存在的印伊两大教派之间的对立冲突，建立起脆弱的政治平衡，维护殖民统治。而国大党内的大印度教主义和穆斯林联盟内的分立主义则是印巴分治的加速器，二者互不相让并随着民族独立运动的深入发展而迅速膨胀，致使印巴分治这一历史进程合乎逻辑向前发展，巴基斯坦国的诞生就是这一发展进程的归宿。

就近因来说，印巴分治发展到不可逆转的地步，是伊斯兰教社会与印度教社会发展不平衡而带来的上层利益冲突的结果。穆斯林上层感到在未来印度自己的利益会因伊斯兰处于少数派地位而受到影响，认为只有分治才有切实的保障。这一利益冲突之所以发展到非分治不可的地步，固然是穆斯林上层的坚持，是英国统治者长期挑拨和利用的结果，但同样不可否认的是，国大党上层对问题的严重性缺乏认识，只想到掌权，没有处理好与穆斯林上层的关系，造成了政治上的一大失误。就国大党而言，接受分治不是向英国统治者妥协，而是向教派主义妥协。印度独立前夕，印穆两派之间的流血冲突已波及全国，达到了骇人听闻、令人发指的地步。印度面临着严酷抉择：要么继续混战和流血，导致全面内战；要么实行分治，终止相互残杀。在当时的情况下，分治成为历史必然，拖延分治只会意味着加剧已经存在的严重的内战状态。从而，历史给印度民族开了一个残酷的玩笑：印度在享受独立的甜蜜之时，伴之而来的是分割的痛苦。

独立后的印度面临着何去何从的抉择关头。对英国来说，印度一直是"英国王冠上的宝石"，是英国殖民统治赖以存在的基础。虽然印度已经独立，大英帝国亦寿终正寝，失去了昔日光坏，但是英国并不甘心就此完全失去印度，它要将印度仍然留在英联邦内，使英联邦成为一个在大英帝国废墟上建立起来的强大如初的共同体组织，以便凭借自己在英联邦中的主人角色，保持它在欧洲各国中的特殊地位。当时的英王乔治六世曾悲叹道："我知道我将失去英王兼印度皇帝的称号，但是，如果割断和印度的所有联系，我心里会感到难过。如果独立的印度拒不加入英联邦大家庭，那将是一场灾难。"[①]因此，英国极力争取印度以自治领的身份留在英联邦内。

对于刚独立的印度来说，它也不可能一下子同英国完全断绝关系。印度民族资本发展还不健全不充分，在技术、设备、资金等方面对英国资本存在很大依赖性（如印度的外汇储备与英镑地区联系在一起；印度大多贸易也是同英联邦国家进行的），因此在印度保留英国私人资本，保持与英国资本

尼赫鲁(中)与蒙巴顿(左)

密切合作，可以为印度经济发展弥补资金和技术的不足，提供媒介和桥梁。印度文官体制和军事体制是英国统治者作为在印度逐步实行代议制体制的相关措施实施的，与印度建立议会民主体制的目标是一致

---

① 尚劝余：《尼赫鲁研究》，成都：四川人民出版社，1999年版，第158页。

的，要立即全部替换原有文官和军官也是不可能的，因此保留原高级文官和军官体制既有利于各部门工作的正常运转，也有利于辅助新人成长。因此，以自治领的名义留在英联邦，对印度来说是客观形势的需要，从长远来看是有利的，可以使印度从英国和英联邦其他国家获得更多的经济和外交上的援助，加强印度与外界的联系，提高印度的国际地位。

上述种种因素促使贾·尼赫鲁和国大党接受了蒙巴顿关于印巴分治和印度以自治领身份留在英联邦的建议。当时英方的决定性人物是末任总督蒙巴顿夫妇，而印度国大党方面的决定性人物是印度首任总理贾·尼赫鲁。正是在蒙巴顿等人的斡旋下，贾·尼赫鲁接受了印巴分治的《蒙巴顿方案》，并决定印度以自治领的身份留在英联邦内。

三、印度独立的历史意义

对于印度独立的历史意义，林承节先生作了深入剖析。在国内外学术界，曾经有一度对印度独立持怀疑乃至否定的看法，可以归纳为4种：第一种看法对印度独立持完全否定态度，认为印度独立虚有其表，英国移交政权不过是改变了统治方式，由直接统治变为间接控制，谈不上什么胜利；国大党接受自治领地位意味着资产阶级背叛革命，成为帝国主义仆从。第二种看法承认印度独立的事实，但认为它不是通过武装斗争取得的，因而不是革命，是资产阶级改良，印度独立运动中出现的暴力斗争衬托出国大党非暴力斗争的软弱。第三种看法承认印度独立是革命，但强调革命很不彻底，近似半途而废。第四种看法认为，印度独立既以印巴分治为代价，就谈不上什么胜利，是一个悲剧。

如果不带偏见和既定框框看待印度独立，而是正视历史现实，就可以断言，上述4种看法都是不对的。之所以会有这些不正确的看法，主要原因是主观主义和教条主义在作祟，脱离印度国情。世界各国国情不同，民族独立运动的道路必然多种多样，不一而足。武装斗争是一种道路，非暴力斗争也是一种道路。印度国大党和印度人民，根据印度国情和国际形势，开创了非暴力斗争道路。这条道路本质上是群众性政治斗争的道路，是亿万人民不怕牺牲、前赴后继、共同斗争的道路。这条道路在工农运动广泛开展的有利形势配合下，在有利的国际条件配合下，也在个别自发的武装斗争的间接配合下，引导印度取得了民族斗争的胜利。和平移交政权是非暴力不合作道路的必然的逻辑结果，以自治领身份留在英联邦是印度国情和国际形势的客观需要。印度既推翻了英国殖民统治，又保持了与英国的紧密联系，有利于印度的发展。

印度独立对印度未来发展，对世界被压迫民族革命，都具有不可磨灭的重大历史意义。独立斗争的胜利结束了英国长达190年的殖民统治，使印度走上了独立发展资本主义的道路。这是这个古老大国走向进步、繁荣、昌盛的历史转折点，独立的获得终于使印度人民可以掌握自己的命运，建设自己的新国家和自己的未来。从此，印度人民按照自己的意志，追赶现代化的世界潮流，规划和实现自己的理想蓝图。

印度独立是20世纪最重要的国际事件之一，具有重大的世界意义。第二次世界大战后亚洲国家普遍掀起民族斗争高潮，冲击着帝国主义的殖民体系。正是印度民族独立斗争首先在大英帝国殖民体系中打开缺口，敲响了大英帝国殖民体系解体的丧钟。"英国王冠上的宝石"坠落了，这对英国是最沉重的打击，对亚洲其他国家是最有力的鼓舞。20世纪40年代，印度独立和新中国建立交相辉映，有力地展示了被压迫民族运动的不可抗拒的力量，对根本改变亚洲面貌，促进帝国主义殖民体系的崩溃起了极为重要的作用。非暴力不合作道路取得胜利，是印度的一大创举。印度的榜样给其他国家民族运动领导人以巨大的鼓舞，20世纪60—70年代，亚洲一批国家效仿印度，通过群众性政治斗争摆脱了殖民枷锁。这样，印度独立运动为世界被压迫民族运动的宝库增添了新的斗争武器，使民族独立运动的道路和形式多样化，从而对世界被压迫民族的独立事业作出了重大贡献。[①]

---

① 林承节：《殖民统治时期的印度史》，第486～490页。

大事年表

1857—1859 年	印度民族大起义。
	在加尔各答、孟买、马德拉斯分别建立近代大学。
1857 年 5 月 10 日	米鲁特起义，印度大起义开始。
5 月 11 日	解放德里。
9 月 20 日	德里陷落。
1858 年 8 月 2 日	英国议会通过《印度政府法》，规定印度由英王接管。
11 月 1 日	颁布维多利亚女王诏书。
1859 年 4 月 7 日	坦地亚·托比被捕，大起义最终失败。
1861 年	制定《印度参事会法》、《印度高等法院法》。
1862 年	最高法院和高等民事法院合并为高等法院。
	加尔各答浩拉火车站工人罢工。
1863 年	伊斯兰文学社成立。
1864 年	建立翻译社，后改名科学社。
1865 年	奥里萨饥荒。
	与欧洲开始通电报。
1867 年	梵社分裂为真梵社与印度梵社。
	孟买成立祈祷社。
1868 年	《旁遮普土地租佃法》颁布。
1869 年 10 月	甘地诞生。
1870 年	浦那全民大会(浦那人民协会)成立。
1872—1873 年	锡克教徒起义。

	孟加拉帕布纳、博格拉农民起义。
1873—1879 年	帕德克领导德干农民起义。
1875 年	圣社建立。
1876 年	印度协会成立。
1877 年	英国女王维多利亚宣布兼任印度女皇。
	中央伊斯兰教协会建立。
	兰格浦尔纺织工人罢工。
1878 年	颁布武器管制法和报刊管理法。
	印度梵社分裂为新诚梵社和公共梵社。
1879 年	文官考试最高年龄限制降低到 19 岁。
	取消英国纺织品进口税。
1881 年	颁布《工厂法》。
1883 年	伊尔贝特法案事件。
	第一次印度国民会议在加尔各答召开。
1884 年	艾尔伯特法案事件。
	马德拉斯士绅会成立。
1885 年	孟买管区协会成立。
	国大党成立大会在孟买举行。
	印度国民会议第二次会议在加尔各答举行。
	颁布《孟加拉土地租佃法》、《孟加拉地方自治法》。
1886 年	伊斯兰教育会议开始一年一度举行。
1887 年	印度国民社会会议开始一年一度举行。
1889 年	威尔士亲王第二次访问印度。
1890 年	禁止殖民地政府官员出席国大党年会。
1891 年	再度制定《工厂法》。
1892 年	制定印度立法会议法。
1893—1914 年	甘地在南非进行反种族主义的斗争。
1893 年	英国议会制定印度参事会法。

353

1895 年	马拉特人首次举行西瓦杰纪念集会。
	提拉克提出司瓦拉吉(自治)纲领。
1896 年	提拉克确立了对浦那全民大会的领导权。
	对印度民族工业纺织品征收出厂税。
1897 年	辨喜创立罗摩克里希纳教会。
1897—1898 年	提拉克被监禁。
1899—1905 年	寇松任印度总督,实行一系列反动措施。
1900 年	制定《旁遮普土地转让法》。
	成立救灾委员会。
1903 年	英国开始策划分割孟加拉阴谋。
1905—1908 年	印度民族革命运动。
1905 年 7 月 20 日	英印当局颁布孟加拉分割法。
8 月 7 日	反对分割孟加拉运动开始形成高潮。
	提拉克提出司瓦拉吉、司瓦德西、抵制和民族教育的"四点纲领"。
10 月 16 日	孟加拉分治法生效。
1906 年 12 月	国大党年会第一次通过要求印度自治决议。
	穆斯林联盟成立。
1907 年 12 月	国大党苏拉特年会,极端派被排除出党,国大党分裂。
1908 年	制定报刊管制法、刑法补充条例。
	提拉克被判 6 年监禁。
	孟买工人政治总罢工。
	英国国会通过《关于印度各级立法会议法案》(即《莫莱—明托改革方案》)。
1909 年 5 月 25 日	《莫莱—明托改革方案》开始实施。
1910 年 12 月	印度教大会成立。
1911 年	英王乔治五世宣布取消孟加拉分割法。
	英印当局宣布准备在印度实行充分的省自治制

	度。
	塔塔钢铁厂正式投产。
1912 年	帝国首都由加尔各答迁至德里。
1913 年	穆斯林联盟通过新盟章，准备同印度其他教派合作，以争取印度在帝国内部的自治。
	哈尔·达雅尔领导的秘密革命组织卡德尔党在美国成立。
	泰戈尔获诺贝尔文学奖。
1913 年 10 月—1914 年	西姆拉会议，所谓"麦克马洪线"是该会议的秘密副产物。
1914 年 6 月	提拉克出狱。
7 月	印度被拖入第一次世界大战。
1915 年	甘地回到印度。
	《印度国防法》颁布。
	北印度总起义计划失败。
	孟加拉起义计划失败。
1916 年	自治同盟成立。
	国大党极端派与温和派重新统一。
	国大党与穆斯林联盟勒克瑙协定达成。
1917 年 8 月 20 日	《蒙太古宣言》出台。
1917—1918 年	甘地领导查姆帕兰等几次地区性坚持真理运动。
1918 年	蒙太古—蔡姆斯福改革。
1919—1922 年	第一次全印非暴力不合作运动。
1919 年	《罗拉特法》颁布。
	通过《印度政府组织法》。
	甘地发动坚持真理运动反对《罗拉特法》。
	阿姆利则惨案。
	中央基拉法委员会(哈里发委员会)成立。

甘地在德里召开的全印第一次基拉法会议（哈
里发会议）上首次提出不合作主张。

国大党任命旁遮普事件调查团，甘地是重要成
员。

1920 年 8 月 1 日　　　提拉克逝世。

基拉法委员会（哈里发委员会）领导的不合作运
动开始。

1920 年 9 月—1922 年　全印非暴力不合作运动。
　　2 月

1920 年 9 月　　　　国大党加尔各答特别会议通过甘地的不合作决
议案。

　　10 月　　　　　印度侨民共产党成立。

全印工会大会成立。

　　12 月　　　　　国大党那格浦尔年会制定了新党章，通过不合
作决议案。

1921 年 11 月　　　全印开展抵制威尔士亲王访问印度的抗议示威
运动。

　　12 月　　　　　国大党著名领袖大多数被捕。国大党阿迈达巴
德年会授权甘地为领导不服从运动的唯一执行
权威。

1922 年 2 月 1 日　　甘地宣布将在巴多利开始群众性不服从运动。
　　2 月 4 日　　　乔里乔拉事件。
　　2 月 8 日　　　甘地得知乔里乔拉事件消息后决定停止开展不
服从运动。
　　2 月 11 日—12 日 国大党工作委员会在巴多利举行会议，决定在
全印停止群众性不服从运动，代之以实行建设
性纲领。
　　3 月 10 日　　　甘地被捕。

1923 年　　　　　奇·达斯、莫·尼赫鲁在国大党内成立司瓦拉

吉党。

白沙瓦审判案。

1924 年 2 月	甘地出狱。
4 月	达成《甘地—达斯—尼赫鲁协定》，结束了主变派和不变派之间的冲突。
12 月	国大党贝尔高姆年会批准《甘地—达斯—尼赫鲁协定》。
1925 年 5 月	国民志愿服务团成立。
11 月	国大工人党（国大工人自治党）成立。
12 月 26 日	印度共产党成立。
1927 年 2 月	贾·尼赫鲁代表国大党出席布鲁塞尔世界被压迫民族代表大会。
11 月	西门委员会成立。
1928 年 2 月	孟买发生抵制西门调查团的示威。
4 月	孟买红旗工会组织 15 万工人参加为期 6 个月的罢工。
11 月	贾·尼赫鲁和苏·鲍斯成立全印独立大同盟。
12 月	全印工农党诞生。
1929 年 3 月	米鲁特审判案。
12 月	国大党通过争取印度独立的决议。
1929 年 4 月—1933 年	拉哈尔密谋案。
1930 年 1 月	国大党工作委员会发表"独立日誓词"。
	甘地向英印当局提出 11 点要求，准备发动文明不服从运动。
1930 年 3 月 12 日— 4 月 6 日	甘地领导食盐进军。
4 月 18 日	吉大港起义。
4 月 23 日	白沙瓦起义。

5 月 8 日	绍拉浦尔起义。
5 月 21 日	进占达拉沙拉盐场。
11 月 12 日	第一次圆桌会议。
1931 年 3 月	甘地与欧文总督签订《德里协定》。
	国大党通过《基本权利和经济与社会变革决议》。
9 月	第二次圆桌会议。
1932 年 1 月	甘地决定恢复不服从运动。
9 月	国大党与"不可接触者"组织签订《浦那协定》。
11 月 12 日	第三次圆桌会议。
1933 年	乔杜里·拉赫曼·阿里首次提出巴基斯坦思想。
	印度共产党成立。
1933 年 12 月	印度共产党在加尔各答组成临时性中央委员会。
1934 年 7 月	印共被宣布为非法。
10 月	停止文明不服从运动。
	甘地退出国大党。
	国大社会党成立。
1935 年 7 月	英国议会制定《印度政府组织法》。
8 月 2 日	新印度政府组织法颁布。
1936 年 4 月	印共与国大社会党签订协定，印共党员以个人身份加入国大社会党。
	全印农民协会成立
12 月	国大党决定参加省立法会议选举。
1937 年 4 月 1 日	英印政府开始实施自治计划。
10 月	穆斯林联盟召开勒克瑙会议，赞成取得印度完全的民族民主自治。
1938 年 2 月	国大党拒提印度联邦制。

6 月—10 月	贾·尼赫鲁向中国派出援华医疗队。
1939 年5 月	苏·鲍斯成立前进集团。
8 月	贾·尼赫鲁访问中国。
9 月	印度被拖入第二次世界大战。
10 月—11 月	国大党省政府辞职。
12 月 22 日	印度穆斯林拯救日。
1940 年3 月	国大社会党排除印共党员。
	穆斯林联盟通过拉哈尔会议，公开提出建立巴基斯坦要求。
10 月 17 日	反战不合作运动开始。
1941 年1 月	苏·鲍斯流亡国外。
6 月 22 日	苏德战争爆发。
12 月	太平洋战争爆发。
1942 年3 月	英国特使克里浦斯访问印度。
7 月	取消对印共的禁令。
1942 年8 月	国大党全印委员会通过退出印度决议。
8 月—12 月	"八月革命"。
1943 年5 月	印共在孟买召开第一次代表大会。
10 月	苏·鲍斯在新加坡成立临时政府。
1944 年3 月 19 日	日军进入英帕尔。
9 月	甘地—真纳会谈。
1945 年6 月	总督魏菲尔发表声明。
	西姆拉会议。
7 月	工党在英国执政。
8 月 11 日	苏·鲍斯遇难。
8 月 15 日	日本宣布投降。
9 月 19 日	艾德礼、魏菲尔发表政策讲话。
1946 年2 月 18 日	印度海军起义。
2 月 19 日	艾德礼宣布派内阁使团访问印度。

3 月 15 日	艾德礼宣布准备承认印度独立。
8 月 16 日	穆斯林联盟"直接行动日"。
9 月 2 日	以尼赫鲁为总理的印度临时政府成立。
10 月 15 日	穆斯林联盟加入临时政府。
12 月 9 日	制宪会议召开。
1947 年 2 月 20 日	艾德礼讲话,宣布不晚于 1948 年 6 月移交政权,并宣布蒙巴顿被任命为印度总督。
1947 年 3 月 22 日	蒙巴顿抵达印度。
6 月 3 日	《蒙巴顿方案》公布。
7 月 18 日	英国议会通过《印度独立法案》。
8 月 14 日	巴基斯坦自治领成立。
8 月 15 日	印度自治领成立。

主要参考书目

［巴基斯坦］阿拉纳：《伟大领袖真纳》，袁维学译，北京：商务印书馆，
　　1983。

谌焕义：《英国工党与印巴分治》，北京：社会科学文献出版社，2004。

［法］多米尼克·拉皮埃尔、［美］拉里·柯林斯：《圣雄甘地》，周万秀、
　　吴葆璋译，北京：新华出版社，1986。

［英］杜德：《今日印度》（上下册），黄季方译，北京：世界知识社，
　　1953—1954。

［印度］贾·尼赫鲁：《尼赫鲁自传》，张宝芳译，北京：世界知识社，
　　1956。

林承节：《印度民族独立运动的兴起》，北京：北京大学出版社，1984。

林承节：《殖民统治时期的印度史》，北京：北京大学出版社，2004。

［巴基斯坦］南布迪里巴德：《圣雄甘地与甘地主义》，何新译，北京：生
　　活·读书·新知三联书店，1961。

［印度］帕斯卡尔·艾伦·纳扎里斯：《甘地：杰出的领袖》，尚劝余等译，
　　北京：商务印书馆，2012。

［英］培伦主编：《印度通史》，哈尔滨：黑龙江人民出版社，1990。

彭树智：《现代民族主义运动史》，西安：西北大学出版社，1987。

任鸣皋、宁明主编：《论甘地——中国南亚学会甘地学术讨论会论文集》，
　　上海：上海社会科学院出版社，1987。

尚劝余：《尼赫鲁研究》，成都：四川人民出版社，1999。

尚劝余：《尼赫鲁与甘地的历史交往》，成都：四川人民出版社，1999。

尚劝余：《圣雄甘地宗教哲学研究》，北京：中国社会科学出版社，2004。

［印度］辛哈、班纳吉：《印度通史》，张若达、冯金辛、王伟译，北京：
　　商务印书馆，1964。

Husain, Abid, *The Way of Gandhi and Nehru*, Bombay: Asia Publishing House, 1959.

Prassad, Amba, *The Indian Revolt of* 1942, Delhi: S. Chand & Co. , 1958.

Srinivasamurthy, A. P. , *History of India's Freedom Movement*, 1857-1947, New Delhi: S. Chand & Co. (Pvt.) Ltd. , 1987.

Desai, A. R. , *Social Background of Indian Nationalism*, Bombay: Popular Prakashan, 1966.

Tilak, Bal Gangadhar, *His Writings and Speeches*, Madras: Ganesh & Co. , 1919.

Prasad, Bimal, *Gandhi, Nehru, J. P. : Studies in Leadership and Legacg*, Delhi: Chanakya Publications, 1985.

Chandra, Bipan, and Mridula Mukherjee, Aditya Mukherjee, K. N. Panikkar, Sucheata Mahajan, *India's Struggle for Independence*, 1857-1947, New Delhi: Penguin Books, 1989.

Chandra, Bipan, and Amales Triathi, Barun De, *Freedom Struggle*, New Delhi: National Book Trust, India, 1972.

Pandey, B. N. , *The Indian Nationalist Movement*, 1885-1947: Select Documents, London: Macmillan, 1979.

Nanda, B. R. , *Gokale, Gandhi and the Nehrus: Studies in Indian Nationalism*, London: Allen and Unwin, 1974.

Nanda, B. R. , etc, *Gandhi and Nehru*, Delhi: Vikas Publishing House, 1979.

Tendulkar, D. G. , *Mahatma: Life of Mohandas Karamchand Gandhi*, Vol. 1-3. New Delhi: Publications Division, G. O. I. , 1961-1971.

Martin, G. C. , *The Story of Jawaharlal Nehru: India's First Prime Minister*, Bombay: Asia Publishing House, 1965.

Pradhan, G. P. , and A. K Bhagwat, *Lokamanya Tilak: A Biography*, Bombay: JAICO, 1959.

Puri, Harish K. , *Ghadar Movement: Ideology, Organization and*

Strategy, Amritsa: Guru Nanak Dev University Press, 1983.

Fisher, Louis, *The Life of Mahatma Gandhi*, New York: Harper & Row Publishers, 1983.

Brecher, Michael, *Nehru: A Political Biography*, London: Oxford University Press, 1959.

Khan, M. S., and J. Nehru, *The Founder of Modern India*, New Delhi: Oxford University Press, 1989.

Mansergh, Nicholas (ed.), *The Transfer of Power*, *1942-1947*, Vol. 2, London: HMSO, 1972.

Ray, Nitish Ranjan(eds.), *Challenge-A Saga of India's Struggle for Freedom*, New Delhi: People's Publishing House, 1984.

Nazareth, Pascal Alan, *Gandhi's Outstanding Leadership*, Bangalore: Sarvodaya International Trust, 2011.

Brass, Paul, *The Indian Nationalist Movement*, *1885-1947: Select Documents*, London: Macmillan, 1979.

Chopra, P. N. , *Quit India Movement: British Secret Report*, Faridabad: Thomson Press, 1976.

Chandra, Satyapal P. , *Sixty Years of Congress: India Lost; India Regained*, Lahore: Lion Press, 1946.

Chaudhri, Sandhya, *Gandhi and the Partition of India*, New Delhi: Sterling Publishers Pvt. Ltd. , 1984.

Sumit, Sarkar, *Modern India: 1885-1947*, Delhi: Macmillan India Ltd. , 1983.

Bose, S. , *The Indian Struggle*, *1935-1942*, Calcutta: Chuckervertty, Chatterjee & Co. , Ltd. , 1952.

Mehrotra, S. R. , *India and the Commonwealth*, *1885-1929*, London: George Allen & Unwin, 1965.

Sareen, Tilak Raj, *Indian Revolutionary Movement Abroad*, *1905-1921*, New Delhi: Sterling Publishers, 1979.

Ali, Tariq, *An Indian Dynasty: The Story of the Nehru-Gandhi Fami-*

ly, New York: G. P. Putnam's Sons, 1985.

Raghuvanshi, V. P. S. , *Indian Nationalist Movement and Thought*, Agra: L. N. Agarwal, 1959.

Patil, V. T. , *Gandhi, Nehru and the Quit India Movement: A Study in the Dynamics of a Mass Movement*, Delhi: B R Publishing Corporation, 1984.

Patil, V. T. , *Nehru and the Freedom Movement*, New Delhi: Sterling Publishers Pvt. Ltd. , 1977.

图书在版编目(CIP)数据

印度独立运动/尚劝余等著. —北京:北京师范大学出版社,2018.7
(世界史丛书/齐世荣主编)
ISBN 978-7-303-21505-8

Ⅰ. ①印… Ⅱ. ①尚… Ⅲ. ①民族解放运动—印度—1859-1947—通俗读物 Ⅳ. ①K351.43-49

中国版本图书馆 CIP 数据核字(2016)第 262432 号

营 销 中 心 电 话　010-58805072　58807651
北师大出版社高等教育与学术著作分社　http://xueda.bnup.com

YINDU DULI YUNDONG
出版发行:北京师范大学出版社 www.bnup.com
　　　　　北京市海淀区新街口外大街 19 号
　　　　　邮政编码:100875
印　　刷:北京京师印务有限公司
经　　销:全国新华书店
开　　本:787mm×1092mm　1/16
印　　张:23.75
字　　数:351 千字
版　　次:2018 年 7 月第 1 版
印　　次:2018 年 7 月第 1 次印刷
定　　价:50.00 元

策划编辑:刘东明　　　　　　责任编辑:刘东明　赵翠琴
美术编辑:王齐云　　　　　　装帧设计:王齐云
责任校对:陈 民　　　　　　责任印制:马 洁